# 세계 100대 트레일 1 걸음의 축제

**세계 100대 트레일 1 걸음의 축제**

**발행일**　초판 1쇄 2025년 8월 11일

**지은이**　박춘기

**펴낸이**　진우석
**편집**　김보리
**디자인**　송승윤

**펴낸곳**　진봄북스
**주소**　서울시 동대문구 망우로 19 동원빌딩 303호
**등록**　2024.3.12(제2024-000011호)
**email**　jinbomtourbooks@naver.com
**홈페이지**　www.jinbomtour.com
**블로그**　blog.naver.com/jinbomtourbooks

ⓒ 박춘기
**ISBN**　979-11-987085-7-1(03980)

· 책값은 뒤표지에 있습니다.
· 이 책은 저작권법에 의하여 보호를 받는 저작물이므로 무단 전제와 복제를 금합니다.

# 세계 100대 트레일 1
## 걸음의 축제

박춘기 지음

진봄북스

그동안 세계 100대 트레일, 도전의 길들을 함께 걸었던
아름다운 동행들에게 이 책을 바칩니다.

아울러, 사진 일부를 제공해 주신 호영진 님께
감사의 마음을 전합니다.

일러두기

1. 지명, 인명 등 외국 고유명사는 외래어 표기법을
   기준으로 삼았으며 영어와 해당국 언어를 혼용했습니다.
2. 널리 알려진 지명은 외국어 표기를 생략했습니다.
3. 괄호 안은 편집자의 각주를 담았습니다.
4. 저자의 서술 시기의 근황을 그대로 담아 현재 사실과
   일치하지 않는 부분이 있을 수 있습니다.
5. 본 글은 저자의 마음을 따라가는 에세이인 관계로
   본문 트레일에 관한 상세 정보는 미주트레킹 사이트
   www.mijutrekking.com를 참고하시기 바랍니다.

## 저자의 말

세상에 아름다운 길이 어디 한두 군데이던가.
우리가 평생을 걸어도 못다 밟을 텐데.
이제 얼마 남지 않은 건강한 여생에
그 아름다운 길을 또 얼마나 걸을 수 있으랴.
기회가 주어질 때 무조건 떠나고
두 다리가 떨릴 때는 이미 늦으니
가슴 떨릴 때 길을 나서자.

내 삶을 언제든 비상할 새라 여기며
머리맡에 늘 배낭을 걸어두고
마음이 떠나자면 주저 없이 신발 끈을 동여매는 거야.
미지의 세계 미답의 땅
세계 100대 트레일 완주를 위해!

―――――

세계 100대 트레일 목록 선정은 우선 내셔널지오그래픽이나 론리 플래닛 등 유수의 기관에서 선정한 길을 중심으로 했습니다. 아울러 세계적으로 알려진 트레일을 경험했던 선배 트레커들의 추천도 고려했고, 지역적 안배를 감안해 종합적으로 선정했는데요. 막상 가보니 도저히 세계 100대 트레일 감이 안 된다고 판단해 제외한 것도 적지 않습니다. 그런 이유로 박대장의 세계 100대 트레일 목록은 여전히 다듬어 가는 중입니다. 책은 총 네 권에 담을 예정이니, 2, 3, 4권도 기다려주세요.

경이롭게 마주하는 대자연을 소개하기 위해 글을 쓰는 일은 내 신앙 같고 형벌 같은 것이었습니다. 그런 글들이 활자화되어 나오게 해준 진봄북스와 〈영상앨범 산〉 김석원 PD님, 이상은 작가님께 고마움을 전합니다.

## 추천인의 말

"이번 촬영은 '세계 100대 트레일'에 도전하는 분과 함께 갑니다."

〈영상앨범 산〉 KBS PD님의 연락을 받고 호기심과 설렘이 교차했다. 대한민국도 아닌, 세계의 100대 트레일이라니! 이걸 다 하려면 얼마나 걸어야 하는 거지? 산티아고 순례길만 해도 800㎞ 30여 일이 소요되지 않는가. 도대체 어떤 사람이 이토록 무모하면서 위대한 생각을 한단 말인가. 나도 꽤 걸으면서 살아온 인생인데 여기 비할 바가 아니었다.

길 위의 인생!

박춘기 대장에게 이보다 적절한 표현이 또 있을까. 일 년 열두 달 중에서 열한 달을 '길 위에' 있으니 '길이 바로 삶 그 자체'인 셈. 이제야 이해가 됐다. 사람은 자기가 마주한 자연을 닮는다고 하는데, 대자연을 누비어서 그럴까. 그는 군더더기가 없다. 야생에 비유하자면 거칠게 포효하는 사자 같다가도, 순둥순둥한 초식동물이고, 굳센 바위 같다가도 부드럽게 물길을 트는 유연함이 있다. 그 많은 길을 걷는 동안 어깨를 짓누르는 고통만이 아니라 대자연의 지혜도 걸음마다 스며든 것이리라.

스페인 최초의 국립공원 에우로파와 알래스카의 대지를 함께 걸었다. 앞장서서 장쾌하게 뚜벅뚜벅 걷는 그는 청년이다. 60대에는 시속 60㎞로 시간이 흐른다고 하지만 그에게는 예외인 것 같다. 끊임없이 낯선 길을 찾아 걷고 새로운 세계에 발을 들이며 그는 이미 시간을 길게 쓰는 법을 알고 있다. 함께 걸으며 시간을 확장해서 쓰는 비밀을 캐 봐야겠다. 박 대장님의 책을 기다려온 이유이기도 하다.

못 가 본 길들을 먼저 걷고 소개하는 그가 부럽기도 하고, 고맙기도 하다. '전 세계의 아름다운 숲과 산, 멋진 트레일을 두 발로 걷고 소개하고 있는 이상은입니다.' 라고 소개하는 내가 무척 부끄러워지는 순간이다. 그러나 괜찮다. 나는 후배이고, 이런 선배님이 계셔서 행복하니까.

**이상은 산악사진작가**

## 추천인의 말

나는 지난 20여 년간, 150개국, 몇 개인지 셀 수도 없는 수천의 무수한 산길을 카메라에 담았다. 그 수많은 길 위에서 만난 사람들 가운데, 박춘기 대장 같은 사람은 드물다. 전 세계를 마음껏 걷고, 나보다 더 급한 성질을 가진 사람. 같이 일해 보니 배짱이 맞았다. 길에서 중요한 건 결국, 성질보다 배짱이니까.

『세계 100대 트레일』은 흔한 여행서가 아니다. 카메라 대신 두 발로, 기록 대신 온몸으로 경험한 사람만이 담아낼 수 있는 살아 있는 이야기다. 수많은 길과 들판, 설원과 고산을 불도저처럼 밀고 나간 박 대장의 트레일에는 온몸으로 받아낸 풍경이 녹아 있다.

무거운 배낭을 메고, 남들보다 덜 쉬고 더 걷는 그 습관. 나도 안다. 산을 담는 일이나, 산을 걷는 일이나 결국은 땀으로 남는다는 걸. 그래서 더욱 믿음이 간다. 수치와 설명보다 그 길에서 건져 올린 감정이 먼저 다가온다.

65세에 또 다른 도전을 시작한 박춘기 대장에게서 몇 년 후의 내 모습이 보여 울림이 남다르다. 큰 산과 거대한 자연을 두려움 없이 마주하는 그를 보면, 괜히 어깨를 두드려주고 싶어진다. 이 책이 많은 사람에게 용기가 되기를 바란다.

길은 걷는 자에게만 풍경을 열어준다. 그리고 이 책은, 그 풍경을 사랑하는 이들에게 가장 확실한 길잡이가 되어줄 것이다.

**김석원 <영상앨범 산> PD**

# 목차

저자의 말

추천인의 말

## 유럽

| | |
|---|---|
| 아이슬란드 **뢰이가베구르 트레일** LAUGAVEGUR TRAIL | 12 |
| 조지아 **코카서스 트렉** CAUCASUS TREK | 30 |
| 이탈리아 **알타비아1** ALTAVIA1 | 52 |
| 프랑스·스위스·이탈리아 **뚜르 드 몽블랑** Tour de Mont Blanc(TMB) | 72 |
| 프랑스 **코르시카 GR20** CORSICA GR20 | 92 |
| 스웨덴 **쿵스레덴** KUNGSLEDEN | 110 |
| 스페인 **피코스 데 에우로파 트래버스** PICOS DE EUROPA TRAVERSE | 130 |
| 영국 **웨스트 하이랜드 웨이** WEST HIGHLAND WAY | 152 |
| 노르웨이 **피오르 3대 록 트레일** NORWEGIAN 3 ROCKS FJORD TREK | 166 |

## 남미 / 북미

| | |
|---|---|
| 칠레 **파타고니아 토레스 델 파이네 W 트렉** PATAGONIA W TREK | 186 |
| 아르헨티나 **파타고니아 피츠로이** FITZ ROY TRAIL | 200 |
| 페루 **산타크루즈 트레일** SANTA CRUZ TRAIL | 216 |
| 페루 **잉카 트레일** INCA TRAIL | 236 |
| 미국 **칼랄라우 트레일** KALALAU TRAIL | 256 |
| 미국 **그랜드캐니언 카이밥 트레일** GRAND CANYON KAIBAB TRAIL | 270 |
| 미국 **더 네로우즈 트레일** THE NARROWS TRAIL | 286 |

## 오세아니아

| | |
|---|---|
| 호주 **그레이트 오션 워크** GREAT OCEAN WALK | 300 |
| 뉴질랜드 **밀포드 트렉** MILFORD TREK | 316 |

## 아시아

| | |
|---|---|
| 키르기스스탄 **톈산 알틴아라샨 아라콜 패스** TIAN SHAN MOUNTAINS TREK | 332 |
| 튀르키예 **리키안웨이** LYCIAN WAY | 346 |
| 네팔 **에베레스트 베이스캠프** EVEREST BASE CAMP | 366 |
| 네팔 **랑탕 밸리** LANGTANG VALLEY TREK | 386 |
| 말레이시아 **키나발루** MOUNT KINABALU SUMMIT TRAIL | 404 |

## 아프리카

| | |
|---|---|
| 탄자니아 **킬리만자로** MOUNT KILIMANJARO TREK | 416 |
| 남아프리카공화국 **오터 트레일** OTTER TRAIL | 432 |

**세계 100대 트레일 목록**　　　　　　　　　　446

# 유럽

| | |
|---|---|
| 아이슬란드 **뢰이가베구르 트레일** LAUGAVEGUR TRAIL | 12 |
| 조지아 **코카서스 트렉** CAUCASUS TREK | 30 |
| 이탈리아 **알타비아1** ALTAVIA1 | 52 |
| 프랑스·스위스·이탈리아 **뚜르 드 몽블랑** Tour de Mont Blanc(TMB) | 72 |
| 프랑스 **코르시카 GR20** CORSICA GR20 | 92 |
| 스웨덴 **쿵스레덴** KUNGSLEDEN | 110 |
| 스페인 **피코스 데 에우로파 트래버스** PICOS DE EUROPA TRAVERSE | 130 |
| 영국 **웨스트 하이랜드 웨이** WEST HIGHLAND WAY | 152 |
| 노르웨이 **피오르 3대 록 트레일** NORWEGIAN 3 ROCKS FJORD TREK | 166 |

| | |
|---|---|
| 거리 | 80km |
| 일정 | 4일 |
| 난이도 | ●●●●●○○○ |
| 최고도 | 1,165m |
| 시즌 | 7~9월 |
| 코스 | 란드만날뢰이가르~스코가포스 폭포 |
| 고도표 | |

국토의 10%가 빙하로 이루어진 아이슬란드는 얼음의 땅이라 불린다. 그러나 그 동토의 땅은 불을 뿜고 용암이 흘러내리는 화산의 땅이기도 하다. 뢰이가베구르 트레일은 빙하와 화산이 어우러진 아이슬란드의 특징을 보여주는 클래식 코스다.

바람의 땅 아이슬란드의 수도이자 세계 최북단의 수도인 레이캬비크 공항에 내렸습니다. 허술할 정도로 여유로운 공항 절차를 마치고 밖을 나오니 오전 8시. 겨울비 같은 찬비가 강풍과 함께 마중 나와 있습니다. 그 바람을 따라 달려 레이캬비크에서 필요한 식량과 연료 등을 구매한 후, 단골 숙소에 특별대우로 일찌감치 들어가 씻고 한숨 잠을 청한 뒤 거리로 나섭니다. 바이킹의 도시 레이캬비크를 돌아보며, 아이슬란드 트레킹 일정의 시작과 마감을 구상합니다. 이번엔 또 어떤 극적인 감동을 드릴 수 있을까. 생각만으로도 들뜨네요.

스바르티 *Svartifoss* 폭포의 주상절리에서 영감을 얻었다는, 도시의 상징과도 같은 할그림스키르캬 *Hallgrimskirkja* 교회를 중심으로 조성된 번화가를 둘러봅니다. 비릿한 바다 내음이 밀려오는 항구도시. 곳곳에서 어부들이 남긴 삶의 향기를 엿볼 수 있습니다. 이리저리 싸돌아다니다가 바닷가에 조성된 노천 온천장까지 흘러 흘러 왔습니다. 아이슬란드를 여행할 때는 수영복과 수건을 항상 가지고 다니는 것이 좋습니다. 지역마다 조성된 온천장이나 온천수로 채운 수영장에서 무료, 혹은 저렴한 가격으로 그윽한 유황 냄새를 맡으며 온천욕을 즐길 수 있으니까요.

레이캬비크를 적시며 흐르는 강이 바다를 만나는 지점의 백사장에 조성해 둔 천연 노천 온천들은 여름에도 수영하기 어려운 아이들을 위한 물놀이터이기도 합니다. 온천 수영장에서 친구들과 함께한 유년의 기억은 오래오래 좋은 추억이 되겠지요. 레이캬비크 수돗물은 빙하가 녹아 여과된 천연 지하수를 냉수로, 유황 냄새 진한 뜨거운 온천수를 온수로 씁니다. 물맛도 꽤 좋습니다. '아이슬란드에서 병에 든 물을 사 먹는 당신은 어리석은 사람!' 숙소 벽에 쓰인 알림 문구입니다. 밤이 존재하지 않는 백야. 눈을 감아야 어두워지는 북극권의 여름. 지그시 눈을 감고, 지구 아닌 또 다른 행성 같은 이방의 땅 아이슬란드의 여정을 그려보며 애써 잠을 청합니다.

아이슬란드는 지구가 가장 뜨겁고 소란스러웠던 시기에 해저 화산 활동으로 생긴 섬이며, 지구에서 인간의 발길이 가장 늦게 닿은 땅입니다. 하얀 빙하와 검은 화산. 차가운 얼음 아래 웅크려 있다가 토해내는 뜨거운 용암. 푸르디푸른 하늘 아래 펼쳐진 연녹색의 이끼 산들. 극단의 대비가 조화로 승화된 아이슬란드의 풍경을 단 한마디로 설명하기란 불가능합니다. 이러한 매력 때문인지 최근 들어 아이슬란드 트레킹이 뜨고 있습니다.

짧은 여름동안 지천으로 핀 아이슬란드의 국화 룩피나

아이슬란드 하이랜드 지역의 보석 같은 풍경이 집약된 란드만날뢰이가르<sup>Landmannalaugar</sup> 야영장에서 출발하여 토르스모르크<sup>Thórsmörk</sup>의 빙하 계곡까지 이르는 54km의 길이 뢰이가베구르<sup>Laugavegur</sup> 트렉은 클래식 코스입니다. 가장 최근인 2010년 폭발이 있었던 화산의 민낯을 볼 수 있는 핌보르두할스<sup>Fimmvörðuháls</sup> 고개를 넘어 60m 높이의 스코가포스<sup>Skogafoss</sup> 폭포까지 28km의 거리를 추가함으로써 종주가 완성되는데, 이 구간으로 인해 좀 더 다채로운 풍광을 만끽할 수 있습니다. 비교적 따뜻한 시기인 매년 6월 중순부터 9월 초까지 트레킹이 가능해 이 기간에 세계 각지에서 수많은 트레커가 아이슬란드를 찾습니다. 안타깝게도 산장의 규모가 40여 명 정도만 수용할 수 있기에 일 년 전쯤 서둘러 예약해야만 합니다.

아이슬란드는 유라시아와 북아메리카 대륙의 지각판이 충돌하는 곳으로, 지구의 경이가 만들어낸 이질적인 자연 풍광은 영화 〈반지의 제왕〉의 밑그림이 되었고, 〈15 소년 표류기〉의 작가 쥘 베른$^{Jules\ Verne}$은 그의 다른 책 〈지구 속 여행〉에서 화산의 분화구 안으로 들어가면 지구의 중심에 닿을 수 있을 것이라는 상상력의 영감을 스나이펠스외쿨$^{Snæfellsjökull}$ 화산에서 얻기도 했습니다. 북극해와 맞닿은 아이슬란드는 뜨거운 김을 내뿜는 화산과 차가운 빙하라는 양극의 자연환경을 가지고 있어 국토 전체가 트레킹 코스라 해도 과언이 아닙니다. 화산 지대를 지나면서 이끼에 덮인 바위와 유문암 재질의 산봉우리의 수려한 경관을 감상하며 지구의 신비로움을 생생하게 경험할 수 있는 특별한 곳입니다.

여기저기 들러서 이 사람 저 사람을 태우느라 4시간 이상이 걸려 겨우 란드만날뢰이가르 야영장에 도착합니다. 모퉁이를 돌자 나타난 시냇물은 마치 속계와 선계를 나누는 듯, 제법 깊은 물을 건너자마자 기가 막힌 풍경이 펼쳐집니다. 철분을 함유한 붉은 흙, 화산석과 화산재의 흔적인 검은 바위들. 유황이 빚어놓은 황색과 푸른색이 가미된 구릉과 낮은 산. 그야말로 무지개 색이라 할 만큼 화려합니다. 알록달록 각양각색의 텐트들이 마을을 이루니 총천연색 시네마가 따로 없습니다. 들뜬 마음에 밥도 먹는 둥 마는 둥 하고 4박 5일간 진행할 트레일도 확인해 볼 겸, 간편한 차림으로 길을 나섭니다.

브레니스테인살다$^{Brennisteinsalda}$산의 등산로를 따라 걸어 올라가는데, 터진 지면 사이로 유황 수증기와 버블을 쏴 올리는 것이 언제라도 폭발할 수 있다고 경고하는 것 같습니다. 산이라 하기에도, 구릉이라 하기

동토의 나라 아이슬란드. 녹색 이끼가 산하를 메운다.

에도 뭣한 하이랜드의 낯선 풍경. 처음 접하는 기기묘묘한 풍경에 감탄을 넘어 경악에 가까운 감정으로 모두 할 말을 잊습니다. 상기된 표정에서 내일에 대한 기대를 읽을 수 있습니다.

    차량으로 이동해 온지라 바리바리 싸 온 음식으로 내일 아침까지는 황제처럼 먹을 수 있고, 그 후로는 걸인의 식사가 예정돼 있습니다. 아이슬란드 방목 소고기를 구워 한잔 곁들여 거창하게 만찬을 즐기고 노천 온천욕을 하러 갑니다. 유황 내 가득한 온천수가 솟아올라 시냇물이 되어 흘러가면, 곳곳을 돌로 막아 적당히 수온을 조절해 영역을 구분합니다. 산장 이용객이나 캠퍼 등 수많은 방문객이 즐기는 필수 코스로, 어느덧 이 지역의 명물로 자리매김해 왔습니다.

    아이슬란드 사람들에게 온천욕은 삶의 일부와도 같아 각지에 수많은 온천장을 개발해 왔습니다. 펑펑 내리는 눈을 맞으며 즐기는 한겨울의 온천욕. 음률 없는 음악에 맞춘, 총천연색으로 아름답게 빛나는 오로라의 군무와 함께하는 온천욕은 특별한 경험입니다. 하루를 마감하는 시간. 여전히 주위는 환한데 이미 시간은 밤 10시를 넘겼습니다. 정신은 말똥말똥하지만, 내일부터 시작되는 본격적인 종주를 위해 애써 잠을 청합니다. 구름 한 점 없는 청명한 밤입니다. 몸과 마음이 깃털처럼 가볍네요. 밤인 듯 밤이 아닌 듯, 하이랜드의 오묘한 밤을 이렇게 보냅니다.

    숙박객들의 편안한 잠자리를 위해 아침 7시까지는 미동도 허용하지 않는 매너 타임. 그럼에도 아침잠 없는 우리들은 채 여섯 시도 되지 않아 슬슬 움직이게 됩니다. 곤하게 자는 외국인 커플을 깨우지 않으려고 조심스레 짐을 챙겨 나와 바깥에서 배낭을 꾸려놓고 주방에 들어가 아침을 준비하는데, 16명을 풀어놓으니 아무리 조심한다 해도 소란하지 않을 수 없습니다. 결국 지적을 당했는데 규칙을 어긴 셈이니 뭐라 할 말이 없습니다. 무정하게도 낮게 드리운 구름안개만 자욱한 하늘. 새벽 풀잎에 맺힌 이슬을 차고 나가며 종주의 첫발을 내디딥니다.

묵직한 배낭의 무게를 느끼며 오르는 초반 오르막길. 주변이 황금빛 스민 녹색으로 물든 화산암 길을 오르고 나니 색다른 풍경이 다시 펼쳐집니다. 황톳빛 산이 벌거벗긴 채로 이어지고 들판엔 목화를 닮은 풀이 가득합니다. 뜨거움을 견디지 못한 지열이 땅과 바위 사이를 찢고 나와 쌕쌕거리며 증기를 쏘아 올리고, 유황 냄새 머금은 수증기가 산들바람을 타고 와 얼굴을 촉촉하게 매만지니 한결 상쾌해집니다. 걸어가는 내내 유황 냄새가 따라오는 이 길은 오르락내리락하며 꽤 길게 이어지다가 차츰 풀 한 포기 보이지 않더니, 연녹색의 이끼와 황금빛 암석, 흑요석이 함께 어우러져 신비롭기 그지없습니다. 가히 신이 남긴 걸작이라고 말하지 않을 수 없습니다.

황량하면서도 거친 길. 지구 태초의 모습을 떠올리게 한다.

태양계 밖 이름 모를 낯선 행성에 불시착한 느낌. 아이슬란드의 첫인상은 저뿐 아니라 많은 분들이 비슷하게 느끼셨으리라 생각됩니다. 차갑고 무거운 색으로 덮인 산들은 낮게 웅크린 채, 언제라도 포효하며 일어설 것처럼 거친 숨을 몰아쉬고 있네요. 한순간도 눈을 뗄 수 없는 초현실적인 자연의 결정체. 경이 그 자체인 경관을 차례로 지나며 자꾸 뒤를 돌아보게 되고, 때때로 어떤 곳에서는 길이 나를 붙잡아 오래 멈춰 서있기도 합니다.

오묘한 원시 대자연의 품에서 가슴이 뻐근하도록 폐부 깊숙이 심호흡을 해봅니다. '나는 어디에서 와서 어디에 머무르다 그리고 또 어디로 가는가?' 아이슬란드 하이랜드의 초현실적 비경 앞에 서면 누구나 한 번쯤은 상념에 젖기 마련입니다. 나 역시 오늘도 질문을 던지며 잠시 사유합니다. 아이슬란드를 떠날 때쯤이면 그 답을 얻을 수 있을까요. 바램을 안고 증기 속으로 빨려 들어갑니다.

몽환적이면서 비현실적인 풍경의 아이슬란드

오늘 정해진 루트는 알프타바튼*Alftavatn* 산장까지 25㎞. 일정 중 가장 고된 날입니다. 기력이 충분할 때 많이 걸어놓으려는 것인데요, 높지는 않지만, 최고점인 500m를 향해 수도 없이 반복되는 요철의 길을 걷다 보면 다들 지쳐 떨어지기 마련입니다. 설상가상으로 악천후까지 겹치며, 그야말로 지옥 같은 행군이 되고 말았던 예전 기억도 있습니다. 종일 내리던 궂은비를 맞고, 뼛속까지 젖어버려 입도 뗄 수 없을 만큼 꽁꽁 얼어 버렸던 그날을 떠올리니 진저리가 다 쳐집니다. 오늘은 다행히 바람도 많이 죽고, 감질나지만 가끔씩 푸른 하늘과 햇살이 함께해, 걸을 만합니다. 동행들 모두 행복한 기운이 역력합니다. 그중 한 분은 이렇게 아름다운 곳으로 데려와 줘서 고맙다고 눈물까지 그렁그렁 맺어가며 감사의 말을 전해옵니다. 가만히 어깨를 감싸곤 나란히 걸어갑니다.

금색과 연녹색으로 빛나던 산들이 하나둘 내 뒤로 자취를 감추고, 흥건하게 젖어가던 몸이 식어간다고 여길 즈음에 길가에 세워진 추모비가 눈에 띕니다. 이곳에서 저체온 증으로 요절한 일본인 남자의 이름이 새겨져 있습니다. '몸을 피할 셸터가 그리 멀지 않았는데'라는 비석 위의 글귀가 안타까움을 불러일으킵니다. 오늘처럼 종잡을 수 없이 급변하는 날씨에 충분히 대비하지 않아 벌어진 참사라 생각하니, 자연이란 역시나 위대하고도 두려운 존재입니다. 북극권에 가까운 이런 지역에서 트레킹을 할 때는 항상 최악의 상황에 대비해 필요 이상으로 배낭을 꽉꽉 채워야 합니다.

어느새 가까이 다가온 흐라프틴누스커*Hrafntinnusker* 산장. 만년설이 깔린 동토를 가로질러 이르게 됩니다. 여름 햇볕에 제법 녹아 만년설의 표면은 아이젠이나 크램폰 없이도 걸을 만한데, 조금 더 위로 올라가 아무도 밟지 않은 뽀얀 눈 위에 나만의 발 도장을 찍으며 건너갑니다. 산장에서 점심을 먹고 잠시 휴식을 취한 후 레이캬프졸*Reykjafjoll* 빙하 지대를 따라 요쿨퉁귀르*Jokultungur*까지 행복한 걸음을 이어갑니다. 다른 지역보다 빙하들이 더 많이 뻗쳐 있고, 심지어 얼음동굴도 있습니다. 앞을 봐도 옆을 봐도 장대하게 펼쳐진 새로운 지구의 모습. 눈도, 발도 지루할 겨를이 없습니다. 떠나온 알프타바튼 산장이 발아래 아득히 보이는 고갯마루에 섰습니다. 산장을 품은 호수가 차분히 누워있고, 저 멀리로 흰 눈을 덮은 빙원들이 장엄한 풍경을 자아내고 있습니다. 눈이 부시도록 푸른 하늘과 그 위에 떠 있는 양떼구름. 빨간 지붕의 알프타바튼 산장이 어우러져 한 폭의 풍경화를 완성합니다.

한 시간 반가량 내리막길이 이어지며, 녹색의 풀이 가득한 슬로프를 따라 지겹다 여길 만큼 걷게 됩니다. 무릎에 좀 무리가 간다 싶을 때 강을 건너게 되는데, 마음 독하게 먹고 준비해야 합니다. 아프다고 느껴질 만큼 물이 매우 차갑습니다. 건너고 나면 신기하게도 아픈 게 나은 듯 후련해지고, 발도 그저 시원하게 느껴집니다. 산장이 코앞으로 다가와 더 그렇게 느껴지는 것일 지도요. 매점 맥주를 사다가 갈증을 풉니다. 잔바람에 반짝이는 물결. 원색의 텐트촌 풍경이 생동감 있습니다. 문득 이 호반 길을 더 걷고 싶다는 충동이 입니다.

어둠이 가시고 하늘이 부옇게 밝아오며 그제야 우리도 부산하게 아침을 엽니다. 제한된 주방 설비와 식탁, 세면장과 화장실 등. 아침마다 소리 없는 전쟁이 벌어집니다. 웃으며 인사를 나누어도 마음은 먼저 공간을 선점하려 바빠집니다. 어제는 제법 많이 걸었으니, 오늘은 여유롭게 15㎞ 정도만 걸을 예정입니다. 빙하 위로 떠오르는 따사로운 햇볕을 받으며 느긋하게 준비하고 알프타바튼호수의 정경을 바라보며 길을 나섭니다. 영혼이 조금씩 맑아옵니다.

비가 한 방울 두 방울 시나브로 내립니다. 아이슬란드 사람들은 "지금 날씨가 맘에 안 들면, 5분만 기다리세요."라고들 말합니다. 하루에 사계절을 경험할 수 있다고 말할 만큼 자주 바뀌는 아이슬란드의 날씨를 표현하는 말입니다. 북극 한계선에 자리하고 있음에도 아이슬란드의 기후는 생각보다 순한 편인데, 북상하는 멕시코 난류의 흐름 덕분이라고 합니다. 7월이 연중 가장 더운 달로 평균 기온이 10도에서 13도, 1월이 가장 추운 달이며 평균 기온은 0도 안팎입니다.

신발 끈 꽉 동여매고 동산 하나를 넘자마자 한 번 더 강을 건너야 합니다. 이번 트레킹 중 강을 네 번 건너게 되는데, 갈수록 차가워지는 물에 정신이 바짝 들다가 송곳으로 찌르는 듯한 통증이 수반되기도 합니다. 아이슬란드보다 형편이 좋지 않은 네팔도 히말라야 계곡마다 다리를 준설해 두었는데, 왜 다리를 놓지 않을까 싶네요. 빙하 강물인 내를 건너 스토라술라Storasula 화산과 2,500년 전 용암이 흘러가며 쓸어내린 매리펠스산두르Maelifellssandur 사막 지역으로 들어섭니다. 하타펠Hattafell이라 불리는, 정상이 평평하게 생긴 특이한 화산을 지나고 검은 사막지대를 지나면서 에이야프얄라요쿨Eyjafjallajokull과 미르달스예퀴들Myrdalsjokull 빙하를 연이어 감상하며 걸어갑니다.

그린란드에 이어 유럽에서 두 번째로 큰 섬인 아이슬란드는 화산 활동으로 생긴 섬으로 북극권의 여행지입니다. 동서로 500km 남북으로 300km, 남한과 비슷한 면적이나, 인구는 고작 37만 8천 명 정도입니다. 연전에 시행했던 아이슬란드 링로드Ring Road 일주 트레킹이 문득 떠오릅니다. 반지처럼 생긴 길의 모양을 따서 지어진 이름으로 아이슬란드 중추 도로인 1번 루트를 따라 12일간 달렸으나, 링로드와 가까운 지역만 겨우 볼 수 있었을 뿐 지구 태초의 모습을 그대로 간직하고 있다는 하이랜드의 심장은 아예 가 볼 엄두도 내지 못했습니다. 이 섬을 두루 섭렵하려면 꽤 나 긴 나날을 바쳐야 할 것 같습니다.

북극해와 맞닿은 아이슬란드를 한 바퀴 일주하며 스카프타펠Skaftafell 국립공원의 빙하 지대, 화산 분출로 형성된 뮈바튼Myvatn 호수, 드라마틱한 풍광을 연출하는 동부 피오르, 그리고 내륙에 위치한 케르링가르프죨Kerlingarfjoll 등 무궁무진한 볼거리를 만날 수 있습니다. 유럽의 제일 끝 북쪽에 위치한 아이슬란드는 동서남북 모든 지역이 각각 독특한 특색을 지니고 있습니다. 북쪽은 용암이 흘러내려 굳은 화산지대로 여전히 화산 폭

이름 모를 낯선 행성에 불시착한 느낌이 드는 아이슬란드의 특별한 풍경

발이 빈번하고, 남쪽은 얼음이 펼쳐진 빙하 지대입니다. 동부 어디든 황량한 해안선이 펼쳐지고 서쪽 피오르에서는 극지를 제외한 지역 중 가장 많은 빙원을 관찰할 수 있습니다.

길섶에 간간이 피어있는 들꽃들을 봅니다. 건조한 지역이라 이끼는 보이지 않고 야생화들이 제법 군락을 이루어 피어나거나, 아니면 저 홀로 한 무덤씩 피어있습니다. 히더 종류의 꽃들이 주를 이루는데, 앙증맞은 보라색 얼굴이 예쁘면서도 한편 처연하게도 느껴지는 것은 춥고도 혹독한 긴 겨울을 견뎌왔을 모진 생이 가늠되기 때문입니다. 찰나같이 짧은 여름에 피워낸 들꽃의 만개. 슬프고도 아름답습니다. 쪼그리고 앉아 꽃들의 하소연을 들어주고 있을 때, 뒤에서 외마디 외치는 소리와 지축을 흔드는 말발굽 소리가 들려옵니다. 승마 무리가 질주하고 있습니다. 경험자로 구성된 승마팀으로, 선두와 후미에 가이드를 세우고 제법 속력을 내서 달리는 스릴 넘치는 스포츠입니다. 트레커들의 부러운 시선을 한껏 즐기며 쌩하니 지나갑니다.

산장을 날려버리려 작정이라도 한 듯 불어닥치던 바람. 아이슬란드인들은 또 이렇게 당부합니다. '바람과 대적하지 말고 바람으로 하여금

어서 지나가게 하라.' 새벽이 되면 이내 차분해지고 아침이면 고요하다 할 만큼 평온해지기도 합니다. 길을 나서니 물기 머금은 야생화들이 함초롬히 서 있다가 잔바람에 떠는 것이 우리를 보고 인사하는 것 같습니다. 더욱 푸르러져 가는 풀잎들과 연녹색으로 퍼져가는 이끼류 가득한 아름다운 들길을 따라 흥겹게 걸어갑니다.

비슷한 위도에 위치한 다른 나라들에 비해 아이슬란드는 상대적으로 따뜻합니다. 앞에서 말했듯이 멕시코 난류와 북극의 한류가 앞바다에서 합쳐지기 때문이기도 하지만, 또 다른 이유는 아이슬란드가 바로 지구의 열점(熱點, hot spot) 위에 자리 잡고 있기 때문입니다. 지열 활동이 활발해 온천과 간헐천, 머드 가이저(geyser, 간헐 온천) 화산으로 가득하고 이따금 지진이 발생하기도 합니다. 그렇다고 화산이나 지진 때문에 겁먹을 정도는 아니라, 관광객들은 오히려 화산 폭발이 연출하는 기막힌 볼거리를 기대하기도 합니다. 지진은 아주 약하게 가끔 발생하는 편입니다만, 2010년에 거대한 화산 폭발로 인해 유럽 하늘에 화산재가 가득했던 일도 있었지요. 비행기 결항으로 난리였던 게 생각납니다. 그 외에는 지금까지 화산이나 지진으로 인한 큰 피해는 한 번도 없었습니다. 화산 폭발을 실제로 가까이서 본다면 가공할 만한 자연의 위대함을 생생하게 느끼며 전율할 듯합니다.

초반 언덕길을 오른 후 큰 기복 없이 편안하게 걸어갑니다. 시야가 탁 트여 가까이로는 아이슬란드의 문화적 유산과 청정 호수를 담은 풍경을 감상하고, 멀리로는 아스라이 하이랜드의 빙원과 만년 설산의 풍광을 한눈에 담을 수 있습니다. 연녹의 이끼 낀 산하만 보고 걷다가 가을 느낌의 황금빛 잡풀 무성한 들녘을 바라보니, 조금 전 광풍에 화들짝 놀랐던 내 마음도 편안해지며 안정이 됩니다. 마주 오는 사람들과 인사를 나눕니다. 대부분 반대편에서 길을 시작한 트레커들이죠. 자연의 풍요를 듬뿍 느끼고 있는 사람들의 행복한 표정. 제 얼굴도 그와 같겠지요.

평화도 잠깐, 점점 거세게 일기 시작하는 바람은 바람의 땅임을 증명이라도 하려는 듯 더욱 세차게 불어닥칩니다. 뒤에서 불어오는 바람이 밀어주니 다행히 걷기는 한결 수월합니다. 다만 뒤집어쓴 후드에 모래들이 맴돌다 귓전에 제법 쌓입니다. 뒤돌아보면 검은 모래를 실은 바람에 얼굴이 따가울 정도입니다. 맞은편에서 걸어오는 사람들은 그 바람을 정면으로 맞아야 하니, 성가신 모래바람에 괴로워하는 커플 트레커의 모습이 안쓰럽습니다. 짧은 위로의 말을 전해주고 머리를 숙인 채, 마치 구도자인 양 황량한 길을 묵묵히 걷고 또 걷습니다.

엠스트루어Emstrua 산장을 떠나 연기를 내며 뿜어내는 빙하 진흙탕 위 다리를 건너, 엠스트루어강을 따라 산마루를 오릅니다. 눈앞에 펼쳐진 풍경이 너무도 아름다워 입이 다물어지지 않습니다. 현무암으로 뒤덮인 산, 유니콘이라고도 불리는 독특한 형태의 에인히르닝구르Einhyrningur 화산과 그 협곡들을 오른편에 두고 걷습니다. 강이 너무 깊고 세차서 바로 건너지 못하고 한 바퀴 휘둘러 걸은 뒤, 가장 좁은 지점에 낸 다리를 건너며 길은 이어집니다. 돌아가는 만큼 더 많이 접하게 되는 수려한 풍경 앞에서 사진도 몇 컷 찍으며 수수하게 생긴 길을 걷는데, 주변엔 지금껏 본 적 없는 새로운 광경이 나타납니다. 끝없이 펼쳐진 평원과 작은 고깔 모양으로 솟은 유니콘 같은 산들이 이끼로 뒤덮여 있고, 산이 품은 작은 호수 뒤로는 빙하에 덮인 고산들이 물결치며 버티고 있습니다.

황소의 뿔처럼 날카롭고 뾰족하게 다듬어진 기묘한 봉우리를 가진 스토라술라 화산을 곁에 두고 용암지대를 지나자 검은 모래밭이 사막처럼 드넓게 펼쳐집니다. 걷다 보니 푸르른 생명체가 다시 나타나기 시작합니다. 촉촉한 이끼와 풀잎 무성한 비탈진 곳에는 마치 가족인 양, 서너 마리의 양들이 옹기종기 엉덩이를 맞대고 풀을 뜯고 있습니다. 이 역시 아이슬란드 고유의 풍경으로 이따금 소개되곤 합니다.

북극해 바로 아래 위치한 북대서양의 섬나라 아이슬란드. 화산 폭발로 인해 지옥이라 여겼던 그 천형의 땅에 정착한 바이킹들은 얼음밖에 보이지 않는 땅이라며 'Ice Land'라 이름 붙였습니다. 실제로 국토의 10%가 빙하로 덮인 차가운 얼음의 땅인데 그 동토의 땅 위에는 전혀 어울리지 않는 부조화의 조화가 또한 존재하는바, 불을 뿜고 용암이 흘러내리는 화산의 땅이기도 합니다. 시시각각 격렬하게 끓어오르는 용암의 열정과 냉혹하고 차디찬 빙하, 그에 더해 더없이 수려한 연녹색의 이끼와 삭막하고도 황량한 사막 고원 등, 지구 위 그 어느 나라보다 더 극적인 풍광을 다채롭게 만들어 냅니다.

그 낯설고도 매혹적인 아름다움으로 인해 소설이나 영화에 영감을 주거나 영화 촬영지로 주목받는 곳이기도 합니다. 가장 유명한 톨킨의 소설 〈반지의 제왕〉과 영화 〈인터스텔라〉, 〈노아〉, 〈프로메테우스〉, 〈토르: 다크 월드〉, 〈오블리비언〉, 〈툼 레이더〉, 〈스타트렉 다크니스〉를 비롯해 미국 TV 드라마 〈왕좌의 게임〉도 아이슬란드에서 촬영했다고 합니다. 더 흥미로운 건 영화 〈월터의 상상은 현실이 된다〉에서 아프가니스탄과 그린란드, 히말라야로 표현됐던 영화의 배경이 실제로는 전부 아이슬란드에서 촬영됐다는 사실. 게다가 앞에서 말했듯 쥘 베른의 소설 〈지구 속 여행〉에 영감을 준 장소이자, 이 소설을 토대로 한 할리우드 영화 〈잃어버린 세계를 찾아서〉의 촬영지이기도 합니다. 특히 〈분노의 질주〉 아이슬란드 편은 빙판 위를 달리던 차량 위를 질주하는 장면으로 강한 인상을 남기며 영화 촬영지로 더욱 유명해졌습니다. 고전이나 베스트셀러 문학 작품의 배경 도시를 찾아가는 문학 기행 못지않게 아이슬란드의 영화 촬영지 여행도 흥미로울 듯합니다.

점심 식사 후 화산재가 부서져 쌓인 검은 자갈밭을 따라 걷습니다. 식후의 나른함과 더불어 무료함이 몰려올 때쯤 미르달스예퀴들 빙원이 보이기 시작합니다. 이 웅장한 얼음 왕국은 거대한 칼데라와 함께 활화산인 카틀라$^{Katla}$산을 품고 있는데 아이슬란드에서 네 번째로 크다는 아이스 캡(ice cap; 산의 정상 부분을 뒤덮고 있는 빙하)으로, 그 웅장함은 이곳에서만 볼 수 있는 특별한 풍경입니다. 광대한 빙하 앞에 서니 인간도 그저 한 알의 자갈과 별반 다르지 않다고 느끼며 한없이 작아지는 순간입니다.

사람 살기가 쉽지 않은 땅. 반대급부로 오히려 탐험가와 관광객에게 더없이 환영받고 있는 곳. 풍경에 취해 한참을 정신 줄 놓고 걷다 보면 마지막으로 건너야 하는 넓은 강을 만나게 되고, 순간 잠이 확 달아나 버립니다. 강물이 갈기갈기 찢어져 있어 한 번에 건너는 것이 아니고 머리카락이 쭈뼛쭈뼛 서도록 차디찬 빙하 녹은 물을 여러 차례 맨발로 걸어야 합니다. 강을 건너 숲이 무성한 오솔길로 들어서면, 여기서부터는 더 이상 불모의 땅이 아닙니다. 미처 다 자라지 못한 블루베리를 따 먹으며 오솔길은 그대로 포스목까지 이어지고, 이내 끝날 것 같던 종주 길 언덕을 한두 번 더 오르내린 후에야 포스목에서 가장 오래된 고즈넉한 산장 랑기달루르 Langidalur에 이릅니다. 순백의 아름다움을 발산하며 빛나고 있는 에이야프얄라요쿨 빙하를 머리에 이고 서 있는 산장과 주변 풍경을 앵글에 담습니다. 슬슬 여장을 풀고 모두 모였을 때 종주를 자축하는 기념 촬영도 하고, 맥주로 갈증을 풀며 기분을 냅니다. 바람도 잠든 따사로운 산장 벤치에 앉아 태양 빛이 붉게 스러지는 이국의 하늘을 보며 긴 한숨을 몰아쉽니다. 종주길 끝에서 늘 느끼는 허전하면서도 아쉬운 느낌. 이 길을 다시 찾게 되는 이유입니다.

아이슬란드를 다녀오면 누구나 마음의 병을 앓게 된다고 합니다. 아이슬란드 음악을 듣거나 아이슬란드를 배경으로 한 영화를 보며, 또 한 번의 아이슬란드 여행을 꿈꾸게 되는 마음의 병이라 할 수 있죠. 지구 태초의 모습을 그대로 간직한 자연의 보고라 불리는 아이슬란드! 암울한 분위기의 수묵화를 보여주다가 총천연색의 파스텔화로 바뀌던 반전의 연속. 바람과 세월이 빚어 놓은 기묘한 형상의 바위와 전설 속의 거대한 짐승처럼 웅크린 검은 산. 차디찬 물과 뜨거운 불이 공존하는 신비의 땅은 영겁의 세월 동안 자연의 윤회를 거듭하며 다져진 빙하를 품고 있기도 합니다. 유황 냄새 진동하던 수증기를 뿜어내는 몽환적이고도 비현실적인 지구 이방의 풍경. 그 바람을 만났던가, 꿈처럼 아득해지며 묘하게도 다시 그리워지는 미친바람. 복기하려니 끝이 없습니다. 내 기억 속에 판각처럼 빼곡히 새겨두렵니다.

 문명의 세계라 할 수 있는 레이캬비크로 돌아와 아이슬란드가 자랑하는 세계 최대 최고의 온천 리조트인 노천 온천 블루라군*Blue Lagoon*으로 달려가 밤 온천을 즐깁니다. 우윳빛 짙은 물에 몸을 담그면, 그 빛에 물들어 버릴 것만 같은데 밤이라 분간하기 어렵네요. 시도 때도 없이 솟구쳐 오르는 간헐천은 섭씨 100도가 넘습니다. 짙은 유황 내에 빠져들어 심호흡하면 마음도 차분해지고 노곤한 몸도 저절로 나긋이 풀어집니다. 숨 가쁘게 달려온 끝을 알 수 없는 트레킹 유랑. 지구를 수십 바퀴 돌았던 지난 여정을 되돌아보며 잠시 상념에 빠집니다. 길에서 만난 수많은 사람들과의 우정. 다채로운 풍경으로 반겨주던 야생의 자연. 때때로 극한 고독과 싸우며 버틴 적도 많았습니다만 돌아보니 그래도 좋은 기억들이 대부분입니다. 또다시 시작될 새로운 유랑의 날들이 상념의 꼬리를 이어갑니다. 눈을 지그시 감으니 지구 반대편 어느 하늘 아래에서 대자연과 눈 맞춤하고 있는 내가 보입니다. 가장 당당하고 가장 나다운 모습입니다.

## INFORMATION

**거점 도시** 레이캬비크

**거점 공항** 레이캬비크 공항

**트레킹 팁** 사전에 Reykjavík Excursion(https://www.re.is)[1]의 Hiker's Pass를 예약한다. 그러면 아이슬란드의 수도 레이캬비크에서 거침없이 달리는 바퀴 큰 산악버스를 타고 란드만날뢰이가르 캠핑장으로 이동할 수 있다. 여기서 트레킹을 시작한다.

**산장 예약 사이트** https://www.fi.is/en[2]

조지아, 유럽
# 코카서스 트렉 *CAUCASUS TREK*
### 신화의 땅, 동방의 알프스

메스티아 *Mestia*

자베쉬 *Zhabeshi*

아디쉬 *Adishi*

이프라리 *Iprali*

우쉬굴리 *Ushguli*

| | |
|---|---|
| 거리 | 56km |
| 일정 | 4일 |
| 난이도 | ●●●●○○○ |
| 최고도 | 3,036m (츠쿤데리 고개) |
| 시즌 | 6~9월 |
| 코스 | 메스티아~아디쉬~이프라리~우쉬굴리 |
| 고도표 | 3,036m<br>0km  13.9km  27.9km  41.8km  56km |

유럽의 마지막 비경을 품은 코카서스 산맥은 흑해로부터 카스피해까지 길이 1,200km, 너비 180km의 거대한 산군으로 '작은 알프스'로 불린다. '저렴한 스위스'로 알려진 조지아는 코카서스 트레킹을 즐길 수 있는 나라로, 독특한 문화와 자연이 어우러져 있다.

몸은 이렇게 무거운데 마음은 늘 허공을 떠돌고, 안락한 곳에 있으면 마음은 가시방석이 됩니다. 길 위에 서야만 비로소 모든 게 편안해집니다. 떠난다고 늘 자유로운 건 아니지만, 대자연 속에 있으면 적어도 마음만은 느긋해집니다. 이놈의 방랑벽과 역마살이란, 아마도 죽을 때까지 떠돌 팔자인가 봅니다. 광활한 대자연 속에서 트레킹 여행을 인솔한 후 대개는 귀환 비행기를 기다리며 마지막 하루 이틀은 대도시에서 머물게 되는데요, 그 시간이 고역입니다. 그럴 때마다 자연에 대한 간절함은 더욱 커지며 또 다른 미지의 트레일을 꿈꾸게 됩니다.

이번엔 조지아입니다. 유럽에서는 유일하게 인간의 손이 닿지 않은 놀라운 규모의 자연 생태가 수천 년 동안 지켜지고 있다는, 코카서스Caucasus 산맥의 나라 조지아. 코카서스 지역은 '작은 알프스', 조지아는 '저렴한 스위스'라고 불립니다. 그만큼 자연 풍광이 압도적이면서도 가성비 좋은 여행지로 손꼽히는 곳으로, 유럽의 지붕이라 할만한 5,000m급 고봉들로 둘러싸여 특별한 풍경에 목마른 저 같은 사람에게는 꼭 맞춤합니다. 특히 애주가를 현혹하는 싸고 질 좋은 와인이 넘쳐나고, 그에 걸맞은 안주들, 말하자면 각종 치즈와 생선 절임 등 유기농 자연식품과 다양한 발효식품의 산지로 유명합니다.

지독한 철권통치로 '조지아의 인간 백정'이라 불렸던 스탈린Joseph Stalin과 세계적인 대문호 푸시킨Aleksandr Pushkin을 배출한 나라 조지아는 그리스어로 농부라는 뜻을 가진 단어인 게오르기오스georgios, 혹은 조지아의 수호성인으로 추앙받는 기독교 성인 게오르기오스Georgios에서 유래한 국명입니다. 카스피 해에 연해 있고 실크로드의 중심지였던 아제르바이잔, 슬픈 역사를 간직한 성지 아르메니아와 함께 코카서스 3국이라 불리며, 모진 시련 속에서도 꿋꿋하게 자신만의 역사와 전통을 지켜온 곳이 바로 코카서스 지역의 조지아, 옛 그루지아입니다.

조지아는 현재 유럽 백인의 시조인 코카시언Caucasian이 유래한 지역이기도 합니다. 동방정교를 믿는 기독교 국가인데 구소련 연방에 속했을 때의 명칭인 '그루지야$^{Gruziya}$'로 불리는 것을 이 나라 국민들은 매우 불쾌해합니다. 튀르키예인들이 '터키'라고 부르는 것을 싫어하듯이 말입니다.

 수도는 트빌리시$^{Tbilisi}$. 현지어로 '따뜻하다'를 의미하는 말인데, 겨울 기온은 대개 영상, 여름에는 25도 정도의 쾌적한 온도를 유지한다고 하니 수긍할 만한 이름입니다. 지리적으로 동서양이 만나는 곳에 해당하며, 유럽, 중앙아시아, 중동의 길목에 위치하여 오랫동안 문화 및 지정학적으로 충돌 지역이었습니다.

 인구 380만 명에 한반도의 1/3 크기의 면적을 가진 약소국가의 운명은 주변 강대국의 흥망성쇠에 따라 쉴 새 없이 침략과 학살, 전쟁이 이어지는 피의 역사였습니다. 그럼에도 불구하고 독립 후 안정적인 국정운영과 문호 개방으로 자연과 문화의 우수성을 만방에 알리며 세계적으로 주목받아 왔습니다. 한때 부정부패도 깊고 경제도 피폐했으나, 2003년 무혈혁명인 장미혁명을 통해 부패의 대명사였던 경찰 조직을 해체하

자연과 인간이 함께 어우러져 살아가는 코카서스

고 새 지도자 미하일 샤카슈빌리 Mikheil Saakashvili를 맞이하며 새로운 국면을 맞이합니다. 경찰관 전원을 새로 선발하고, 뇌물에 흔들리지 않을 만큼 월급도 파격적으로 인상해 그 덕에 조지아 경찰은 예비 신부들에게 1등 신랑감으로 등극했다고 하네요.

그런 말이 있습니다. '조지아는 물에 빠져 죽는 사람들보다 포도주에 빠져 죽는 사람이 더 많다.' 그 정도로 와인을 많이 만들고, 또 너나없이 애호하고 있습니다. 세계 최초로 와인이 만들어진 곳으로 인정받고 있고, 유럽에서 와인을 뜻하는 단어인 '비노Vino'도 자신들의 언어라고 주장하고 있기도 합니다. 일명 황토 항아리인 토기를 이용한 제조 및 숙성 방법인 전통 크베브리 와인 제조법은 2013년에 유네스코 무형 문화유산으로 등재되었습니다.

코카서스 산맥. 러시아와 함께 코카서스 3국(조지아·아르메니아·아제르바이잔)이 공유하고 있는 이 거대한 산군에는 유럽의 최고봉 엘브루스 Elburs(5,642m)가 버티고 있고, 그 외에 5,000m급 산이 4개가 더 있을 정도

5월의 우쉬굴리. 폭설로 발이 묶이기도 한다.

로 고봉과 빙하가 즐비한 곳입니다. 길이 1,200㎞, 폭 180㎞의 장대한 크기로 흑해와 카스피해 사이에 위치해 아시아와 유럽의 경계를 이룹니다. 산맥 서부 지역은 인간의 영향이 미치지 않는다고 하네요. 빙하 녹은 물이 고여 만들어진 고산 호수가 무려 130여 개에 이릅니다. 특히, 지구에서 가장 다양한 언어와 문화가 공존하는 지역으로 꼽히기도 합니다.

자못 위압감마저 들게 하는 코카서스 산에는 다양한 문명이 선사해 준 유적지가 많으며, 그중 카즈벡 $^{Kazbek}$(5,033m) 산은, 인간에게 불을 준 대가로 독수리에게 간을 쪼이며 묶여 있었다는 프로메테우스의 신화를 간직하고 있어 더욱 흥미롭습니다. 5,000m를 넘기는 높고 험준한 산에는 실제로도 독수리가 많이 서식하고 있어, 신화가 마치 역사적 사실인 양 생생한 느낌이 듭니다. 조지아 제2의 도시라 불리는 쿠타이시 $^{Kutaisi}$에는 프로메테우스가 제우스에게 잡히기 전 몸을 숨겼다는 프로메테우스 동굴도 있다고 하니 참고 하시길요.

트빌리시 공항에 내렸습니다. 마음으론 벌써 몇 번을 다녀갔건만 막상 도착하니 낯설기도 하고, 찬찬히 주위를 둘러보며 익숙해지려 애씁니다. 'Tbilisi Loves You'라는 글귀가 나를 반겨줍니다. 렌터카를 받아 설레는 마음으로 길을 떠납니다. 도로는 양방향 2차선인데 추월 금지선도 아랑곳하지 않고 기회만 되면 마구잡이로 들고 납니다. 처음엔 정신을 못 차리다가 이내 적응하곤, 속도 제한을 무시하고 굼벵이 차들을 따돌리며 운전해 가니 예정보다 훨씬 빠르게 과거 카즈벡이라 불렀던 스테판츠민다 $^{Stephantsminda}$에 도착했습니다.

해발 1,870m인 이 마을은 제정 러시아 총독이었던 알렉산더 카즈베기 $^{Alexander\ Kazbegi}$가 자신의 이름을 따 카즈벡산이라고 명명했고, 마을 이름도 여기서 유래해 오다가 독립 후 원래의 지명인 스테판츠민다로 복원되었다 합니다. 세계 최초로 그리스도교를 국교로 받아들인 나라답게 조지아 정교의 유명한 수도사였던 '스테판'과 성스럽다는 뜻의 '츠민다'

를 합성한 것이라 합니다. 대부분의 세계적인 명산 아래에 베이스캠프 역할을 하는 예쁜 산악마을이 있듯이 이곳 역시 카즈벡산을 받쳐주는 곳입니다.

  소문난 맛집에 들러 점심을 잘 챙겨 먹고 트레킹에 나서기로 했습니다. 무엇을 주문할까 골몰하고 있는데, 지켜보던 주인 양반이 조금은 답답했는지 다가와서는 한국인이냐고 묻습니다. 맞다고 하니 한국인들은 다들 이런 것들을 시킨다며 여러 메뉴를 짚어줍니다. 반대하는 사람 없이 그대로 주문하니 그야말로 거의 완벽한 점심상입니다. 전통 음식이면서도 마늘, 치즈, 버섯 등으로 요리해 우리 입맛에도 아주 잘 맞습니다. 와인의 종주국 조지아산 하우스 와인과 곁들이니 정말 제격입니다. 딱히 팁 문화가 없는지라 계산의 번거로움이나 부담감 없이 식당을 나와 오늘의 트레킹을 위해 주타$^{Juta}$로 달려갑니다.

  코카서스에는 이제 막 봄의 전령이 도착했습니다. 희끗한 잔설이 덮인 산 아래는 막 움튼 어린 잎새들이 싱그러운 초록의 계절을 채비하고 있습니다. 눈과 빙하들이 녹아 내려와 개울에서 만나면, 이내 시냇물이 되어 신나게 달음질칩니다. 녹아내린 눈과 함께 산사태로 인해 길이 유실된 곳도 곳곳에 있어, 좁아진 길을 가까스로 이동해야 할 때도 있습니다.

  어느새 목적지에 도달했습니다. 시야에 꽉 들어오는 설산. 저 풍경의 눈 속으로 파고들 양으로 계곡 길을 따라 용맹정진하며 그림 같은 차우키$^{Chauki}$ 호수를 지나 고개를 넘어 로슈카$^{Roshka}$까지 이어 걸을 오늘의 길. 주타 마을을 이내 통과하고 언덕을 올라가니, 마치 스위스와도 같은 풍경이 펼쳐집니다.

  계곡으로 향하는 산자락 길 주변에는 이제 막 피어난 온갖 들꽃이 지천이고, 발아래 계곡에는 맑은 개울물이 유쾌하게 흘러갑니다. 파란 하늘과 설산이 대비를 이루며 넓게 펼쳐지니, 그대로 그림입니다. 그것도 걸작 수준! 왜 '작은 스위스'라 부르는지 대번에 이해가 가는 풍경입니다.

한국인들에게 알려지기 꽤 오래전부터 유럽의 등산 마니아들은 스위스 알프스에 비해 덜 때 묻은 순수한 대자연을 즐기고자 끊임없이 이곳을 찾아왔답니다. 케이블카나 산악 열차 없는 산이 그리웠던 것이죠.

어머니의 품 같은 코카서스 산에 감싸여 하룻밤을 보내고, 찬연한 산악마을의 아침을 맞이합니다. 오늘은 카즈벡산을 만나러 가는 일정입니다. 마을을 떠나 잠시 오르면 정겨운 산촌 스테판츠민다를 내려다볼 수 있는 대초원이 펼쳐지고, 게르게티 트리니티 *Gergeti Trinity* 교회가 능선의 끝자락에 반듯하게 서 있습니다. 조지아를 홍보하는 대표적 풍경 사진으로 자주 등장하는 곳입니다.

14세기에 건립된 이 교회의 위치는 꽤나 절묘한데요, 산자락 조그만 봉우리 정상에 수도원을 지어 마을을 내려다봄과 동시에, 적의 침범을 한눈에 확인할 수 있도록 일종의 망루 역할을 한 것으로 알려져 있습니다. 대부분의 방문자는 게르게티 트리니티 성당까지 가거나, 조금 더 위로 올라가 인생 사진 하나씩 건져 오는 것으로 길을 마무리하지만, 우리

메스티아 트레일의 최고봉인 치쿤데리 고개

는 빙하를 만나러 더 올라갑니다. 아직은 눈이 녹지 않아 두텁게 쌓인 눈
길을 오르기 위해 아이젠과 스패츠까지 완벽하게 준비해 온 참입니다.

　　꽤나 많은 젊은이들이 트레킹을 위한 배낭 외에 기다란 스키를 옆
에 꽂고 올라가는 것이 눈에 띕니다. 올라갈 때는 힘들게 올라가더라도,
내려올 때는 신나게 눈을 지치며 속도감을 만끽하려는 계획이라고 하네
요. 야영 장비를 다 짊어지고 올라가는 것을 보니, 아마도 하룻밤을 지낼
요량이로군요. 우리 뒤에 따라 올라오던 독일인 트레커가 길을 제대로 잡
지 못하고 다른 방향으로 가는 듯하기에 목소리를 높여 우리 쪽으로 오게
했습니다. 아니나 다를까, 정확한 지도가 없더라고요. 우리 지도를 내보
이며 꼼꼼히 설명해 주고 기념사진도 서로 찍어주며 잠시 대화를 나누다
헤어지기도 했습니다.

　　넓게 펼쳐진 설원. 당일 이른 시간에 등반한 사람들인지, 아니면 산
장에서 하루 묵고 오는 사람들인지 꽤 많은 사람이 스키를 타고 내려오는
데, 우리 근처 눈이 끝나는 지점에서 멈춰 서며 인사를 나눕니다. 그들이
내려온 궤적을 쫓아 반대쪽으로 등반을 시도합니다. 돌출된 산릉에 묘한
설치물이 있어 다가가 보았더니, 장작을 지필 수 있는 시설로 보이네요.
설마 바비큐용은 아니겠지 싶을 만큼 제법 높고 덩치도 큰데, 확인해 보
니 봉화 불을 피우는 곳이었습니다. 수많은 외세의 침입에 대비하려는 각
고의 노력 중 하나라 생각하니 동병상련이랄까, 역사적 아픔을 공유하게
되는 순간입니다.

　　카즈벡산은 만년 설산으로 코카서스산맥 중 7번째로 높은 봉우리
입니다. 첫 번째는 러시아 영내에 있는 유럽 최고봉 엘브루스(5,642m)이고,
조지아에서는 스바네티 Svaneti 국립공원 내 쉬카라 Shkhara (5,193m)에 이어 두
번째로 높은 봉우리로 꼽힙니다. 동시에 코카서스산맥에서 가장 아름다
운 산으로 평가받고 있기도 합니다. 쉬카라 봉은 후반부에 종주 트레킹을
마치게 될 산으로 우쉬굴리 Ushguli 마을에서 올라 조망할 수 있습니다. 이

제 더욱 가까이 다가온 설산 설봉들. 프로메테우스가 인고의 시간을 보낸 치욕의 장소라고도 하는데, 겹겹이 물결치는 능선의 부드러움이 나에게는 오히려 조지아인들이 주식으로 먹는 엄마의 빵 데다스퓨리$^{Dedas\ Puri}$ 같이 넉넉하게만 다가옵니다. 엄마의 품 같기도 하고요.

이제 다음 목적지인 메스티아$^{Mestia}$로 향합니다. 와인의 나라답게 곳곳에 와인 루트와 와이너리들이 줄지어 있어 값싸고 질 좋은 와인들을 시음하거나 구매할 수 있습니다. 집에서 담근 밀주를 1리터나 2리터 페트병에 담아 파는 도로변 노점들도 허다합니다. 양봉도 주 수입원 중 하나인 듯 다양한 종류의 꿀을 팔기도 하는데, 아카시아 향을 좋아하는 나는 아카시아꿀도 한 통 사서 목적지를 향해 달립니다. 긴 운전 끝에 드디어 몽블랑의 샤모니, 마터호른의 체르마트와도 같은 스바네티 산군의 거점 산골 마을 메스티아에 도달했습니다. 만년설이 뒤를 받쳐주고, 산 아래로 맑은 강물이 좌우로 감싸 흐르는 마을. 여지없이 여기도 알프스입니다.

때묻지 않은 알프스라 불리는 조지아의 풍경. 쥬타에서 차우키 호수 가는 길

예약해 둔 숙소 주인과 연락이 되지 않습니다. 전화를 해봐도 답이 없습니다. 어디 볼일이라도 보러 갔나 본데, 참 대책 없는 인간이다 싶은 게 황당할 뿐입니다. 급히 다른 숙소를 찾아 예약하러 갔더니, 난리도 그런 난리가 없습니다. 그제야 부산하게 청소하고 채비하느라 마치 호떡집에 불이라도 난 것 같습니다. 조금만 기다려 달라 양해를 구하기에, 동네 한 바퀴 돌고 가볍게 장을 봐 들어가니, 미안하다며 자기네들이 만든 술이라며 자체 주조한 코냑과 조지아 전통주 차차chacha 한 병씩을 웰컴 드링크로 내놓습니다.

차차는 포도주를 걸러내 증류한 독주로, 우리네 안동 소주와 중국 고량주의 중간 맛이라고나 할까. 제 입맛엔 이게 좀 더 잘 맞았습니다. 이탈리아의 그라파나 불가리아의 라키아와 비슷한 증류주인데, 와인의 본산지인 조지아가 자랑하는 술로 후박색의 브랜디를 두 번 증류해 맑은 색을 낸다고 하니, 시간과 정성이 깃든 영혼의 술이라고도 말할 수 있습니다. 그렇게 홀짝홀짝 마시다가 몰려오는 취기에 나도 모르게 잠이 들어버렸습니다.

2,050m 산기슭에 자리한 아름다운 아디쉬 마을

이제 시작되는 3박 4일간의 종주 트레킹. 코카서스 산군의 정기를 듬뿍 받고 일어나 활기차게 길을 나섭니다. 메스티아에서 자베쉬Zhabeshi, 아디쉬Adish, 이프라리Iprari 마을을 거쳐 우쉬굴리까지 56㎞를 걸으며 3,000m를 오르내리는 길입니다. 우쉬굴리는 코카서스가 안겨준 천혜의 자연환경에 요구르트, 치즈, 절인 음식 등의 건강한 식단과 선조들로부터 물려받은 유전적 요인 덕에 세계 4대 장수 지역 중 하나로 꼽힙니다. 대부분의 장수마을은 해발 1,000m 이상의 고원지대에 위치해 맑고 건조한 공기와 청정한 자연환경을 가지고 있으며, 소박한 자연식을 소량 섭취하는 식습관과 일이든 운동이든 끊임없이 몸을 움직이는 공통점이 있다고 합니다. 가족이나 친지들과의 좋은 인간관계도 한몫한다고 하고요.

메스티아 중심가에서 성공적인 완주를 다짐하며 기념 촬영을 하고 출발합니다. 제법 가파른 길을 따라 올라가며 바라본 산촌의 풍경은 보슬비에 젖어 더욱 고즈넉합니다. 마을 곳곳에 솟아 있는 수많은 망루는 조지아의 산간 마을을 대표하는 역사적 흔적 중 하나로, 수시로 쳐들어오는 침략자를 견제하며 살았을 산악마을 사람들의 긴장된 삶을 엿보게 합니다. 마을을 벗어나 자연으로 들어가니 길이 완만한 것이, 트레킹하기 딱 좋은 산 사면엔 온갖 야생화가 발에 채고, 만년설산군들을 바라보며 눈 호사를 누립니다. 그 아래 푸른 목초지에는 양과 소들이 방목되어 한껏 자유를 누리고 있습니다. 참 팔자 좋아 보이는데, 우리 팔자도 오늘은 그에 못지않습니다.

마지막 구간에서는 참았던 하늘이 울음을 터트리는지, 비가 제법 내립니다. 점심까지 건너뛰며 신속하게 걸어 일찌감치 자베쉬의 게스트하우스에 들어가 비를 피합니다. 직접 조리해 먹기에는 시간도 늦었고, 몸도 곤한지라 인심 좋게 보이는 후덕한 여주인에게 점심상을 부탁합니다. 얼마 지나지 않아 따스한 수프부터 샐러드 등 준비된 음식이 차례차례 나오는데, 하나같이 맛깔스럽고 한국 사람 입맛에도 딱 맞습니다. 클

5,068m 높이의 아름다운 쉬카라 빙하. 여유로운 말들이 더욱 평화로운 풍경을 만든다.

린턴 전 미 대통령이 러시아를 방문했을 때 푸틴이 모스크바에 있는 조지아 식당으로 그를 모셨다는 일화가 있을 만큼 이 나라의 음식은 명성에 부합합니다. 창밖에 장대비는 여전하고, 사위는 을씨년스럽기만 합니다. 배도 부른 데다 추위에 떨었던 몸이 민박집의 따스한 온기에 녹아드니, 참을 수 없는 졸음에 모두 그대로 쓰러져버립니다.

종주 둘째 날. 초반부터 지속되는 가파른 길을 10㎞쯤 꾸준히 올라갔다가 두어 번 더 오르내리면, 하늘 아래 첫 동네이자 구름 위의 마을인 아디쉬에 당도하며 오늘의 걸음을 마감할 예정입니다. 아기돼지에서 어미돼지까지, 들판에서 방목되는 돼지 일가족의 환송을 받으며 자베쉬 마을을 떠나, 고갯마루를 치고 오릅니다.

오늘은 고르바시Gorvashi와 그비나리Gvinari 등 3,000m급 산군의 장엄한 전망을 만나게 될 날인데, 날씨가 좀 수상합니다. 날이 밝은지 꽤 되었건만 하늘은 여전히 어둡고, 구름은 무겁게 내려와 있습니다. 4월 말에서 5월 초순이면 작년에 내린 눈이 녹지 않아 대단한 설경을 마주할 것이라고 예상하긴 했으나, 현실은 정확한 적중을 넘어 비관적이기까지 합니다. 고산 길과 그늘진 계곡에는 여전히 쌓인 눈이 허리까지 차오른다고 하니 걱정스러울 밖에요. 노부모와 함께 게스트 하우스를 운영하는 노총각 말로는 여름 시즌인 7월에서 9월까지만 딱 비가 내리지 않으며, 그 외에는 심심찮게 비나 눈이 온다고 하네요. 남은 기간 그저 하느님이 보우하사, 쾌청하게 날이 개기만을 소망할 뿐입니다. 가끔 한 번씩 비가 개고 하늘이 열리며 풍경이 펼쳐지는 맛으로 종주를 이어갑니다.

어느덧 날씨가 너무 좋아지며 오히려 연무에, 스모그 현상까지 더해 산하가 뿌옇게 덮여 풍경이 아련하게만 보입니다. 짐작건대 게스트 하우스 같은 데는 난방을 전기 시트로 합디다만, 대부분의 촌가에서는 여전히 장작을 때서 취사나 난방을 해결합니다. 그러다 보니 그 연기가 자욱하게 계곡을 메우고 있고, 바람이 훑고 가는 비포장도로 먼지들이 또한 하늘을 가리고 있습니다.

그런 탓에 아쉽게도 카즈벡에서 보았던 그 선명하고도 창연한 푸른 하늘은 볼 수 없습니다. 가까운 곳에서나마 봄꽃의 아름다움이 눈을 즐겁게 하니 그만하면 됐다, 애써 만족하려 합니다. 앙증맞은 작은 꽃들의 해맑은 미소. 각종 야생화들의 군무. 만개를 염원하며 바람이 불 때마다 뿜어대는 배꽃 향기에 현기증이 날 지경입니다. 무릉도원이 따로 있을까! 향기에 취하고 풍경에 취해 그 취기로 고갯길을 쉬이 올라갑니다.

오월로 접어드는 계절인데도 역시나 아직 눈이 두텁게 쌓인 채 남아 있습니다. 키 작은 나무들이 꽃을 피우기 위해 이제야 봉우리를 탐스럽게 부풀리고 있습니다. 정상의 전망대에 올라 오늘 아침 막 떠나온 마을을 내려다보니 올라왔던 길 주위로 흩뿌려진 풍경에 마음이 평온해집니다. 이방인에게도 늘 살가운, 이곳 사람들의 넉넉한 인심이 어디서 왔는지 알 것도 같아요. 자연으로부터 저절로 배웠겠지요. 저절로 물들었겠지요. 병풍 같은 설봉들이 점점 우리들 눈높이로 다가옵니다.

수천 년 동안 다져지다 못해 패버린 길은 중간중간 물길이 되기도 해 다소 불편하기도 합니다. 그럼에도 이곳을 종주하는 하이커들이 제법 있습니다. 눈이 이렇게 많을 줄 모르고 왔다며 걱정스러워하는 중년의 포르투갈 부부와 얘기를 나누었는데, 우리도 같은 처지인 걸 알고는 위안을 얻는 눈치입니다. 다음 마을에서 다시 보자고 인사를 나눈 후 헤어졌습니다. 편리함이나 접근성에선 알프스에 못 미치고, 규모나 장대함에서 히말라야에 견줄 수는 없지만 알프스처럼 인위적이지 않고, 히말라야처럼 투박하거나 누추하지 않다는 점 등, 코카서스 나름의 장점들이 있습니다. 야생적이면서 거친 산악 안에 수만 년을 적응하며 살아온 조지아 인들이 부럽기도 합니다. 아름다운 산속 마을이자 스바네티 지역에서도 오지 중의 오지인 아디쉬 마을로 들어서며 하늘이 맑아집니다. 우리가 맞았던 비가 주변 산정에는 눈으로 내려 쌓인 뒤라 풍경은 더욱 기막힙니다.

산비탈에 매달려있는 아디쉬 마을의 비 개인 풍경은 더없이 정갈하고 수려합니다. 수많은 망루를 비롯한 10세기부터 지어진 유적들이 제법 많이 남아 있어, 숙소에 배낭을 내리고 마을을 한 바퀴 둘러봅니다. 게스트 하우스마다 경쟁이라도 하는지, 여기 저녁 식사도 대만족입니다. 오늘도 와인 한잔 곁들이지 않을 수 없죠. 어느덧 이 시간이 하루 일상 중 가장 행복한 시간이 되어버렸습니다. 무심코 밤하늘을 올려다봅니다. Milky Way. 은하수를 찾아봅니다. '찬연하게 흐르는 은하수를 볼 것이며 별은 머리 위로 어깨 위로 마구마구 쏟아질 것'이라던 초반에 공유한 일정을 인용하며, '은하수는 오데 있고 별은 또 어디서 쏟아지냐'고 동행들은 핀잔 섞인 놀림을 해댑니다. 호탕하게 웃는 그 모습이 짓궂고도 다정합니다. 내일을 기대하라고, 그도 안 되면 꿈에서라도 보라고 달래며 잠자리로 밀어 넣습니다. 마음 같아선 은하수가 보일 때까지 버티고 싶네요.

코카서스는 문명의 손길이 닿지 않은 유럽의 숨은 보석과도 같은 곳으로 유명합니다. 훼손되지 않은 자연과 유럽 중세 시대의 동화 같은 분위기를 잘 간직하고 있어 트레킹 내내 각기 다른 아름다움을 감상할 수 있습니다. 오늘도 날은 너무도 화창한데, 스모그 현상으로 하늘은 잿빛에 가까

조지아의 쿠카서스 원대는 독바이 앞프스라 부른다

워 보입니다. 좋아질 거라는 희망을 품고 조지아식 아침을 든든히 먹은 후 길을 나섭니다.

종주 3일째인 오늘. 일정은 다음과 같습니다. 청정 오지마을 아디쉬에서 출발해 아디쉬 빙하를 바라보며 아디쉬차라$^{Adishichala}$강을 따라 걸어 오르다 강을 건너고, 이 구간 최고점인 츠쿤데리$^{Chkhunderi}$(3,036m) 고개를 넘어 이프라리 마을에 도착할 예정입니다. 그중에도 특히 빙하가 장대하게 펼쳐질 전망대 풍경을 가장 기대하고 있는데요, 설레는 마음에 걸음이 바빠집니다. 흰 눈이 풍성하게 덮인 산하를 바라보며 나그네들은 분명 가슴이 터질 듯 전율하겠지요. 정상 격인 고개에 오르면 360도 파노라마 전망으로 주변 산을 마음껏 즐기며 추억의 사진을 원 없이 남길 것입니다. 하산 후엔 코카서스산맥에 기대 사는 소박한 마을 이프라리에 몸을 뉘며 하루를 마감할 것입니다.

낭창한 기대와 달리 현실은 녹록지 않습니다. 불어난 강물 때문에 도강이 사실상 불가능하고, 말을 이용해 건너게 해 주던 서비스도 시즌이 아니라 없다고 하네요. 더욱이 물은 미처 녹지도 않은 데다, 최근 더 내린 눈으로 인해 츠쿤데리 고개를 넘는 것은 아예 불가능. 다른 팀들도 그런 이유로 모두 되돌아갔다고 게스트 하우스 젊은 주인이 설명합니다. 우리도 어쩔 수 없이 우회하기로 합니다.

차량으로 이동하려는데, 세상에나. 불어난 강물 때문에 유실된 포장도로는, 콘크리트나 아스팔트 표면만 남기고 휩쓸려 내려가, 달랑달랑 매달려있는 지경입니다. 그래도 어쩌나요. 목숨을 천운에 맡기고 건널 밖에요. 때로는 거센 물길이 자갈로 막아버린 길을 불도저가 물을 막고 길을 만드는 동안 한참을 기다리기도 했습니다. 정말 예측할 수 없었던 오지에서의 사투. 결국 해냈습니다.

이프라리 마을에서 역으로 아디쉬 마을 쪽으로 올라갑니다. 곧 다가올 여름에 길을 가득 메울 트레커들을 위해 호텔과 게스트 하우스를 정비하던 아낙들이 환한 인사를 건네옵니다. 그 외에는 지나치는 마을마다

정적만이 가득하고, 언제라도 덮쳐버릴 기세의 코앞 설산은 눈을 떼지 못하게 합니다.

평지 길을 끝내고, 이제 경사진 산길을 올라갑니다. 나름 양지바른 곳이라 눈이 녹고 바닥이 보입니다. 그런데 난생 본 적 없는 풍경이 눈에 들어옵니다. 지난가을에 떨어져 쌓인 낙엽 위로 눈이 쌓여 낙엽을 덮어버립니다. 겨우 내내 눌려 있다가 봄이 되어 눈이 녹아 없어지며 나타난 낙엽 덮인 길은 마치 온통 산이 알아서 다림질을 해놓은 양 맨질맨질합니다. 책갈피에 끼어두었던 낙엽이 오랜 세월이 지난 후 책에 잘 눌려 평평해진 것처럼 그 수많은 단풍의 낙엽들이 이렇게 눈과 세월에 눌려 온 길을 가득 덮고 있습니다. 그 틈새로 아기 조막손 같은 새순들이 하늘로 빼곡 고개를 내밀고 있습니다.

산허리를 돌며 눈은 점점 더 많아지고, 깊어집니다. 우회하며 웬만한 눈을 치고 오르고 있으나, 이제는 한계에 이릅니다. 츠쿤데리 고개까지는 아직도 한참을 더 올라가야 하기에, 아쉬운 발길을 돌리고 맙니다. 이 트레일의 종주는 6월 이후에나 가능하지, 5월에 진행하는 것은 무리임을 새삼 깨닫습니다.

그런 결론을 내리고 내려오는 길에 중국인 청년을 만납니다. 상하이에서 왔다고 하는데, 백패킹을 위해 제법 큰 배낭을 메고 올라오며 수인사를 건넵니다. 온갖 손짓 몸짓을 섞어 눈 때문에 고개를 넘을 수 없다고 일러주긴 했는데, 알아들은 건지 아닌지 씩 웃으며 말없이 올라갑니다. 그런 그를 결국 산 아래 숙소에서 다시 만났습니다. 식당으로 들어서던 그는 우리에게 계면쩍은 웃음으로 눈이 허리까지 차서 도저히 못 가겠더라고 몸짓으로 설명하며 도리도리 고개를 가로젓습니다. 한바탕 큰 웃음으로 공감을 표합니다.

고즈넉한 산촌의 아침. 여유 있게 여장을 꾸려 길을 나섭니다. 오늘은 코카서스 스바네티 국립공원 메스티아~우쉬굴리 구간 종주 트레킹을 갈무리하는 날. 동유럽에서 가장 높은 거주 마을인 우쉬굴리로 들어가며 3박 4일의 일정을 마감하게 됩니다. 사람, 자연, 종교의 나라 조지아. 기대 이상의 아름다운 경치와 때 묻지 않은 순수함이 살아 있는 곳. 언뜻 보면 이곳 사람들은 그리 친절해 보이지는 않지만, 함께 지내다 보면 어느새 속 깊은 정을 느끼게 됩니다.

이프라리를 떠나 우쉬굴리로 가는 길. 높은 고개는 모두 넘었고, 이제 적당히 오르내리며 멀리 펼쳐진 빙산을 감상하며 흘러가듯 가볍게 가면 됩니다. 우리를 안타깝게 여기기라도 했는지, 마지막 날이라고 이제야 푸른 하늘을 한껏 드리워줍니다. 설산은 대비되며, 더욱 환하게 빛납니다. 산들바람이 불어와 야생화를 간지럽히니 둠칫둠칫 온몸으로 춤을 추어댑니다. 발밑에는 새끼손톱보다 작은 뭇 꽃들이 무수히 피어 있습니다. 온 들판을 메워 오는 들꽃의 향연. 코카서스 자락, 우쉬굴리로 향하는 길의 풍경입니다.

방치된 폐가들도 어느덧 근사한 풍경의 일부로 보이는데, 늘어나는 나그네들을 위해 게스트 하우스며 호텔들을 제법 많이 신축하고 있습니다. 투박한 듯 단순해 보이는 건축 양식에서 그들의 국민성이 엿보입니다. 마지막 정점에 올라 우쉬굴리 마을을 내려다보면, 조지아를 대표하는 홍보 사진에서 자주 보이는, 그 풍경과 마주하게 됩니다. 역시나 이곳에도 유명한 수십 개의 망루가 보존돼 있고, 그중에도 가장 높은 곳에 자리한 망루와 마을 풍경을 함께 굽어보니 가슴이 후련해져 옵니다.

거친 산악지형에 눈과 비로 인한 궂은 날씨 때문에 외부와 단절된 채 살아온 이곳 주민들은 그들만의 전통과 문화를 비교적 잘 지키며 살아오고 있습니다. 이제 저쯤 그리 멀지 않은 곳에 5,068m 높이의 쉬카라 빙하가 희미하게나마 유려하게 펼쳐지고, 우리는 개선장군처럼 비포장 포도를 따라 마을로 들어섭니다. 유난히 많은 우쉬굴리의 망루들이 마치 우리를 위해 종주의 피날레를 불어주는 것만 같아 걸음에 더욱 힘이 붙습니다.

마을에 들어서니 어찌나 고요한지 숫제 을씨년스럽습니다. 오픈 사인이 켜진 카페에 먼저 들러 시원한 맥주를 주문해서 갈증을 다스립니다. 예정에 없던 우쉬굴리 숙박이라 좋은 숙소를 추천받으려 합니다. 이제는 슬슬 우리 음식이 그리워져, 주방이 꼭 있었으면 했는데, 다행히 적당한 곳을 찾았습니다. 밥을 하고 된장찌개 끓이고, 남은 반찬들을 곁들여 푸짐하게 점심을 차려 먹습니다. 우리식 밥상이 오랜만인지라 반갑기 그지없습니다. 한식 몇 끼를 건너뛰고도 견딜 수 있었던 걸 보면, 조지아의 음식이 그만큼 한국인 입맛에도 잘 맞는다고 결론 내도 좋겠네요. 제가 한식을 한 끼 거르기도 어려운 한국 아재 식성이거든요.

잠시 휴식을 취하고, 여느 방문객들처럼 말을 빌려 쉬카라 빙하를 조망하러 나섭니다. 우선 안장에 올라타 동네 한 바퀴 마실을 돌고, 이어 드넓은 초원을 가로지르며 유유자적 힐링을 합니다. 동네 뒷동산에 올라서니 코앞까지 다가온 쉬카라 빙하가 당장이라도 덮쳐올 듯 가까이 펼쳐져 있습니다. 때 묻지 않은 순백의 색감이 오히려 위압감을 주는데, 도대체 연세가 어찌 되시나 궁금한 마음은 경외감으로 이어집니다. 하나둘 소멸하여 가는 지구촌의 많은 빙하들을 생각하면 한편 또 근심이 들기도 하고요. 쉬카라 빙하와 함께 수천 년을 살아온 우쉬굴리. 하나둘 굴뚝마다 저녁 짓는 연기가 올라오다 어느새 아스라이 눈 속으로 사라져 버립니다.

아침에 눈을 뜨니 온 세상이 하얗게 변해있었습니다. 간밤에 눈이 엄청나게 내린 모양이네요. 오월의 폭설. 자칫하다 발이 묶일 수도 있지만, 순백 동화의 나라에 서 있는 듯 지금 이 순간은 황홀하기만 합니다. 조지아 코카서스의 종주 트레킹은 이렇게 피날레를 장식하고, 저마다 마음속으로 소리 없는 팡파르를 울립니다. 총 11일간의 여정, 시간이 정지된 듯한 길을 묵묵히 걸었습니다. 정겹고 오랜 마을을 지나며 소떼, 양떼, 말떼가 평화롭게 풀을 뜯는 목가적 풍경 속에서 마치 중세 시대로 돌아온 것 같은 착각이 들 만큼, 걷는 내내 시간 여행을 했습니다.

교통이 다소 불편하다지만, 맛있는 음식과 차고 넘치는 와인 그리고 조지아 사람들의 넘치는 정이 있어 그 정도 불편함은 문제 되지 않습니다. 어쩌다 보니 기회가 닿지 않아 먹어보지 못한 조지아 전통 음식이 있는데요, 바로 장작불로 굽는 꼬치구이 요리 샤슬릭과 농후한 맛의 가지 요리입니다. 아쉬움이 있어야 또 오지요. 그 깊은 맛을 맛보려 꼭 다시 오렵니다.

다시 올 또 하나의 이유. 코카서스의 나무들은 침엽수인 사철나무보다는 활엽수가 훨씬 더 많습니다. 그러니 아마도 조지아의 가을 단풍은 황홀할 정도로 매혹적일 거예요. 9월 말부터 10월 초까지 온 산을 불태워버린다 하니, 내년 그 시기에 맞춰서 코카서스의 참모습을 보러 다시 와야겠습니다. 때 묻지 않은 대자연의 생명이 살아 숨 쉬는 곳. 코카서스의 여정은 그렇게 가슴속에 싱그러운 설렘을 심어주었습니다. 길 위의 희열과 회한을 한잔 와인으로 달래며, 마지막 인사를 나눕니다. 조지아여. 코카서스여. ისევ გნახავ(isev gnakhav)! 곧 다시 만나요!

## INFORMATION

**거점 도시** 카즈베기, 메스티아

**거점 공항** 트빌리시 공항

**트레킹 팁** 코카서스는 카즈베기와 메스티아, 두 곳을 트레킹 한다. 카즈베기 트레일 출발점은 주타마을이다. 트빌리시에서 주타마을까지 차량으로 3시간쯤 걸린다. 메스티아 트레일은 트빌리시에서 메스티아로 8시간 차량 이동한다. 이곳에서 스바네티국립공원을 관통하는 3박 4일간의 종주 트레킹을 우쉬굴리에서 마친다.

이탈리아, 유럽
# 알타비아1 *ALTAVIA1*
장대하고 독보적인 돌로미티 대표 트레일

브라이에스 호수 *Braies Lake*
세네스 산장 *Rifugio Sennes*
라가주오이 산장 *Rifugio Lagazuoi*
파소 스타울란자 *Passo Staulanza*
파소 듀란 *Passo Duran*
벨루노 *Belluno*

| | |
|---|---|
| 거리 | 150km |
| 일정 | 7~10일 |
| 난이도 | ●●●●●○○○ |
| 최고도 | 2,752m(라가주오이 산장) |
| 시즌 | 6~9월 |
| 코스 | 브라이에스호수~라가주오이 산장~벨루노 |
| 고도표 | |

'돌로미티는 숭고하고 장엄하며, 그 아름다운 색채는 여행객의 발길을 사로잡는다'라는 유네스코의 선정 이유처럼 돌로미티는 독보적인 산악 풍경을 자랑한다. 남북으로 종주하는 알타비아1은 돌로미티를 즐기는 대표 트레일이다.

처음부터 알타비아1$^{AltaVia1}$에 가려 했던 것은 아니었습니다. 한 달 반 동안 여러 팀과 알프스 3대 미봉을 돌고 온 후, 온전히 나를 위한 시간을 내서 열흘 간 샤모니 몽블랑과 마터호른의 체르마트를 잇는 오뜨 루트를 종주할 계획이었는데요. 급하게 연락해 온 산 동무의 간절한 소망으로 급히 목적지를 바꾸게 되었네요. 동 알프스 이탈리아 돌로미티$^{Dolomites}$의 알타비아1을 종주하자고 합니다. 전체 125㎞ 구간, 급하게 일정을 잡다 보니 산장 예약이 불가능해 7박 8일간 백패킹 트레킹을 하기로 했습니다. 운이 좋으면 산장에서 잘 수도 있고, 그렇지 못할 땐 텐트를 쳐야 하니 야영에 필요한 짐과 필요한 먹거리를 모두 배낭에 지고 걸어야 합니다. 종주 백패킹이라니. 고단한 길이 되겠죠. 나태해지는 나를 조이고 식어가는 열정을 다시 데우는 데 이보다 나은 처방은 없겠다 싶어 별다른 갈등 없이 수월히 마음을 정했습니다.

돌로미티 트레킹의 거점인 코르티나담페초$^{Cortina\ d'Ampezzo}$는 이탈리아 북부의 베네토$^{Veneto}$ 주 벨루노$^{Belluno}$ 현에 있는 산악 휴양 도시로, 돌로미티산맥 근처에 자리한 겨울 스포츠의 중심 도시입니다. 1956년에 동계 올림픽이 개최되기도 했었지요.

알타비아1을 가기에 앞서, 돌로미티를 상징하는 세 개의 봉우리 트레치메를 먼저 보기로 했습니다. 하루면 트레치메$^{Tre\ Cime}$ 라운드 트레일을 마칠 수 있으니, 부담도 없습니다. 트레일의 시작점인 아우론조 산장 $^{Auronzo}$(2,320m)으로 이동해 몸 풀기 산행에 나섭니다. 일반 관광객을 피해 트레치메와 가장 근접한 등산로로 치고 올라가 아래를 내려다보면서 걷습니다. 인파에 섞이지 않고 풍경도 마음껏 볼 수 있는 호젓한 길입니다. 야생화 무리가 진한 향기를 내뿜습니다. 북편 하늘에 차오르는 안개 때문에 풍경을 마음껏 볼 수는 없으나 거대한 직벽의 뿌리를 코앞에 두고 걸으니, 가히 장관이 아닐 수 없습니다.

트레치메 라운드 트레일과 로카텔리$^{Locatelli}$ 산장으로 가는 갈림길에 이르러서야 안개구름이 걷히고 푸른 하늘이 열리며, 트레킹의 하이라이트 풍경인 수직으로 솟은 세 봉우리 트레치메 데 라바레도 $^{Tre\ Cime\ di\ Lavaredo}$가 눈앞에 펼쳐집니다. 세 봉우리의 이름을 불러 보자면, 가장 작은 봉우리는 '치마 피콜로$^{Cima\ Picolo}$(2,856m)', 동쪽이라는 의미의 '치마 오베스트$^{Cima\ Obest}$(2,972m)', 마지막으로 가장 큰 봉우리를 뜻하는 '치마 그란데 $Cima\ Grande$(3,003m)'입니다. 눈앞으로 불쑥 다가선 봉우리의 기운이 어마어마합니다.

특히 저물녘의 풍경이 장관인데요. 해가 저무는 기울기에 따라 분홍으로, 자주로, 마침내 붉은 장밋빛으로 변해 가는 그 모습은 아름답다 못해 고혹적이라고나 할까요. 누구에게든 평생 잊지 못할 기억으로 남을 것입니다. 워낙 고지대인 데다가 세 바위산이 가로막고 있어서 구름이 봉우리에 걸려 수시로 주변을 희부옇게 물들이거나 비를 뿌리기도 해, 때때로 운치 있는 풍경화를 연출하기도 합니다. 때를 맞추어 야생화들이 제각기의 옷을 입고 흐드러지게 피어있으니, 주변 경치 역시 트레치메를 돋보이게 해 줍니다.

6월 말에서 7월 중순까지 화려한 야생화가 필 때, 돌로미티는 가장 아름답다.

돌로미티에서는 신의 손이 빚은 자연뿐 아니라 인간이 굴린 역사의 바퀴와 마주하기도 합니다. 서쪽으로 크로다로사$^{Croda\ Rossa}$, 남쪽으로 크리스탈로$^{Cristallo}$를 마주하고 선 발란드로$^{Vallandro}$ 산장 앞에는 제1차 세계대전 때 오스트리아군의 참호였던 건물이 부서진 채로 남아있고, 돌로미티 전체 구간에서 가장 인기 있는 라가주오이$^{Lagazuoi}$ 산장은 제1차 세계대전 중 오스트리아와 이탈리아 간의 비극적인 산악전쟁의 현장입니다. 곳곳에 새겨진 전쟁의 상흔들과 마주하다 보면, 무엇을 위해 그렇게 처절하게 싸워야 했을까, 생각해 보지 않을 수 없습니다. 인간의 그 끝없는 탐욕과 위정자들의 폭력성에 대해 잠시 골몰하며 언짢아지다가 아름다운 7월의 꽃길에 접어들며 마음이 다시 순해집니다.

아침이 열리고 커튼 사이로 들어오는 햇살이 눈부십니다. 밤새 그렇게 비가 쏟아지더니만, 아침에 스미는 햇살은 현기증이 일 정도로 맑고 화사합니다. 바위산에 가린 손바닥만 맑은 하늘과 오늘따라 더욱 새하얀 구름 덕에 기분까지 상쾌해집니다. 새들의 노랫소리도 더없이 활기차네요. 진한 원두커피 향을 맡으니 비로소 잠이 깨는 것 같습니다.

아침을 먹고 몸을 추스른 후 드디어 돌로미티 알타비아1 종주를 위해 길을 시작합니다. 도비아코$^{Dobbiaco}$를 거쳐, 이 종주의 공식적 시작점인 1,494m 고도의 브라이에스$^{Braies}$호수에 닿습니다. 호수와 산이 맞닿아, 호수 아래의 세상으로 가는 문이 있다는 전설이 얽혀 있는 곳. 8일 일정의 종주가 이곳에서 시작됩니다. 여장을 단단히 꾸리고 기념 촬영을 한 후 드디어 트레킹을 시작합니다.

바위산 그늘이 드리운 호수 주변의 송림을 지나는 동안 숨을 크게 쉬어 피톤치드를 가득 들이마시며 호수 끝까지 성큼성큼 걸어갑니다. 계곡의 시작점에 이르니, 이미 한 패의 무리가 산행을 위해 스트레칭을 하고 있고, 그저 신기한 듯 소떼가 넋을 잃고 바라보고 있습니다. 길이 품은 풍경이 다채롭습니다. 스펙터클 한 에메랄드빛의 맑은 호수 주변으로 잣

나무가 무성히 숲을 이루고, 눈앞으로는 바위산이 파노라마처럼 펼쳐집니다. 숨이 턱턱 막히는 길고 가파른 바위 능선 길을 지나노라면 저만치에 초록 물감을 뿌려놓은 초원에 방목된 소들이 한가로이 풀을 뜯고 있고, 초원 위에 점점이 흩어진 흰 바위들이 특별한 풍경을 연출합니다.

백패킹의 첫날은 언제나 다른 날보다 힘들기 마련입니다. 일정 내내 먹을 양식과 많은 장비로 배낭이 빼곡히 채워져 있는 데다가, 대개는 오르막의 연속이기 때문입니다. 오늘도 예외는 아닙니다. 그래도 첫날인 만큼 체력과 호기는 짱짱하기에 견딜 만합니다. 1,000m 고지를 오르는 오늘의 여정. 30㎏이 넘는 배낭의 무게에 고도를 올릴수록 쉬어가는 시간이 잦습니다. 오름길 중반을 넘기면서는 결국, 차라리 덜 먹고 말자며 제법 무게가 나가는 간식들을 길가 바위 위에 나란히 늘어놓고 다시 올라갑니다. 욕심이 과했던 것이지요. 지나는 누군가에게 쓸모 있는 음식이 되었으면 좋겠습니다.

지그재그 길을 오르고 올라 저 아래로 비엘라$^{Biella}$ 산장이 보일 즈음 고갯마루에서 작은 예수상이 우리를 반겨줍니다. 잠시 멈춰 성호를 긋고 마음을 모읍니다. 비엘라 산장을 지나 야생화로 가득한 초원을 지나면서 라면 하나 끓여 밥 말아먹고, 다시 콧노래 부르며 달리듯 평지 길을 걸어갑니다. 세네스$^{Sennes}$ 산장이 저만치 보이네요. 딸랑딸랑 워낭 소리가 바람결에 실려 오고, 저 푸른 초원 위에 들꽃이 하늘거리는데 어디선가 하얀 앞치마를 두른 알프스 소녀가 달려 나와 갓 짠 우유라도 건넬 것 같은 풍경입니다.

눈을 들면 어디서나 거대한 크로다로사(3,246m), 크리스탈로(3,221m), 소라피스$^{Sorapis}$(3,205m), 토파나$^{Tofana}$(3,243m) 등의 산들이 파노라마처럼 둘러싸여 있어 황혼 녘이면 바위산 위로 빛과 그림자가 마술처럼 펼쳐집니다. 세계 최고 시설의 산장 덕분에 깃털처럼 가볍게 걸을 수 있는 곳. 이탈리아가 숨겨놓은 천상의 트레일, 알타비아1. 큰 잔으로 생맥주를 시켜놓고 저녁을 기다립니다. 마지막 사위어가는 태양이 식어 갈 즈음 갓 요리된 따스한 음식이 상 위에 차려집니다. 한 잔 술로 하루 걸은 고단함을 덜어내고, 취기가 도니 마치 고산 준봉이 호위하는 산장에서 신과 함께 겸작하는 기분입니다. 이 역시 하나의 호사로군요.

돌로미티의 소들도 제법 부지런하네요. 이른 아침, 묵직한 워낭소리가 잠을 깨웁니다. 병풍처럼 휘둘러진 산군 아래 비스듬히 누워 한가로이 아침을 맞이합니다. 옅은 구름안개가 산세를 휘감으며 곧 차오를 산촌의 해를 기다리고 있습니다. 돌로미티의 다채로운 풍경을 더욱 돋보이게 하는 것은 목조로 지은 소담스러운 오래된 산장들인데, 대개 100~200년 이상의 역사를 자랑합니다. 자연 친화적인 건물들로, 이곳의 상징이라 할 수 있지요. 이탈리아 산악회가 700여 개의 산장들을 관리하고 있긴 하지만, 대부분 개인이 운영하는 곳이기에 저마다 특색이 있고, 나름의 특징을 가진 음식으로 선의의 경쟁을 벌이기도 합니다. 맛도 제각각, 나름 일품이고요.

해발고도 2,000m에서 2,500m를 넘나드는 산장에서 온수로 몸을 씻거나, 심지어 장작을 때서 사우나 목욕을 즐길 수도 있고, 때에 따라 독방을 쓸 수도 있으니, 산객으로선 제법 큰 호사입니다. 그중에서도 오늘 우리가 숙박했던 세네스 산장은 세계 최고의 산장 목록에서 1위에 오른 곳이랍니다. 산장의 음식을 비교하는 것도 트레킹의 빠질 수 없는 즐거움 중 하나인데 엊저녁 정찬으로 주문한 소고기와 닭고기 요리는 그 맛이 하나같이 깊고 진해 다시 생각해도 탁월한 선택이었습니다.

이탈리아 돌로미티. 너비 150km에 길이 60km, 총면적은 141,903ha에 달하는 거대한 면적으로, 산군 전체가 유네스코 자연보호구역으로 지정되어 있습니다. 이탈리아 북동부 트렌티노 Trentino 주 남티롤 지방의 알프스에 속하는 산악지대로 석회암과 백운암으로 이루어진 침봉들이 거대 산군을 형성하고 있습니다. 기암괴석 및 절벽으로 이루어진 27개의 산악군을 품고 있으니, 돌로미티 풍경의 진수를 모두 감상하려면 꽤나 긴 시간이 필요합니다.

계절과 날씨에 따라 변하는 풍경은 색의 마술이라 할 만하고, 수려한 바위산마다 전설적인 산악인들의 눈물과 희생이 서려 있으며, 산악 전쟁이라는 역사의 아픔이 고스란히 남아있는 곳이기도 합니다. 3,000m 이상의 봉우리가 18개나 포진해 위엄을 더해주고, 41개의 빙하가 산정을 덮고 있어 알프스 산맥의 참모습을 보여줍니다. 잘 보존된 울창한 숲과 풍요롭게 쏟아지는 계곡도 돌로미티를 얘기할 때 빼놓을 수 없습니다. 잦은 전쟁이 있었던 만큼 교류도 잦다 보니, 다양한 문화와 전통이 어우러져 특히나 맛깔스러운 음식을 맛보기에도 좋은 곳입니다.

조촐하게 아침 식사를 마치고, 차분한 마음으로 트레킹을 시작합니다. 오늘의 여정은 페데루 $^{Pederu}$(1,548m) 산장까지 500m 고도를 낮추면서 휘휘 돌며 산수를 희롱하다가, 다시 마음 단단히 먹고 파네스 $^{Fanes}$ 산장을 향해 오르막을 치고 오른 후, 마치 화성에 온 듯 황량한 매력을 가진 길을 걷는 여정입니다. 운이 좋으면 산장에서 자고, 못 자게 되면 아무 데서나 텐트 펼치고 자면 되니 이게 또 백패킹의 장점이기도 합니다. 하루치 길을 더 연장하기로 합의를 보고 다시 언덕을 오릅니다.

고즈넉한 리모 $^{Limo}$(2,157m)호수에서 소들을 구경꾼 삼아 호숫물로 라면을 끓여 먹고 길을 이어갑니다. 산자락을 오르며, 서던 마운틴 산군에서 돌로미티의 최고봉으로 꼽히는 마르몰라다 $^{Marmolada}$(3,343m)의 장관을 가슴으로 읽어줍니다. 그 여유로움도 잠깐. 이제부터 전체 구간에서 가장 힘든 코스, 라빌라 $^{La\ Villa}$(1,433m) 마을에서 포르첼라 라바레도 $^{Forcella\ Lavaredo}$(2,533m) 고개까지 1,100m를 올라야 하는 시간입니다.

길을 우회해 편하게 갈 수도 있지만, 좀 더 극적인 풍경을 보기 위해 모두가 꺼리는 고난의 길을 자처합니다. 마지막 한 시간 반의 급경사 오르막은 온몸의 남은 기운을 다 짜내도 부족하지만, 어느새 라빌라 마을이 한눈에 들어오고 라가주오이 호수를 품은 발밑 풍경을 정상에서 숨을 고르며 바라볼 때, 그 모든 고통이 사그라집니다. 신선계에 오른 기분입니다. 사바세상에서 천상으로 가는 문. 잘 자란 목초가 가득한 고개에 서서 호수에서 불어오는 상쾌한 바람을 폐부 깊숙이 넣으며 바라보는 돌로미티 절경. 거대 암산에 비끼는 붉은 햇살이 더없이 장엄합니다.

이제 하산 길. 라가주오이 호수(2,182m)까지 좁은 돌무덤 사이로 가파른 경사 길을 내려가야 하는데요, 고소공포증이 있다면 진땀 꽤나 흘릴 만한 길이네요. 걸음 내내 긴장의 연속이다 보니, 다리가 후들거립니다. 이어지는 또 한 번의 고비. 능력의 한계치를 요구하는 등정. 다시 700m를 치고 올라야 비로소 오늘의 숙소가 될 산장에 닿을 수 있습니다. 두 발은 묵직해 걸음은 더디고, 여름 햇살에 온몸은 땀범벅, 결국 등에 진 배낭의 무게를 이기지 못한 채 미처 백 미터도 못 올리고 주저앉아 버립니다. 마지막 휘휘 돌린 깔딱 고개. 길 왼편으로 역사의 상흔이 그대로 남아있습니다. 전쟁에서 살아남으려 이 수천의 고지에 참호를 짓고 숱하게 오르내렸을 무고한 병사들의 노고를 떠올립니다. 내가 원해 택한 이 길을 누구에게 힘들다 하소연하랴 생각하며 다시금 전의를 다지고 마지막 고개를 넘습니다.

트레킹 일정 중 가장 높은 고도에 위치한 라가주오이 산장(2,752m). 해가 서산으로 완전히 기울 즈음 도착하니, 매서운 찬바람이 발가벗은 산정에 몰아칩니다. 물에 빠진 듯 범벅이던 땀이 순식간에 식어버려 이내 감기라도 들까, 걱정이 됩니다. 체감온도는 이미 영하. 텐트 칠 엄두조차 안나 방이든, 침대든 남은 게 있을까 직원에게 물으니, 우리의 몰골을 먼저 쓰윽 훑어봅니다. 장부를 뒤적이고 컴퓨터도 들여다보더니, 다인실에 침대 하나 남은 게 다라고 하니 어쩜 좋나요. 더욱 처량한 얼굴로 이 엄동설한에 길에서 잘 수 있겠냐, 바닥이라도 좋으니 부디 자리 하나 마련해 달라고 애걸할 밖에요. 다행히 창고에 매트리스를 깔아주

겠다고 합니다. 찬물 더운물 가릴 처지 아니고, 침대 바닥 가릴 때가 아니지요.

　우선은 주린 배를 채우려 맥주 큰 잔 둘과 두 몫의 음식을 시켰는데, 고소 증세로 탈진한 동행이 아무것도 먹을 수 없다고 합니다. 냉큼 맥주 두 잔을 홀랑 들이켜고, 피로감에 취기가 더하며 걷잡을 수 없이 잠이 쏟아집니다. 잠자리라고 안내된 곳은 등산화와 다른 빨래들을 널어 말리는 건조실. 그날 밤, 전 세계인의 구린 발냄새를 음미하며 자야 했고, 빨래 상태를 확인하느라 이 사람 저 사람이 들랑거리는 통에 잠도 설치고 말았습니다. 그런 밤도 그런대로 무심히 깊어가고, 달도 별도 휘영청 저마다 빛을 발하며 돌로미티를 감싸줍니다. 뒤늦게나마 잠도 조금은 잔 것 같습니다.

브라이에스 호수에서 출발하는 첫날 코스는 가파른 오르막이 이어진다.

바위산이 둘러싸고 들꽃이 만발한 산촌. 게으른 소들이 한가로이 풀을 뜯는다.

산장 베란다에서 향기 짙은 아침 커피와 함께 해돋이를 즐기며 시작하는 하루. 아침 해가 뽀얀 산을 붉게 물들입니다. 수 세기 동안 격리되어 살아온 이 계곡의 사람들은 독일어와 라틴어가 결합한 라딘$^{Ladin}$이라는 언어를 쓰며 그들만의 독특한 문화를 유지한 채 살아가고 있습니다.

돌로미티의 등반 역사는 전쟁과 더불어 이어져 온 터라 봉우리 곳곳에 군 진지로 사용하기 위해 만들었던 동굴의 흔적을 볼 수 있는데, 산을 찾는 이에게는 좋은 휴식처가 되기도 하고, 그 자체로 흥미로운 등산로가 되기도 합니다. 특히나 이곳은 제1차 세계대전 당시 오스트리아와 이탈리아 간의 격전지 중 하나였습니다.

만년설과 침봉으로 이루어진 서 알프스와는 달리 암봉과 구릉 등의 산으로 형성된 돌로미티. 과거 로마를 넘본 모든 민족은 돌로미티를 넘어야 했습니다. 알프스를 넘어 이탈리아 반도로 쳐들어간 한니발뿐 아니라, 켈트족 고트족 등 로마로 향한 모든 이민족들도 반드시 동 알프스를 넘어야 했습니다. 그들이 넘은 알프스가 바로 돌로미티 자락입니다. 로마가 세상으로 나갔던 길이기도 하고 로마를 품으려는 민족이 넘어온 산길이기도 합니다. 돌로미티는 역사와 자연을 동시에 품고 있는 길입니다.

오늘은 라가주오이 산장 바로 아래에서 제1차 세계대전의 치열한 격전지 중 하나인 오스트리아의 제4 요새를 보려 합니다. 요새에 남아있는 대포는 여전히 저 아래 친퀘토리$^{Cinque\ Torri}$의 이탈리아군의 진지를 향하고 있어 그때의 긴박함이 자연스레 전해집니다. 비아 페라타$^{Via\ Ferrata}$는 1차 세계대전 당시 산악부대의 이동 경로를 볼 수 있는 구간으로, 사령부와 대포 진지, 참호 등의 파괴된 전쟁 흔적이 그대로 남아있는 암반 슬로프를 지나게 됩니다. 역사의 처참함이 대자연의 무구한 아름다움 속에 스며있으니 묘한 감정이 입니다.

여기서 돌연 길이 없어져 버리면서 되돌아 나가버리는 사람들도 더러 있는데요. 유심히 살펴보셔야 합니다. 이어지는 길 끝에 쪽문이 하나 있고, 그 문을 통해 터널로 진입하면 동굴 내 하산 길을 따라 지겹도록 내려가게 됩니다. 거의 500m나 되는 굴로, 암반을 뚫어서 낸 군사용 땅굴이지요. 곳곳에 감시용 망루가 설치돼 있고, 대포 거치대와 지휘 본부 등 군사 활동을 위한 시설들이 그대로 보존되어 있어 더욱 을씨년스럽게 느껴집니다. 무릎이 시큰하도록 걸어 땅굴에서 바깥으로 겨우 나오니 생존을 위해 몸부림치던 인간 못지않게 야생화들도 벼랑 끝에서 치열하게 꽃을 피우고 있습니다.

비로소 길은 다소곳해집니다. 평탄한 솔밭 길을 통과하는데, 운 좋으면 영양 샤모아가 환영해 주기도 합니다. 다시 높은 돌로미티 산군으로 향하여 팔자레고 패스*Falzarego Pass*를 지나서 누보라우*Nuvolau* 정상에 오르고, 탁 트인 전망이 펼쳐진 산장에서 시원한 생맥주 한 잔으로 목을 축이며 한숨 돌립니다. 벼랑 끝에 선 명물, 누보라우 산장(2,575m)에 오르기 위해 숨 고르기를 하는 참입니다. 돌로미티 지역에서 가장 오래된 산장이기도 합니다. 산장의 전망대에 서서 산하를 굽어보면 협곡에 펼쳐놓은 물길과 폭포, 간헐적으로 얼굴을 내비치는 알프스의 설봉들이 푸른 하늘과 어우러져 천상의 풍경을 연출합니다. 초원 뒤로 솟은 돌로미티의 바위 산군

백운암이 감싼 돌로미티는 언제나 흰 눈이 덮여있는 듯한 독특한 풍경을 보여준다.

돌로미티는 거친 산과 부드러운 야생화가 어우러진다.

은 너무 거대해 비현실적으로 다가오는데, 그 바위 봉우리들 사이로 차마 닿을 수 있을까 하는 곳까지 띠를 두르듯 끝없이 길을 낸 인간의 걸음이 더없이 위대하게 다가옵니다.

　　전쟁의 소용돌이와 거친 자연과의 싸움을 거치며 살아온 사람들이라 투박하고 억세기만 할 줄 알았는데, 의외로 친절한 데다 내놓는 전통음식마다 제법 맛도 좋습니다. 한때 가장 치열했던 전장이었고, 지금은 돌로미티를 걷는 이들에게 가장 아름다운 산으로 기억될 만한 바위산 친퀘토리를 지납니다. 수려한 들꽃이 가득 수놓은 초록 들판은 전쟁의 기억이 무색할 만큼 평온 그 자체입니다.
　　친퀘토리 산장을 지나면서 길은 더욱 순해져 거의 평지에 가깝고, 길을 따라 알타비아1의 다양한 풍광이 연이어 나타납니다. 야생화가 화원처럼 펼쳐진 목초지를 지나고 소나무로 빼곡하게 채워진 길도 걷게 됩니다. 길이 어느 정도 갈무리되면 코르티나 계곡이 풍요로움을 드러냅니다. 길 끝에는 호수를 끼고 있는 곱디고운 팔미에리$^{Palmieri}$(2,066m) 산장이 기다려 주고 있으니, 이것이 덤이라면 덤입니다.

아뿔싸. 그런데 길을 놓쳐버렸습니다. 잠깐 수다 삼매경 하던 사이, 미처 빠져나갈 길을 확인하지 못하고 아스팔트로 한참이나 내려가 버렸습니다. 다시 올라가기도 아득할 지경인 데다 오기도 생겨 휘돌아 가기로 합니다. 가장 저점을 찍고 다시 치고 올라오는데 무려 두 시간 반 이상을 소진해 버렸지만, 근력 운동 했다고 생각하자며 서로를 격려합니다. 혼자였다면 자책하느라 바빴겠지요. 기운도 더 빠졌을 거구요. 돌이킬 수 없다면 숙명으로 받아들여야 하고, 그 순간에 동행이 있다면 오히려 고난이 즐거움이 될 수도 있습니다.

비탈길 하나 더 만나 굵은 땀을 한 바가지 쏟아내며 오르고 나니 어느새 라고$^{Lago}$ 산장에 도달했습니다. 경로를 벗어나 안 걸을 길까지 걸었다는 허탈감 때문인지, 피로의 누적 때문인지. 슬며시 오기가 허물어지며 주인에게 방이 있나 물어봅니다. 이제 겨우 점심시간에 불과한데 숙소를 잡는다는 게 어이없습니다. 행인지 불행인지 방이 있다고 하네요. 운명이다 생각하고, 방을 배정받은 후 다시 배낭 메고 나와 호숫가에 자리 잡고서는 점심 식사를 준비합니다. 주변엔 노새와 망아지 떼가 어슬렁거리고 있습니다. 밥 짓는 냄새가 구수했는지 노새 떼가 모여듭니다. 물을 뿌리고 돌을 던져도 물러갈 기세가 없기에 급기야는 라이터 불을 벌름거리며 다가오는 놈들의 코에 들이대니 그제야 뒷걸음으로 물러섭니다. 사이좋게 지내고 싶지만, 저희도 먹고살아야 하니 어쩌겠습니까.

시간마저도 정지한 듯한 깊은 산속. 티 없이 맑은 호수에 씩씩한 두 청춘이 수영복 차림으로 찬물에 멱을 감습니다. 물가의 어린 아기가 빵조각을 물에 던지니 물고기 떼가 새카맣게 몰려듭니다. 뜰채만 있다면 저 청정 빙어를 건져서 배도 안 따고 무채에 식초 고추장 넣고 버무려 쇠주 한잔하련만. 꼬리를 무는 즐거운 상상이 어느새 다짐이 됩니다. 다음에는 꼭 뜰채를 가져오리라. 무랑 초고추장이랑 식초도. 같이 오시렵니까?

호수와 호수를 에워싼 숲, 그 숲 위로 돌출된 위엄 서린 바위산들. 서 알프스를 상징하는 프랑스와 스위스의 암봉들은 날카롭고 사납습니다. 반면 줄리앙 알프스의 슬로베니아나 동 알프스의 돌로미티 암봉들은 포근하고 애잔한 맛이 있습니다. 눈요깃거리로서만이 아니라, 이상하게 마음이 동하는 것이 대지와 소통하는 기분이 듭니다. 부드러운 산세로 인해 누구나 걷는 데 별 어려움이 없고, 웬만한 고개는 모두 인간의 발길을 허락해 줍니다. 그나마 아직은 세상에 덜 알려진 탓에, 여행객들로 몸살을 치르는 서 알프스의 길에 비해 차분히 걷기 좋습니다. 사람의 손길을 덜 타서 여전히 순수하고 청순한, 마치 소녀 같은 산이랄까요! 그래서인지 돌로미티는 걷는 사람의 천국이라 불린답니다.

오늘 하늘은 시리도록 푸릅니다. 아침 해가 찬란하게 떠오르면 하루 몫의 축복을 품고 길을 나섭니다. 종주는 막바지에 접어들고, 오늘은 또 어떤 비경이 기다릴까, 설레는 마음을 안고 길을 나섭니다. 산장에서 넘어가는 고갯길이 또렷하게 보입니다. 완만한 경사의 2㎞쯤 되는 거리. 차오른 햇살을 등에 지고 오르니 이마엔 어느새 방울방울 땀이 맺히고, 고개를 숙이면 땀방울이 몇 줄기로 나뉘어 얼굴로 쏟아집니다. 호수가 품은 라고 산장과 그 뒤로 버티고 선 거벽. 목가적인 산촌은 평화롭게 누워 있고, 아침 안개가 그 위를 포근하게 덮어주고 있습니다.

반대편으로는 스타울란자 Staulanza 고개로 길이 이어지고, 발아래로는 아득한 촌락과 옥색 호수가 한 폭의 풍경화를 그립니다. 잠시 넋을 잃고 있는데, 노년의 등산객이 인사를 건네옵니다. 여든쯤 되신 듯한데, 기세가 좋으신 것이 진정한 산 사람 같습니다. 이곳 돌로미티에서 태어나, 산에서 자라고 산에서 끝까지 살아낼 돌로미티 어르신. 그들에게는 이 산이 삶이고 친구며, 기댈 수 있는 의지처가 아닐는지.

　기념으로 사진을 몇 컷 찍고, 어르신은 왔던 길로 되돌아 내려갑니다. 우리도 슬슬 여장을 다시 꾸려 한참 그분을 따라 내려가는데, 우리를 향해 되돌아 뛰어오시며 손끝으로 다른 고갯길을 가리키십니다. 그제야 지도를 펴서 확인해 보니 아무 생각 없이 또 한 번 엉뚱한 길을 걷고 있었네요. 어제 한 실수를 오늘 반복하다니 어이없습니다. 우리는 그 벌로 오르막길을 다시 되돌아오며 중얼중얼 참회와 성찰의 수다를 나누었습니다. 뭐, 그리 언짢지는 않은 게, 길이 워낙 좋아 두 번 걸어도 억울하지 않으니까요.

　알파인 슬로프에 대비되는 푸른 목초지에서 좁은 바윗길을 따라 스타울란자 고개를 넘으면, 돌로미티 종주 중 가장 드라마틱한 풍경이 기다리고 있습니다. 펠모Pelmo(3,168m) 고봉을 바라보며 제법 수월한 길을 나풀나풀 바람의 결을 따라 길을 이어갑니다. 혹독한 기후를 버티며 모질게 생명을 유지하다가 이 짧은 여름을 불사르고 생을 마감하는 돌로미티의 야생화들. 나름 그들도 쓸쓸했는지, 낯선 산객의 방문을 요리조리 도리질하며 함박웃음으로 기쁘게 맞아줍니다. 그 모습이 애잔하기도 하고 어여쁘기도 해 몸을 낮춰 이 꽃 저 꽃 가만가만 쓰다듬어 줍니다. 무뚝뚝한 아재도 쉬이 이렇게 자연과 교감할 수 있는 곳. 역시 돌로미티입니다. 은은한 야생 꽃의 향기를 응원 삼아 힘을 내서 스타울란자 산장까지 단숨에 내치고 올라 생맥주 한잔 하며 숨을 돌립니다.

　그제나 어제처럼 엉뚱한 짓을 할까 싶어 다그치기라도 하듯, 오늘은 콜다이Coldai(2,132m) 산장까지 쭉 치고 올라갑니다. 거대한 바위산인 펠모 산을 끼고 울창한 숲을 걷거나, 오르막 내리막을 바꿔 걸으며 동 알프스 산맥에 자생하는 식생들과 안부도 나누면서 지치지 않고 걸어갑니다. 산그늘이 드리워진 시각, 남은 모든 힘을 끌어모아 마지막 400m 고지를 치고 올라가 산장에 닿았습니다. 돌 틈 사이로 흐르는 찬물을 받아 마신

게 큰 힘이 되었습니다. 조마조마한 마음에 오늘도 다소곳이 묻습니다. 방 있습니까? 와우! 오늘도 당첨입니다. 엽서에나 나올 듯 예쁘고 아담한 콜다이 산장에서 하루 묵어갈 수 있다는 건 지친 산객에겐 로또 당첨이나 다름없습니다.

펠모 산이 한눈에 바라보이는 콜다이 산장. 여러 계곡이 모이는 산장 어귀에 돌로미티의 모든 바람이 집결했는지, 바람이 모질게 불어댑니다. 체감온도도 빙점으로 뚝 떨어지고, 노을 본다고 반소매 반바지 차림으로 나왔다가 벼락이라도 맞은 듯 실내로 황급히 들어가 버립니다. 적당히 따스하게 데워진 실내, 장작 난로 곁으로 바짝 다가가 앉습니다. 어느덧 긴장도 풀리고 노곤해지며 깜박 잠들 뻔하다가 때맞춰 저녁 식사가 준비됐다기에 후다닥 일어납니다. 난로의 포근함이 참으로 좋은 밤입니다.

안개가 길을 터주어 햇살이 잘 드는 아침, 오늘 우리는 종주의 마감에 바짝 다가설 참입니다. 출발점에서부터 제법 가파른 경사 길을 땀 뻘뻘 흘리며 치고 올라간 후, 다음 고개인 포르첼라 캠프를 넘음과 동시에 광대하게 휘두른 산 물결의 장관을 맞이하게 됩니다. 이 어마어마한 비경을 보여주려 그렇게 우릴 고생시켰구나 생각하니, 고생도 할 만하다 싶은 생각이 듭니다. 즐길 만큼 즐겼으면, 올라온 만큼 또 내려가야 하는 게 산행의 정직한 셈법. 급경사 길을 하염없이 걸어 내려가자니 무릎이 다 시큰합니다. 그래도 하산 길엔 조금 더 여유 있게 풍경을 즐길 수 있어, 자주 걸음을 멈추게 됩니다.

알프스라고 하면 대개는 스위스를 떠올리거나, 좀 더 관심이 있다면 프랑스와 오스트리아를 포함한 유럽 중남부 6개국에 있는 큰 규모의 산군임을 알고 계실 텐데요. 돌로미티 지역은 이탈리아 쪽으로 형성된 동알프스의 일부랍니다. 앞에서도 말씀드렸듯, 고산 준봉이 즐비함에도 이곳의 풍광은 스위스 등의 다른 지역에 비해 부드럽고 여성스러운 편이에요. 걷기에 열광하는 한국 트레커들이라면 매료될 수밖에 없는 곳. 한번 정 주면 걷잡을 수 없이 빠져드는 마성의 산군이라 할 수 있습니다. 그러니 일단 한 번 다녀오면 한 번으로 그칠 수가 없는 곳이지요. 저 역시 돌아오는 가을에 꼭 다시 오리라 다짐하고 있는데요, 아예 매년 일정에 한 번씩 넣어볼 마음도 있답니다. 산 위에는 만년설이, 그 아래쪽에는 푸른 잔디가 어우러져 하나의 시공간에 사계절의 아름다움을 느낄 수 있는 곳. 지금, 여기에 내가 있다는 자체가 삶의 크나큰 축복입니다.

  충만한 기쁨에 싸여 하염없이 걷다 보니 어느새 산장에 도착했습니다. 시야가 광대하게 탁 트인 것이, 누가 봐도 명당자리입니다. 시원한 생맥주 한잔 안 마실 수 없습니다. 한 잔씩 들이켜며 한숨 돌리는데, 지친 해가 어서 가라고 나그네를 재촉합니다. 길게 늘어선 산그림자 깊숙이 들어가는 동행의 뒷모습이 허공을 걷는 듯 아득한 것이, 더없이 원숙해 보입니다.

  언제나 그렇듯 종주는 끝이 날 것이고, 고단함이 다 풀리기도 전에 길 위에서 느낀 감상도, 동행과 나눈 우정도 곧 추억이 되어버리겠지요. 한 구비 넘고 또 한 구비 넘을 때마다 무거워지던 발걸음. 그러나 가슴을 요동치게 하던 돌로미티 산군 안에 있었기에 심장은 늘 뜨거웠습니다.

  아직도 귓전에 맴도는 소들의 묵직한 워낭 소리, 회색빛 암릉과 푸르디푸른 하늘, 갖은 조화를 부리는 하얀 구름과 아름다운 풍경을 완성해 주던 소담스러운 산장들. 장관에 압도된 채로, '찬란한 언덕'이라는 의미의 산골 마을 벨루노$^{Belluno}$까지 묵묵히 걸어왔습니다. 종주를 마치고 나니, 돌로미티에 흩어진 야생화가 된 듯 우리는 강하면서 온화한 마음을 갖게 되었습니다. 또한 더없이 겸손해졌습니다. 이 글을 쓰는 지금도, 아직 그곳을 떠나지 못한 채 서성대고 있습니다. 언제나 영혼은 걸음보다 늦게 오네요. 꿈결에라도 다시 들러 데려와야겠습니다.

## INFORMATION

**거점 도시** 코르티나 담페초

**거점 공항** 베네치아 공항

**트레킹 팁 1** 베네치아 공항에서 코르티나 담페초까지 가는 버스가 다니며, 2시간쯤 걸린다. 여기서 준비물과 음식 등을 준비하고, 도비아코를 거쳐 브라이에스호수에서 트레킹을 시작한다. **2** 알타비아1 코스는 본래 브라이에스호수에서 벨루노까지 약 150km, 9~10일쯤 걸린다. **3** 시즌에는 산장을 예약해야 한다. 한두 명이라면 당일 빈자리를 구하기도 한다.

| | |
|---|---|
| 거리 | 170km |
| 일정 | 9~11일 |
| 난이도 | ●●●●●●●○○ |
| 최고도 | 2,644m(아르뻬떼 고개) |
| 시즌 | 6~9월 |
| 코스 | 레우슈~쿠르마유르~레우슈 |
| 고도표 | |

알프스 최고봉인 몽블랑을 한 바퀴 도는 길이다. 두 발로 프랑스, 스위스, 이탈리아 3국의 국경을 넘는 맛이 재미있고, 어디서나 알프스의 드라마 같은 풍경을 마주한다. 취향에 따라 고풍스러운 산장, 야영장, 도심 숙소 등을 이용할 수 있다.

꿈의 여행지가 있습니까? 쉴 틈 없이 돌아가는 일상을 잠깐 멈추고 훌훌 떠날 수 있을 때 제일 먼저 떠오르는 곳은 어디입니까? 도시를 하나 꼽으라면 저는 주저 없이 파리를 떠올립니다. 트렌치코트 깃을 세우고 낙엽 쌓인, 오래된 길을 걸으며 느끼는 보들레르의 고독, 센 강변 벤치의 가난한 연인, 몽마르트르 언덕의 이름 없는 예술가들, 고색창연한 중세 분위기 건물의 후미진 카페 야외 자리에서 마시는 진한 커피 한 잔. 첫사랑의 열병처럼 파리를 그리워했더랬는데. 막상 다녀와 보니 저와는 그리 잘 맞지 않는 것이 어딘가 속은 것도 같고, 허탈한 마음마저 들었습니다. 파리는 그냥 꿈으로 남겨둘 걸 그랬습니다.

다음 꿈의 여행지는 단연코 알프스. 세계 명산의 아름다운 트레일을 걷고 인도하는 것이 직업이 된 후, 버킷리스트 1위 여행지는 언제나 알프스였습니다. 이미 여러 번 다녀오기도 했는데요. 갈 때마다 속 깊은 정이 듭니다. 특히 고풍스러우면서도 소담한 풍경과 만년 설봉이 가득한 알프스의 품에 안기면, 마치 여기가 나의 고향인가 싶은 푸근한 마음까지 듭니다. 스위스 제네바 공항에서 샤모니$^{Chamonix\ Mont\ Blanc}$로 달리는 전세 버스에 몸을 실으면, 들뜬 마음에 덩실덩실 춤을 추고 싶어집니다. 잔잔한 레만$^{Leman}$ 호수는 하늘을 그대로 담아 데칼코마니처럼 두 개의 하늘을 만들고, 우리 일행은 마음을 먼저 알프스로 보냅니다.

알프스는 근대 등산의 발원지입니다. 4,000m급 산봉 58개와 수많은 빙하를 품은 채 1,000km를 넘기는 장대한 산맥으로 이루어져 있습니다. 동으로는 줄리안알프스$^{Julian\ Alps}$로 유명한 슬로베니아와 오스트리아에서 시작해 이탈리아와 경계를 이루며 서쪽으로 이어지다가 독일과 스위스, 프랑스까지 뻗어서 서녘의 피레네 산맥, 동녘의 코카서스 산맥과 맞닿는 유럽의 지붕입니다.

샤모니는 알프스 품의 작은 산악마을입니다. 알프스 최고봉 몽블랑 (4,807m), 드류$^{Les\ Drus}$, 그랑드조라스$^{Grandes\ Jorasses}$, 에귀디미디$^{Aiguille\ du\ Midi}$,

에귀제앙Aiguille Geant을 비롯해 수많은 봉우리로 둘러싸여 있습니다. 빙하가 지나가며 깎아놓은 협곡을 중심으로 산기슭에 자리한 이 산촌은 인구는 만여 명에 불과하지만, 수려한 경관과 맑은 공기 가득한 무결점의 청정 마을입니다.

시내 번화가인 다리 위 광장에는 230여 년 전 몽블랑 초등에 성공한 발머Jacques Balmat와 그의 후원자 소쉬르Horace Saussure의 동상이 서 있습니다. 수정 채취업자였던 발머는 유럽 귀족이자 과학자였던 소쉬르의 후원을 등에 업고 1786년에 최초로 몽블랑에 오르게 되고, 이후 그는 알피니즘alpinism의 시조로 숭상받게 되니, 인생 반전이 따로 없지요. 발머의

흰 산이라는 뜻의 몽블랑 산군을 한 바퀴 도는 TMB

동상이 손가락으로 가리키는 곳을 따라가면 바로 그곳이 바로 몽블랑산 정입니다.

여기서 잠깐 바로 잡아야 할 오류가 하나 있는데요. 발머 옆에 있어야 할 사람은 사실 소쉬르가 아니라 샤모니의 의사 파카드$^{Michel\ G\ Paccard}$여야 한다는 의견이 지배적입니다. 초기에는 발머의 단독 등정으로 알려졌으나, 파카드가 동행했음이 150년 후에야 세상에 알려지게 됩니다. 오히려 먼저 정상에 발을 디딘 것은 파카드였다고 하네요. 오늘로 치자면 셰르파의 역할을 했던 전문 직업 산꾼 발머와 오로지 몽블랑 초등의 열정으로 참여한 의사 파카드 중 누가 더 역사의 추앙을 받아야 했을까요? 기록의 오류로 인한 어이없는 해프닝이라 할 수 있지요.

발머와 소쉬르의 동상 한 발짝 뒤로 다리 하나 건너 파카드의 동상이 내려다보입니다. 의미심장한 웃음을 띠고 두 사람과 함께 몽블랑을 바라보고 있습니다. 트레킹 기점인 이곳에서 하루 머물며 트레킹에 대한 전반적인 준비를 합니다. 알프스의 대표 도시이자 몽블랑 등반의 베이스캠프 역할을 톡톡히 하고 있는 작은 산촌 샤모니. 여름은 산악인들로, 겨울은 스키어들로, 봄가을은 또 다른 여행객으로 항상 붐비는 곳입니다.

알프스의 중심에 우뚝 서 있는 하얀 산 몽블랑. 등산에 관심이 있다면 '알피니즘'이란 단어를 들어보셨을 텐데요. 불과 200여 년 전에 만들어진 개념으로 몽블랑 초등 등정에 성공하면서 산악인들에게 서서히 전파되기 시작했습니다. 그전까지만 해도 하얗게 쌓인 만년설과 빙하는 경외의 대상이거나 때때로 공포의 대상이었을 뿐, 때로는 신이 머문다고 믿었고, 눈사태나 빙하 붕괴로 인해 재앙을 당할 때는 악마가 산다고 믿기도 했습니다. 그 정상에 인간의 발을 디디면서, 인류의 등산 역사가 새롭게 시작된 것이죠. 그로 인해 지금까지도 많은 산악인이 성지순례를 가듯 샤모니 몽블랑을 오르고 있습니다.

몽블랑을 비롯해 3,000m급 이상의 주변 산군을 돌며 프랑스, 이탈

TMB 최종 구간인 브레방에서 레우슈까지, 알프스 최고봉 몽블랑을 왼편에 두고 하산 중이다.

리아, 스위스 3국의 국경을 넘어가면서 이어가는 170㎞의 클래식한 종주 길이 바로 몽블랑 둘레길입니다. 산군 주변을 오르내리다 보면 발 닿는 곳마다 장관이요, 어디서나 드라마 같은 풍경과 마주하게 되니, 알프스에서 가장 아름다운 트레일 중 하나라고 할 만하죠. 또한 알프스의 품에 안긴 세 나라의 전통적인 산악문화를 경험하고 그들만의 고유 음식을 체험할 수 있는 것도 또 다른 재미 중 하나입니다.

　길을 따라 깊은 계곡, 광활한 초원, 울창한 숲을 지나고, 높은 알파인 고개를 넘기도 하며 활기 넘치는 산악마을에서 느긋하게 산책을 즐길 수도 있습니다. 이정표가 잘 표시되어 있어 길을 잃을 염려도 없으니, 사전에 산장 예약만 야무지게 해 둔다면 솔로 트레킹도 어렵지 않습니다. 짐을 잔뜩 지고 야영하며 완주하는 백패킹도 가능하고, 돈을 조금 더 들여 산장에서 숙식을 다 해결할 수도 있습니다. 무거운 짐 가방을 배달해 주는 서비스도 이용할 수도 있는데요, 물론 추가 비용을 더 들여야겠지요.

체력에 따라 9일에서 12일로 융통성 있게 진행할 수 있으며 때에 따라 일부 구간을 생략하거나, 케이블카나 버스 등을 이용해 일주일 만에 마무리할 수도 있으니, 선택지가 많아 좋습니다. 능선이 아닌 둘레길을 따라 걷는지라 길도 느슨하게 지그재그로 풀어내 주말 하이커들도 어렵지 않게 종주할 수 있는 대중적인 코스입니다.

꿈의 트레일에 오르는 날입니다. 저에게 TMB는 이름만 떠올려도 가슴 설레는 곳입니다. 어디 저뿐일까요. 걷는 기쁨을 알고 즐기는 산사람이라면, 누구나 한 번쯤은 걸어보고 싶은 길이지요. 간밤에 비가 제법 내려 마음이 어수선했는데, 다행히 새소리 요란한 싱그러운 아침을 맞이하였습니다. 9일간 종주를 마감한 후 다시 숙소로 돌아올 예정이라 불필요한 짐들을 모아 묶어두고, 적당히 짐을 꾸려 숙소를 나섭니다.

샤모니에서 버스로 20분 정도 가면 트레킹의 실질적인 시작점인 레우슈Les Houches에 도착하고, 이곳에서 대부분 케이블카를 타고 올라가 벨뷔Bellevue 언덕에서 걷기 시작합니다. 아치로 세워둔 종주길 표지판 아래에서 단체 기념사진을 찍고, 파이팅을 외친 후 첫발을 내디딥니다. 올라가면서 서서히 펼쳐지는 샤모니 계곡은 평화롭기 그지없습니다. 옅은 안개를 헤치며 이정표를 따라 오르는데 차오른 태양이 환히 비추니, 안개도 구름도 달아나고 하늘이 푸르게 열립니다. 우려와 달리 청명한 날씨! 간밤의 기도가 통했나 봅니다. 이번 여정에는 어떤 장관이 눈앞에 펼쳐질지 기대와 설렘으로 발걸음이 가벼워집니다. 그림 같은 산군과 산골 마을의 통나무 오두막인 샬레들이 마치 사진첩의 풍경 같습니다.

산악 풍경이 바뀌고 탁 트인 전망 덕에 기분 좋게 트레킹을 시작합니다. 작은 오르막과 내리막을 여러 번 오르내리니 서서히 몸도 풀리고 기분도 상쾌해집니다. 어느덧 짙게 우거진 알프스의 침엽수림을 지나 빙

TMB 트레킹을 하다 보면, 알프스가 한 폭의 그림처럼 스민다.

하 녹은 물이 흐르는 계곡에 이르고, 계곡은 강이 되어 일행은 현수교를 지나 강을 건넙니다. 이어 긴 오르막 숲길 끝의 얕은 구릉지에 이르러 차 한 잔의 휴식을 취하며, 저기 멀리 보이는 비오네세$^{Bionnassay}$ 빙하를 감상하며 쉬어갑니다. 해마다 다르게 녹아가는 지구촌의 빙하. 이곳도 예외는 아닙니다. 빙하가 녹은 후, 오랜 세월 빙하에 덮여 있던 암산의 얼굴이 드러나며 그 색이 확연히 구분됩니다.

다시 오르막을 올라 오늘의 최고점인 트리콧$^{Tricot}$ 고개에 도착하고 사방으로 펼쳐진 알프스의 설산 풍광을 감상하며 라면 한 그릇으로 식사를 해결하는데, 알프스와 라면이라. 이런 꿀조합을 어디서 맛봤을까요. 이번 종주 여정은 아침, 저녁은 산장에서 사 먹고 점심은 트레킹 중간중간 길에서 해결합니다. 가능하면 밥과 국물을 곁들이려 하니 한 짐이네요. 바람이 시원스레 불어오고 푸른 나무와 지천으로 핀 야생화, 졸졸 흐르는 계곡의 물소리와 하얗게 빛나는 빙하. 식사가 끝났지만 영영 주저앉아 있고만 싶습니다. 냄새 맡은 산양 샤모아가 쫄레쫄레 우리를 따르고, 짐을 꾸려 미야지Miage 산장을 향해 하산을 시작하니 샤모아 눈빛에 아쉬움이 어립니다.

거대한 분지에 폭 파묻힌 앙증맞은 산장은 마치 미니어처 같습니다. 몽주아Montjoie 계곡의 트럭Truc 산장까지 오르막길도 신나게 걷고 갈증도 해결할 겸 발코니에 앉아 취향에 따라 맥주와 커피를 마시며 잠시 쉬어갑니다. 저야 물론 맥주죠. 취기가 잔잔히 번지니 기분이 달달해집니다. 이제 6km쯤 더 걸으면 트레일 중 만나는 첫 마을인 레콩타민 몽주아Les Contamines-Montjoie에 닿을 터, 낮은 경사에 긴 내리막만이 남아 있는 하산 길에 휘파람과 콧노래가 절로 나옵니다.

프랑스식 목조 샬레들이 인상적인 마을 레콩타민을 떠나 아스팔트 길을 잠깐 걷습니다. 이 구간은 7, 8월 성수기에는 마을에서 무료 셔틀버스를 운행한다고 하는데, 저희는 길가의 슈퍼마켓과 아담한 카페, 꽃으로

드류 연봉과 함께 완벽하게 펼쳐진 몽블랑을 배경으로 사진을 찍으며 기쁨을 누렸다.

장식한 집을 따라 걸으며 마을 사람들과 인사도 나눌 겸 사부작사부작 걸어보려 합니다. 이 구간이 끝나면 아담한 규모의 노트르담 성당이 나오기에, 잠시 들러 우리 여정에 행운이 깃들길 두 손 모아 기도를 올립니다. 여기서부터 고대 로마로 통했다고 하는 옛길을 걷게 됩니다. 실제 로마시대 때 군인과 상인들이 알프스를 넘나들기 위해 사용했던 길로, 우리도 그 길을 따라 푸르$^{Four}$ 고개까지 오르게 됩니다.

몽주아 계곡을 뒤로하고 걷는 오늘은 이번 여정 중 가장 도전적인 하루가 될 것입니다. 레사피유$^{Les\ Chapieux}$까지 18㎞를 걸어야 하는데, 그 사이 정점까지 1,300m를 올립니다. 마을 어귀마다 빙하가 녹아 흘러 내려온 물을 길 수 있는 수도가 있어, 저마다 수통 가득, 뱃고래 가득 약수를 채웁니다. 앙증맞은 산장 난트보랑트$^{Nant\ Borant}$를 지나며 길은 가팔라지고, 숨은 턱까지 차올라 땀이 줄줄 흐르지만, 고도를 높이는 만큼 풍광은 드라마틱하게 변하니 투덜대는 이는 없습니다. 이따금 묵직한 워낭을 목에 두른 소들이 길 양옆에서 자유롭게 풀을 뜯고 있어 풍경은 더없이 평화롭습니다. 이제부터 본옴므$^{Bonhomme}$(2,329m)까지 길고도 빡센 길이 시작됩니다. 숨을 헉헉대며 가파른 오르막을 오르니 트리 라인이 서서히 다가오고 시야가 시원하게 탁 트입니다. 본옴므 고개에 여전히 눈이 있습니다. 알프스 설원을 드디어 밟아볼 수 있겠군요.

기세 좋게 전진하다가도 이따금 한 번씩 뒤를 돌아볼 필요가 있습니다. 앞만 바라보며 황망히 가다 놓치는 풍경이 있을 수도 있고, 어떤 풍경은 보는 각도와 위치에 따라 달리 보이기도 하니까요. 무심코 되돌아보았다가 가슴이 싸하도록 멋진 풍경을 맞닥뜨리며 경탄했던 경험, 분명히 있으시죠. 인생도 마찬가지가 아닐까 싶습니다. 앞만 보며 정신없이 살아가는 인생, 잠시 걸음을 멈추고, 삶을 반추해 볼 필요가 있습니다. 길 위에서처럼 다른 관점에서 내 인생을 바라볼 수 있을 것입니다. 놓치고 지나온 보석 같은 추억이 떠오를 수도 있고, 아픈 기억조차 소중한 순간으로 다가올 수도 있지요. 고난의 길이 훗날 추억이 되듯 말이죠. 늘 생각하듯, 길과 인생은 많이 닮아있습니다.

　설산 아래 들꽃이 지천인 알프스 산길을 걷는 동행들의 뒷모습이 오늘따라 유난히 아름답습니다. 역시나 사람이 있어 풍경도 완성되는군요. 내 뒷모습도 그렇게 아름다울까 생각하니 슬며시 웃음이 납니다. 한 시간 정도 짧은 오르막 내리막을 번갈아 오르내리며 본옴므 고개에 도착하자마자, 오래된 돌탑 곁에서 버너 불을 지핍니다. 이제부터는 쭉 내리막길, 마음이 한결 여유로워집니다. 샤피유 마을에서 고된 하루를 마감할 예정인데요, 길은 아직 끝이 보이지 않고 아득히 먼 곳까지 이리저리 휘어져 있습니다.

　알프스를 제대로 즐기고 싶다고요? 그렇다면 무조건 뚜르 드 몽블랑! 야생화가 지천인 시원스러운 초원 지대부터 만년설이 말달리듯 펼쳐진 첨봉까지, 웅장하고 화려한 풍경에 어디에 서든 압도될 것입니다. 프랑스 몽블랑의 웅장한 자태, 이탈리아의 뾰족하게 솟은 산봉우리들, 스위스의 목가적 풍경을 다양하게 즐길 수 있고, 세 나라를 걸으며 다양한 풍경과 문화, 음식을 비교 체험할 수 있습니다. 이래도 안 오시겠습니까, 뚜르 드 몽블랑?

　샤피유를 출발해 포장도로와 산길을 번갈아 걸어 첨봉 에귀데 글라시아Aiguille des Glaciers에 잠시 들른 후, 이탈리아로 넘어가기 전 프랑스의 마지막 숙소인 모테Mottets 산장을 지납니다. 모테 산장 뒤쪽 언덕길을 600m 정도 오르면 프랑스와 이탈리아의 국경인 세이뉴Seigne 고개를 지나게 되는데, 황량한 흙길을 두 시간가량 꾸준히 올라가야 합니다. 퐁듀 좋아하십니까? 알프스의 대표 음식이죠. 퐁듀의 베이스인 보포르 치즈의 본향인 그라셰Glaciers 마을에서 신선한 치즈 한 조각 맛보고 가시죠.

　세이뉴 고개를 오릅니다. 다리가 없는 계곡을 지나 오르막길을 한참 오르면 고개에 이르고, 여기서부터 이탈리아 땅이 광활하게 펼쳐집니다. 잠시 한숨 돌리며 주변을 돌아보니 기막힌 풍경에 짧은 감탄사가 연이어 터져 나옵니다. 날씨가 맑아 몽블랑 정상이 뚜렷이 보입니다. 군데군데 흰 물감을 풀어놓은 듯 눈 덮인 산, 야생화가 살랑대는 푸른 초원, 청명한 하늘에 손에 잡힐 듯한 흰 구름. 신이 작정하고 만든 풍경일까요? 천국이 따로 없습니다.

세이뉴 고갯마루엔 프랑스와 이탈리아의 국경을 나누는 표지석이 있는데 유럽에서의 국경이 다 그렇듯 별다른 통제가 딱히 없습니다. 장난기 많은 동행이 뒤뚱뒤뚱 국경을 오가며 두 국가의 이름을 번갈아 부르니 우리 일행뿐 아니라 외국인들도 박장대소합니다.

다소 황량한 프랑스 지역 산과는 달리 이탈리아 산정은 모두 흰 눈을 이고 있습니다. 눈이 제법 남아있는 고개를 조심스럽게 걸어 내려와 쿠르마유르<sup>Courmayeur</sup>까지 하산길이 이어지는데, 슬쩍 허기가 돌아 길에서 조금 벗어나 산허리에 걸린 엘리자베타<sup>Elisabetta</sup> 산장에서 끼니를 해결합니다. 블랑쉬<sup>Blanche</sup> 빙하에서 녹아내린 시원한 폭포를 감상하며 여기서도 맥주 한 잔! 블랑쉬 계곡과 발베니<sup>Val Veny</sup> 계곡이 걸쳐진 평원 지역을 지나면 그 골짜기가 끝나는 지점에 버스정류장이 있습니다. 여기서부터 버스를 이용해 쿠르마유르까지 갈 수도 있는데, 저희는 쭈욱 걷기로 합니다. 그 사이에 콤발<sup>Combal</sup> 호수도 지나며 물에 투영된 설산의 풍경에 매혹돼 저마다 인생 사진을 하나씩 건집니다. 주름진 갈색 암벽이 병풍처럼 호수를 감싸고 있어 이 일대가 예전에는 빙하 지대였음을 알 수 있습니다. 버스 대신 걸은 노고가 아깝지 않은 수려한 풍경입니다.

간밤에 시작한 비가 아침이 되니 보슬비가 되어 내리고 있습니다. 6월은 한여름에 비해 비가 덜 온다고 들었는데, 반갑지 않은 비로군요. 우의로 무장하고 계속 오르막길을 걸어 도시를 벗어나면서 조금씩 더워진다는 느낌이 들어 올려다보니, 하늘이 조금씩 파란 얼굴을 보이기 시작합니다. 얼른 비옷을 배낭에 접어 넣고 적당히 젖어 촉촉해진 숲길을 걸어 올라갑니다. 공기가 쨍해지더니, 어느덧 햇살이 정수리를 쬡니다.

전통 건축물인 샬레로 채워진 그림 같은 산악마을을 지나며 그들의 음식을 먹어보는 것도 TMB의 매력 중 하나다.

　　　베르토네*Bertone* 산장 너머로 몽블랑 산이 장대하게 펼쳐집니다. 샤모니의 정반대 방향에서 바라보는 몽블랑은 확실히 다른 얼굴을 하고 있습니다. 파란 하늘을 두르고 있는 6월의 몽블랑은 더욱 환하게 빛납니다. 전망이 탁 트인 자리에 서니 산악마을 쿠르마유르가 한눈에 잡힙니다. 프랑스의 샤모니와 대비되는 이탈리아의 쿠르마유르는 북부 이탈리아의 풍물, 음식, 문화를 즐길 수 있는 제법 큰 마을로, 하루 머물며 즐길 가치가 충분히 있는 곳입니다. 훗날 여유가 되면 꼭 하루 묵어가야겠습니다. 이번엔 패스.

　　　베르토네 산장은 TMB에서 주변 풍경이 가장 화려한 산장 중 하나라 여기서만큼은 넉넉히 여유를 부리며 경치를 음미합니다. 야생화의 천국이라 부르고 싶네요. 흩뿌려진 노랑꽃이 너무 예뻐요. 알프스의 6월은 눈과 들꽃을 동시에 즐길 수 있어 더욱더 매력적입니다. 이 무렵 시작된 야생화의 만개는 나름의 순서대로 피고 지며 8월까지 그 향연을 이어갑니다. 알프스의 거대한 야생화 정원이 파노라마처럼 눈앞에 펼쳐집니다. 이 좋은 걸 나만 보다니, 가족과 친구들의 얼굴이 잠시 스쳐 갑니다.

아르미나즈 Arminaz 계곡을 넘어 보나티 Bonatti 산장을 향해 가는 길. 왼편엔 몽블랑 산군이 따라오고 이내 그랑드조라스산이 바통을 이어받습니다. TMB에서 가장 쉬운 구간으로, 고도차가 적은 완만한 길이 이어집니다. 이 종주 여정에서 가장 풍광이 좋아 예약하기가 하늘의 별 따기인 보나티 산장으로 일찌감치 듭니다. 생맥주 한 조끼(조끼: 손잡이 달린 큰 잔. jug의 일본식 발음)로 일단 체크인 신고를 하고, 잠시 짬을 내 빨래도 널어둔 후 간만에 여유로운 휴식을 충분히 누립니다.

그랑드조라스 남벽을 바로 눈앞에 감상할 수 있는 이 산장은 세계적인 산악인 월터 보나티 Walter Bonati를 기려 지은 곳입니다. 산속 깊숙이 자리 잡은 알프스 전통 목조 건물 산장들. 이런 산장에서 묵을 수 있는 자체가 TMB 트레킹의 큰 기쁨 중 하나입니다. 아담하면서도 견고하고 시설은 깨끗하며, 사람들도 더없이 다정합니다. 내 조국 산하 깊은 산골에 딱 이런 산장 하나 지을까 하는데, 놀러 오시겠습니까.

하루치의 걸음의 노고를 풀어내는 데는 생맥주만 한 게 없는 것 같습니다. 이어 와인 한 잔 곁들이며 저녁 식사를 하는데 병풍처럼 산장을 둘러싼 만년 설산이 동료들의 눈동자에 비치고 와인 잔에 어른거립니다. 밤이면 별들이 더욱 가깝게 다가오고, 또렷이 선을 그리며 흐르는 은하수는 유년의 추억을 떠올리게 합니다.

또 한 번 시작되는 축복 가득한 알프스의 아침. 종주는 절반을 넘겼고 오늘은 스위스로 입성합니다. 보나티 산장을 떠나 평탄한 길을 두어 시간 걷다 보면 뚝 떨어지는 하산 길이 나오고, 내려가다 보면 페레Ferret 산장, 이곳을 지나 다시 페레(2,537m) 고개까지는 가파른 오르막길입니다. 완벽한 만년설 풍경에 눈을 떼지 못하고 걷는 길엔 어느새 물기 머금은 야생화가 지천인 야생화 군락지가 나타나고, 몇 개의 개울을 건너다보니 비췻빛 하늘에 햇살은 뜨거워 땀이 송골송골 맺힙니다.

이어 펼쳐지는 삭스Saxe 산군의 풍경은 전체 TMB 트레킹 코스 중 가장 아름다운 장관을 선사합니다. 몽블랑 산군 중 세 번째로 높은 몽트 돌렌트Mont Dolent 침봉이 보일 텐데요, 세 나라의 국경이 나뉘는 봉우리입니다. 계곡의 끝을 향해 계속해서 가파른 언덕을 걷다가 스위스와 이탈리아의 국경인 페레 고개를 향하여 고도를 올립니다. 정점에 오르니 바람이 거센데, 잔설을 품은 탓에 냉기가 장난이 아닙니다. 올라올 때 만해도 수정같이 맑은 날씨였건만, 순식간에 급변하는 대자연의 변덕에 절로 주눅이 듭니다. 바람이 세차게 밀어대니 주변 조망을 감상할 여유도 없이 다급히 하산 길로 밀려갑니다. 내려오는 속도만큼 빠르게 또 한 번 계절이 변하네요. 나긋해진 날씨에 기분까지 느긋해지니, 이런 변덕은 적극 환영입니다.

라필라La Peulaz 목장으로 내려와 차 한 잔의 여유를 누리고 평화로운 스위스의 목초지를 통과해 다시 또 꾸준한 내리막길, 편안하게 걸을 만합니다. 드디어 라폴리La Fouly 마을에 도착, 오늘의 여정을 마감합니다. 스위스에선 스위스 전통음식으로. 하루 사이 국경을 넘나들며 다른 문화를 경험해 보고, 다른 음식을 맛보는 즐거움. 9시나 되어야 어두워지는 산장의 밤. 애꿎은 술값만 더 축냅니다.

기분 탓일까요. 오늘 바람은 알프스의 꽃향기를 실어 오는 것 같네요. 스위스의 청정 산골 마을 라폴리의 싱그러운 아침이 시작됩니다. 오늘은 더러더러 버스로 이동하며 일부 구간을 생략할 예정입니다. 계곡을 따라 오르내림이 덜한 비교적 수월한 길을 걸으며 나름 힐링 걷기를 해

언제라도 알프스의 소녀 하이디가 뛰어나올 것만 같은 들꽃 천지인 2,000m 고산 초원

몽블랑 둘레길 Tour de Mont Blanc(TMB)

볼 양입니다. 우리도 한 번쯤 느긋하게 알프스를 즐겨보자고요.

드문드문 포장도로를 걷기도 하지만, 초반 마운틴 사이드의 숲속을 지나 언덕길을 오르며 스위스의 전형적인 시골 풍경을 즐깁니다. 프라즈Praz 산악마을에서 시원하게 목을 축이고 계곡의 맑은 바람이 인도하는 대로 걷다 보면 어느덧 아담한 호반 마을 샹펙스Champex에 닿게 됩니다.

풍경이 그윽한 호수를 따라 산책이라도 해볼까요. 호숫가 짙은 녹음 아래엔 나그네를 위해 수도와 벤치를 마련해 두어 잠시 쉬어가기 좋습니다. 작은 호수가 산을 담고, 하늘을 담고, 마을을 담아 마치 알프스를 다 담은 것 같습니다. 잔디밭에 비스듬히 누워 미처 도착하지 못한 동행들을 기다립니다. 자연과 사람이 잘 어우러진 작은 마을엔 제라늄 화분으로 단장한 오래된 가옥이 나이테를 늘리며 풍경을 완성합니다. 꿈의 길이라 생각한 그곳에 와있습니다. 꿈의 주인공은 알프스의 미려한 봉우리들, 그리고 저 박 대장입니다.

종주는 슬슬 종반으로 접어듭니다. 알프보빈$^{Alp\ Bovine}$을 향해 방향을 잡고 길은 트리앙$^{Trient}$으로 이어집니다. 숲속 가파른 경사를 따라 땀을 뻘뻘 흘리며 오르고, 포도밭이 넓게 펼쳐진 론$^{Rhone}$ 계곡을 지나 마르티니$^{Martigny}$ 마을로 들어갑니다. 완만한 능선을 따라 한참 걸어 보빈 목장에 닿으니 한가로이 풀 뜯는 말들이 평화로운 풍경을 연출합니다. 알프스의 설산과 스위스 초원의 완벽한 조화에 감탄하며 고산 평원을 걷습니다.

수려한 알프스 산세와 야생화 가득한 초지, 하루 두세 번씩 마주하는 산장과 카페들. 이보다 풍요로울 수 없는 여정입니다. 산장에선 굳이 식사를 하지 않아도 되는데 오늘 지나는 보빈 산장은 훌륭한 음식으로 명성이 자자합니다. 다른 산장에 비해 규모도 작고 시설도 다소 열악한 편이라 숙소로 추천하기엔 조금 애매할 수 있으나, 맛깔나게 절인 하몽과 다양한 치즈 맛이 일품이라고 하네요. 우리도 부러 점심시간에 맞추어 산장에 도착했습니다.

계곡과 마을을 바라보며 여유 있게 점심을 먹고 휴식도 취한 후 오후 산행을 힘차게 시작합니다. 완급의 조율도 없이 내내 가파르게 난 길을 이리저리 휘감고 오르다 보면 마침내 발므$^{Balme}$ 고개 정상에 이르고, 기다렸던 설산의 풍경과 운명처럼 마주합니다. 360도 몇 바퀴를 돌아보며 감상하게 됩니다. 핸드폰의 파노라마 기능으로 절대 담을 수 없는, 광활하게 펼쳐진 대자연이 만든 한 폭의 명화. 바람 한 점이 평화롭게 지나가고 내 영혼은 자연의 품에 안긴 듯 아늑해집니다. 고된 걸음에 이보다 더 큰 보상은 없지요. 다음 길이 아무리 고단해도 끄떡없을 듯 제대로 충전했습니다.

다음은 끝없이 이어지는 요철의 산길. 발아래는 저만치서 내가 걸어왔던 길이 실타래처럼 엉켜져 흔들리는데 이럴 때마다 묘하게 이는 감정. 저 길에서 품었던 온갖 희망과 좌절이 떠오르고, 순간순간 견디고 극복하며 걸어왔던 저 길이 마치 지나온 내 인생길처럼 느껴지기 때문입니다. 오롯이 두 발로 걸어 올라야만 얻을 수 있는 풍경이고 감상입니다. 다양한 감정을 경험하며 조금이나마 성숙해졌겠지요.

이어 포클라즈<sup>Forclaz</sup> 지역을 넘으며 베르네제 오버란트<sup>Bernese Oberland</sup>와 꼼빈스<sup>Combins</sup> 산군의 설봉을 감상하고 이제 트리앙까지 꾸준한 내리막길이 이어집니다. 샤모니로 들어가는 도로변에 있는 소담스러운 스위스풍 마을에는 유명한 분홍 교회가 있습니다. 마을은 마치 주변 산의 보호를 받는 듯 아늑해 보입니다. 이런 목가적 풍경이 바로 유럽다운 풍경이 아닐까요. 설산이 물에 들어 잔잔하게 흔들리는 호숫가에서 잠시 야생화를 베개 삼아 누워 하늘을 우러르니 마음 한가득 평화가 깃듭니다.

아침 햇살로 씻어낸 듯 맑은 하늘. 곳곳에서 맑은 산소가 뿜어져 티 없이 청명한 공기를 들이마십니다. 산장의 아침이 분주히 시작됩니다. 오늘로 TMB 종주를 마무리한다는 확실한 목표가 있어 일사불란 여장을 채비하며 불사의 전의를 다집니다. 오늘의 목적지 브레방<sup>Brevent</sup>을 향해 위대한 인류의 흔적인 에귀뒤미디 전망대를 등에 지고 비탈길을 그침 없이 올라 물에 젖은 스펀지처럼 묵직해진 몸으로 정상에 이릅니다. 오르는 내내 왼쪽에는 거대한 메르드글라스<sup>Mer de Glace</sup> 빙하가 시야를 채우고, 그 주변으로 날카롭게 솟아오른 설봉들이 청자색 하늘을 머리에 이고 넓게 펼쳐집니다. 백 년 전만 해도 엄청난 규모를 자랑했던 빙하는 이제 거의 다 녹아버려 황량하기만 합니다. 지구가 아프다고 아무리 표현해도 아는지 모르는지 인간이란 것은 지금도 자꾸 지구에 생채기를 냅니다. 가슴 한편이 욱신거립니다.

　샤모니의 3대 전망대 중 하나인 브레방으로 가는 길. 샤모니 계곡에서 쉬지 않고 피어오르는 안개구름은 브레방 산마루를 넘지 못하고 머무니, 햇볕이 잔잔히 내리쬐던 반대편 산군과는 꽤나 대조적입니다.

　걸음걸음마다 산소가 적당히 덩어리져 쑤욱 몸속으로 들어오는 것만 같습니다. 마음도 상쾌해집니다. 이따금 햇살이 축복인 듯, 은총인 듯 인자하게 내리쬐고 한 번씩 불어주는 고마운 바람. 저만치 몽블랑의 정상 부분이 앞산 산허리에 걸려있습니다. 때론 너덜지대를 지나고, 때론 시냇물을 건너며, 이제야 만개하는 알프스의 야생화를 눈에 담으며 걷는 길. 산 꽃, 들꽃의 은은한 향기를 들이마시니 은근히 지속되는 오르막길에서도 저절로 콧노래가 나옵니다. 2,000m 고도를 넘긴 높은 지대의 길이지만 그늘 하나 없이 걷는 길이라 어느새 몸은 땀으로 흥건해지고, 더불어 내 안에 쌓인 영과 육의 찌꺼기마저 배출되는 듯 전에 없이 걸음이 가벼워집니다.

　마침내 브레방 전망대(2,526m)에 당도했습니다. 원래의 TMB 코스는 이곳 브레방 전망대에서 벨라샤$^{Bellachat}$ 산장과 메를레$^{Merlet}$ 주차장을 지나 출발했던 레우슈로 내려가면 완성됩니다. 우리는 조금 요령을 부려 케이블카를 타고 하산하기로 하고, 대신 브레방 호수에 다녀오며 몽블랑을 눈높이에서 영접하는 시간을 더 갖기로 했습니다. 구불구불 휘돌려 놓았음에도 여전히 가파른 경사 길을 내려가는데 이곳에도 온갖 아름다운 야생화가 흐드러졌습니다. 어디선가 알프스 소녀 하이디가 종종걸음으로 뛰어나올 것 같고, 목동이 요들송이라도 불러줄 것 같은 풍경. 유럽의 고산지대에서 볼 수 있는 야생 산양인 샤모아가 한가로이 풀을 뜯고 있어 그대로 한 폭의 풍경화가 되어버립니다. 메르데 빙하가 시야 가까이 불쑥 들어오고, 눈높이로 다가온 몽블랑이 품을 열어 맞아줍니다. 지천으로 피어있는 야생화 뒤에 버티고 선 몽블랑을 배경으로 저마다의 인생 사진 한 장씩을 남깁니다.

몽블랑과 노느니라 밥 먹는 시간도 아까울 것 같은데, 그럼에도 때맞춰 시장기는 도네요. 몽블랑 정원 같은 명당에 자리 잡고 점심을 즐기고 산마루를 따라 걸어 내려옵니다. 거대한 설산이 주변에 포진하며 멋진 풍광을 선사합니다. 돌연 여기저기서 탄사가 터져 나오는 것은 운무에 가려 보이지 않던 몽블랑 정상부가 바짝 날을 세우며 그 웅대한 모습을 드러냈기 때문입니다. 손에 닿을 듯 가깝고, 그럴수록 더욱 장대하게 보이니 그 기세에 절로 가슴을 쓸어내립니다.

  저 산의 정상에 오르기 위해 얼마나 많은 사람이 목숨을 담보로 산을 올랐을까요. 성공을 위해 달려온 우리의 인생. 삶의 정상을 향해 오르는 길에도 숱한 난관이 있을 것입니다. 그럼에도 묵묵히 방향을 정하고 뚜벅뚜벅 삶의 길을 걸어갈 수밖에요. 역시나 또 길에서 인생을 배웁니다. 인생의 여정도, 산의 루트도 치열할수록 사연이 많고, 사연이 많을수록 그 끝에서 느끼는 감동은 더욱 크기 마련이지요. 계곡 위 푸른 하늘을 수놓은 패러글라이딩의 힘찬 비상이 종주를 끝낸 우리에게 선사하는 축하 공연 같습니다. 마음속으로 나만의 폭죽을 울리며 개선장군이라도 된 양 당당하게 샤모니로 입성합니다. 이 기분은 이 길을 걸어본 사람만 알 것입니다. 다음 순서는 바로, 당신. 꼭 이 길에 서시기를.

## INFORMATION

**거점 도시** 샤모니

**거점 공항** 제네바 공항

**트레킹 팁 1** 스위스 제네바 공항에서 기차나 버스를 타고 샤모니로 간다. 샤모니에서 셔틀버스 타고 6km쯤 떨어진 레우슈에서 종주를 시작한다. **2** 샤모니는 알프스의 대표적 산악마을로 트레킹에 필요한 장비, 음식 등을 준비할 수 있다.

| | |
|---|---|
| 거리 | 180km |
| 일정 | 11~12일 |
| 난이도 | ●●●●●○○ |
| 최고도 | 2,700m(몬테친토) |
| 시즌 | 7~9월 |
| 코스 | 칼렌자나~몬테친토~콘카 |
| 고도표 | |

프랑스 장거리 트레일인 '그랑 랑도네' 중 코르시카섬을 북에서 남으로 종주하는 코스다. 코르시카는 나폴레옹이 태어나고 유배된 곳으로 매력적인 해안 절경, 날카로운 절벽과 그 사이로 숨은 계곡들이 어우러진 아름다운 섬이다.

GR20. GR은 프랑스어 'Grand Randonnée'의 이니셜이며, '랑도네$^{Randonnée}$'는 사전적 의미로 '쉬지 않고 오래 걷는 긴 나들이, 긴 산책'을 뜻합니다. 도심 외곽의 숲과 공원을 몇 시간 걷는 단거리 코스부터 알프스산맥을 오르내리며 걷는 장거리 코스까지, 제법 긴 산행을 통해 심신을 단련하는 운동을 뜻하기도 합니다. 그중에도 10일 이상 걷는 장거리 코스를 '그랑$^{Grand}$'으로 구분하며, 20은 코르시카 고유 번호를 의미합니다.

프랑스 GR 가운데 세계 100대 트레일에 포함된 코스는 코르시카섬을 종단하는 GR20과 더불어 몽블랑 라운드 트레일인 투르 드 몽블랑$^{TMB}$, 남부 알프스에 속한 에크랑 국립공원$^{Ecrins\ National\ Park}$을 에둘러 걷는 GR54, 레만호에서 시작해 지중해 니스까지 알프스산맥을 오르내리는 GR5, 유럽 대륙과 이베리아반도를 가르며 자연스럽게 스페인과 국경을 나누는 GR10 등이 있습니다. '산티아고 순례길' 역시 대부분의 길이 스페인에 속하지만, 출발을 프랑스 북서부 산촌 생장$^{Saint-jean}$에서 하는 관계로 프랑스 길로 간주되니, 굳이 우긴다면 포함될 수 있습니다.

유럽의 가장 위대한 도보길 중 하나로 꼽히는 GR20은 지중해의 섬 코르시카를 남북으로 종단하는 트레일이다.

유럽의 가장 위대한 도보길 중 하나로 꼽히는 GR20은 지중해의 섬 코르시카를 남북으로 종단하는 트레일입니다. 섬 중심의 등뼈 모양의 산맥은 2,700m 높이의 몬테친토Monte Cinto를 포함하여 수많은 고산 암봉을 포함하고 있으며 그 거리는 180㎞로 제법 난이도가 높습니다.

코르시카섬은 매력적인 해안 절경에 더해 광활한 대지와 바다에서 솟아 오른 산, 날카로운 절벽과 그 사이로 숨은 계곡들이 어우러져 수려한 풍경을 연출하는 아름다운 섬입니다. 환경에 걸맞게 목축업이 발달했고, 고유 전통문화의 맥을 이어와 전 세계 관광객뿐만 아니라 다른 지역의 프랑스 국민에게도 꾸준히 사랑받는 여행지이기도 합니다. 또한 나폴레옹 보나파르트Napoléon Bonaparte가 태어난 곳으로도 유명합니다.

오래전부터 로마 제국, 이슬람 제국 등 다양한 세력의 지배를 받아 온 코르시카는 지리적으로도 프랑스보다 이탈리아와 더 가까워 4세기가 넘는 세월 동안 이탈리아 제노바 공국에 흡수되었다가, 18세기 중반에 프랑스에 매각되었습니다. 늘 섬의 독립을 꿈꾸어 왔기에 여타 프랑스 문화와 다른 뚜렷한 문화적 특성과 고유의 언어, 그리고 오랜 전통을 지켜 올 수 있었습니다.

1970년대부터 높은 실업률과 경제난, 프랑스 정부의 무능함에 불만을 가진 코르시카인들은 민족주의를 내세워 프랑스를 상대로 무장 독립 투쟁과 테러를 벌이기도 했습니다. 이를 상징하는, 검은 피부에 머리띠를 질끈 묶고 있는 그림은 섬의 지도와 함께 코르시카를 대표하는 홍보 이미지이기도 합니다. 1980년대에 프랑스의 지방분권화가 이루어지면서 프랑스 헌법재판소로부터 자치권을 인정받게 됨으로써 평화와 안정을 도모할 수 있게 되었습니다. 길 위에서는 정치라는 것이 존재하지 않기에 코르시카의 트레일은 언제나 평화롭기만 하며, 길 위의 현지인들 역시 산만큼이나 너그러운 마음으로 트레커들을 대합니다.

코르시카의 관문 도시인 칼비Calvi의 바스티아공항에 내리면 보잘것없는 규모와 시설에 적잖은 실망을 하게 되지만, 실망한 마음도 잠시. 활

거대한 바위산으로 이루어진 코르시카 섬. GR20은 가장 도전적인 종주길 중 하나이다.

주로 너머로 펼쳐지는 거대한 산군의 풍경에 순식간에 제압당해 버립니다. 산의 규모가 대단하다며 찬탄이 끊이지 않더군요. 가을 산의 풍경이 좀 허전하기도 합니다. 아래쪽에는 푸르스름한 상록수들이 깔려있고 위로는 바위산이 위세 당당하게 솟아있습니다.

    숙소에 짐을 내려놓고 해안선을 따라 걷습니다. 온통 바위섬이라 백사장을 보기는 어렵고, 길도 모두 절벽 길입니다. 더구나 어디서 모였다가 불어오는지 바닷바람이 드세서 뭐든 다 날아갈 판입니다. 지중해 고유의 건축색인 미색으로 치장한 칼비 마을이 쏟아지는 가을볕에 잔잔하게 물들고 있네요. 든든하게 뒤를 받쳐주는 암산이 풍경을 더욱 조화롭게 만들어냅니다. 길지 않은 가을날이 어느덧 저물고, 이우는 해는 서녘으로 두텁게 볕을 내리며 흰 구름을 불태웁니다. 노을은 화려한데, 나그네의 마음은 왜 이리 쓸쓸한가 생각해 보니 집 떠나온 지 어느새 한 달이 훌쩍 넘었군요. 괜한 향수에 센티멘털해집니다. 아무래도 이 병은 걸어야 나을 것 같네요.

코르시카의 아침이 찬연하게 밝아옵니다. GR20의 종주 길이 시작되는 칼렌자나 Calenzana까지 20분간 차량 이동합니다. 올리브 나무가 풍부한 지역에 자리한 작은 마을입니다. 정식 트레일 입구에 도착하기 전부터 곳곳에 요란한 선전 문구가 난무합니다. 동네 어귀에서부터 길 고유의 표식이 칠해져 있고, 카페나 레스토랑은 저마다 자기네 업소에서부터 길이 시작된다고 허위광고를 해댑니다. 너무들 경쟁적으로 들이대니 그 속 보이는 상술이 귀엽기까지 합니다. 여차하면 콜택시로 해결하라고 영업용 콜을 광고하는 스티커도 안내 게시판에 덕지덕지 붙어있습니다.

좁은 골목에 들어서니 온통 돌로 채워져 있습니다. 바닥도, 건물도, 담도 돌, 돌, 돌. 산에서 나는 그 많은 돌이 이곳에 그야말로 돌 문화를 낳았습니다. 현대식 건물이야 물론 시멘트나 콘크리트를 섞었겠지만, 오래된 건물은 제법 높은 건물들도 모두 중후해 보이는 돌로만 지어 올렸으니 저마다 작은 성 같습니다.

마을이 끝날 즈음 나그네들이 물을 채워 갈 수 있도록 역시나 돌로 지은 작은 쉼터에 정갈한 음용수가 흐르고 있으니 그냥 지나갈 수 없지요. 시원하게 한잔 들이켜고 수통에 물을 가득 채워 출발합니다. 숲에는 그늘이 짙고, 졸졸 흐르는 시냇물과 이끼 낀 돌담이 습한 냉기를 뿜어내 자못 서늘합니다. 너나없이 재킷을 꺼내 입느라 분주하군요. 머지않아 오르막이 나오면 금세 또 벗게 될 것을. 이곳 사람들도 참 부지런합니다. 아침 산책을 마치고 내려오는 동네 사람들이 제법 많네요. 눈 맞추고 가볍게 반가운 인사를 나누며 오트아스코 Haut Asco를 넘어 이 길의 최종 목표인 최고봉 몬테친토를 향한 도전의 길을 좁혀갑니다.

다양한 나라에서, 남녀노소 구분 없이 다양한 사람들이 이 길에 모여듭니다. 아침이면 서로를 기분 좋게 관찰하고, 기분 좋게 인사를 나눕니다. 국기를 닮은, 흰색과 빨간색 띠로 만든 트레일 표식. 길을 잃지 말라고 곳곳에 많이도 표시해 두었네요. 보니파투 Bonifatu(1,070m)에서 오트 아스코(1,440m)까지 걸을 참인데, 까로주Carrozzu 산장에 잠시 머물며 코르시카섬의 전형적이고도 소박한 산촌 풍경을 감상합니다.

30~40호 규모의 오래된 작은 마을은 본토와 마찬가지로 마을마다 성당이 높이 지어져 있고, 카페나 선술집이 두엇 있어 지나는 여행자들을 유혹합니다. 갓 구워 낸 따스한 크루아상에 커피 한잔 하며 나그네의 시름을 달래 보는데, 진짜로 못해서 그러는 건지 아니면 모국어에 대한 자부심 때문에 일부러 안 배우는 건지, 영어로 전혀 대화를 나눌 수가 없습니다. 차림표조차 없어, 통하지 않는 언어로 두루뭉술 주문하다 보니 엉뚱한 음식이 나오는 일도 다반사. 오늘은 또 무슨, 순대 같은 소시지를 척 놔주는데 흠. 역시나 제가 원했던 그 음식은 아니군요.

어린 딸과 함께 젊은 아낙이 카페 옆 작은 광장 같은 곳에 트럭을 세워놓고 귤을 팔고 있습니다. 5kg 정도 되어 보이는 양을 그물망 포대에 넣어 파는데, 아이의 맑은 눈망울을 보자니 안 사고 그냥 지나칠 수가 없네요. 10유로에 한 포대 사서 먹는데, 방금 따온 듯 싱싱한 데다 새콤달콤한 그 맛이 기대 이상이라 허겁지겁 몇 개씩 까먹습니다.

산장을 이용하거나 백패킹으로 종주하는 GR20. 시설이 열악한 산장도 많다.

지중해의 연안 지역이니만큼, 귤, 오렌지, 레몬, 라임 등이 많이 재배되고, 올리브 농장도 많이 보입니다. 여기서 감을 먹게 되리라 생각도 못 했었는데, 감 역시 제법 많이 생산되더라고요. 우리네 연시처럼 제법 큰 감인데요, 떫을 것 같아 엄두도 못 내다가 우연히 한입 베어 먹어 보고는 바로 그만 마니아가 되어버렸습니다. 어찌나 달콤하던지요. 오렌지는 흔하디 흔해서, 슈퍼마켓에서도 착즙기로 바로 간 생과일 오렌지 주스를 사 먹을 수 있네요. 이 역시 당도도 높고 정말 맛있습니다. 아기자기하게 잘 꾸며진 마을에는 자연의 아름다움을 만끽할 수 있는 산책로도 잘 조성돼 있어 느긋하게 쉬어갈 만합니다.

코르시카 지역의 특산품으로는 훈제 햄인 코파와 프리수튀, 밤 가루인 폴렌타, 염소 치즈와 지중해 와인 등을 꼽을 수 있습니다. 커피 한 잔의 여유를 누리고 걸음을 이어가는데 GR20 트레일 아래로 펼쳐지는 코르시카 해안의 풍경에 입은 떡 벌어지고, 발은 계속 바쁘게 움직입니다. 오늘은 가장 난이도가 높은 코스 중 한 구간을 걷게 될 텐데요, 이 정도 풍경이라면 아무리 힘들어도 충분한 보상이 될 것 같습니다. 지나는 길에 폭포 위에 매달려있는 30m 길이의 스파시마타$^{Spasimata}$ 다리에서 사진 한 장 찍고 갑니다. 나름 사진 명소로 유명한 곳입니다.

이후 무브렐라$^{Muvrella}$ 계곡까지 걷습니다. 중간중간 넘는 고개마다 다양한 풍경을 원껏 즐깁니다. 짧아진 10월 말의 해는 이미 서산으로 넘어간 지 오래고, 오트아스코에 도착할 무렵엔 어느새 땅거미가 내릴 만큼 내렸습니다. 숙소에 들어서니 인심 좋아 뵈는 노부부가 반갑게 맞아 주십니다. 손에 꼭 쥔 티백 몇 봉을 조심스레 건네주시기에 귀한 선물인 양 감사히 받아 드는데, 진짜 선물은 따로 있었네요. 산장에서 바라보이는 풍경! 매 층마다, 심지어 일 층에서도 장엄한 산군을 원 없이 조망할 수 있습니다. 가파른 산비탈에 집을 짓느라, 벼랑을 깎아 집터를 잡고 3, 4층의 건물을 지어 집 꼭대기에 길이 나 있으며, 식당도 출입구도 다 저마다의 루프탑을 가지고 있습니다. 층마다 시야가 탁 트여서 속이 다 시원합니다. 그 덕에 짙게 익어가는 코르시카 산촌의 가을을 마음껏 음미할 수 있네요. 와인 한잔하지 않을 수 없지요. 맛있는 치즈 안주 곁들여 노을에 취하고 가을에 취하며 하루를 마감합니다.

간밤에 비가 제법 내렸는지 길이 촉촉하게 젖어있습니다. 어제보다 날은 조금 더 쌀쌀해졌고, 산촌의 공기는 더없이 싱그러워 들이고 내쉬는 숨마다 건강해지는 기분입니다. 마을의 소들이 모두 나왔는지, 길을 가득 차지하고 있습니다. 바위산 비탈에서 자라다 보니 먹을 게 충분치 못한지 가축이 다들 여위어 보이네요. 코르시카섬에서는 모든 가축을 방목합니다. 소뿐 아니라 닭은 물론이고, 뿔이 묘하게 생긴 산양의 일종인 무플런, 돼지조차 방목해서 키웁니다. 그 역시 하나의 생명이니 그에 걸맞은 자유를 주고, 인간과 동등하게 살아가게끔 환경을 꾸려준 목축 환경을 보며 '역시 선진국은 선진국이구나!' 감탄합니다. 혹시나 '너희가 가봐야 섬 안이지!'라는 지리적 메리트도 고려한 것일까요? 여하튼 동물과 사람이 평화롭게 공존하는 모습이 큰 울림을 줍니다.

오늘은 GR20에서 가장 인상적인 풍경을 자랑하는 전설적인 몬테친토 구간을 걷는데, 몬테친토산과 푸엥트데에불리스*Pointe des Éboulis*를 통해 그레이트 배리어 리프*Great Barrier Reef*를 건너야 합니다. 울창한 코르시카 전나무 숲 그늘을 걸어서 넓은 계곡으로 접어드는데, 치고 올라가야 할 길이 아득하게 이어져 있습니다. 늠름하게 자란 소나무들은 하나같이 태가 좋아 정일품에서 종삼품까지 이곳에 다 모아둔 것 같습니다. 노란 단풍이 물든 오솔길을 따라, 경쾌하게 흐르는 시냇물 소리를 들으며 오늘의 정점을 향해 한 걸음 한 걸음 전진합니다.

키 작은 관목들과 큰 바위 사이를 비집고 한참을 오르니 시원스레 낙하하는 폭포가 만든 제법 큰 용소가 눈에 들어옵니다. 용소 위에 아치형 돌다리를 만들어 두었네요. 다리를 건너 잠시 물가에 앉아 시린 물에 얼굴을 파묻고 벌컥벌컥 들이켜니 코르시카를 통째 마시는 것 같습니다.

저마다 인생 사진 한 장씩 건지고 다시 오르는데, 이제부터는 거의 암벽등반 수준의 바위 타기가 시작됩니다. 위험한 구간마다 스텝이나 체인 줄을 설치해 두기도 했는데, 이마저도 없는 대부분의 구간 역시 그리 안전한 것은 아니라서 문득문득 긴장감에 아찔합니다. 절벽 곳곳에는 소나무들이 우리네 낙락장송처럼 멋들어지게 휘휘 늘어져 있고, 바위산이 그 뒤를 든든하게 받쳐주고 있습니다. 참으로 운치 있는 풍광입니다.

이정표 역할을 하는 마을 표지판을 친절하게도 곳곳에 설치해 두었다.

청자색 깊은 가을 하늘에는 구름 한 점 없고, 걸음걸음 오르는 만큼 봉우리의 정상은 조금씩 하늘로 고개를 내밉니다. 오를수록 낮아지는 건너편 산에는 작은 폭포들이 하얗게 얼어 어느새 겨울. 어찌나 긴장하고 걸었던지 손에 땀이 흥건히 뱁니다. 그렇게 한참을 올라 바위 구간이 끝나며 이제는 자갈길이 시작됩니다. 수북하게 자갈로 덮어 놓았으나 경사가 심해 쭉쭉 미끄러지기 십상입니다. 바람은 더욱 매서워지고 구름 띠가 발아래 양탄자처럼 깔리니 풍경은 더욱 신비로워집니다.

마침내 보카미누타Bocca Minuta(2,218m) 고개! 맞서기 힘들 만큼 강력한 바람을 제대로 경험하며 군데군데 설원이 펼쳐진 몬테친토산과 눈 맞춤을 하니 몬테레노수 산괴Monte Renosu Massifs가 펼쳐놓는 기막힌 경치에 그대로 얼어버립니다. 몸을 돌려 사방팔방으로 바라보니 시야도 환히 트여 멀리 리구리아Ligurian해와 이탈리아의 엘바Elba섬까지 가득 눈에 차, 그야말로 운수 대통 한 기분입니다. 이 행운을 꼭 붙잡고 조금이라도 더 머물고 싶으나, 올라온 만큼 또 내려가야 하니 길을 서두릅니다. 언제고 다시 한번 좋은 운을 만나리라 믿으며.

지겨울 만큼의 하산 길을 하염없이 걸어 내려와 티크제투Tighjettu 산장을 지나 휴식을 취한 후, 오르고 내리기를 반복하며 길을 이어 갑니다. '내 인생길도 이와 같았지' 생각하며 걷습니다. 보카디푸셜Bocca di Fuciale을 오르기 전에 거대한 라리시오Laricio 소나무 숲을 부드럽게 지나갑니다. 치오툴루 디이모리Ciottulu di i Mori 셸터를 향한 안부(산의 능선이 말안장 모양으로 움푹 들어간 부분)를 걸어 올라가면 골로Golo 계곡 아래로 빼어난 전망이 펼쳐집니다. 많은 용소를 품고 골로 강으로 흘러가는 긴 계곡 가에는 서녘 햇빛을 받아 단풍이 붉게 타오르고 있습니다. 청정계곡의 젖줄이 되어 수목을 풍요롭게 해주는 맑은 시냇물입니다. 거의 평지에 가까운 길을 따라 냇물과 어깨동무하듯 나란히 내려오니 골마다 흘러내려 만난 물이 모여 낙차 큰 폭포를 만들고, 그 상부에 다리가 걸쳐져 있습니다. 주변으로 물웅덩이들이 여럿 만들어져 있고, 중형 풀장 정도는 돼 보이는 큰 용소에는 많은 산객이 휴식하거나 신나게 물놀이를 하고 있습니다. 단체로 견학 나온 어린이들도 보이네요. 얼마나 대단한 곳에 소풍 나왔는지 아이들이 알고나 있을까요.

길을 꺾어 바위산을 내려가는데, 환상적으로 전망이 열리는 절벽 위에 오래된 돌집과 담장들이 허물어질 듯 허술하게 방치되어 있습니다. 목동들의 여름 거처입니다. 풀이 많은 여름 시즌 동안 골짜기에 방목하며 소들을 관리하는 시설인데, 자리가 명당이니 세월에 쇠락해진 옷을 입고 쓸쓸하게 서 있어도 오히려 돋보이기만 합니다. 내가 소망하는 노년의 모습, 늙어갈수록 더 중후한 멋을 풍기는 노신사를 닮았습니다. 저녁 햇살이 선명한 단풍잎을 투과하며 어두운 숲길을 노란빛으로 물들입니다. 제법 오르막길을 다시 차올리면 이 숲길이 끝나면서 포장도로변에 지어진 카스텔 데 베르지오 Castel de Vergio 호텔이 사막의 오아시스처럼 눈앞에 나타납니다. GR20 길 위에서 어쩌다 만나는 호텔급 숙소 중 하나입니다.

이 종주 길은 구간을 잘 나누어 걷는다면 산장이나 셸터, 심지어는 베르지오 호텔과 같은 시설 좋은 숙소에서 잘 수 있는 호사를 누릴 수도 있습니다. 또 마을로 들어서면 기트 Gite라는 숙소를 홍보하는 표지판을 많이 볼 수 있는데, 이런 프랑스 민박집에서 하루 묵어가시는 것도 추천해 드립니다.

종주 전반부를 마감하는 산악마을 비자보나의 초가을 풍경

제2차 세계대전 종전 후 프랑스에서는 도시로 향한 이농 현상으로 피폐해진 농촌을 살리기 위해 민가를 숙박업으로 개방하기 시작했습니다. 농가의 평범한 삶을 경험하고, 안주인이 정성스레 만들어 내놓는 프랑스 전통의 가정식 식사도 즐길 수 있어 좋습니다. 이런 소박하고 정감 어린 숙소 형태에서 기원해 오늘날에는 에어 비 앤드 비$^{Air\,B\&B}$라는 엄청난 대규모의 상업적 임대 사업이 생겨나기도 했는데, 지금은 공룡처럼 커져서 교묘한 방법으로 가격 인상을 부추기기도 합니다. 일 년을 쉼 없이 유랑하는 저 같은 길 위의 나그네에게는 그저 씁쓸하기만 한 숙박업의 진화입니다.

호텔 영역을 벗어나 울창한 숲길로 들어서면 길은 오르막과 내리막 구간을 반복하며 코르시카에서 가장 많이 알려진 니노호$^{Lac\,de\,Nino}$로 인도합니다. 길게 느껴지는 여정이 될 수도 있지만 단언컨대 수려한 풍광이 그 수고를 보상해 줄 것입니다. 숲 그늘 속을 걷다 보면 길은 점차 오르막이 되고 숲은 듬성듬성해지다가 멀어지기 시작합니다. 이어 나타나는 작은 연못 포지네스$^{Pozzines}$와 함께 호수 니노가 빼어난 풍경을 선사합니다. 환상적인 산 전망과 호수 주변의 평온한 목초지에 제멋대로 풀어놓은 말과 소, 거기에 돼지 떼까지. 평화 그 자체입니다. 이 길은 강을 따라 코르시카섬 종주 길에서 가장 아름다운 구간으로 우리를 안내합니다. 마음을 편안하게 하는 평화로운 길, 미려한 풍경이 내내 이어져 역시나 제대로 보상받은 기분입니다. 평원을 지나 숲에 들어서니 여기가 마법의 숲인가 싶은 것이 절로 감탄이 나옵니다. 쭈그러지고 구겨진 낡은 나무들이 길을 따라 늘어서 있는 광경이 오묘합니다. 가을이 이 숲에 쑤욱 들어와 있고, 나도 어느새 가을이 됩니다.

오늘도 태양은 장엄하게 떠오르고, 잠시 일출을 감상한 후 부지런히 채비해 길을 떠납니다. 아랫마을 코차노$^{Cozzano}$에서 교회 종소리가 은은하게 들려오네요. 성호를 긋고 작은 소원을 빌어봅니다. 게으른 얼룩빼기 소들의 울음소리를 들으며 구름바다 위의 아름다운 능선을 따라 트레킹을 이어갑니다. 또 한 번의 도전의 일정. 타비냐노^Tavignano^ 협곡을 경유하여 지난한 오르막길을 땀 흘리며 꾸준히 올라, 고산지대를 걸어 피에트라 피아나^Pietra Piana^ 산장으로 향하는 길. 화려한 화강암 산군의 풍경을 감상하면서 잠시 산정에서 쉬어갑니다.

360도 파노라마로 먼데 풍경까지 한눈에 들어옵니다. 고산 빙하 호수의 색감은 고혹적이고, 방목된 야생 돼지는 우스꽝스러운 폼으로 우리를 반겨줍니다. 주변에는 날카롭고 위압적인 바위들이 여기저기 포개져 있어 몸의 중심을 잘 잡고 통과해야 하는데, 마침 작은 사고가 발생합니다. 바위틈에 발이 끼어 중심을 잃은 몸이 기울어지며, 황급히 디딘 손은 날카로운 바위에 베이고 발목 복숭아뼈에도 생채기가 나 버립니다. 다행히 큰 상처는 아니라 신속히 기초 소독과 응급치료를 하고, 떡 본 김에 제사 지낸다고 잠시 쉬어갑니다. 코르시카 산의 수려한 풍경을 죄다 담아 끓여낸 따스한 커피 한 잔. 산의 향기도 함께 마십니다.

코르시카의 하산 길은 항시 위험합니다. 무릎도 시큰하니 고단하고요. 산세가 워낙 험한 데다가 가파른 길이 끝도 없이 이어져 이내 지쳐버립니다. 한두 번씩 쉬어가며 걸어야지요. 먼 하늘 위에는 산악 구조대를 태운 헬기가 한 번씩 지나갑니다. 억세고 거친 바위틈을 헤집고 두세 시간을 내려와 너도밤나무가 그늘을 드리운 계곡으로 들어갑니다. 철 지난 마른 꽃이 계곡가에 가득, 잠시 발을 담그며 쉬어갑니다. 타비냐노 강의 수정처럼 맑은 물이 흘러가니 목욕하기에도 아주 제격입니다만 어느새 10월의 마지막 날, 엄두도 못 낼 일이라 아쉽습니다. 무더운 여름날이거니 여기며, 상상 목욕이라도 하며 마음만이라도 뽀송하게, 상쾌한 마음으로 길을 이어갑니다.

이후로는 다행히 길도 덜 거칠고 풍경도 자못 평온해집니다. 산그늘이 덮어오는 작은 산촌의 카페 겸 숙소에 들어섭니다. 바람이 어지럽게 구름을 흩트려 놓고, 하늘은 가로부터 점점 붉은 기운으로 물들어 갑니다. 시간을 잊었는지 닭은 높게 울어댑니다. 그 외에는 오로지 고요한 정적만이. 늦가을 낙엽 태우는 내음이 코끝에 닿으니 까닭 모를 그리움이 아련하게 찾아듭니다. 보랏빛으로 변해가는 하늘가를 멍하니 응시하며, 와인 잔을 지그시 감싼 채 눈을 감고 잠시 노스탤지어를 즐깁니다.

북부 산군의 종주를 마감하고 트레일을 벗어날 비자보나 $^{Vizzavona}$ 마을로 길을 잡습니다. 이 길에서는 또 다른 특별함과 마주할 텐데요. 깊은 산골짜기에 은둔해 있는 주옥같은 호수의 절경을 찾아낼 예정입니다. 길 위의 보석이라 불러도 좋을, 메루호$^{Lac\ de\ Melu}$와 카피텔루호$^{Lac\ de\ Capitellu}$. 아침 날씨는 하루가 달라 귀가 시리고 하얀 입김으로 손을 호호 불어 녹이며 가야 하니, 초겨울이 따로 없습니다. 주말이라 그런지 이른 아침임에도 많은 사람이 이미 길을 채우고 있습니다. 흘러넘친 호수는 일단 폭포가 되어 떨어지고, 그 물은 시내를 이루어 넓은 암반을 지나 흘러가더니 넓은 강이 되어 지중해 바다로 힘차게 달려가고 있습니다. 아침 해가 고산 위로 얼굴을 내밀고 투명한 햇살을 쏟아부으니 코르시카의 산들이 그제야 단잠에서 깨어나 기지개를 켭니다.

계곡을 따라 돌길을 차고 오르는데 한숨 돌렸으면 좋겠다 싶은 딱 그 지점에 여름 목동의 거주지인 돌집들이 서 있습니다. 우리와 함께 올라온 주인 내외가 장 봐온 것들을 탁자에 풀어놓은 것도 그렇고 몇 가지 메뉴가 게시판에 쓰여 있는 것을 보니, 이 돌집을 카페처럼 운영하는 모양입니다. 커피 한 모금으로 몸을 녹이고 제법 가파른 정점을 향해 올라가는데 단풍이 화려하게 물든 드넓은 계곡 중심에 한줄기 폭포가 시원하게 물줄기를 내리꽂고 있습니다.

철 계단이 설치된 험한 바윗길을 따라 올라가 내려다보니 메루호가 가을 색을 머금고 여유 있는 자태로 누워있네요. 하늘 모퉁이에 걸려있는 낮달과 산봉우리들이 함께 잠겨있는 호수는 물결도 없이 고요하고, 이미

청잣빛 하늘, 높은 산, 정갈한 호수. 자연의 아름다움이 알알이 박혀있는 길

좋은 자리를 선점한 크고 작은 무리가 피크닉을 즐기며 풍경을 감상하고 있습니다.

　　소풍 나온 이들은 이곳에서 일차로 걸러지고, 종주 행렬이나 혹은 체력이든 모험심이든 의지가 있는 이들은 온통 바위뿐인 급경사 길을 치고 올라 카피텔루호까지 갑니다. GR20 표식 사인이 분명히 있긴 한데 어쩌다 제멋대로 길을 택해 걷다 보니 비탈 전체가 길이 되어버렸습니다. 그래도 표식을 놓치지 않으려 애쓰며 한 발 한 발 온 신경을 집중해 올라갑니다. 마지막 부분에 걸어둔 쇠줄 구간을 한참 타고 오르니 마침내 장엄한 호수와 거산이 나타납니다. 미처 다 걷히지 않은 물안개가 신비롭게 풍경을 감싸고, 호수 전체가 발아래 모두 들어오는 기막힌 자리에 세상 가장 귀한 가든 식당을 차리고 황제의 정찬을 즐깁니다.

　　지중해산 단감을 포함한 몇몇 과일과 크루아상, 바게트에 소대가리 표 치즈, 맥주 한잔을 곁들이니 지금 이 순간 우리가 신선입니다. 그제야 안개가 걷히고 일망무제 거칠 것 없는 진풍경이 펼쳐지며 선경 2막이 시작됩니다. 연둣빛을 품은 호수는 바람 한 점 스밀 곳이 없이 거울처럼 맑고 쨍합니다. 물에 투영된 날카로운 바위산이 쌍둥이로 몸을 부풀리고, 그 호수 위를 수지니 날지니 해동청 보라매(남도 민요 '남원산성'의 가사 일부. 날지니는 야생 매이고 수지니, 해동청, 보라매는 길들여 사냥에 쓰는 매를 일컫는 말)들이 짝을 지어 비행합니다. 뒤를 돌아보면 장대한 풍경이 파노라마처럼 펼쳐지고, 가을 절정에 산하는 황금빛으로 익어갑니다. 행복한 가을 한 때입니다.

　　이제부터는 한없는 하산 길. 1,200m를 줄곧 내려가야 합니다. 북부 산군의 종주를 마감하는 비자보나를 향한 꾸준한 내리막길. 사정없이 타오르는 가을 단풍 속으로 들어가니 발길이 더뎌집니다. 우산인 듯, 터널인 듯 단풍으로 뒤덮인 길은 그냥 지나칠 수 없을 만큼 매혹적이라 찍어주고 찍히고, 사진으로 남기느라 모두가 여념이 없습니다. 그럴 즈음에 큰 배낭을 짊어지고 올라오는 한 여인을 만납니다. 한눈에 봐도 종주 중인 트레커입니다. 통상적인 루트와는 반대 방향으로 트레킹 중인데, 오늘이 7일째라 하니 그 먼 길을 참 열심히 걸어왔네요. 솔로 여성 하이커의 위대한 여정에 존경을 표하며 길 마지막까지 안전하기를 기원해 줍니다. 그녀의 맑은 웃음을 뒤로하고 나름 서정적인 돌길을 따라 이제 공원 경내로 들어갑니다.

　　계곡 따라 거대 암반들이 계단처럼 층을 이루고 그 틈새로 유장하게 물이 흐르니, 가족들의 소풍 장소로도 손색이 없습니다. 그런 덕에 계곡은 인파들로 꽉 차 있고 덕분에 생동감이 가득합니다. 용소마다 젊은이들이 훌렁훌렁 옷을 벗고 찬물에 뛰어듭니다. 젊은 객기일까요, 아니면 차고 맑은 물에 몸을 씻으며 마음까지 정갈히 하려는 결연한 의지일까요. 아마도 나름의 카타르시스가 있을 것 같습니다. 제 눈엔 이곳이 마치 무주구천동과 도봉산 계곡을 합쳐놓은 것 같은데요, 계곡을 울리는 주말 인파의 웃음소리가 마치 걸음의 축제를 마치고 내려오는 우리를 환영하는 웃음 같아 기분이 명랑해집니다.

하산을 마감할 즈음에 계곡은 깊은 협곡으로 줄어들고, 그 위로 놓은 좁은 다리에 'GR20 북남구간의 분기점'이라는 대형 간판이 걸려있어 종주가 더욱 실감 납니다. 다 함께 기념 촬영을 하며 기쁨을 나눕니다. 여정을 마치고 문명으로 돌아와 종주를 자축하는데 농익은 황혼이 작은 마을을 이불처럼 덮어줍니다. 이 지난한 여정도 이렇게 마감되었다고 생각하자 문득 떠날 일이 아쉬워집니다.

　주마등처럼 스쳐 가는 수많은 기억. 180㎞의 장대한 고난도의 트레일. 정상에 선 우리들의 늠름한 모습과 목동들이 만든 치즈에 와인 한잔 기울이며 느끼던 소박한 행복. 맑은 시냇물에서 발을 담그고 나누던 파안대소의 대화. 춥고 습한 밤을 겨우 보내고 맞이한 아침 첫 햇살의 따스함. 길 위에서 온정을 보여준 코르시카 사람들의 환대. 스쳐 지나간 산객들의 따스한 미소. 열거하려니 끝이 없습니다. 얼마 지나지 않아 아득한 기억이 되어 이따금 꺼내 볼 그리움의 대상이 되겠지요. 그리움은 많을수록 좋습니다. 외로울 때 그리움을 꺼내보면 좋으니까요. 주저 마시고 길 위에서, 그리움을 쌓으세요.

---

**INFORMATION**

**거점 도시** 칼비

**거점 공항** 코르시카 칼비 공항

**트레킹 팁** 코르시카섬으로 가려면 항공편이나 페리를 이용해야 한다. 섬의 대중교통 시설이 매우 열악하다. 렌터카가 아니면 히치하이킹을 해야 한다. 트레일 들머리인 칼렌자나로 가기 위해서 택시나 히치하이킹을 이용한다.

스웨덴, 유럽
# 쿵스레덴 KUNGSLEDEN
### 피엘라벤 클래식이 열리는 왕의 길

| | |
|---|---|
| 거리 | 110km(피엘라벤 클래식) |
| 일정 | 6일 |
| 난이도 | ●●●●○○○○○ |
| 최고도 | 1,150m(셰크티아패스) |
| 시즌 | 6월~9월 말(벌레를 피하려면 8월 중순 이후) |
| 코스 | 아비스코산 기차역~니칼루옥타 |

고도표

스웨덴의 북쪽 지역인 라플란드를 걷는 길로, 피엘라벤 클래식이 열리는 것으로 유명하다. 길이 험하지 않고 큰 고도차도 없는 구릉 지대로 설산, 빙하, 강, 호수 등 다채로운 풍광을 감상할 수 있다. '왕의 길'이란 이름처럼, 길이 나를 왕처럼 떠받들어주는 듯 느껴진다.

스웨덴의 가장 북쪽 지역인 라플란드$^{Lapland}$에 자리하고 있는 쿵스레덴 트레일은 왕의 길이라고도 불리는 모험의 길입니다. 선사시대부터 살아온 소수민족인 사미$^{Sami}$족의 삶을 잘 보존해 왔고, 빼어난 자연경관을 유지하면서 야생동물을 보호하기 위해 노력해 온 결과, 라플란드 지역은 유네스코 세계자연유산과 세계문화유산으로 지정된 바 있습니다. 쿵스$^{kungs}$는 왕을, 레덴$^{leden}$은 길을 의미합니다.

유럽에서 가장 광범위하게 보존되고 있는 빈델피엘렌$^{Vindelfjällen}$ 국립 보존 지역에서 남북을 아우르며 걷게 되는 이 슈퍼 트레일은 스웨덴의 아비스코 국립공원의 광활한 대자연 속에서 가장 아름다운 길을 엮어 만든 트레일입니다. 그래서 트레일의 왕, 쿵스레덴이라 불리고 있는 것이죠. 트레일의 최저점인 크비크요크$^{Kvikkjokk(305m)}$와 최고점인 셰크티아 패스$^{Tjäktja Pass(1,150m)}$ 사이를 오르내리며, 주로 스웨덴 북부 하이랜드의 사렉$^{Sareks}$ 국립공원 내의 케브네카이세$^{Kebnekaise}$, 라포르텐$^{Lapporten}$, 아비스코 등지의 산수를 희롱하며 걷습니다.

이곳은 노르보텐$^{Norrbotten}$ 군위원회가 관리하는데, 길은 제법 잘 정비되어 있습니다. 이정표도 잘 설치되어 있고, 버너로 조리해 먹으며 쉬어갈 수 있는 산장이 9~19km에 걸쳐 하나씩 지어져 있습니다. 반드시 사전에 예약한 지정된 산장에서 자야 할 필요가 없다는 게 특이합니다. 계획하는 거리를 며칠에 걸쳐 걸을 것인지를 미리 계산해서 트레킹을 예약한 후, 그 구간 안의 어느 산장에서 숙박하건 별다른 제약이 없습니다. 날씨도 좋고 걸음발이 좀 받는다 싶은 날이면 산장 하나를 건너뛴 후 다음 산장에서 체크인해도 되고요, 반대 상황이라면 최대한 가까운 산장에 묵어가거나 혹은 묵었던 산장에 하루 더 머물며 재충전해도 됩니다. 어떤가요? 매력적인 시스템 아닌가요?

길 전체를 네 섹션으로 나누었는데, 각 섹션의 들머리이자 날머리 지점은 인터넷 사용도 원활하고, 그럴듯한 음식을 제공하는 레스토랑을

왕의 길 종주를 시작하는 들머리. 자연풍광이 특별한 툰드라의 길을 걷는다.

갖춘 스테이션 산장이 있어 오랜만에 문명의 혜택을 맛보며 호사를 누릴 수도 있습니다. 급한 경우, 헬리콥터로 관광객과 짐을 수송해 주는 서비스도 제공하고 있는데, 가격도 합리적이라 이용할 만합니다. 네 개로 나뉜 루트 중 각자의 상황을 고려해 모두 완주하거나 한두 개 구간을 선택해서 걸을 수도 있습니다.

각 구간은 대략 일주일 정도 소요됨 직한 거리입니다. 루트별 시작과 끝 지점에는 대중 교통망이 잘 구성되어 있어 들고 나고를 쉽게 하도록 편의를 제공하고 있습니다. 130년 전통을 가진 스웨덴의 비영리 단체가 운영하는 43개의 산장을 잘 활용하며 수월히 걸을 수 있어 좋습니다.

겨울철에 쿵스레덴 길은 스키 트레일로 사용됩니다. 이와 관련해 유의 사항이 하나 있는데요. 스키 루트와 도보 길을 따로 구분해 두었는데, 스키 루트는 높은 장대 위에 붉은색 X자 표식을 해두었습니다. 그로 인해 처음 트레킹을 하는 이들은 진입 금지 표시로 오인해 옆길로 빠졌다가 다시 돌아오게 되기도 하니, 잘 알고 대처해야겠습니다.

　트레일 내에서 캠핑도 가능합니다. 국립공원 내에서는 유료, 대부분 산장과 붙어 있으며 캠핑족을 위해 따로 마련된 주방 시설을 이용할 수 있습니다. 대개 6월 말부터 9월 말까지 운영하며, 겨울 시즌에는 2월 중순부터 4월 말까지 스키어들을 위해 재개장합니다. 도보 길과 거의 같은 코스로 스키 트레일이 조성돼 있어 모빌 스키를 타거나, 노르딕 스키로 초보자도 경험자와 함께 특별한 경험을 즐길 수 있습니다.

　전체 코스 중 북부 1구간 즉 BD6로 알려진 코스만으로도 수려한 경관을 즐길 수 있는데, 그곳이 바로 피엘라벤 클래식 Fjallraven Classic 루트입니다. 북극여우 모양의 독특한 로고 디자인의 아웃도어 의류 피엘라벤 아시죠. 우리 한국인들도 요즘 즐겨 입는 브랜드죠. 스웨덴 굴지의 아웃도어 업체인 피엘라벤사가 매년 개최하는 축제 같은 행사로 전 세계 트레커들의 마음을 해마다 들뜨게 하고 있습니다. 니칼루옥타 Nikkaluokta 에서 아비스코에 이르는 110km를 걷는 장거리 트레킹으로, 피엘라벤 사에서 인터넷을 통해 전 세계에서 2,000명을 신청받아 8월에 개최하고 있습니다. 4개 구간 중 최북단 구간은 그 덕에 더욱 유명해져 세계 10대, 때로는 3대 트레일의 하나로 회자되고 있는데, 그 이름이 아깝지 않습니다.

　풍광 좋은 곳이라면 어디서든 야영할 수 있고, 중간중간 보급되는 음식을 받아먹는 맛도 쏠쏠합니다. 특히 이 기간에 2,000여 명의 백패커들이 곳곳에 풀어놓은 원색의 텐트는 쿵스라덴을 색동으로 물들입니다. 산마루 고갯길에 올라서서 계곡을 굽어보면, 알록달록 물감을 점점 뿌려둔 야생의 대자연이 한 폭의 그림처럼 보일 것입니다. 자연과 인간이 협력하여 만들어낸 걸작이라고나 할까요. 스웨덴, 미국, 덴마크, 홍콩에 이어 2019년 10월에는 제주 한라산 국립공원에서 개최되기도 했습니다.

　내 몸이 드디어 고장 나버렸습니다. 고관절 근육 인대가 늘어났다고 하네요. 십 년을 넘게 혹사해 왔으니, 그럴 만도 하지요. 도저히 포기할 수 없는 한식 고집에 쌀이며 각종 찬에 국거리와 찌갯거리 등 음식 재료들을 30kg 이상씩 지고 다니니 왜 안 그렇겠습니까. 종주나 백패킹뿐만 아니라 당일치기 산행조차도 바리바리 싸가지고 다녔으니 말 다했지요. 정상에서 동행들에게 정상주(酒)도 먹여야 하고, 그러자니 안주도 싸가야 하고, 도시락에 찌갯거리까지 이고 지고 다녔답니다. 거기다가 버너, 코펠, 연료, 물까지 이고 다녔으니 탈이 날 밖에요.

최근 히말라야 트레킹 한 달을 마친 후 몸이 신호를 보냈는데 무시해 버리곤 캐나다 로키, 미 서부 10대 캐년, 알프스를 거쳐 돌로미티를 돌았습니다. 통증이 세지면 진통제로 달래가면서 말이지요. 그러고도 알래스카와 아이슬란드 뢰이가베구르로 계속 길을 이어갔습니다. 결국 그즈음엔 아예 비뚤어졌다고 할 정도로 어긋나버린 골반 탓에 한 발 한 발 걷는 게 고통스럽더니, 노르웨이 3대 록 트레킹 때는 배낭을 메고 걷는 건 고사하고, 아예 걸을 수조차도 없게 되어버렸습니다.

밤낮없이 고통스럽던 나날이었으나, 인간의 몸은 위대한 것. 정상으로 복구하기 위해 외부의 적에 대항해 싸우려는 본능을 우리 몸은 가지고 있습니다. 또한 저의 길동무 중엔 트레킹 여행마다 자주 참여했던, 이쪽 방면에 능통한 의사들이나 경험자들이 제법 많아서, 이런저런 도움을 받아 가며 하루하루 호전될 수 있었습니다. 그리하여 바야흐로 이 길에 설 수 있게 된 것이지요. 왕의 길 BD6, 6일간의 종주에 과감하게 뛰어듭니다. 응원해 주세요!

종주를 마치고 돌아올 키루나*Kiruna* 숙소에 가방을 맡겨두고, 종주에 필요한 물품만 챙겨 대형 택시를 불러서 왕의 길의 시작점인 아비스코 산장 스테이션으로 이동합니다. 숍에서 종주에 필요한 가스며 식자재 등 여러 가지 물품을 장만한 후 배낭의 무게가 어느 정도인지 달아볼 수 있게 비치해 둔 저울에 걸어봅니다. 서로 적다 많다 무겁다 가볍다 하며 아

왕의 길 종주 중 가장 높은 케브네카이세산을 오른다. 스웨덴에서도 가장 높다.

이들처럼 가볍게 옥신각신하다가 조금은 촌스럽게 꾸며놓은 들머리의 조형물 앞에서 단체 기념 촬영을 하고 첫발을 내디딥니다.

  길이 참 좋습니다. 시냇물은 티 없이 맑고, 싱그러운 녹음에 흰 눈 내려앉은 산도 보이네요. 이 좋은 길을 5시간 정도 걸어 아비스코야우레 Abiskojaure 산장에 닿게 됩니다. 막 비 갠 후라 안개구름이 자욱하게 깔려있고, 땅에서는 물기 젖은 들꽃들이 반겨줍니다. 협곡을 힘차게 가로지르는 맑은 강물. 들판을 가득 채운 무성한 나무들. 고색창연한 바위. 야트막한 숲과 산. 그리고 나무가 호위하는 길이 끝없이 이어집니다. 마치 앞으로 걷게 될 110km 쿵스레덴 피알라벤 클래식 루트를 압축해서 보여주는 것만 같네요.

  습한 지역의 식생을 보호하기 위해서 나무 널빤지를 깔아 만든 보드 워크가 길게 이어집니다. 그 길이 마치 기차선로 같아 기찻길을 걷던 유년의 추억 속으로 잠시 빠져듭니다. 바위가 길을 막아선 험한 돌길에도 보드 워크를 설치해 편히 걸을 수 있게 배려해 주었네요. 왕의 길을 걷는 나를 왕처럼 대우해 주는 것 같아 잠시 우쭐해집니다. 부서지거나 썩고

오래된 보드 워크 옆에 나뭇길을 새로 내는데, 이끼 끼고 풀이 덮은 오래된 나뭇길이 나름 자연의 일부가 되어가며 새로운 풍경을 만들어냅니다.

　　이런저런 풍경을 바라보며 무심히 걷다 보니 어느덧 넓은 호수에 이르렀습니다. 호수 끝에는 오늘의 숙소인 산장이 자리 잡고 있을 텐데, 아직 보이지는 않습니다. 사실은 호수가 아니라 강이라고 해야 맞는데요. 엄청난 양의 물이 빠른 속도로 흘러들어와 광대한 내를 이루었다가 다시 하구로 빠져나가는데, 워낙 넓은 규모로 펼쳐지다 보니 그대로 호수처럼 보입니다. 구름 사이를 빠져나온 초가을 햇살이 은빛 비늘을 튕기며 물 위로 쏟아져 내리고, 쪽배 한 척이 가만가만 잔잔한 물결에 흔들리고 있습니다. 산장으로 향하는 호수의 왼쪽 길엔 떡갈나무가 무성하고, 뒤를 돌아보니 고즈넉하고도 아름다운 숲길이 조용조용 따라옵니다. 우리가 걸어온 길이로군요.

　　반대편에서 마주 걸어오는 사람들이 인사를 건네며 어깨를 스치고 지나갑니다. 어디서 시작하든 별 차이는 없는데, 북에서 남으로 진행하는 것이 고도를 낮추면서 걷기 때문에 아무래도 조금 수월합니다. 이 길에선 나이나 성별 구분 없이 모두 텐트와 각종 야영 장비로 가득 채운 큰 배낭을 메고 걷다가 중간중간 야영하며 트레킹을 진행하는데, 꼬맹이들도 저마다 걸맞은 무게의 짐을 지고 다닙니다. 불평 없이 즐거운 표정으로 걸어오는 모습이 너무나 귀엽네요. 어릴 때부터 늘 자연 속에서 자연과 벗 삼아 자라왔기에 가능한 것이 아닐까, 생각하니 부럽기까지 합니다.

    나 홀로 산행족도 제법 많습니다. 자연과 교감하고 사색하며 걷기엔 혼자가 더 낫기도 하겠지요. 외국 관광객 못지않게 스웨덴 자국민들도 넘쳐나는데, 모두 하나같이 예의 그 피엘라벤 브랜드의 옷과 장비를 착용하고 있습니다. 아웃도어 의류는 피엘라벤, 패션은 H&M, 가구는 IKEA. 마치 등식과도 같은데, 내 나라 물건 사랑이 넘쳐나는 것 같아 보기 좋습니다.

    정오 조금 안 돼서 느지막이 출발했는데도 불구하고, 워낙 짧은 거리여서 네댓 시쯤 하나둘 산장으로 모여듭니다. 오락가락하던 비가 산장에 들 때쯤 제법 거세게 쏟아지고, 어딘가 을씨년스러운 것이 나그네들은 마음마저 추워져 불 지핀 무쇠 난로에 둘러앉습니다. 따스한 온기가 실내를 충분히 데울 때쯤 투숙객은 많아지고 산장이 수런거립니다. 저녁 식사 때까지 뭐 특별하게 할 일도 없고 해서 가져온 독주에 시원한 맥주를 곁들이며 쉬어갑니다. 지붕과 창문을 두드리는 빗소리를 들으며 지그시 눈을 감습니다. 하루를 갈무리하는 시간, 문득 삶이 향기롭게 느껴집니다.

    유난히 푸른 하늘과 보송하게 흩어진 우윳빛 구름. 은총이 온 누리에 내리고 있군요. 라플란드의 아침이 싱그럽게 열리며 2일 차 왕의 길 트레킹 일정을 시작합니다. 알레스야우레$^{Alesjaure}$ 산장까지 22km, 크게 오르내림이 없는 편안한 길인 데다, 호수와 설산이 수려하게 포진한 매혹적인 길입니다. 쿵스레덴 길에는 유난히 개울이 많습니다. 아직도 남아있는 산정의 눈이 녹아 실개천을 따라 내려와선 널따란 계곡을 적시며 유장하게 흐르는 강에 보태집니다. 맑은 시냇물은 미네랄을 듬뿍 함유한 약수 그 자체로 맛까지 좋아 그대로 마셔도 좋습니다.

지표에 물이 많은 툰드라 지대. 왕의 길은 나무로 된 보드 워크로 대체했다.

　이제 저만치에 광활한 호수가 나타납니다. 바람에 물결이 일어 찰랑찰랑, 소리가 정겹습니다. 호수 끝 제법 높은 곳에 어렴풋이 산장이 보입니다만 아직 6㎞를 더 가야 합니다. 산장까지 보트를 운영하는데요, 대피소처럼 보이는 셸터를 하나 지어놓고 위급상황에 대비한 전화기와 마른 장작 정도가 비치돼 있습니다. 전화로 부르는 콜 보트로 픽업을 요청하면 바로 저 산장에서 데리러 오는 것입니다. 작년에 이 길을 걸을 때 종일 내린 비에 속수무책으로 젖어버려 이 셸터에서 화톳불을 지피고 몸을 녹이며 보트를 기다리던 기억이 나네요. 참 서글펐는데 말이죠. 지금 떠올리니 미소를 부르는 그리운 추억입니다. 오늘은 오히려 땀이 송골송골 맺히도록 화창한 날씨라 차가운 호숫물에 발을 적시며 수고한 발을 달래줍니다.

기차길처럼 뻗은 보드 워크. 붉은 깃대는 눈이 높이 쌓인 곳이나 스키 종주로의 이정표로 세워졌다.

쿵스레덴 트레일은 길이 험하지 않고 큰 고도차도 없는 구릉 지대로 설산이나 빙하, 강, 호수 등 다채로운 풍광을 감상할 수 있는 길입니다. 여름이면 노를 젓거나 모터보트를 이용해 강과 시내를 건너며 호수와 어우러진 산세를 즐길 수도 있습니다. 스웨덴 관광협회(STF; Svenska Turistföreningen,)에 회원 가입하면 산장 이용 및 종주와 관련한 여러 가지 서비스를 이용할 수 있고, 할인도 받을 수 있어 좋습니다. 당연한 얘기지만, 성수기인 7, 8월은 매우 일찍 서둘러 예약해야 합니다.

국립공원 내의 유료 캠핑장은 북유럽의 대자연을 있는 그대로 느낄 수 있으나, 북극에 가까운 지역인 만큼 늦깎이 눈이나 이른 눈, 기타 극단적인 기후변화에 주의해야 합니다. 이상 한파는 특히나 조심해야 하고요. 시즌에 따라 식량 보급이 어려울 수 있으며 텐트와 장비, 식량 등을 모두 짊어지고 가는 것도 보통 일은 아닌지라 쉽다고만 할 수는 없지요. 그러나 산장을 잘 이용하며 배낭을 가볍게 할 수도 있고, 일정을 짜임새 있게 꾸린다면 큰 어려움 없이 진행할 수 있습니다. 북극권이다 보니 백야 현상도 경험할 수 있고, 한여름에도 시원한 날씨 덕에 더위로 인한 체력 고갈을 염려할 일 없는 것도 큰 장점입니다. 최적기 중 늦가을에 해당하는 9월경에는 분별없이 타오르는 붉은 단풍에 눈이 멀지도 모르니, 때를 잘 골라 오시길요.

기운을 추슬러 다시 길을 이어갑니다. 빛 고운 옥색 호수 뒤로 솟아 있는 설산. 가을을 머금은 갈대처럼 보이는 잡풀들이 어우러져 만들어내는 풍경에 취해 걷다 보니, 어느새 산장에 도착했습니다. 지금 이 순간 가장 간절한 것은 차디찬 맥주 한잔! 누구 하나 빠지지 않고 주문해서 단숨에 들이켭니다. 마른 식도를 타고 내려가는 그 짜릿하고도 청량한 맛에 술을 즐기지 않는 동행들도 이때만큼은 벌컥벌컥, 주저하지 않습니다.

저녁을 지어먹고 대망의 마무리 행사를 치를 시간. 사우나입니다. 스웨덴 산장만의 특별함이라고 볼 수 있는데요. 전기 공급이 전혀 안 되다 보니 샤워 시설이 전무한데, 그렇다고 종일 걷고 온 사람들이 샤워를 안 할 수야 없지 않겠습니까. 그래서 거개의 산장마다 자작나무로 불을 지펴 물을 데우는 핀란드식 사우나 시설을 마련해 두고 있습니다. 사우나로 충분히 몸이 데워지면 바로 옆에 자리한 강물이나 호수에 풍덩 뛰어들어 마무리합니다. 빙하나 만년설이 녹은 물이니 그 체감 온도야 오죽하려고요. 그럼에도 한껏 데워진 몸이라 어느 정도까지는 견딜 만합니다. 미풍에도 그대로 하늘로 날아올라 버릴 것 같은 가벼운 몸과 그만한 무게의 마음으로 날것 그대로의 자연 속에서 밤을 맞이합니다. 무수히 떨어지는 별들과 함께 우리도 그 밤의 일부가 되어버립니다.

쿵스레덴은 하이랜드의 높은 산이 들어찬 계곡 길을 따라 걷게 되는데, 때때로 계곡이 너른 들판에 닿아있기도 해 가슴이 탁 트이는 시원함을 맛보게 해주기도 합니다. 고갯마루에서 시야를 넓게 잡으니 작은 관목은 모두 장병이요, 나는 천군만마를 지휘하는 왕이 된 기분이 듭니다. 짐짓 거나하게 여유를 부리며 걸어갑니다. 하늘에는 무지개가 영롱히 드리우고, 잔설 위로 순록 떼가 무리 지어 달려가니 이 또한 쿵스레덴이 아니면 볼 수 없는 풍경이요, 계곡가 드넓은 벌판 곳곳엔 원색의 텐트들이 사랑스럽기만 합니다. 늦게 피어난 야생화와 오종종 귀여운 새들이 계절을 찬미하는 대화를 나누고 있는 듯 해 끼어들고 싶습니다.

아침 아홉 시를 넘긴 시간. 이제 일어났는지 아침밥을 짓느라 버너와 코펠에서 모락모락 피어오르는 김은 바람의 결을 따라 자연이 됩니다. 대부분의 백패커들이 언제 내릴지 모르는 날씨에 대비해 방수 배낭 커버를 꼭 하고 다니는 점은 조금 놀랍네요. 배낭 사이즈가 엄청난데, 뽕이라도 넣은 것 같군요. 배낭 위에는 텐트, 아래엔 매트리스나 침낭을 길게 매달아 대형 커버를 씌웠나 본데 엉성해 보이기도 하고, 어찌 보면 또 엄청난 크기에 대단하게도 여겨집니다. 이것도 경험에서 익힌 그들만의 지혜라면 지혜일 것인데, 커버를 배낭에 딱 맞게 밀착시키는 경우, 비가 오래 내리다 보면 밀착 커버한 배낭 속까지 이내 젖어들게 마련입니다. 방수 커버가 백 프로 방수해 주는 것은 아니니까요. 이에 비해 공간을 뻥 하니 비워둔 경우는 비가 스며들 겨를도 없이 굴러내려 버리기 때문에 오히려 더 큰 방수 효과를 낼 수 있습니다. 역시, 경험치가 중요하네요.

쿵스레덴. 조금은 낯선 스웨덴어가 주는 포스 넘치는 어감. 게다가 의미까지 왕의 길이니 남다르네요. 쿵스레덴의 역사는 스웨덴 관광협회와 연결되어 있습니다. 웁살라Uppsala의 과학자들에 의해 스웨덴의 명산에 쉽게 접근할 수 있도록 1885년에 결성되었는데요. 19세기 이후 라플란드의 산을 통과하는 왕도를 만들 계획을 세웠는데, 제안된 경로는 아비스코를 크비크요크에 연결하는 것이었습니다. 1902년 키루나와 나르비크Narvik 사이의 말름바난Malmbanan 철도 노선의 건설은 이 프로젝트를 수행하는 데 중요한 역할을 하게 되고, 역이 건설되면서 점차 많은 사람이 찾는 관광 스테이션으로 알려지기 시작합니다. 1907년에는 아비스코야우레와 케브네카이세에 산장 숙소를 건설하고, 중간중간 호수를 건널 수 있도록 보트 선착장도 함께 두게 되었습니다. 처음에는 이름도 지정되지

앉고, 트레일 표시도 딱히 없었는데 1928년에, 명명식 같은 별다른 의식도 없이, '쿵스레덴'이라는 이름이 처음으로 크비크요크역에 걸리게 되었습니다. 그 후로 세인들의 입에 오르내리며, 대중들에게 빠르게 인기를 얻으며 현재에 이른 것이랍니다.

빙하가 녹아 흐르는 잿빛 시냇물 뒤로 설산이 도열해 있다.

걷는 데만 집중하다 보니 예정보다 너무 일찍 산장에 도착했네요. 날씨도 적당히 서늘한 게 더 걸을 만해서, 다음 산장까지 길을 이어가기로 모두 합의합니다. 점점 날씨가 쌀쌀해지더니 셀카 Sälkastugan 산장에 도착할 무렵 진눈깨비가 흩날립니다. 매점도 없고 사우나 시설도 없는 것이 다소 열악하네요. 많이 지친 데다 추위까지 엄습해 와, 방마다 설치된 난로를 바로 피우려는데 비치된 장작이 없습니다. 바깥마당에는 톱질해 놓은 장작더미가 있고, 창고 안에도 쪼개놓은 장작이 쌓여있기에 한 아름 안고 들어가려니 어디서 나타났는지 까칠한 표정의 산장지기가 나를 불러 세웁니다. 장작을 먼저 패고 그다음 가져다 써야 한다는 겁니다. 뭐 안 좋은 일이라도 있었는지 무시하는 태도에 격앙된 어조로 질타하기에 상식 밖의 행동을 쉬이 용납 못하는 나도 몇 마디 응수해 줍니다.

'먼저 패고 쓰든, 쓰고 나서 패든 장작을 채워놓으면 되는 것 아니냐, 먼저 패야 한다는 규정이라도 있느냐, 문서화된 걸 나에게 보여 달라.' 뭐 하나 거칠 것이 없습니다. 이게 끝이 아닙니다. '지금 시간이 몇 시냐, 날이 이렇게 추운데, 게스트들을 위해 산장 내에 훈기가 돌도록 산장지기가 미리 불을 지펴놨어야지 너는 뭐 하는 놈이냐!' 가뜩이나 우락부락한 얼굴인데, 화가 나니 아마도 헐크처럼 변했을 것입니다. 그제야 맘대로 하라며 공손해집니다.

동행들을 위해 활활 타도록 난롯불을 지펴두고 나가서 장작을 패기 시작합니다. 그들만의 방식이 있긴 하지만, 체질에 안 맞아 신토불이 우리 식으로 팹니다. 내 야영 생활의 역사가 얼마인데, 또 한동안 산장을 운영하며 날마다 장작을 패서 난방을 해결하기도 했기에 장작패기와 불 피우기는 가히 신의 경지에 올랐거늘. 결이 곧아 아주 쉽게 쪼개지는 자작나무라 삽시간에 무덤 크기로 하나 쌓아놓고, 저 혼자 사무실 난로 앞에 구겨져 있는 산장지기를 밖으로 끌고 나와 보여줍니다. 갑자기 친밀감을 넘어 비굴할 정도의 태도 변화를 보이는 그자에게 "똑바로 해!" 한국말 한마디를 툭 던져주고 돌아섭니다.

슬슬 어둠이 드네요. 전기가 들어오지 않는지라 촛불을 켜니, 더욱 운치 있습니다. 태양열 집전 전기는 산장지기와 무선 크레디트 카드 단말기를 위해 사용됩니다. 그런데 일기가 고르지 않으면 연결이 좋지 않아서, 결제가 더디게 되어 오랫동안 벌서고 있게 되는 경우도 더러 있습니다. 그때 현금으로 결제하겠다고 하면, 줄 안 서고 바로 결제할 수 있어 자못 부러운 시선을 받기도 합니다. 산장에서 현금의 위력이 제법 발휘될 때가 있으니 귀찮아도 현금을 적당히 가지고 다니시길요. 칼칼한 우리 입맛에 꼭 맞진 않아도 우리 브랜드인 삼양라면이 이 동네를 백 퍼센트 점유하고 있어 별것 아니지만 기분도 우쭐해지고, 제법 자부심마저 생깁니다. 이런 걸 국뽕이라 하나 봅니다.

산촌의 아침은 역시나 아늑합니다. 오늘 하루는 제법 긴 여정이 될 것 같아요. 묵었던 산장을 정리하고 길 떠나 싱기헛Singi Hut에 도착해 점심 식사를 마치고, 맥주 한 캔씩 마시며 잠시 여유를 누린 후 동쪽으로 길을 잡아 니칼루옥타로 향합니다. 이후 다시 오전에 걸었던 만큼 더 걸어가면 오늘의 안식처인 케브네카이세 마운틴 스테이션에 도달하고 여기서 하루를 마감하게 됩니다. 오늘도 역시나 걸음의 축제입니다.

젊은 친구들은 캠핑을 즐기며 왕의 길을 걷는다.

쿵스레덴 완주 길은 싱기에서 갈라집니다. 길 위에서 맺었던 여러 인연들과 이곳에서 작별하는데, 피엘라벤 클래식만 종주하는 이들은 왼쪽으로 꺾어서 가게 됩니다. 케브네카이세 산장을 지나 이 지역 원주민인 사미족 마을이 있는 니칼루옥타에 이르면, 110km의 종주 길이 끝납니다. 너른 들판 곳곳에 자리한 고색창연한 바위를 헤치고 오르막길을 이어갑니다. 삼각지를 이루는 이곳에는 불어오는 모든 바람이 계곡마다 모여들어 제법 스산한 느낌을 주어 한 번씩 옷깃을 여미게 합니다. 그러다 보면 또 한 번씩 몸이 달아오르기도 해 점퍼를 벗을까 말까 하는 지점에서 잠시 걸음을 멈추고 라플란드 최고봉을 품고 있는 케브네카이세산의 환상적인 산세를 감상합니다. 그 산의 그림자가 드리운 호수를 끼고 걷는 길의 풍경 또한 압권입니다.

고개 하나를 넘어 느슨한 하산이 이어지는데, 쉬고 싶다는 피로감이 덮칠 때쯤 케브네카이세 산장에 도달하여 오랜만의 호사를 누립니다. 긴 걸음 후의 음식은 다디답니다. 이것저것 다양하게 하나씩 시켜놓고 조금씩 서로 나눠 먹으며 순록이나 양고기 같은 지역 고유의 음식도 기념으로 맛봅니다. 시원한 맥주 한잔으로 목을 축이니 그간 누적된 5일간의 노독이 절로 풀리며 하루가 마감됩니다. 오늘따라 별빛이 유난히 맑고 밝아 우리는 라플란드 대자연의 일부가 되어 편안히 밤에 안깁니다.

파란 하늘 한 뼘 안 보이는 흐린 아침입니다. 이른 조식 후 스웨덴에서 가장 높은 케브네카이세산을 올랐다 내려오는 도전적인 하루가 시작됩니다. 690m 고도의 산장에서 2,113m의 산정까지 1,400m를 오르게 되는데요, 정상에 서면 하얗게 펼쳐진 만년설 설원 위에서 장대한 라플란드의 파노라마 풍광을 눈에 담을 수 있습니다. 이 산은 스칸디나비안 산맥의 일부로 두 개의 봉우리를 가지고 있으며, 빙하로 덮인 남쪽 봉우리는 2,106m, 암산인 북쪽 봉우리는 2,097m입니다. 북극선(Arctic Line) 아래 약 150㎞ 지점에 위치하고 있으며 지구 온난화로 빙하들이 녹으면서 산정이 조금씩 낮아지고 있다는데, 원래는 높이가 2,117m이었다고 합니다.

산자락에 바짝 붙어 오르기 시작하면 입에서 불 냄새가 날 정도로 가파른 길이 간단없이 이어집니다. 몰은 숨을 더는 참지 못해 잠시 멈춰 숨을 토해낼 때, 산 아래로 펼쳐진 장엄한 풍경에 다시 또 숨이 턱 막힙니다. 어느새 계곡엔 가을 색이 완연하고, 산 넘어 산이 희미하게 물결치며 먼 데로 나를 데려갑니다. 냇물 위 다리를 건너며 잠시 숨을 고르게 하더니 그것도 잠시, 끝이 어딘가, 보이지 않는 길을 한없이 올라야 합니다. 안개가 정상을 부옇게 덮고 있어 안 보이기도 하고, 까마득히 높아서 그 끝을 알 수 없는 것이기도 하지요. 더구나 모래와 자갈이 섞여 있는 길은 가파른 길을 더욱 힘들게 만듭니다. 한 걸음 크게 내디디면 어김없이 반걸음은 미끄러져 내려와 버리는 고단한 길. 그래서 등산화 착용이 필수라고 수도 없이 경고했나 봅니다.

다리 근육이 꽤나 혹사당하고 가슴이 터질 듯 숨이 차올라 가다 서다를 반복하며 겨우 다다른 1차 정상. 세찬 바람이 먼저와 반깁니다. 발아래 누운 빙하를 넘어오는 바람은 빙하보다 차갑네요. 여기서 팀을 둘로 나눕니다. 기세를 이어가 최정상을 정복하는 팀과 이곳에서 마감하는 팀. 일단 하산했다 다시 최정상으로 치고 올라갈 패기의 정상 정복팀을 출발시키고, 남은 일행들을 위해 점심으로 라면을 끓여냅니다. 바위 뒤에 몸을 숨긴다고 숨겼는데, 다들 사시나무 떨듯 떨며 추위를 감당하지 못합니다. 다 끓은 라면을 골고루 나누어 한 그릇씩 먹는데 경황없이 먹느라 모두들 입천장을 홀랑 데었다고 합니다.

어느덧 바람도 숨죽이고 안개도 걷히며 모두 무사히 하산했습니다. 산장에 모여 앉아 얘기를 나누다가 작은 갈등이 생겼지만, 오래지 않아 의견을 하나로 모읍니다. 원래 계획은 바로 여장을 꾸려서 니칼루옥타로 헬기를 타고 이동하려 했는데요. 그곳에서 대중교통을 이용해 이번 종주의 공식적인 종착지이자, 현대적 문명을 즐길 수 있는 키루나로 가려고 예정했던 것이지요. 설산과 크고 작은 호수들, 우리가 걸어온 쿵스레덴 트레일의 족적을 창공을 날며 감상케 하고자, 헬기 이동이라는 나름의 묘수를 던졌던 셈인데, 초행인 동행들의 반대가 큽니다. 마지막 구간을 헬기로 마무리한다는 것은 종주의 가치를 훼손하는 게 아니겠냐고 물으시니 바로 납득이 갑니다. 이 길을 몇 번 종주한 저와 처음 완주에 도전하는 트레커의 마음이 다를 수밖에요. 제 생각이 짧았습니다. 우리는 산장에서 하루 더 머물고 내일 이 길을 온전히 완주하기로 명쾌하게 결론지었습니다.

몸도 마음도 가벼운 아침입니다. 마지막 날이라고 선심이라도 쓰는 걸까요. 아니면 다시 오라고 유혹이라도 하는 걸까요. 오늘 이곳 왕의 길 날씨는 얄밉도록 쾌청합니다. 마지막 구간은 길도 좋아서 거의 높낮이가 없는 평탄한 길을 그 길만큼이나 평온하게 걸으면 됩니다. BD6 구역의 아비스코와 니칼루옥타를 잇는 이 길은 순례의 길로도 알려져 있습니다. '다그함마르셸드스레덴Dag Hammarskjöldsleden'라 이름 붙여진 이 길은 스웨덴 산악 세계의 심장부에 있는 현대판 순례길로, 2004년 9월에 개장되었습니다. 아비스코에서 니칼루옥타까지 110㎞, 오래전부터 명성이 자자한 쿵스레덴 하이킹 코스를 따라갑니다. 룰레오Luleå 교구에 있는 스웨덴 교회와 노르보텐 카운티 관리위원회 및 스웨덴 관광 협회 간의 협력을 통해 만들어졌습니다. 트레일 중간중간 빼어난 전망이 펼쳐지는 곳에 7개의 명상 장소가 마련되어 있고, 2대 유엔 사무총장을 지낸 스웨덴 출신 다그 함마르셸드Dag Hammarskjöld의 인용문이 새겨진 기념석도 세워져 있어 명상하거나, 그 글의 행간에 녹아있는 삶의 의미를 짚어보는 것도 좋을 듯합니다.

어느 정도 시장기를 느낄 때쯤 길가에 카페 하나가 나타납니다. 순록 고기로 햄버거를 구워서 파는 식당인데 제법 입소문을 타고 누구든 한 번씩 먹어보는 명소가 되었습니다. 어느 정도 배도 부르고 기분까지 나른해지니 호수에 띄워놓은 보트가 손짓합니다. 니칼루옥타까지 배로 이동하라고 유혹하는 듯하네요. 그동안 몇 개의 호수를 지나면서 한 번쯤은 다들 타보고 싶기도 했을 텐데요, 지친 여정의 끝인 데다가 배부르고 졸리기까지 해 차마 유혹을 떨쳐내기 어렵습니다. 그럼에도 종주 완성이라는 숭고한 목적에 흠이 갈 새라 자리를 박차고 일어섭니다.

날머리 마지막 끝에 인디언 텐트 구조로 조성한 나무 관문 앞에서 다들 모여 기념 촬영을 하고 손을 맞잡으며 그간의 노고를 위로합니다. 잠시 왕이 되었던 나날을 먼 훗날 되돌아보면 꽤나 뿌듯할 거예요. 저는 왕의 길이 막 열리는 초여름이나, 길이 막 닫히기 전인 늦가을에 한번 더 찾아올까 합니다. 아마도 길은 좀 더 험하고 불편하겠지만, 봄이면 전년에 내린 잔설을 보며 걷는 풍경이 대단할 것이고, 늦가을이라면 첫눈이 올지도 모르니까요. 나뭇가지마다 피어나는 눈꽃을 보며 걷는 왕의 길이라, 대단할 것 같습니다.

저의 트레킹의 목적은 바로 그와 같은 경이로운 자연 풍경을 보기 위함이니, 어느 곳을 가든 방문 시기가 매우 중요합니다. 잠시 눈을 감고 최대한 상상력을 동원하여 그 길을 걷는 나의 모습을 그려봅니다. 어느새 내 손은 달력을 넘기고 있고, 내년 6월 초를 더듬다가 다시 9월 말의 어느 길일을 택하고 있습니다. 어려서 읽은 고전적인 동화책을 나이 들어 다시 읽으면 분명 그 느낌과 감동이 다르게 느껴지듯, 길도 마찬가지입니다. 이미 걸은 길을 다시 걸을 때, 처음과 같은 감동을 느낄 수는 없겠지만 대자연의 깊은 속살을 좀 더 내밀하게 마주하면서 여전히 설렐 것입니다. 다른 감동을 누리게 될 것입니다. 아는 길도, 모르는 길도 늘 기쁨을 주고 가르침을 줍니다. 그것이 바로 내가 끊임없이 길을 떠나는 이유입니다. 길 위에서 나는 가장 기쁘고, 가장 많이 배우니까요.

---

**INFORMATION**

**거점 도시** 키루나

**거점 공항** 키루나 공항

**트레킹 팁** 스웨덴의 수도 스톡홀름에서 기차나 국내선 비행기로 키루나로 이동한다. 여기서 다시 기차나 버스, 혹은 택시를 이용하여 아비스코 마운틴 스테이션까지 한 시간쯤 걸린다.

스페인, 유럽
# 피코스 데 에우로파 트래버스
PICOS DE EUROPA TRAVERSE

스페인 북부 변방에 펼쳐진 알프스

| | |
|---|---|
| 거리 | 68km |
| 일정 | 6일 |
| 난이도 | ●●●●●○○○ |
| 최고도 | 1,873m(토레 세레도) |
| 시즌 | 5월~10월 |
| 코스 | 폰세보스~포테스~폰세보스 |
| 고도표 | |

스페인 최초 국립공원으로 스페인 북부 해안을 따라 달리는 장대한 석회암 산맥인 피코스 데 에우로파의 남서쪽 어깨를 가로지르는 길이다. 돌로미티 침봉의 절경과 스위스 알프스의 목가적인 초원을 동시에 즐길 수 있다.

쳇바퀴 도는 뻔한 일상에서 벗어나 미지의 세상에 발을 들이는 것은 마치 첫날밤을 맞이하는 부부의 마음과 같을까요. 전혀 예상치 못하는 미래에 대해 걱정 반, 설렘 반. 새로운 여행지에 발을 디디는 나그네의 마음이 바로 그와 같습니다. 여행의 목적지가 너무나 생소하여 찾아볼 정보나 문헌 등이 딱히 없는, 그야말로 깜깜이 여행이라면 걱정도 두 배, 설렘도 또 그에 못지않을 것입니다. 이번 여행처럼 말입니다.

혼자라면 근심으로 가득하겠지만, 워낙 호흡이 잘 맞는 오래 묵은 트레킹 동무들과 함께할 예정이라 걱정이 덜합니다. 십 년 전쯤 미 서부 10대 캐넌 트레킹을 함께하며 마음이 통했던 사이입니다. 그 이후, 마치 동창회라도 되는 듯 비정기적이나마 만남을 이어왔습니다. 각자 사는 곳에서 돌아가며 호스트가 되어 식사 자리를 마련하기도 하고, 주변 산에 오르거나 명소를 찾는 가벼운 여행을 함께하기도 하고. 무엇보다 연 1회 트레킹 여행을 함께 해오고 있습니다. 팀 이름은 '이 Member, Remember'.

스페인 북부에 우뚝 솟은 피코스 데 에우로파 산군

올해의 목적지는 피코스 데 에우로파. '유럽의 봉우리들'이라는 뜻입니다. 트레일에 대한 별다른 정보도 없는 데다가, 접근 지역인 스페인 북부 해안 도시 산탄데르Santander 역시 낯설기는 매한가지입니다. 산맥은 대서양 해안과 평행을 이루며 달려갑니다. 자연의 뛰어난 아름다움을 인정받아 1918년에는 스페인 최초의 국립공원으로 지정된 곳이기도 합니다. 이번 트레킹에 대해 별다른 지식은 없지만, 무엇보다도 스페인 최초의 국립공원으로 지정되었다는 사실 하나만으로도 충분히 걸어볼 가치가 있다고 여겨집니다. 미국의 최초 국립공원은 옐로스톤, 우리나라 최초의 국립공원은 지리산. 여기서 알 수 있듯, 최초라는 것은 무조건 믿고 가볼 수 있는 곳이죠.

해안에서 불과 25km 떨어진 피코스 데 에우로파 산군은 알프스도 아니고, 피레네산맥도 아닌 독립된 산악지대입니다. 세상을 창조해 낸 조물주가 이것저것 심혈을 기울여 빚어내다가 조금은 심심했던지, 한 움큼 퍼다가 던져버린 곳이 산군을 이루었다는 곳입니다.

2,500m가 넘는, 무수히 많은 산이 모여 있는 이곳은 대평원 지역에서 유일하게 불쑥 솟아올라 있는데요. 그런 이유로, 제국주의 시대에 대서양을 지나 세계로 뻗어나가던 스페인 선원들이 고향으로 돌아올 때 마주하는 첫 번째 육지 광경이었다고 합니다. '유럽의 산봉'이란 별칭을 갖게 된 연유기도 하지요.

세 개의 석회암 대 산괴로 구성된 피코스의 정상은 여러 개의 고봉으로 이루어져 있으며, 가파르고 좁은 협곡으로 나뉘기도 합니다. 양옆에는 종종 거의 직각에 가까운 인상적인 절벽들도 눈에 띕니다. 울창한 목초지와 숲이 협곡과 계곡의 아래쪽을 채우고 있고, 산맥에 의지하며 살아가는 원주민들도 더러 있지만, 위쪽으로 올라가면 거친 석회암 환경이 지배적입니다. 셋 중에서 가장 장관을 이루는 중앙 대 산괴는 눈에 띄게 들쭉날쭉한 봉우리와 톱니 모양의 능선으로 가득 차 있습니다. 완전 종주를 위해서는 요모조모 생략하며 걸어도 열흘 넘게 걸리지만, 가장 미려한 길

비스케이만과 대서양으로 이어지는 바다의 영향으로 날씨가 순식간에 궂은 날로 변하곤 한다.

로 꼽히는 중앙 대 산괴 서클은 6일만 걸으면 완주할 수 있어 인기가 좋습니다. 겨울에는 세 개의 높은 고원은 눈밭이 되어 스키장으로 변모합니다. 알프스의 스키장에 절대 뒤지지 않는다고 합니다.

미지의 세계와도 같은 피코스 데 에우로파에 안기려, 아스투리아스 Asturias 동부에 있는 그림 같은 산촌 라스아레나스 Las Arenas로 이동합니다. 현지식 점심을 먹고, 맑은 강물 옆에 세워진 아늑한 숙소에 들어 여장을 내린 후 비행의 여독도 풀 겸 몸풀기 산행을 시작합니다. 가파른 산길을 치고 올라갔다 오는 코스로, 거대한 바위산들이 겹겹이 이어집니다. 한참을 치고 오르니 비탈진 초지가 넓게 펼쳐집니다. 목초 사이로 노랗게 꽃 피운 식물이 온 산을 덮고 있는 5월의 이곳은 철 지난봄이 다시 찾아온 듯 화사합니다.

그 사이로 덩치 큰 소들이 느릿느릿 풀을 뜯고 있습니다. 아침나절, 100여 마리는 족히 될법한 소떼가 도로를 점거하고, 수십 대의 차가 그 뒤를 묵묵히 따르던 광경을 숙소 창문으로 봤었는데, 아마도 그 소들이 초지로 출근했나 봅니다. 길지 않은 산촌의 여름 동안 부지런히 살을 찌우고, 추워지기 시작하면 다시 하산하겠지요. 산을 이어 오르니 돌산 돌출부에 예쁜 집이 한 채 지어져 있네요. 여름 목동들의 거처로 지어진 아담한 돌집입니다. 스페인 특유의 주홍빛 기와를 얹은 지붕이 녹색의 숲과 나무, 회색 암산에 대비되며 그야말로 대자연 속 홍일점으로 빛나고 있습니다. 그림 같은 풍광 뒤의 거대한 석회암 산 풍경과 마주하니, 유럽의 봉우리라는 명칭에 조금도 손색이 없습니다.

드디어 종주 길을 시작합니다. 5분쯤 차로 이동하면 피코스산맥의 센트럴 서킷 종주 트레일의 시작점이자 종료점인 폰세보스 Poncebos에 닿게 되는데 이곳은 불네스 Bulnes 산촌 전망대까지 푸니쿨라가 운행하는 주차장이기도 합니다. 오늘의 목적지는 발데온 Valdeon 마을 까레스 Cares 협곡을 통과할 예정입니다. 대망의 첫걸음을 내디딥니다. 초소를 지키는 여성

레인저 두 분에게 부탁해 초소 앞에서 기념사진을 찍고, 드디어 출발!

초반 길이 무척이나 북적입니다. 매년 수만 명의 트레커가 방문하는 곳. 그에 더해 일상적으로 방문하는 현지 하이커들까지, 그야말로 북새통이네요. 길 따라 주차한 차들이 끝없이 줄을 섰습니다. 스페인 국민들도 우리나라 사람들만큼 등산을 좋아합니다. 게다가 마침 토요일이니, 말할 것도 없지요. 끊임없이 밀려오는 인파를 보니 여기가 우리로 치면 북한산이구나 싶네요. 주차하려는 자동차와 등산객들이 길을 가득 메우고 있습니다.

남녀노소 할 것 없이 다양합니다만, 아무래도 유럽에서는 젊은 사람들이 산을 많이 찾는 편입니다. 가장 돈이 적게 드는 레저스포츠이기도 하고, 나이 드신 분들이야 럭셔리하면서 적당히 편안한 여행을 선호해 그런 듯싶습니다. 우리 경우는 그 반대라 할 수 있겠죠. 해외 트레킹에는 돈도 많이 들고, 체력도 체력이지만 무엇보다 시간적 여유도 있어야 하니 젊은이들에게는 다소 무리가 됩니다. 얼마나 다들 치열하게 살고 있는지, 말해 뭐 합니까. 그 외에도, 다른 말초적인 자극을 주는 종류의 여가에 탐닉하느라 걷기를 소홀히 하는 젊은이들도 있긴 하지만요. 그래도 요즘 들어 젊은이들이 국내 산을 많이 찾고 있다고 듣긴 했습니다. 아무튼 국민건강을 위해서 최고의 가성비 좋은 레포츠로 등산이 주목받고 있는 것은 동서양을 불문하고 마찬가지인 듯합니다.

스페인 최초의 국립공원으로 선정된 역사가 받쳐 주듯, 길이 잘 다져져 있습니다. 돌을 박아서 견고하게 만들거나, 자갈을 깔아 순하게 만들기도 했습니다. 질척이거나 미끄럽지 않은 것을 보면 배수도 무척 잘되고 있나 봅니다. 길옆에는 피코스에 기대어 살아온 산골 사람들의 고단했던 삶의 흔적이 사진에 담겨 전시돼 있고, 길을 따라가는 물길은 대처로 이어집니다. 이 물길을 이용하여 미니 운하를 만들어 배도 띄우고, 생필품을 끌어올리기도 했으리라 짐작이 됩니다.

오늘이 종주 첫날인데, 길의 시작부터 장쾌하게 펼쳐지는 거대 암산의 행렬이 꽤나 인상적입니다. 단계적으로 차분히 올라갈 수 있게끔 오르막길을 잘 만들었고, 아주 가파른 곳은 잠시 스위치백(완급조절을 위해 지그재그로 만든 길)을 하면서 숨을 고르도록 정성을 들였습니다. 짧고 가파른 지그재그 길을 따라 까레스 고개로 오르는 길에 목동의 오두막을 지나고, 너르게 펼쳐진 비옥한 초원도 지나며 이곳 고유의 고풍스러운 길을 느긋하게 걸어갑니다.

이후 길은 놀라울 정도의 수려한 계곡으로 이어집니다. 날카롭게 솟아 겹겹이 물결을 이루는 좌우의 암산들은 완만한 경사면만 해도 60~70도는 되는 것 같습니다. 하느님이 보우하사, 종주 첫날부터 날씨도 좋습니다. 드리운 푸른 하늘엔 하얀 구름이 적당하게 뿌려져 있고, 시원한 바람도 이따금 한 번씩 불어주니 이 정도면 산행에 가장 적합한 날씨입니다. 기분 좋게 시작하라고 인심 써주신 듯해 감사의 마음으로 걷습니다.

협곡으로 들어서며 길은 더욱 좁고 낮아져 동굴을 걷듯 조심스럽게 걸어야 합니다. 일행 중 한 명이 바위에 머리를 부딪쳐 가볍게 상처를 입었을 만큼 자못 아슬아슬한 길입니다. 비로소 협곡을 벗어나니 다시 드넓은 길이 열리고, 마음까지 탁 트입니다. 이제 이번 여정의 첫 산악 마을인

웅장한 석회암 산 가운데 티없이 맑은 호수가 즐비한 코바동가 지역

까인Cain de Arriba으로 들어서는데, 어라. 눈치가 심상치 않네요. 뭔가 큰 난리가 난 것 같더니, 대규모 산악 마라톤 경주대회가 열리고 있군요. 수백 명의 러너들이 산길을 메우고 있습니다. 구경 겸 응원 겸 나온 수많은 사람이 작은 산골 마을에 몰려들어, 그야말로 북새통입니다.

어느덧 점심시간이 되어 레스토랑 한 곳을 골라 들어가려는데, 텅 빈 실내로 입장하는 우리를 앙칼진 목소리가 불러 세웁니다. 예약 여부를 묻기에 미처 하지 못했다고 말하니 프런트에 대기하라 해놓곤 내내 무관심이네요. 산골의 허름한 식당, 대대적인 행사로 인해 예약제로 운영하는 것은 이해합니다만, 고객을 무시하는 고압적인 태도는 정말 받아들이기 어렵습니다. '잘 먹고 잘 살아라'라고 속으로 뱉어내고 보란 듯이 돌아 나옵니다.

좀 더 이동하니 시냇물 흐르는 강변에 소담스러운 피크닉 장소가 있어 생선 매운탕까지 곁들인 우리 음식을 조리해 더욱 분위기 있는 식사를 즐겼습니다. 전화위복! 식사 후 적당히 휴식도 취하고 오르막길을 꾸준히 이어가 고즈넉한 산악마을에 도착했습니다. 여기서 오늘의 걸음을 마감하고 동행들과 함께 즐거운 저녁 시간을 즐깁니다.

'발데온 밸리'라는 마을인데 수십 호로 구성된 네 개의 마을이 트레일을 따라 이어져 있습니다. 마을 이름은 각각의 이름 끝에 '발데온'이라는 단어를 포함합니다. 그중 여기 코르디나네스Cordinanes 데 발데온이 가장 규모도 클 뿐 아니라 순례자들이 쉬어갈 수 있는 여러 형태의 숙소들이 많아 머물러 가기 좋은 곳입니다. 우리도 여기서 하루 묵어갑니다.

다시 새로운 하루가 시작되고, 새로운 걸음도 시작됩니다. 북부 스페인 산악마을의 풍경은 돌로 지은 예쁜 집이 곁들여져 더욱 정감 있습니다. 제법 경사가 있는 오르막길을 꾸준히 오르면 발데온 밸리의 가장 윗마을인 산타마리나Santa Marina 데 발데온이라는 작은 마을에 닿습니다. 언덕 위 양지바른 곳에 교회가 있고, 그 주변으로 마을이 형성되어 있습니

더욱 가까이 다가온 고산 준봉을 만나는 알리바 고개에서 내려다 본 산악 호텔

다. 100년, 200년 넘어 보이는 돌로 지은 집들은 여전히 견고해 보이는 데다가 나무 재질 마감으로 인해 아늑해 보이기도 합니다. 세월과 함께 고색창연한 모습으로 한 채의 작은 성곽처럼 버티고 있는 것이 주변 풍경과 너무나 잘 어울립니다. 창문마다 장식된 각종 꽃 화분과 들에 핀 온갖 야생화가 어우러져, 여기가 바로 나그네를 위한 천상의 화원이 아닌가 생각됩니다.

걸음이 떨어지지 않지만 애써 발을 떼 전망대까지 열심히 치고 올라 한숨을 돌립니다. 까인 마을에서부터 오밀조밀한 산타마리나 마을까지, 우리가 걸어온 발데온 계곡 안의 길이 한눈에 들어옵니다. 그 뒤로 설산 암봉이 장쾌하게 펼쳐져 있으니, 가슴을 쫙 펴고 더욱 깊게 숨을 들이마십니다.

이게 바로 해외 트레킹의 맛이자 멋이죠. 깊은 산세와 넓은 파노라마 뷰, 옹기종기 다정한 작은 마을 풍경까지. 풍경에 취하기도 하고, 걸어온 길을 굽어보며 삶의 의지도 다지고. 더 열심히 살아갈 용기를 얻어 가기도 합니다. 감동은 감동이고, 민생고는 민생고로군요. 어느덧 허기가 도니, 길을 잠시 벗어나 피크닉 장소로 이동합니다.

5월의 느닷없는 폭설로 얼어붙은 산하. 이내 푸른 하늘이 열리며 따스한 햇살이 스미는 신비로움이 반복된다.

풍광 좋은 곳에서 쉬어 갈 수 있도록 테이블과 의자로 구색을 잘도 맞춰두었습니다. 도시락에 라면이나 끓여 먹으려는데 연세 지긋하신 양반이 말을 끌고 와서는 사진 좀 찍어달라고 하십니다. 이런저런 얘기를 나누다 보니 일흔의 나이에 말안장 옆구리에 야영 장비와 옷가지들을 챙겨서, 말도 타고 걷기도 하며 산티아고로 향한 순례길을 종주 중이라고 하십니다.

제법 험하기로 유명한 산티아고 북쪽 길인 카미노 노르테Camino Norte 루트가 바로 이 주변을 지나더군요. 프랑스 길과 포르투갈 루트에 이어 세 번째로 많은 사람이 걷는다는 노르테 루트. 갑자기 불끈 의지가 돋는 것은 이미 두 길은 종주한 바 있고, 나머지 남은 길 하나가 바로 노르테 루트, 그 길이 바로 지척에 있다니 흥분될 밖에요. 그제야 안내 팻말마다 새겨진 조가비 문양이 눈에 들어오고, 순례자들도 심심찮게 눈에 띕니다. 그 길의 기억과 함께 하니, 긴 가죽 장화에 때 묻은 모자를 눌러쓰고 귀중품 보관용인 듯한 가죽 가방을 사선으로 걸어 맨 노신사의 복장이 남다르게 보입니다. 산초 아저씨라 별명을 지어주고 다 함께 어울려 기념사진을 찍은 후, 각자의 길을 갑니다.

다시 길을 이어갑니다. 소방도로를 따라 오르막길을 꾸준히 치고 오르면 전반부 루트의 최고점인 1,818m 카벤 데 레모나$^{Caben\ de\ Remoña}$ 고산 초원에 도달하게 됩니다. 산의 9부 능선을 따라가며 발아래 펼쳐놓은 풍경에 입을 다물지 못하고 있는데, 적당히 내려앉은 구름이 산정을 덮으며 더욱 극적인 풍경을 연출합니다. 산티아고 순례길에 속해있는 레온$^{León}$과 칸타브리아$^{Cantabria}$ 지방의 산길을 걷노라니, 괜히 어깨가 우쭐해지고 걸음도 가벼워집니다. 카벤 레모나 정점에 서서 잠시 숨도 고를 겸 주변을 둘러보니 피코스 데 에우로파 국립공원의 장대한 풍경에 저절로 압도됩니다. 인생 사진 몇 컷 건지고 억지로 걸음을 떼 오늘의 걸음을 마감하며 숙소로 이동합니다.

산장 숙소에서 조그만 충돌이 있었는데요. 일종의 문화적 차이로 인한, 다른 투숙객과의 갈등이라고 할 수 있겠습니다. 우리 한인 트레커들은 대체로 일찍 일어나서 하루를 일찍 시작하고, 부지런히 걸은 후 저녁 식사 역시 좀 이르게 하는 편이죠. 물론 잠도 일찍 들게 되고요. 이쪽은 영판 달라서, 식당 자체를 아침, 저녁 모두 8시 반에 연다고 합니다. 늦게 먹고 늦게 자고, 그러니 또 늦게 일어나고. 문제적 장면은 무엇인고 하니, 아침 7시에 일어나 분주히 하루를 준비하는 우리 동행들에게 어떤 못된 여자 하나가 대놓고 '어글리 코리언'이라고 했다지 뭡니까. 제가 그 현장에 있었다면 아마 대판 싸우지 않았을까 싶은데, 다행인지 불행인지 다른 동료가 욕을 먹고 말았네요. 부지런한 것을 최고의 미덕으로 치는 우리와 이렇게나 문화가 다릅니다. 우리나라는 그 부지런한 근성 하나로 그렇게 짧은 시간에 선진국이 된 게 아니겠습니까. 생활 방식과 문화가 다른 외국 여행객에게 자기네 문화에 맞추라고 무조건 강요하는 것은 무례하다고 봅니다. 물론 우리도 어느 정도까지는 맞추려고 노력은 해야겠지만요. 보통 새벽 네댓 시부터 활동이 시작되는 일본의 산장이 그리워집니다. '부지런'이 탈이 되는 곳, 스페인 산장에서 이질적인 문화의 경계를 느끼며 어디까지 얼마나 맞춰야 하는가, 잠시 고민해 봅니다.

장엄하게 버티고 있는 피코스의 산군들 위로 강렬하게 차오르는 일출을 감상하면서 오늘 하루를 시작합니다. 든든하게 아침을 먹고 점심거리와 간식까지 야무지게 챙겨 길을 나섭니다. 어제 마감했던 레모나 고개까지 이동하여 종주를 이어가려는데 어디서 밤을 보내고 왔는지 어제 그 산초 아저씨가 다시 나타났습니다. 반가운 마음으로 사진 찍히기 좋아하는 그분을 위해 단체 사진을 여러 컷 찍고, 유유히 말을 타고 내려가는 그의 뒷모습을 배웅합니다.

우리도 이제는 대체로 내리막길이라 여유가 있습니다. 일망무제의 탁 트인 조망이 펼쳐지는 편한 길을 걸으며 이 지역 산군들의 풍경을 마음껏 앵글에도 담고 가슴에도 새깁니다. 이 피코스의 풍경과 마을의 정경은 동 알프스와 유사한데, 특히나 거대한 암산으로 이루어진 돌로미테의 풍광과 꽤나 비슷합니다. 하얀빛을 띠는 바위 산군은 마치 눈이 쌓인 듯 보입니다. '스페인의 알프스'라는 별칭이 그럴싸하게 들립니다.

서너 시간 여유 있게 걷다 보니 어느덧 푸엔떼데 Fuente De. 가장 많은 방문객이 찾는 트레일의 시그니처 산악마을로, 날카로운 직벽이 병풍처럼 둘러싸고 있습니다. 피코스 산군에 안겨있는 이곳은 스페인 북부 칸타브리아 지역에 위치하며, 드라마틱하게 솟은 들쭉날쭉 가파른 봉우리는 수억 년에 걸쳐 형성되었다고 합니다. 이곳은 검은 딱따구리와 같은 희귀 조류와 칸타브리아 불곰, 이베리아 늑대 등 특별 보호를 받고 있는 희귀 야생 동물이 가끔 발견되기도 합니다. 이 외에도 하이킹, 산악자전거, 승마, 패러글라이딩 등 다양한 레저 활동을 즐길 수 있고요, 무엇보다 일반 방문객들도 케이블카로 알리바$^{Aliva}$ 전망대에 올라가 리에바나$^{Liebana}$ 계곡의 멋진 전망을 내려다볼 수 있어서 인기입니다. 그래서인지 이곳을 피코스 종주 길의 시작과 마감 지점으로 삼는 이들도 많습니다.

마을 커뮤니티 공간 안, 테이블이 있는 그늘진 자리에서 점심을 먹으며 하늘을 확인합니다. 날씨가 받쳐주면 우리 역시 케이블카를 타고 2,000m 높이의 전망대로 올라가 드넓은 풍경을 맘껏 감상하면 좋으련만, 검은 구름이 내려앉은 지금은 무의미합니다. 아마도 페나 비에자$^{Pena\ Vieja}$와 같은 2,600m를 넘기는 고산 준봉들이 눈높이까지 훅 가까이 다가올 텐데 말이죠. 아쉬워할 틈도 없이 어느새 비마저 내립니다.

한 시간 정도 여유 있게 내려가, 조금 일찍 오늘 숙소가 있는 에스피나마$^{Espinama}$ 마을에 도착해 정비도 할 겸 쉬었다 가기로 합의하고 서둘러 길을 이어 갑니다. 빗방울은 굵어지고 공기는 더욱 싸늘해지니 시키지 않아도 알아서 걸음이 빨라집니다. 열댓 호 남짓한 고택들로 형성된 에스피나마 마을도 속절없이 비에 젖어 떨고 있습니다. 이미 히터를 빵빵하게 돌려놓은 집주인의 세심함이 감사하게 다가옵니다. 웰컴 드링크로 냉장고에 채워둔 로컬 맥주 한 병씩을 들이켜며 하루의 노고를 달래줍니다.

여기서 남쪽으로 30분 정도 차량으로 이동하면 포테스$^{Potes}$라는 제법 규모가 큰 산악도시가 있습니다. 몽블랑의 샤모니나 마터호른의 체르마트를 거의 방불케 하는데, 잘 알려지지 않은 트레일 중 하나인 레바니에고 웨이$^{Lebaniego\ Way}$의 종착지이기도 합니다. 약 150km의 순례길로, 스페인 북부에서 가장 아름다운 마을로 손꼽히는 산티야나 델마르$^{Santillana\ del\ Mar}$에서 출발해 가우디의 최초 건축물로 알려진 엘까프리초$^{El\ Capricho}$가 있는 코미야스$^{Comillas}$, 매력적인 해변 마을 산 비센테 데라바케리아$^{San\ Vicente\ de\ la\ Barquera}$를 거칩니다. 이후 서부 칸타브리아에서 흔치 않은 산악 풍경을 감상하며 피코스 산군의 대표적 산악 마을인 포테스까지 걷다가 마침내 종착점인 산토 토리비오$^{Santo\ Toribio}$ 수도원에 도착하게 됩니다.

포테스에는 갈리시아 대성당과 마찬가지로 용서를 구하고 구원을 얻는다는 의미의 '용서의 문'이 1953년부터 국가 기념물로 지정되어 있습니다. 신자들에게 그보다 더 중요한 것은 예수 그리스도가 못 박혀 고통당하신 바로 그 십자가의 한 조각이 전시되어 있다는 것입니다. 그로 인해 포테스 마을은 주민들과 더불어 휴가 온 방문객들과 순례자들이 카페나 식당, 기념품 가게마다 넘쳐나 거리마다 더없는 활기를 띠고 있습니다. 덩달아 저까지 기분이 들뜨기도 했습니다. 포테스는 또한 수 세기 동안, 이 지역에서 생산되어 온 증류주인 오루조<sup>orujo</sup>와 현지에서 생산된 음식을 중심으로 진행되는 오루조 축제가 가을에 열려 매년 수천 명의 사람들이 축제를 즐기기 위해 이곳으로 모여든다고 합니다. 술 축제라 하니 귀가 솔깃하는군요.

간밤에도 간헐적으로 쏟아지는 빗소리가 들리더니 아침이 되어도 그치지 않습니다. 가랑비로 변한 하늘에게 오늘을 맡기고 숙소를 나섭니다. 숲길을 따라 알리바 고개(1,645m)까지 꾸준하게 걸어 올라갑니다. 옛날, 이 땅을 지키며 살아왔던 이들의 보금자리가 자연의 일부가 되어 있습니다. 탐나는 위치의 폐가들이라 구입해서 꾸며서 살아볼까 하는 괜한 꿈도 잠시 꾸어봅니다.

이제 돌길로 바뀐 산길을 따라 꾸준히 올라가면 드넓은 고산 목초지가 나오고, 그 목가적 풍경에 저절로 마음의 평화를 얻습니다. 판데바노<sup>Pandébano</sup> 고개까지 중앙 대 산군 중심부의 장쾌한 풍경을 따라가면서 산양 샤모아와 산 까마귀들이 반겨주는 도보길을 이어갑니다. 이 길의 큰 즐거움 중 하나는 이렇게 자잘한 산 뒤로 솟아오른 거대 산군 최고봉의 도열을 감상하며 걷는 것입니다. 2,500m가 넘는 얌브리온<sup>Llambrion</sup>, 티로 나바로<sup>Tiro Navarro</sup>, 페냐 비에자 등을 비롯하여 수많은 거대 암봉이 불쑥불쑥 올라와 우리에게 웃음 짓습니다.

정점에 올라서서 휘돌아보면 왼쪽 비탈길 위에 예쁜 산장이 눈에 들어옵니다. 보고 싶은 유혹에 못 견디고 종주 길을 벗어나 산장으로 한참을 발품 팔아 올라갑니다. 아직은 시즌이 아니라 그 넓은 산장 식 호텔 알리바의 다이닝 룸에는 우리밖에 없습니다. 따스한 커피잔을 어루만지며 시나브로 내리는 비를 넓은 창문 프레임 안에서 바라보니, 그윽하다 못해 애달프기까지 합니다. 자리를 떠나고 싶지 않은 아늑함. 조용히 흐르는 음악 소리가 더욱 마음을 붙들어 맵니다.

피코스의 장쾌한 풍경. 푸른 초원이 그림처럼 열린다.

에우로파 트레일은 돌로미티와 스위스 알프스를 동시에 즐길 수 있다.

어느 정도 비가 개는 듯하여 산장 호텔을 나와 갈 길을 짚어보니, 끝없이 이어지는 능선길이 소트레Sotres를 향해 가물해지도록 뻗어있습니다. 좌우로 펼쳐놓은 산군들의 엄중한 풍경들과 며칠 뒤 온 산하를 노랗게 물들일 꽃나무들을 상상하니 절로 걸음이 즐거워집니다.

새소리 참 요란합니다. 그리고 계곡에서 은은하게 들려오는 워낭소리. 뜸북뜸북, 뜸북새도 노래하고. 아래로 내려왔던 기류는 해가 살짝 비추면 다시 구름이 되어 하늘로 부지런히 올라갑니다. 그 틈 사이 넓은 대자연으로 들어가는 동행들의 뒷모습이 무척 아름답습니다. 저 멀리 희미한 비안개 속에서 산비탈에 매달려있는 소트레 산골 마을이 보이면서 다시 비는 새롭게 시작되고, 체념한 채 우리는 별 저항 없이 찬비에 그저 젖고 맙니다.

비탈진 언덕에 옹기종기 매달린 돌집들이 모여 있는 소트레 마을. 알베르게 숙소에 들어 방을 배정받고, 비에 젖은 배낭이며 신발 옷가지들까지 인색한 난롯불 곁에 널어두고 마실 나섭니다. 피코스의 낙농가들은 아스투리아스 산간 지역의 풍부한 목초지에 소들을 방목해 키우면서 신선하고 고소한 우유를 생산해 냅니다. 또한 석회암으로 형성된 산군은 화강암보다 연해 풍화작용의 영향을 많이 받아 자연 동굴이 많습니다.

이 청정한 자연에 방목해 키우는 소들이 내어준 우유와 양들이 보태준 젖을 동굴 안에서 발효 숙성시키니, 최고의 치즈가 탄생됩니다. 이를 블루치즈라고 하는데, 질이 최상입니다. 이 작은 마을에도 치즈를 만들어 파는 곳이 두 곳 있다고 합니다. 저녁에 마실 와인의 안주도 장만할 겸, 장 보러 나섭니다.

두 통을 사 왔는데요. 펼쳐놓으니 꼬리꼬리한 냄새가 흑산도 홍탁은 저리 가라입니다. 온갖 치즈를 가리지 않고 잘 먹는 나도 일단 냄새에서 손들고 맙니다. 그래도 돈이 아까워 푸른곰팡이가 덮고 있는 겉껍질을 벗겨내고 맛을 보는데 생각보다 역겹지가 않습니다. 다시 용기 내어 벗겨낸 껍질을 먹어보니 더욱 부드러운 게 맛은 더 좋습니다. 술이 없다는 숙소 주인에게 먹던 와인이라도 없냐고 닦달했더니 창고에서 얼마나 처박혀있었는지 거의 식초가 되어버린 사과 와인을 내놓는데, 이 고약한 술 아닌 술과 내 생에 처음 맡아보는 또 다른 고약한 냄새를 풍기는 치즈가 함께 하니 그런대로 궁합이 맞습니다.

아직 이른 저녁이라 식전 반주에 모두 취해 가려니, 어느덧 하루가 내리고 서산 낙조가 화려하게 하늘을 물들입니다. 권하고 잦는 술잔에 분위기는 익어가고 산촌의 밤은 소리 없이 깊어갑니다.

종주의 마지막 날이 밝아옵니다. 원래 계획은 이곳 소트레에서 폰세보스로 바로 연결된 포장도로를 따라 10㎞를 무미건조하게 하산하면 되는 것인데, 종주의 피날레인 만큼 그렇게 허무하게 걸을 수는 없다고 중론이 모이며 진행을 바꾸기로 했습니다. 그 길이 다소 위험하고 성가신 차도를 끼고 있기도 해, 피해 가는 것도 괜찮을 거란 생각도 있었고요.

변경된 일정은 다음과 같습니다. 센트럴 산괴의 중심부로 1,200m 정도를 치고 올라 해발고도 2,000m에 위치한 우리에유$^{Urriellu}$ 산장에 도착해 빼어난 풍경을 감상하되, 산장에서 하루 묵지는 않고 대신 지름길을 택해 푸니쿨라가 올라오는 불네스로 급하게 하산하기. 길고 험한 하루가 되리라 예상하며 전의를 다져봅니다.

아늑한 산악마을 소트레와 작별하고 숙소를 나서 어제 마감한 길로 다시 복귀해 걸음의 축제를 계속 이어갑니다. 폐가가 많은, 버려진 마을을 지나면서 초반부터 치고 오르는 가파른 길을 오르다가 어느덧 평탄해진 길을 수월하게 걸으며 산수를 희롱합니다. 넓은 목초지가 있는 곳에는 사람이 살았던 흔적이 역력하네요. 지금은 쓸 만한 집 몇 채 빼고는 역시나 모두 폐가처럼 보이는데 멀쩡한 집은 아마도 여름 목동들의 거처로 사용하지 않을까 싶습니다. 스페인의 오래된 집들은 세월이 흐를수록 자연과 동화되며 풍경을 더 아름답게 만듭니다.

밤새 내린 비로 길이 많이 젖어 있습니다. 질퍽한 황톳길 곳곳에 돌을 심어놓긴 했으나 역부족, 매우 미끄럽습니다. 더군다나 온 들판을 점령한 소들이 깎고 무너트린 탓에 군데군데 길이 유실되어 불편함이 더 합니다. 자연스레 땅만 보며 조심조심 걸어갑니다. 그 덕에 길섶에 나지막하게 엎드린 작고 앙증맞은 꽃들을 한참 볼 수 있었습니다. 흰 꽃에 보라, 노랑, 분홍 등 원색의 야생화가 지천입니다. 바람에 살랑대는 모습이 더 가까이 와서 봐달라고 고갯짓하는 것 같네요. 한 고개를 치고 넘으니 드넓은 고산 목초지가 펼쳐집니다.

안개가 발아래서 채는 길을 돋우어 고개를 하나 더 넘어서니 이제야 불네스로 향하는 길이 뚜렷하게 보이고, 우리가 치고 올라가야 할 길 역시 선명하게 나타납니다. 고산지대이니만큼 높이 오를수록 봄은 더욱 느리게 옵니다. 움을 틔운 고사리들이 여린 자태로 온 들판을 차지하고 있어 입맛을 다시기도 합니다. 주인 없는 떼레노사$^{Terenosa}$ 산장에 멈춰 피크닉 테이블을 잠시 빌려 앉아 목도 축이고 산 아래 풍경도 감상합니다.

정오가 가까워지며 날은 개고 구름이 벗겨지면서 숨어있던 고봉들이 하나둘 얼굴을 드러내 보입니다. 저마다 하얀 눈을 이고 있어 화사하게 빛납니다. 이 길을 걷고 나면 왜 이곳이 스페인 최초의 국립공원이 되었는지 쉽게 이해가 될 것입니다. 우리가 흔히 알고 있는 알프스와 비교하자면, 거대 암산이 펼쳐지는 동 알프스와 닮은 듯하면서도 서 알프스의 목가적인 풍경과도 겹쳐집니다.

이제 다시 우리에우 산장으로 향하는 오르막길을 꾸준하게 2시간을 오르려니 구름이 자욱하게 깔린 발아래 풍경은 그야말로 선경이고, 최고봉들이 전시회를 하듯 도열해 있습니다. 특히나 전설적인 우리에유봉과 불네스봉이 곁으로 다가오면 저절로 사진기에 손이 가게 되는데, 모두 세계 정상급 암벽 등반의 메카로 산악인들이 즐겨 찾아 오르는 기막힌 봉우리입니다. 마침내 산장에 도착, 좌우로 펼쳐지는 장쾌한 풍경에 잠시 정신을 놓고 한참을 바라보다가 차 한 잔씩을 주문해 도시락 김밥에 곁들여 점심을 먹습니다. 풍경이 곧 반찬입니다.

추천하는 원래 코스는 이 산장에서 하룻밤을 보낸 후 2,310m 정점까지 오르막길을 오르고, 그 이후로는 하염없는 내리막길을 따라 내려오는 것인데, 캠부레로 Camburero 협곡을 따라 인적 드문 불네스 마을까지 피코스의 또 다른 사면을 감상하면서 하산을 이어가는 것입니다. 그런 다음 테주 Teju 협곡을 따라 내려가서 트레킹 시작 지점이었던 폰세보스에 도착하면서 종주는 끝이 납니다.

우리는 산장에서 묵지 않고 그대로 불네스 마을로 하산하는, 가파른 지름길을 택했습니다. 조금은 서둘러 내려가려는데 더 깊이 들어갈수록 위험할 정도로 매우 가파른 데다 정비조차 잘 되어있지 않았습니다. 아뿔싸. 산장으로 돌아와 주인에게 확인할 때까지는 이 길이 폐쇄된 길인 줄 몰랐습니다. 설상가상으로 불네스 마을을 덮고 있던 안개가 모두 솟아 올라와 지척의 사물도 분간할 수 없을 만큼 자욱하게 깔렸습니다. 모든 조건이 너무나 열악한 데다 위험천만하기까지. 되돌아가기로 결정합니다. 꽤나 먼 길을 내려왔는데 말입니다.

당장은 너무 짙은 안개를 헤치고 나갈 수 없어 지도를 확인하며 일행 간 간격을 일정하게 유지하면서 산장으로 되올라갑니다. 산장에서 안개가 좀 걷힐 때까지 기다릴 수밖에 없습니다. 적당히 쉬었다 싶을 때쯤 다시 길고 긴 하산길로 접어듭니다. 지원 차량을 요청해 두고 큰 도로가 나타날 때까지 하염없이 걷고 또 걷습니다. 떼레노사 산장 근처 주차장에서야 비로소 지원 차량을 만나고 지친 몸을 차에 맡긴 채 폰세보스로 이동하여 마침내 종주를 마감하고 서로의 손을 맞잡습니다. 힘겨운 하루 일정이었지만, 센트럴 매시프(massif; 여러 산이 군집한 산군)를 가슴에 새긴 것만으로 충분한 보상이라며 모두 다 행복해합니다. 탁월한 선택이었다고 서로의 기운을 부추기기도 합니다.

별 기대도 하지 않고 찾은 피코스 데 에우로파는 여느 길이 그렇듯 무한한 감동을 선사했습니다. 앞으로도 저는 수많은 지인에게 이 길을 소개하고, 그들과 동행이 되어 여러 번 다시 찾게 되리란 예감이 듭니다. 그만큼 웅장하고 매력적인 트레일이었습니다.

산그늘이 자꾸 덮어오려는 신작로에서 탈출하듯 달려서 오늘 머물 언덕 위 예쁜 숙소에 들어 종주를 자축합니다. 그 간의 에피소드를 안주 삼아 다 함께 축배를 듭니다. 참았던 하늘이 펑펑 울어주네요. 하루를 마감하고 길을 마감하는 시간, 지붕을 때리는 우박 같은 빗소리가 마치 축하 음악처럼 들리니, 이 길도 참 좋은 길이었습니다.

피코스 데 에우로파 트래버스 PICOS DE EUROPA TRAVERSE

## INFORMATION

**거점 도시** 라스아레나스

**거점 공항** 산탄데르 공항

**트레킹 팁** 스페인 마드리드나 또는 바르셀로나에서 국내선을 타고 산탄데르 공항으로 이동한다. 여기서 거점 도시인 라스아레나스까지 버스로 2시간쯤 걸린다. 라스아레나스에서 폰세보스까지는 차로 20분쯤 걸린다.

영국, 유럽
# 웨스트 하이랜드 웨이 WEST HIGHLAND WAY
### 스코틀랜드 북부의 고색창연한 길

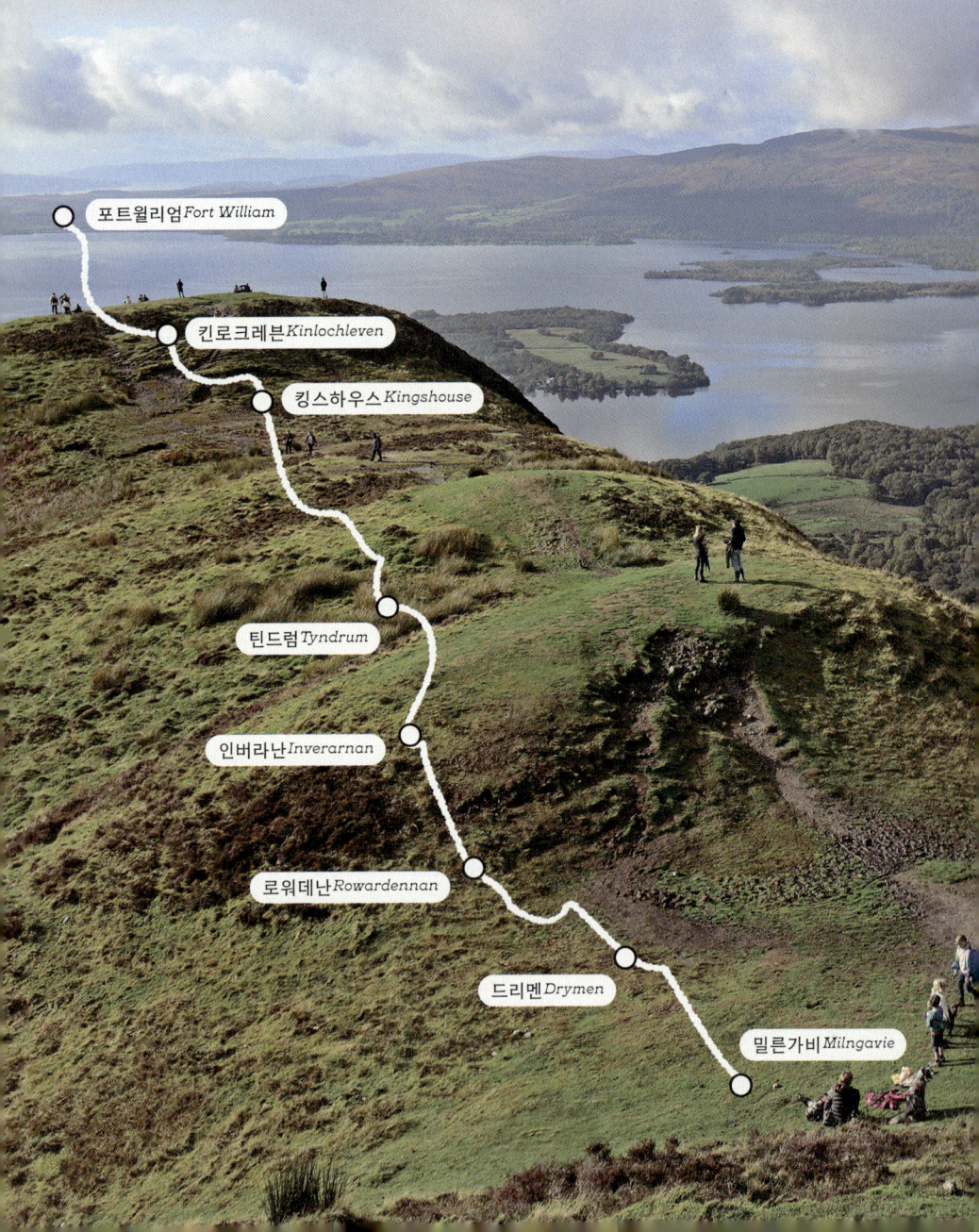

| | |
|---|---|
| 거리 | 154km |
| 일정 | 6~7일 |
| 난이도 | ●●●●○○○○ |
| 최고도 | 548m(데빌스 스테어케이스) |
| 시즌 | 5월~10월 |
| 코스 | 밀른가비~로몬드 호수~포트윌리엄 |
| 고도표 | |

1980년에 만들어진 스코틀랜드 최초의 장거리 도보 여행길이다. 유럽 최후의 미개발지라 일컬어지는 스코틀랜드 북부 산간 하이랜드의 광활한 자연 속에서 특유의 황량하고 몽환적인 풍경을 만날 수 있다.

내 인생에 쉼표란 없습니다. 십 년을 넘기고, 또 몇 해인가! 처음 시작할 때의 기억도 이제는 아스라이 멀게만 느껴지는 길 위의 유랑. 하루 이틀 쉬어도 좋으련만 행여 그로 인해 자칫 나태의 나락으로 떨어지게 될까 봐 걸으며 수행하는 길 위의 시간을 쉼 없이 이어갑니다. 멈춤 없이 이어온 걸음, 어느덧 낯선 이방의 땅 스코틀랜드에 닿았습니다. 문득 지난 삶을 되돌아보니, 육십갑자 한평생 살아온 내 인생의 궤적 역시 길처럼 굽이굽이, 고난도 많았습니다. 이제 막 시작하려는 미지의 트레일, 비와 바람의 거친 땅 웨스트 하이랜드 웨이 West Highland Way(WHW). 이 길도 인생을 닮았겠지요. 생을 걷듯 한 발 한 발, 성심으로 걸어보렵니다.

밀른가비에서 시작되는 웨스트 하이랜드 웨이. 종주 길 초반에 작은 시내가 함께 한다.

웨스트 하이랜드 웨이 트레일은 1980년에 만들어진 스코틀랜드 최초의 장거리 도보 여행길입니다. 유럽 최후의 미개발지라 일컬어지는 스코틀랜드 북부 산간 하이랜드의 광활한 자연 속에서 스코틀랜드 특유의 아름다운 풍경을 만날 수 있는 길입니다. 황량한 로우랜드Lowland에서 시작하여 울창한 숲과 호수, 산과 계곡을 지나 하이랜드로 향하는 길. 대부분의 트레커들은 에든버러Edinburgh와 나란히 한 고도 글래스고Glasgow로 접근해 외곽 마을 밀른가비Milngavie에서 길을 시작합니다. 이후 스코틀랜드에서 가장 큰 로몬드 호수Loch Lomond를 이틀간 품고 걸으며, 또 영국에서 가장 높은 산인 벤네비스Ben Nevis(1,243m)의 발치에 펼쳐진 포구 도시 포트 윌리엄Fort William에서 여정을 마감하게 됩니다.

스코틀랜드인들이 조상 때부터 걸었던 삶의 길이자 브리티시 잉글랜드와의 피로 물든 전쟁의 역사가 숱하게 새겨진 그 길. 우리들은 그저 독특하고도 광활한 자연 속 야생의 풍경을 감상하며 기쁘게 걸을 뿐입니

만추의 서정이 가득한 숲길. 오래된 도시의 오래된 길을 걸을 때 오히려 새로운 감흥을 느낀다.

다. 산과 강, 호수와 만, 그리고 특히 다소 생경한 이탄지(해안습지와 배후습지에서 식물 잔해와 곤충 사체의 유해가 미 분해된 상태로 수천 년간 쌓이면서 형성된 유기물 토지, moorland)의 독특한 풍경이 이방인의 눈을 쉼 없이 끌어들입니다. 스코틀랜드 고유의 풍경과 고유의 정취를 진하게 풍기며 연녹색 이끼로 가득 덮인 산들이 병풍처럼 휘두르고 있으니 새삼 하이랜드에 와있는 것이 실감 납니다.

때를 고심하다 가을이 머무는 고색창연한 길을 걷고 싶어 10월을 택했습니다. 그 길에서 나 역시 가을에 물들리라. 제법 좋은 선택인 것 같습니다. 밀른가비의 도심에 있는 웨스트 하일랜드 웨이의 들머리에는 길의 시작을 알리는 상징물이 있습니다. 또한 입구의 빨간색 벤치 위에 커다란 현판이 걸려 있기도 해 의지를 다지며 길을 시작하기에 좋은 장소입니다. 완주를 위한 구호 한번 크게 외치고 걸음의 축제를 시작합니다. 가랑비가 가볍게 뿌려주니, 그리 달갑지 않은 환영 세리머니로군요. 초반 길을 조금 걷다 도심을 벗어나면서 길섶에는 지천으로 핀 스코틀랜드의 국화 엉겅퀴가 어느덧 서서히 말라가고 있습니다. 트레일 곳곳에 설치된 이정표의 심벌이 바로 이 엉겅퀴 꽃을 도식화한 것이라고 합니다.

길은 곧 나무가 우거진 숲으로 이어지고, 요란하게 흐르는 냇물을 거슬러 고즈넉한 오솔길을 한참 걷습니다. 어느덧 광활한 평원이 펼쳐지고, 이어 작은 언덕에 오르자, 저 멀리 호수가 눈에 잡힙니다. 10월 중순에 접어들었을 뿐인데, 이곳은 이미 가을의 끝자락입니다. 싸늘해진 비바람도, 이미 떨어져 젖은 낙엽도, 어느새 앙상한 가지만 남은 나목들도 저무는 가을 정취를 짙게 풍깁니다.

점점 굵어지며 멈추지 않고 내리는 비는 참 질기고도 지독합니다. 벼린 칼날 같은 살을 에는 바람. 앞서가는 동행의 모습을 지워버리는 짙은 안개 덕에 발소리로만 짐작하며 뒤를 따라 걷습니다. 비와 바람 그리고 안개, 그들이 바로 이 땅의 주인입니다. 쫄딱 젖은 채 걸음을 마감하고 드리멘Drymen 산촌의 숙소 겸 식당에 들어서니 실내의 온기가 그렇게 포근할 수 없습니다. 상냥하고 세심하게 배려해 주는 주인 아낙의 정이 더해지니 그 괘씸한 하이랜드의 날씨도 용서되는 밤입니다. 어디 가나 사람이 최고지요.

얌전히 내리는 햇살 아래 젖은 산하가 살살 물기를 털고 일어서는 아침. 마을을 벗어나 탁 트인 전망의 초원길을 지납니다. 근자에 조성된 '존 뮤어 웨이'John Muir Way와 나란히 가는 구간으로, 그가 태어난 동부 스코틀랜드의 던바Dunbar 해안에서 서쪽 해안의 헬렌즈버그Helensburgh까지 스코틀랜드 북부를 관통하는 길입니다. 존 뮤어는 자연보호 주의자이자 자연주의 작가로, 미국 국립공원의 아버지로 추앙받는 위인입니다. 스코틀랜드 태생인 그는 1850년경, 열한 살 때 미국으로 이주했습니다. 그의 업적을 기려 만든 존 뮤어 트레일은 미국 서부 시에라Sierra 산군의 요세미티Yosemite 국립공원에서 시작하여 미국 본토 내 최고봉 휘트니Whitney 산정까

종주 길의 상징인 영국 최대 규모 로몬드호와 그 옆에 지은 유서 깊은 공공 숙소인 인버라난

지 이어지는 트레일로, 날것 그대로의 자연을 즐기는 길입니다. 백패킹 트레커들이 첫 순위로 손꼽는 길이기도 하지요. 왕성한 체력의 소유자도 20일 이상을 걸어야 하니, 엄청납니다. 그의 열정적인 자연보호운동은 미국의 요세미티 밸리나 세콰이어Sequoia 국립공원 그리고 다른 수많은 지역의 자연보호 구역을 보존하는 데 큰 공을 세웠습니다. 이곳의 존 뮤어 웨이는 스코틀랜드 태생의 존 뮤어를 예우하고자 조성한 길로 헬렌스버그에서 존 뮤어의 고향 던바까지 이어지는 215km 거리의 트레일입니다.

오후 햇살이 더없이 평화로운 초원길을 걷습니다. 산자락마다 동글동글 솜뭉치처럼 박혀있는 흰 양떼들이 자유로이 풀 뜯는 모습은 스코틀랜드 목장의 전형적인 목가적 풍경입니다. 마음에도 평화가 가득히 채워집니다. 한동안 말없이 걷기만 합니다. 잡담도, 잡념도 없는 고요한 시간. 머릿속이 투명해지고 마음마저 맑아지는 이 경지야말로 걸음의 수행을 통해 얻는 내면 정화의 진수라고 봐도 좋겠습니다. 그저 멍때리며 걸어도

종주 최고 고도인 데빌스 스테어케이스를 넘는 동행들의 아름다운 뒷모습

좋고 사유의 정원을 거닐어도 좋은 그런 시간.

어느덧 구릉 너머로 영국에서 가장 큰 호수인 로몬드가 점점 드넓게 펼쳐지고 코닉힐Conic Hill로 오르는 길이 푸른 초원 위로 선명하게 나타나는데, 마치 거대한 화폭의 한 점 수채화 같습니다. 너무 황홀해 진저리가 쳐질 정도라면 믿어지실까요. 점점이 떠 있는 섬들을 품은 거대한 로몬드 호수를 발밑에 두고 즐기는 꿀맛 같은 점심. 왕후장상이 부럽지 않습니다. 이틀 동안 저 호수와 어깨를 나란히 하고 걸어야 하는데, 지겨워질 순간도 있으려나요. 지금으로서는 내내 행복할 것 같은데 말이죠.

서녘 하늘이 불타기 시작할 즈음에 우리는 지친 몸을 이끌고 호숫가 돌출된 위치에 그림처럼 서 있는 유스 호스텔 로지에 들어섭니다. 주방에서 뚝딱뚝딱, 어렵지 않게 마련한 한식 정찬. 밥상 앞에 앉아 하루를 되돌아봅니다. 코닉힐에서 바라보던 그 탁월한 풍경. 로몬드 호수를 따라 이어지던 떡갈나무 가을 숲길. 찬연하게 떠오르던 선명한 무지개도 있었네요. 벌써 소중한 추억이 되어버린 길 위의 장면 장면들. 고단한 하루의 보상으로 여기기에 충분합니다. 스코틀랜드 산 위스키와 맥주를 곁들여 이런저런 얘기를 나눕니다. 한잔 두잔 이야기는 길어지고, 밤은 그렇게 소리 없이 취해갑니다.

어제, 오늘, 내일, 그리고 그 후의 시간들. 흘러가는 시간을 붙잡을 수 없으니, 주어진 현재의 시간을 소중히 살아내고자 길 위의 나그네, 유랑하는 트레커로 인생을 다시 시작했습니다. 세계 50대 트레킹을 걸으려던 소망은 어느새 100대 트레일로 늘어나 버렸습니다. 삶의 이정을 새롭게 세우고 나니, 그간 밟아온 지구촌 곳곳을 아무래도 몇 번은 더 돌아야 할 것 같습니다. 시간의 소중함에 늘 유념하며, 흔들림 없이 나의 길을 가리라. 인생의 반은 추억을 만들며 살고, 나머지 반은 그 추억을 곱씹으며 산다고 했습니다. 또 추억이 많은 사람은 행복한 사람이며, 그 추억을 나눌 친구가 많은 사람은 더 행복한 사람이라고도 합니다. 길 위에서 추억을 많이 짓는 나는 추억을 나눌 동행도 한둘이 아니니, 행복한 사람 맞습니다.

아침부터 비가 내립니다. 운치 있게 내리는 가랑비를 기분 좋게 맞으며 하루를 시작합니다. 언덕을 오른 뒤 초원을 지나고, 돌담을 건너고 목책을 넘으며, 이어 호수를 따라 걷는 길. 호수 저편은 기차며 버스가 문명을 실어 나르느라 정신없는데, 이곳은 오로지 사람의 발로서만 접근할 수 있는 야생의 길입니다. 큰 바다 같기도 하고 긴 강 같기도 해 도무지 분간이 되질 않는 로몬드 호수를 따라 걷는데 빛의 밝기와 위치에 따라 산하는 녹색 중심의 다양한 스펙트럼의 빛깔로 너르게 펼쳐집니다.

넓은 들판에 봉긋 솟은 구릉들은 연녹색으로 치장하고, 안개비 너머로 몽환적인 풍경을 만들어 냅니다. 지은 지 수백 년이 된 킹스하우스 King's House 산장이 새 단장을 하느라 인부들로 부산한데, 유서 깊은 이 산장에서 하루 묵고 가지 못하는 서운함을 애써 달래며 산허리로 길게 뻗은 길을 따라 걷습니다.

하이랜드 웨이를 소개하는 지면이나 사이트마다 빠지지 않고 소개되는 풍경 하나. 외딴 길 위의 폐허가 된 돌집 한 채. 그 배경이 되는 글렌코 Glencoe 계곡과 산자락들. 옛날 목동들이 험한 날씨를 피하려고 대피소로 사용했던 건물이라고 하는데, 비에 흠뻑 젖은 모습은 고즈넉함을 넘어 을씨년스럽기까지 합니다.

비와 추위에 떨던 양떼 무리가 이런 날씨엔 사람이 그리운지 길가 바로 앞까지 내려와 피할 생각도 없이 처량한 눈망울로 쳐다봅니다. 대책 없이 비에 젖어 버렸네요. 따스하게 품어주고 싶은 마음이 드는 것은 비바람에 속수무책으로 젖고 있는 나나 너나 동병상련이다 싶은 마음일는지. 이른 오후 걷기를 마감하고 글렌코 유스 호스텔에 들어 스팀 난로의 온기에 몸을 맡깁니다. 옷도, 몸도, 마음마저 온통 젖어버린 하루. 성수기를 지나 휑한 공간 역시 쓸쓸하기 그지없지만, 향기 가득 풍기며 끓여낸 한 잔의 뜨거운 커피가 그나마 위안이 되어 줍니다. 길손들이 하나둘, 산장을 채우면서 그들의 체온 때문일까, 온기가 더해가는 즈음. 게슴츠레 눈은 작아지고 나른한 피로감에 시나브로 몰려와 그만 스르륵 뻗고 맙니다.

새소리 요란한 싱그러운 이른 아침. WHW의 종반 길을 시작합니다. 1930년대 초에 조림했다는 전나무 숲은 쑥 자란 나무들이 어느새 빽빽하게 들어차 깊고도 어두운 숲길이 되었습니다. 느닷없는 이방인의 침범에 풀숲이며 마른나무 덮인 가지 위에 몸을 숨기고 있던 수많은 새들이 좁은 하늘로 순간 솟구치며 우짖습니다. 그러려니 하며 무심하게 걷다 보니 또 황량한 무어랜드가 펼쳐집니다. 하늘은 또다시 흐려지고, 젖은 풀은 하염없이 바람에 흔들리며 스코틀랜드 특유의 쓸쓸하고도 아름다운 풍경을 연출합니다. 하이랜드의 광활한 자연을 벗 삼아 걸어가는 동행들의 뒷모습도 쓸쓸하고도 아름답습니다. 나의 뒷모습도 그와 닮았으려나요.

글렌코 밸리. 이곳은 숱한 전설과 함께 얘깃거리가 많은 곳이기도 합니다. 바위 하나가 산이 되어버린 에티브모 *Etive Mor* 를 비롯해서 1,000m급의 산들이 도열한 글렌코 계곡은 산악인과 스키어들이 줄지어 찾는 곳입니다. 게다가 007 시리즈 영화 〈스카이폴〉과 스코틀랜드의 역사를 영화화하여 공전의 히트를 친 멜 깁슨 주연의 영화 〈브레이브하트〉의 배경으로도 유명한 곳입니다. 사랑하는 사람을 잃어버린 피 끓는 분노와 풍전등화의 위기에 몰린 나라를 살리기 위한 뜨거운 조국애로 용맹스레 가슴을 달구었던 윌리엄 월레스 *William Wallace*. 스코틀랜드의 독립과 자유의 상징적 존재인 그의 전설이 살아있는 땅입니다.

이제 길은 제법 길게 오르막으로 이어지며 '악마의 계단'을 지나기도 합니다. 날씨는 내내 변덕스러워 비와 햇살과 바람이 번갈아 가며 길을 지배합니다. 스코틀랜드의 날씨는 간단합니다. 비가 내리고 있던가, 혹은 곧 비가 내릴 예정이던가. 그래서 어른이고 아이들이고 상관없이 외출복이든 작업복이든 장화 착용이 필수입니다. '나쁜 날씨란 없다. 옷차림이 잘못되었을 뿐!'이란 속담이 있을 정도로 하이랜드의 날씨는 고약하다고 말할 만큼 변화무쌍합니다. 핀잔을 듣거나 멍청하다는 말을 듣고 싶지 않다면 모든 날씨에 미리 대비하라는 의미를 담고 있습니다.

걸음의 축제를 마치고 하루를 마감하는 시각. 로몬드호의 황혼 녘 풍경이 그윽하다.

 산정에 다다를 즈음에는 아예 바람이 미쳐버립니다. 우리는 에밀리 브론테Emily Bronte의 소설 〈폭풍의 언덕〉의 등장인물이 되어 그 거친 비바람을 헤치며 나아갑니다. 저 산 너머로는 무지개가 뜨고, 그 너머로는 또 햇살도 환한데 말입니다. 요변스러운 날씨 속에 힘들었던 하루가 그렇게 저물어 갑니다. 굴뚝에서 모락모락 피어오르는 연기에서 가을 냄새가 납니다. 황량한 바람에 낙엽이 뒹구는 산촌 풍경은 가을이 들 대로 들었습니다. 저물어가는 산장의 창가에 앉아 한잔 술에 마음을 기댄 채 창밖의 풍경을 멍하니 바라봅니다. 하루해도 뉘엿뉘엿 호수에 비스듬히 쓰러지니 나그네도 맥없이 함께 쓰러집니다.

밤새 비가 내리더니 아침 바람결이 말할 수 없이 거세졌습니다. 공기가 맵습니다. 사람 없는 호젓한 길은 어느새 늦가을에서 겨울로 넘어가 버린 눈치입니다. 봄, 여름 지나며 싹을 틔우고, 꽃을 피우고, 열매를 맺고, 겨울을 나기 위해 몸을 가볍게 만드는 가을. 내 인생도 이쯤에 와있거니 여기며 걸으려니, 이 길이 더욱 스산해집니다. 킨로크레븐Kinlochleven에서 출발하여 포트윌리엄으로 가는 길. 종주의 마지막 날입니다.

숙소에서 나오자마자 산길로 접어들고, 어느덧 길은 급격하게 경사진 오르막으로 변하는데 30분 정도를 계속 올라 조망터에 닿아 풍경을 감상합니다. 호수를 품고 있는 산촌의 풍경이 참 좋습니다. 때맞춰 바람은 일렁이고 풀잎은 그 바람에 나부끼며 숲과 호수와 마을이 그림처럼 어우러져 시야를 가득 채웁니다. 수평선 위와 산 아래 하늘을 가득 채운 구름이 하늘과 물과 산의 경계를 지우니, 이 길이 산길인지 물길인지 혹은 선계로 가는 꽃길인지 분간이 어렵습니다.

며칠째 내린 비로 거의 강이 되었나 싶은 광활한 평원으로 들어서니 몇 시간을 걸어도 집 한 채 보이지 않고, 그저 구름 띠 두른 산들과 이따금 나타나는 폭포, 바람에 흔들리는 젖은 풀만 보이는 광막한 풍경이 지루하게 이어집니다. 기분마저 가라앉을까 두려워 흥을 돋우려 혼자서 노래를 부릅니다. 진도아리랑을 내 멋대로 메기고 지어 부르고, 추임새도 내 맘대로, 간간이 발림까지 해대며 가는데, 비에 젖은 양들이 멍해진 얼굴로 일제히 나를 바라보니 돌연 머쓱해집니다.

포트윌리엄으로 향하는 하산 길은 쭉쭉 뻗어 오른 큰 나무숲 사이로 가다가 울창한 낙엽송이 황금색으로 익어가는 숲길로 이어집니다. 들판이며 산허리에는 갈색이 짙어 완연한 가을 풍경. 고사리만큼 자란 짙은 갈색의 나무들이 산하에 가득해, 이곳 고유의 묘한 풍경을 만들어 줍니다.

포트윌리엄이 가까워져 옵니다. 오른쪽으로 브리튼 제도에서 가장 높은 산인 1,344m의 벤네비스산이 그램피언Grampian산맥의 서쪽 자락에 솟아 올라와 있습니다. 웅장하게 솟은 산봉우리들이 종주의 마감 길을 축하하며 환영해 주는 것 같아 기분이 좋아집니다. 어느새 비도 그치고, 젖은 잎새도 저무는 해에 몸을 말리는 시간. 서녘 하늘 저편으로 일제히 날아가는 새 떼 무리의 실루엣이 늦가을 풍경을 충만하게 합니다.

7일 동안의 WHW 종주 트레킹을 마치고 종착지 포트윌리엄으로 들어서니 이내 로터리에 'The Original End of The West Highland Way'라고 쓴 큰 간판이 지친 순례자들을 반겨줍니다. 일단 다 같이 기념 사진 한 장을 찍은 후 종주 증명서를 발급받은 뒤 다시 한번 인증 사진을 남깁니다. 사실 이곳이 진정한 종착 지점은 아닙니다. 시가지를 한참 더 걷고, 광장과 도심 거리를 개선장군처럼 휘저으며 길을 이어가 마침내 웨스트 하이랜드 웨이의 종착점인 고든 광장에 도착합니다. 벤치에 앉아 다리를 주무르는 조지 노인의 동상 곁에서 기념 촬영을 하는데, 그동안 앞서거니 뒤서거니 하며 같은 목적지를 향했던 동행들이 하나둘 속속 들어오기 시작합니다. 너나없이 서로를 축하하고 사진도 찍어주며 종주의 기쁨을 나눕니다.

웨스트 하이랜드 웨이 위에서 쌓은 추억이 하나둘 스쳐 가고, 이 길로 초대할 사람들이 또 한둘 떠오르기도 합니다. 이런 분들, 하이랜드로 오세요. 세상의 끝에 나만 홀로 덩그러니 남겨져 있다고 여기는 사람들. 수 시간을 걷는 동안 인가 하나 없는 고독한 길 위에서 아껴온 울음을 터뜨리고 싶은 사람들. 사람보다 짐승이 더 많은 야생의 광활한 초원에서 거대한 호수와 깊은 숲길을 걸으며 가을에 물들고 싶은 사람들. 걷는 동안 귓전을 울리는 건 바람 소리와 빗소리뿐인 광야에서 외로움마저 즐길 줄 아는 이들을 이 길에 초대합니다. 야생의 아름다움이 가득한 이 땅의 진정한 주인은 비와 바람, 그리고 안개가 아닐까요. 그에 기대 나의 내면과 대화하고, 사유하며 오롯이 가을이 됩니다. 풍경의 일부가 됩니다. 웨스트 하이랜드 웨이, 그 길이 당신을 기다리고 있습니다. 고독을 아시는 분이라면 꼭, 가을에 오셔야 해요. 이 길을 잊지 않고 다시 찾은 저와 길 위에서 우연히 마주칠 지도 모르겠습니다. 눈인사 잊지 말자고요.

## INFORMATION

**거점 도시** 글래스고

**거점 공항** 에든버러 공항

**트레킹 팁 1** 스코틀랜드 에든버러에 내려 열차나 버스를 타고 한 시간 거리의 글래스고로 간다. 밀른가비까지는 대중교통인 전철로 이동한다. **2** 구간 이동할 때 가방 배달 서비스 업체를 이용할 수 있다.

노르웨이, 유럽
# 피오르 3대 록 트레일
NORWEGIAN 3 ROCKS FJORD TREK
## 괴물 트롤의 혓바닥에서 놀다

쉐락볼튼  프레이케스톨렌  트롤퉁가

뤼세보스  주차장  쉐게달

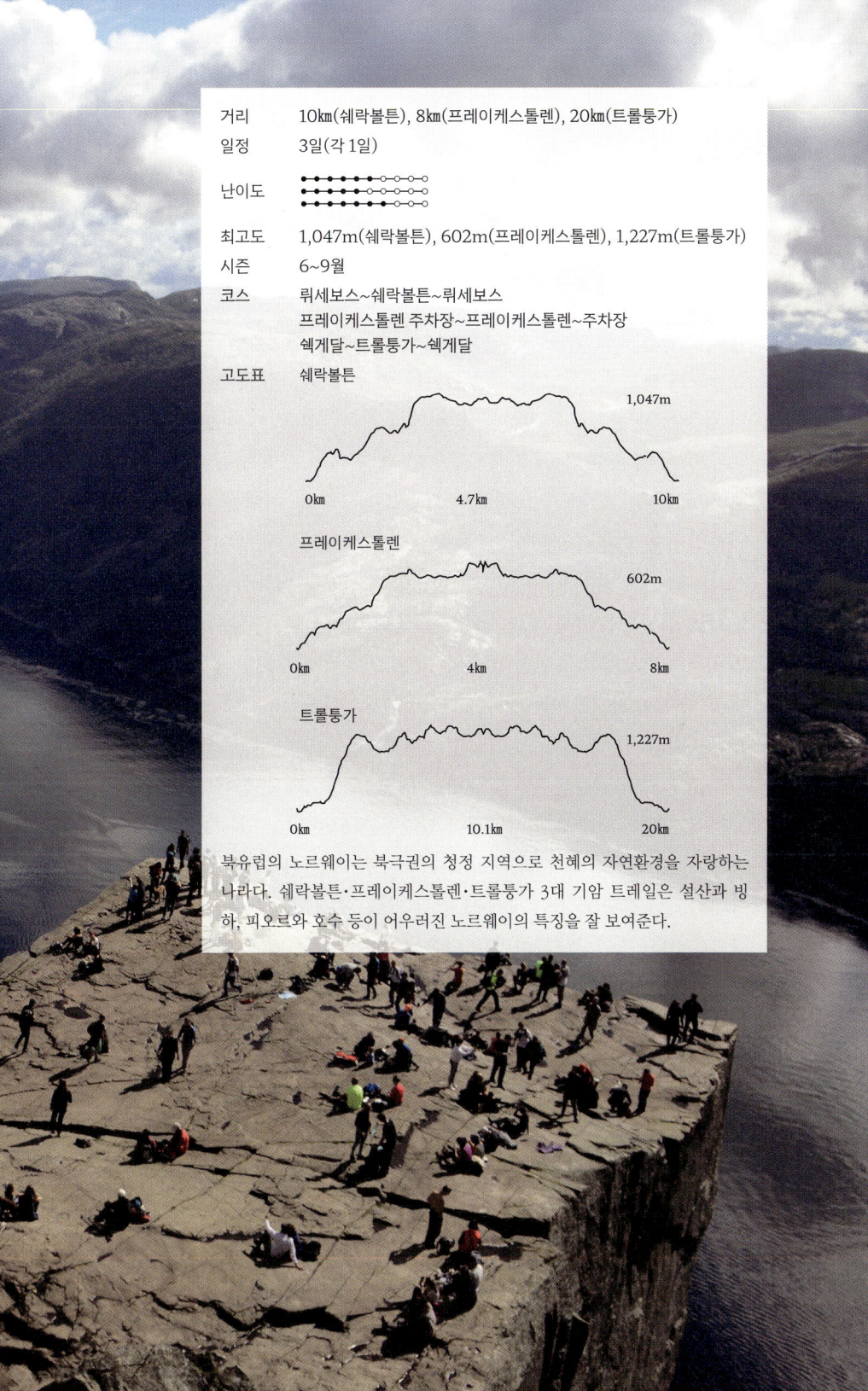

| | |
|---|---|
| 거리 | 10km(쉐락볼튼), 8km(프레이케스톨렌), 20km(트롤퉁가) |
| 일정 | 3일(각 1일) |
| 난이도 | ●●●●●●○○○○<br>●●●●○○○○○○ |
| 최고도 | 1,047m(쉐락볼튼), 602m(프레이케스톨렌), 1,227m(트롤퉁가) |
| 시즌 | 6~9월 |
| 코스 | 뤼세보스~쉐락볼튼~뤼세보스<br>프레이케스톨렌 주차장~프레이케스톨렌~주차장<br>쉑게달~트롤퉁가~쉑게달 |
| 고도표 | 쉐락볼튼 |

쉐락볼튼 — 1,047m (0km / 4.7km / 10km)

프레이케스톨렌 — 602m (0km / 4km / 8km)

트롤퉁가 — 1,227m (0km / 10.1km / 20km)

북유럽의 노르웨이는 북극권의 청정 지역으로 천혜의 자연환경을 자랑하는 나라다. 쉐락볼튼·프레이케스톨렌·트롤퉁가 3대 기암 트레일은 설산과 빙하, 피오르와 호수 등이 어우러진 노르웨이의 특징을 잘 보여준다.

### 가운데 낀 달걀바위, 쉐락볼튼

아크틱 라인$^{Arctic\ Line}$. 북극 한계선에 가까운 동토의 나라. 머나먼 이방 노르웨이. 먼 길을 거쳐 이곳에 이르렀습니다. 알래스카와 또 다른 아크틱 라인의 스웨덴 쿵스라덴 종주 트레킹, 마지막 여정인 아이슬란드 트레킹을 마감한 후 노르웨이 피오르$^{Fjord}$ 3대 기암 트레킹의 시발점인 스타방에르$^{Stavanger}$에 안착했습니다. 짙은 잿빛으로 어둑해질 무렵 숙소에 들어와 라면에 밥 한 그릇 말아 간단하게 저녁을 해결합니다. 맥주 한 잔 곁들이니 나른해지는군요. 휴식을 취하며 일정을 정리해 봅니다. 북극권의 청정한 자연 속에서 이번엔 또 얼마나 행복할까요. 벌써 설렙니다.

유서 깊은 해안 도시 베르겐$^{Bergen}$을 향하며 쉐락볼튼$^{Kjeragbolten}$, 프레이케스톨렌$^{Preikestolen}$ 그리고 트롤퉁가$^{Trolltunga}$로 이어질 트레킹. 다들 쉽사리 잠을 이루지 못합니다. 동토의 나라 노르웨이도 봄이 오며 해동이 시작되고, 5~6월이 되면 겨우내 접근이 통제됐던 대표적 피오르 트레킹 명소들이 빗장을 푸는데요. 옥빛, 코발트 빛, 에메랄드빛으로 다채롭게 변모하는 피오르와 암산을 덮은 흰 눈이 어우러져 수려한 풍경을 연출합니다. 봄이 오길 기다린 수많은 트레커들이 하나둘, 이 길에 모이겠지요.

우리나라 국토의 4배에 달하는 면적. 고등어가 유명하고, 한자$^{Hansa}$ 동맹이 결성된 항구도시 베르겐이 있다는 정도로 알고 있는 노르웨이. 산과 피오르, 만년설과 빙하로 둘러싸여 다소 거친 아름다움이 있는 나라. 장대하고도 광활한 자연 속에서 걷는 기쁨, 걸음의 축복을 느낄 수 있는 나라입니다. 스칸디나비아반도 서쪽에 위치하며 스웨덴, 핀란드, 러시아와 국경을 접합니다. 피오르로 이뤄진 긴 해안선과 유럽에서 가장 큰 빙산으로 덮인 내륙 산악지대로 이루어져 있습니다.

국토의 많은 부분이 북극권 북쪽에 있으나, 서부 해안 지방은 멕시코 만류의 영향으로 1년 내내 얼지 않을 정도로 온화한 편입니다. 경작할 수 있는 땅이 국토의 3%에 불과해 농업생산량이 부족하며, 바다에 투자

하여 어업을 기반으로 하는 무역 증대로 호황을 누리고 있습니다. 1970년대 북해유전과 천연가스의 발견은 노르웨이를 세계 최고 수준의 삶을 누리는 부국 중 하나로 만들어 주었습니다.

    알래스카, 스웨덴, 아이슬란드 그리고 노르웨이로 이어지는 이번 트레킹 여행에 공통점이 있다면 우선 모두 북극권에 위치한 나라입니다. 이 나라들이 공유하고 있는 주목할 만한 점이 하나 더 있는데, 바로 지구 온난화의 최대 수혜국이라는 것입니다. 지구 온난화로 인해 숨겨진 비밀의 장소가 드러나며 많은 방문객이 찾아드는 관광 명소가 된 것이지요. 샘도 납니다만, 그보다는 너무 수입에 열을 올려 혹시나 지구의 보물이 상하지나 않길 간절히 바라봅니다. 쉐락볼튼을 찾아, 화첩처럼 연이어 펼쳐지는 호수를 지나 보랏빛 들꽃의 환대를 받으며 쭉 뻗은 길을 신나게 달려갑니다.

쉐락볼튼 보러 가는 길도 충분히 아름답다.

노르웨이 여행은 단순한 관광이 아닌, 자연 그 자체를 즐기는 것입니다. 들길, 산길, 해안길뿐 아니라 도시의 포장도로까지 아름답지 않은 곳이 없으며 나라 자체를 '자연'이라 규정하고 싶은 몇 안 되는 나라 중의 하나일 것입니다. 영영 눌러앉아 속속들이 둘러보고 싶지만 그럴 여유는 없으니, 우선 필수 트레일을 종주하는 것으로 아쉬움을 달래 봅니다.

노르웨이에서의 첫 트레킹을 위해 스타방에르를 떠나 에가스 Øygardsstøl 지역으로 달려갑니다. 뤼세Lyse 피오르가 받쳐주는 1,000m가 넘는 절벽 바위틈에 얄궂게 끼어든 바위 하나, 쉐락Kjerag. 잿빛 도시를 떠나 대자연의 경이를 찾아 떠나는 길에는 피오르와 호수가 줄지어 나타나고, 물기 머금은 절벽들이 웅장하게 도열해 나그네를 맞이합니다. 쏟아지는 폭포는 환영의 눈물일까요. 호수 가장자리에는 빨간 지붕의 아담한 집들이 옹기종기 어깨를 맞대고 모여 있습니다. 청정한 자연 속에서 살아가는 그들의 삶이 부럽기만 합니다. 비와 안개와 구름은 노르웨이의 일상과도 같은데, 우리가 달리는 길에서도 예외는 아니라, 희미한 구름안개 속에 펼쳐진 풍경은 몽환적인 수채화 같습니다.

높이 1,084m. 예전에는 보트를 타고 피오르를 항해하며 올려다보고 감탄하는 것에 그쳤지만, 지금은 고원의 트레일을 따라 좌우로 펼쳐진 산하의 풍경을 음미하며 걷는 트레킹이 인기를 끌고 있습니다. 대부분의 여행자들이 단순히 고원에 서서 뤼세 피오르의 전망을 즐기지만, 우리네 트레커들은 기어코 두세 시간을 걸어 올라 정점에 도착한 후 절벽 사이에 박힌 단단하고 둥근 바위 쉐락볼튼 위에 서고야 맙니다. 얼마나 짜릿하겠습니까. 저마다 소중한 인생 사진 한 장 안 남길 수 없겠죠.

물안개 자욱한 피오르 주변으로 연결된 미려한 길을 달리는데, 반복되는 풍경이 따분해질 즈음에 나타나는 낯선 풍광에 눈이 번쩍 뜨입니다. 쉐락볼튼 트레킹의 시작점으로 가기 위해 고개를 수도 없이 휘어지며

계란바위라 불리는 쉐락볼턴

돌아 넘는데, 고개를 넘을 때마다 펼쳐지는 생경한 자연의 모습에 모두 가벼운 흥분에 휩싸입니다. 마음은 벌써 쉐락 바위 위에 아찔하게 서 있고, 길은 한정 없이 꼬불꼬불 휘돌아가니 안달이 날 지경입니다. 세찬 비바람은 차를 뒤엎어버릴 기세로 불어와 속력도 더 내지 못합니다. 마침내 절벽에 세워진 휴게소에 도착하여 주차장으로 진입을 시도하려는데, 관리 요원이 막아서네요. 오늘은 기상이 고르지 못해 안전을 이유로 트레일을 폐쇄했으며, 화창한 일기가 예상되는 내일 다시 올 것을 요청합니다. 내일은 확실히 와도 되겠냐고 되물으며, 나에게도 다시 올 수 있다고 한 번 더 다짐합니다. 안타깝기 그지없으나, 그저 웃을 수밖에요.

새날이 밝았습니다. 날씨도 새 날씨면 좋겠는데, 하늘은 여전히 낮고 구름마저 짙게 드리웠네요. 피오르를 왕래하며 차량과 여객을 운송하는 페리를 기다리려 두부에 닿았을 즈음엔 아예 대놓고 비까지 뿌려대고 있습니다. 예정 시간을 넘겨도 배는 오지 않고, 연락을 취해보니 기상이 순화되어야 배를 띄운다는 것. 와야 오는 것입니다. 무려 네 시간을 넘게 기다린 후에야 배가 도착해 우리를 리세보트 포구로 데려다줍니다.

일정이 빠듯해질 수밖에 없으니 지체함 없이 트레킹을 시작하는데, 초반부 바위산 하나를 넘는 길이 어찌나 미끄러운지 모골이 송연해집니다. 위험한 구간엔 쇠사슬 줄을 설치해 두었기에 그에 의지해 최대한 안전하게 걸으려 애써봅니다. 만약 비가 왔다면 길은 더욱 미끄러울 터, 대형 사고가 날 가능성이 충분함을 고려할 때 어제 취한 안전조치는 당연한 것이었습니다.

한 고개를 넘으면 또 하나가 기다리고, 숨을 고르며 바윗길을 잠시 가다 보면 또 한 고개. 슬슬 다리가 묵직해지지만, 서서히 하늘이 열리며 수려한 풍경을 내놓으니 힘든 줄을 모르고 꾸준히 치고 나갑니다. 긴장한 나그네들과 달리 한가로이 노니는 길가의 산양 무리는 평온 그 자체네요. 일반 여행객들과 섞여 끝없이 이어지는 인간 띠. SNS용 사진 찍기 좋은 곳으로 워낙 유명해진 탓에 꽤 많은 젊은이들이 줄 이어 찾고 있습니다. 안개구름이 모양을 달리하며 공연을 펼치다가 이따금 한 번씩 장막을 걷어주고, 그때마다 펼쳐지는 예사롭지 않은 풍경에 탄성을 지르며, 놓치지 않고 사진으로 남깁니다. 그야말로 곳곳이 포토존입니다.

마침내 달걀바위라 일컫는 쉐락볼튼에 도착했습니다. 한 장의 사진을 남기기 위해 세 시간을 걸어온 걸까요. 하염없이 순서를 기다립니다. 기다리는 시간도 지루하지 않은 것이, 한 평 남짓한 바위 위에서 연기하는 군상들의 모습이 마치 공연을 보는 것 같습니다. 짧은 시간에 가지각색의 연기와 묘기를 섞어 피겨스케이트 선수도 됐다가, 배우도 됐다가,

무용수도 됐다가 온갖 표정과 제스처를 자랑합니다. 두려움에 차마 서지 못해 엉금엉금 기어 왔다 기어 나가는 이들이 있는가 하면, 씩씩하게 바위로 뛰어 올라가 허세를 부리는 사람들도 있습니다. 지켜보는 재미가 제법 쏠쏠합니다. 뒤편의 배경이 되어주는 푸른 피오르의 물 위로 피었다 지는 안개 덕에 미리 계획된 무대 장치를 보는 것만 같습니다. 두 절벽 바위틈에 끼어 1,000m 높이에서 수만 년을 버텨온 바위는 보면 볼수록 오묘합니다. 자연의 경이가 세상 어디 한두 군데일까만, 이 바위 역시 그 절묘함으로 수많은 사람을 유혹하고 있습니다. 노르웨이 3대 신묘한 바위 중의 하나를 이렇게 마스터했습니다.

### 자연이 들려주는 설교 바위, 프레이케스톨렌

페리를 타고 뤼세 피오르를 건너갑니다. '피오르'의 사전적 의미는 '빙하의 침식으로 만들어진 골짜기에 바닷물이 들어와서 생긴 좁고 긴 만'으로 유독 노르웨이 해안에 수없이 많이 형성되어 있어 노르웨이 하면 누구나 쉽게 피오르를 연상합니다. 쉽게 말해 빙하가 만들어 낸 'U' 자 모양의 대협곡이라고 할 수 있는데, 빙하가 깎아낸 깊은 절벽 계곡 속에 그 빙하들이 녹아 고여 버린 호수 같은 바다입니다.

노르웨이 서쪽 해안에는 5대 피오르가 자리하고 있으며, 그중에서도 에이랑에르<sup>Geiranger</sup> 피오르는 가장 아름다운 경치로 손꼽힙니다. 지금 우리가 건너는 뤼세 피오르도 그중 하나에 속합니다. 아무래도 입구가 좁다 보니, 바닷물이 못 들어오고, 빙하가 녹아 갇힌 채 그대로 호수가 되었습니다. 그런 이유로 피오르의 물빛은 유려한 옥빛을 띠는 경우가 많습니다. 깨트리기 아까운 물빛을 쪼개며 달려 포구에 닿고, 산길을 달리다 보면 그야말로 수려한 풍경의 연속인데 달력에나 나올 법한 풍경을 놓칠세라 연신 셔터를 눌러대 보지만 이내 포기하고 맙니다. 어떤 유명한 사진작가가 그 어떤 성능 좋은 카메라를 가져온들, 이 색감이며 이 감흥을 제대로 담아낼 수 있을까요. 기억 속에 그저 또렷이 박아 놓는 게 낫겠습니다. 산길을 조금 올라 오늘의 산행길인 프레이케스톨렌 길 입구에 다다라 단체 기념 촬영을 하고 걷기 시작합니다.

프레이케스톨렌은 노르웨이 남부 피오르 3대 트레킹 중 가장 접근성이 좋아 여행자들에게 인기 있는 트레킹 명소로, 포르산드<sup>Forsand</sup> 인근 뤼세 피오르 위로 600m 높이로 솟아 있습니다. 난이도는 중간 레벨쯤 되고, 소요 시간은 어떤 트레일을 선택하느냐에 따라 최소 5시간부터 12시간까지 달라집니다. 초보자가 접근할 수 있는 정통 클래식 코스를 택하면, 왕복 5시간 정도 잡을 수 있으니 크게 부담은 없는 편입니다. 경이로운 자연도 맘껏 즐기고, 아찔한 추억 담긴 사진도 한 장 건질 수 있으

신이 주옥같은 말씀을 들려주는 거대한 제단이란 뜻의 프레이케스톨렌

트레킹 하다 보면, 절벽에 사는 양들을 만날 수 있다.

니, 그 정도 시간쯤은 투자해 볼만하지요. 트레킹 하기에 가장 좋은 시기는 여름 시즌인 4월부터 9월까지인데 4, 5월은 북극권인 관계로 눈과 얼음이 남아 있을 수 있어 하이킹 전에 날씨를 꼭 체크해야 하며, 그에 맞는 적절한 의복과 장비를 준비해야 합니다. 얇은 옷 여러 벌을 거쳐 입거나 여벌의 따뜻한 외투를 챙기고, 음식과 음료를 넉넉히 준비해 가시는 것이 현명합니다.

제법 이르게 왔는데도 한 바퀴를 더 돌아 겨우 주차 공간을 확보하고 트레킹을 시작합니다. 초입에는 기념 촬영을 하느라 북새통인데 관광 명소답게 어린아이를 동행해 가족 단위로 찾은 방문객들도 많이 눈에 띄고, 애완견과 함께 오르는 분들도 제법 많이 보입니다.

프레이케스톨렌의 등산로는 남녀노소 구분 없이 오를 수 있도록 매우 잘 다듬어져 있는데, 노르웨이가 네팔에 도움을 준 보답으로 네팔의 셰르파들이 2013년부터 2년간 등산하기 좋도록 길을 정비했다고 합니다.

초반 산행로는 여느 산길과 별로 다를 게 없어서 신속하게 통과합니다. 산마루에 오르자 그제야 피오르가 보이기 시작하며 장대하게 펼쳐진 산 물결이 눈높이로 다가오니, 비로소 숱하게 많은 사람이 이 길에 모이는 이유를 이해하게 됩니다. 티 없이 맑은 물에 투영되는 주변의 산그림자. 시리도록 푸른 하늘 위에 유유히 흐르는 솜털 구름. 잠시 숨을 고르는 고갯마루에서 이 맛에 트레킹 하고 그 덕에 힐링한다며 두런두런 얘기를 나눕니다. 길게 숨을 들이쉬고 내쉬며 한껏 맑은 공기를 빨아들입니다.

설교의 제단, 프레이케스톨렌. 그 경이의 바위 위에 다다랐습니다. 약 25㎡ 넓이의 정사각형 암반이 마치 평평한 설교자의 강단과 비슷하다 하여 붙여진 별칭입니다. 인파를 헤집고 가장 먼저 벼랑 위 끝에 앉아 보았습니다. 목덜미까지 찌릿해지는 것이, 아찔합니다. 두발 사이로 보이는 시린 피오르의 풍경에 또 한 번 넋을 잃어버리고, 반대편의 절벽과 그 주변으로 수놓는 목가적 풍경까지, 뭐 하나 흠잡을 데 없는 완벽한 풍경에 연이어 사로잡혀 버립니다. 자리를 옮겨 동행들을 부추기고 용기를 북돋우며 바위 끝에 앉힙니다. SNS 대문 사진으로 이만한 게 있겠냐고 설득하니, 쭈뼛거리면서도 절벽 끝에 앉곤 이내 두 손을 높이 들어 올려 환호하며 포즈를 취합니다. 이 순간만큼은 모두 청년입니다. 인생의 멘토로 삼고 싶은 최고령 39년생 대선배님도 거침없습니다. 오히려 더 여유로우신 걸 보니, 우리의 로망이신 그 선배님 맞습니다!

이제 설교 제단의 전체 모습을 발아래로 굽어보고자 절벽 뒤의 산으로 오릅니다. 거의 암벽 등반 수준의 길을 따라 애써 올라가 가장 완벽한 구도가 잡힐 만한 지점에 자리를 잡고 전체를 조망합니다. 형용할 수 없는 감동이 밀려와 가슴에 내를 이룹니다. 담배 한 개비 안 피울 수 없죠. 깊이 빨아들인 한 모금을 찬탄의 한숨과 함께 길게 뱉어냅니다. 잠시 기분 좋게 어질어질하다가 무념의 상태로 접어들며 시간도 삶도 순간 정지해 버립니다. 이러다 열반에 드는 거 아닌가 싶을 때 터져 나오는 일행들의 감탄사에 퍼뜩 정신이 들며 떠날 채비를 해봅니다.

신화의 주인공처럼 기묘하게 뻗은 트롤의 혀, 트롤퉁가

### 트롤 괴물의 혓바닥 바위, 트롤퉁가

북극에 가까운 노르웨이의 아침은 유난히도 일찍 찾아옵니다. 시간을 보니 새벽 3시. 넓은 창으로 보이는 바위 봉우리에는 안개구름이 자욱하게 띠를 두르고, 거침없이 절벽을 타고 내리는 폭포는 잠에 취해 몽롱한 나그네를 깨워, 이곳이 이방의 땅임을 퍼뜩 깨닫게 합니다. 아직 일어나긴 시간도 이르니 잠시 상념의 나래를 펴봅니다.

집을 떠나온 지 어느덧 반년이 넘었습니다. 세월도, 계절도 망각하고 간단없이 이어온 길고 긴 유랑. 미처 다 가지 못한 미지의 길이 아직도 많이 남아있어 늘 설레면서도, 문득 오래 묵은 옛것들이 아득하게 그리워지며 느닷없이 노스탤지어가 밀려올 때도 더러 있습니다. 가족들이 그립고, 옛 친구들, 산 동무들, 특히 동네 술친구들이 더욱 간절해지는 시간. 술잔을 기울이며 사회 이슈나 정치, 인생을 격하게 논하면서 호탕하게 함께 취하던 추억이 연이어 스쳐 갑니다. 낮달처럼 동그마니 떠오른 그리움에 괜히 센티 해지는 이른 아침입니다.

짙은 안개 헤치며 아침 햇살이 근근이 산촌을 비추고, 촉촉하게 젖은 산하는 게으른 기지개를 켭니다. 길손들의 마음은 그와 달리 조급하기만 한데요, 해가 지기 전에 마감해야 할 오늘의 여정이 멀고도 긴 길이라 채비가 분주해집니다. 그 길 끝에 신이 빚어놓은 자연의 괴물 '트롤퉁가'라는 묘한 절벽 바위가 있습니다. 트롤퉁가는 노르웨이에서 가장 짜릿한 절경을 선사하는 절벽 바위로, 북유럽 신화에 등장하는 괴물 트롤의 혓바닥이란 뜻입니다. 높이는 약 1,100m, 혀처럼 그 끝을 쑤욱 내밀고 있는 기이한 바위 위에 서서 피오르의 아름다운 풍경에 제대로 어우러질 예정입니다.

트롤퉁가 트레킹은 들머리인 쉘게달 Skjeggedal에서 시작해, 한 시간 이상을 스위치백 하며 올라가서 잠시 한시름을 놓고요, 구릉 위 길을 따라 차츰 고도를 높이며 14km를 걸어 올라 목적지에 당도 한 뒤, 길을 다시 되돌려 와야 하는 코스로 대략 10~12시간 정도 걸립니다. 보통 7월 중순부터 트레킹이 가능한데, 이 역시 산길 눈이 언제 녹을지에 달려있다고 봐야 합니다만, 성급한 이들은 잔설을 밟으며 좀 더 힘든 여정에 도전하기도 합니다.

일반적으로는 9월 중순까지 트롤퉁가에 올라설 수 있으니, 때를 잘 살피시길요. 긴 여정이므로 등산화를 꼭 챙기시고, 여분의 따뜻한 옷과 넉넉한 양의 식음료도 준비하셔야 해요. 산악지형의 날씨는 워낙 변화무쌍하고 빠르게 변하기에 언제 비를 뿌릴지 알 수 없는 노릇, 방수 의복을 늘 예비해 두셔야 하는 점 잊지 마세요.

트롤퉁가로 출발하기 전에 당일 일기예보를 확인한 후 대비하는 것이 바람직한데, 강한 바람과 폭우 또는 안개 낀 날씨는 아무래도 피하시는 게 낫겠죠. 일정이 빠듯하겠지만 하루 정도 더 여유를 두고 계획하시는 게 그래서 현명한 방법인 것 같습니다. 해마다 심각한 곤경에 빠진 등

지구상에서 프로포즈 하기에 가장 드라마틱한 장소 1위로 선정된 트롤퉁가

산객을 찾거나 구조하는 경우가 빈번하다고 하니 그중의 하나가 되지 않도록 우리 모두 각별히 유의합시다. 또한 북반구의 여름철 낮이 길긴 하지만, 늦어도 오전 8시 전에는 하이킹을 시작하시는 것을 조언드립니다. 여유가 있어야 안전한 트레킹이 될 수 있고, 또 하루 일정을 느긋하게 마감하는 것도 좋으니까요.

트롤퉁가 주변 산악 지역에서 하룻밤 체류하고 싶다면 자연 속에서 야생의 숨소리를 들으며 야영할 수 있는 백패킹을 즐기셔도 좋고요. 특별한 허가나 제재가 없으니 풍경 좋은 지점에 텐트를 설치하고 하룻밤 자연의 일부가 되어보는 것도 더없이 좋은 경험이겠지요.

초반은 600m 높이의 상부 주차장까지 경사가 꽤 되는 산길을 계속 오르는 코스로 그리 볼만한 풍경은 딱히 없어 약 3㎞를 땅만 보고 올라가게 되는데, 여기서도 얄팍한 상술과 마주하게 됩니다. 이 구간을 차로 올려다 주고는 70불 정도를 받는 것이죠. 참 솔깃한 유혹입니다만, 걸음의 축복이 아무에게나 주어지는 게 아니니 이 길도 축복이라 생각하고 그냥 치고 올라갑니다. 한 바가지 땀을 쏟아내고 산정 평원에 올라서면 광활한 바위산 풍경이 한눈에 잡힙니다.

노르웨이 산에는 돌이 참 많습니다. 트롤퉁가 가는 길의 전형적인 모습을 묘사하자면 거대한 암반 위에 크고 작은 바위들이 어지럽게 놓여 있고, 아직 녹지 않은 잔설들이 군데군데 한가득 쌓여 있으며 그 아래로 옥빛 피오르가 차분히 앉아 있는 정도. 눈길 지나 돌길, 돌길 지나면 또 눈길. 굽이굽이 이어지는 길 양편의 풍경은 영화의 배경이라도 되는 듯 서정적 풍광이 끊임없이 바뀌며 이어집니다. 그 한 정점에서 잠시 둥지를 틉니다.

가장 전망 좋은 지점의 넓은 암반. 마침 바람도 잘 막아줄 만한 곳이라 밥과 찬으로 채운 도시락과 함께 버너를 피워 라면을 끓여 푸짐한 한 끼를 즐깁니다. 허접한 주전부리도 산에선 꿀맛인데, 이쯤이면 거의 성찬이라 할 만합니다. 게다가 세상 가장 수려한 풍광을 발아래 두고 마시는 한잔 커피는 이승에서 마시던 그 맛이 아닙니다. 허기를 면하니 이제야 보이지 않던 비경들이 속속 눈에 차는데 이따금 옅은 구름 사이를 파고드는 여린 햇빛이 더욱더 미려한 풍경을 만들어 냅니다. 구름도 떠나질 못하고 머리 위에 서성이는데, 한없이 머물고 싶은 마음은 우리도 그들과 매한가지이련만 길이 보채 자리를 털고 일어납니다.

6시간 만에 트롤퉁가 혀에 도달했습니다. 먼저 도착해 우리를 반기는 차가운 비바람을 뚫고 근처까지 다다라 바라보니, 믿지 못할 형상의 거대 바위가 절벽에 턱 하니 걸쳐져 있는데! 과연 누가 봐도 이것은 신화에나 등장할 만한 괴물의 혀입니다. 아찔하게 혀가 드린 그 아래로는 깊고 푸른 피오르가 단정히 누워있고, 절벽을 채운 작은 생명체들이 그림처럼 어울립니다. 먼저 도착한 사람들은 신화의 주인공인, 길고 긴 혀의 끝에 앉아 사진을 찍고자 한 사람도 빠짐없이 긴 줄을 만들어 대기하고 있습니다. 얼마나 기다려야 할지 감감하네요. 어쩌면 다들, 우리조차도 바로 이 사진 한 장 남기고자 이곳에 온 건지도 모르겠습니다.

동행들을 찍어 주기 위해 자리를 잡고 앉아 살펴보는데, 십중팔구 대개가 벼랑 끝에 엎드려 아래를 내려다본다던가, 혹은 그 끝에 앉는다든지 하는 뻔한 포즈를 취합니다만, 이번에는 특별한 이벤트 하나가 펼쳐집니다. 젊은 총각 하나가 중얼중얼 장문의 편지를 읽더니 애인 앞에 무릎을 꿇고는 손가락에 반지를 끼워주고 청혼합니다. 마치 기다렸을세라, 바위 위를 폴짝폴짝 뛰어다니면서 오두방정에 가까운 호들갑을 떨며 좋아하는 여인. 이런 걸 보고 우리 같은 속된 이들은 이렇게 말하죠. 짜고 치는 고스톱. 여인의 연기력이 거의 전문 배우 수준이군요. 근 이십여 분을 공연에 가깝게 저들만의 리그를 펼치고 있으니, 추위에 떠는 우리로서는 축복해 주던 처음의 마음이 냉소 섞인 저주의 지탄으로 바뀔 지경입니다.

거의 한 시간이 지나서야 우리 팀 모두 사진을 찍을 수 있었고, 그제야 길을 서둘러 하산하기 시작합니다. 결코 녹록지 않았던 하산 길. 온 만큼 가야 하는 머나먼 길. 야속하게도 차디찬 비가 제법 거세게 뿌립니다. 비옷으로 잘 무장하고 그저 무념무상의 상태로 하염없이 걸어 내려갈 밖에요. 길에서 조금씩 떨어진 한갓진 곳에 쳐놓은 원색의 텐트들이 노르웨이의 가을 풍경과 어울립니다. 저 비좁은 공간 안에서 따스하게 정을 나누고 있을 백패커들을 부러워하려니, 싸라기눈과 우박이 섞여 머리를 내려치며 빨리 걸음을 서두르라 합니다. 하루를 온전히 바쳐 만난 트롤의 혀 바위. 심장 가까이에서 혀를 벌름대며 나그네의 마음을 데우고 있습니다.

노르웨이 출신의 화가 뭉크의 작품 '절규(The Scream)'는 비싼 물가에 대한 노르웨이 사람들의 절규라는 설도 있는데요. 절로 고개가 끄덕여지며 인정하게 될 만큼 높은 물가에 놀라고 있긴 합니다. 그래도 청정 해역에서 잡아 올리는 해산물을 맛보지 않고 갈 수는 없지요. 베르겐의 맛집을 찾았습니다. 맥주 한 조끼에 연어, 대구, 광어 등 우리에게도 친숙한 생선을 시켰습니다.

　노르웨이 사람들이 즐기는 음식은 참 소박한데 빵 조각에 연어나 새우를 얹어 먹거나 생선도 최소한의 재료만 곁들인 찜 요리로 단순하게 조리합니다. 그저 쪄서 소금 후추 뿌리는 정도. 천혜의 자연환경에서 그 이유를 찾을 수 있을 것입니다. 긴 해안선을 따라 펼쳐진 바다와 피오르는 그 자체가 천연 어장, 재료의 싱싱함이 바로 최고의 맛일 테니까요.

　식사를 마치고 어두워진 부두를 나와 숙소로 돌아가는 길엔 비를 흠뻑 맞고 쫄딱 젖어버렸습니다. 이미 거리의 모든 상점들은 철수했고 사람들의 발길이 끊긴 지도 여러 시간 된 듯 거리는 썰렁합니다. 비가 오지 않아도 네댓 시면 모두 추위를 피해 집으로 돌아가는 것이 추운 지역에 사는 북반구 사람들의 습성이겠지요. 도시가 너무 한산해 다소 적응이 어려웠는데 떠날 때쯤엔 어느덧 이해하게 되었습니다.

　노르웨이는 그저 사진 한 장 더 찍기 위해 분주하게 쫓아다닐 곳이 아님을 여정을 마무리하며 또 한 번 느낍니다. 날것의 자연 그 자체를 즐길 수 있는 곳, 여유 있게 걸으며 발길을 옮길 때마다 펼쳐지는 달력 사진 같은 풍경에 흠뻑 취하고, 이따금 마주치는 사람들과 눈인사 한 번 주고받을 수 있는 여유를 가질 것. 번잡한 일상에서 벗어나 맑고 정결해진 내 영혼을 되찾고 싶다면, 동화처럼 순수하고 깨끗한 그곳, 노르웨이로 오세요. 3대 바위에 오르면 바짝 정신이 들고 바위까지 이르는 길 위의 풍경은 마음을 맑게 해 줄 것입니다. 이제 나는 아쉽지만 그 길을 떠나 다시 새로운 만남이 기다리는 길로 향합니다. 당신이 그 길을 채워주시길.

## INFORMATION

**거점 도시** 스타방에르

**거점 공항** 스타방에르 공항

**트레킹 팁** 세 개의 록 트레킹을 하기 위해서는 노르웨이의 스타방에르에 내려 차량으로 이동한다. 쉐락볼튼을 시작으로 프레이케스톨렌과 트롤퉁가 순으로 진행하고 베르겐으로 빠져나가면 좋다.

# 남미

| 칠레 파타고니아 토레스 델 파이네 W 트렉 PATAGONIA W TREK | 186 |
| 아르헨티나 파타고니아 피츠로이 FITZ ROY TRAIL | 200 |
| 페루 산타크루즈 트레일 SANTA CRUZ TRAIL | 216 |
| 페루 잉카 트레일 INCA TRAIL | 236 |

# 북미

| 미국 칼랄라우 트레일 KALALAU TRAIL | 256 |
| 미국 그랜드캐니언 카이밥 트레일 GRAND CANYON KAIBAB TRAIL | 270 |
| 미국 더 네로우즈 트레일 THE NARROWS TRAIL | 286 |

칠레, 남미
# 파타고니아 토레스 델 파이네 W 트렉
PATAGONIA W TREK

### 지구 최후 파라다이스의 치명적 아름다움

| | |
|---|---|
| 거리 | 74km |
| 일정 | 4일 |
| 난이도 | ●●●●●○○ |
| 최고도 | 928m(토레스 델 파이네 전망대) |
| 시즌 | 12~2월 |
| 코스 | 파이네 그란데 산장~브리타니코 전망대~토레스 3봉 |
| 고도표 | |

928m
0km  18.3km  36.6km  54.9km  74km

파타고니아의 토레스 델 파이네 국립공원은 화강암 봉우리, 빙하와 호수가 어우러진 장엄한 세계다. 공원의 거의 전 구간을 걷는 O 트렉은 일주일 이상 소요된다. W 트레킹은 3~4박의 짧은 일정으로 파이네의 최고 경관을 감상할 수 있다.

파타고니아는 안데스 산군과 평원 팜파스로 나뉜다.

    파타고니아! 대자연의 숨결이 살아있는 역동의 땅. 죽기 전에 꼭 한 번은 밟아봐야 한다는 지구 최후의 파라다이스. 길들여지지 않은 거친 바람이 지배하는 폭풍의 대지. 인간의 손길이 닿지 않아 감탄사를 연발케 하는 원시의 땅. 수많은 수식어가 아깝지 않은 파타고니아 트레킹은 페호에Pehoe 호수를 페리로 건너며 시작됩니다. 피라미드처럼 우뚝 솟은 거대한 설봉이 거울처럼 호수에 비치고, 조각칼로 거칠게 쪼개놓은 듯 아찔한 첨봉들이 호수 너머로 장엄하게 드리워져 있습니다.

    파타고니아는 만년설을 이고 있는 안데스 산군과 광활한 평원 대지인 동쪽의 팜파스로 나뉘는데요. 트레킹 코스는 칠레의 토레스 델 파이네 국립공원Torres del Paine National Park의 W 트레일과 아르헨티나의 피츠로이Fitz Roy, 세로토레Cerro Torre 트레일이 있습니다. 토레스 델 파이네의 W 트레일은 알파벳 'W' 자를 닮은 길의 모양에서 이름을 따온 트랙입니다. 이 길을 걷기 위해 수많은 트레커가 토레스 델 파이네에 모여듭니다. '토레스'는 탑, '파이네'는 푸르다는 뜻입니다. 1,200만 년 전 융기한 바위산으로 화강암을 덮고 있던 퇴적암이 빙하에 의해 침식되면서 지금의 모습을 갖추게 되었습니다.

토레스 델 파이네 트레일은 페루 마추픽추와 함께 남미 최고의 트레킹 코스로 꼽히고 있습니다. O 트랙 종주는 일주일 이상 소요되고, 더러는 야영을 할 수밖에 없어 어려움이 많습니다. 그에 비해 W 트레킹은 3박 혹은 4박의 짧은 일정이지만, 파이네의 최고 경관을 부족함 없이 누릴 수 있어 대다수의 트레커가 선호하는 코스입니다.

국립공원에서 가장 가까운 마을인 푸에르토 나탈레스<sup>Puerto Natales</sup>에 도착했습니다. 이국의 작은 마을을 즐길 겨를도 없이 빠듯한 일정입니다. 초반 3박 4일의 파이네 W 트레킹을 위해 분주히 장부터 봅니다. 서두른 탓에, 국립공원으로 향하는 버스에 오르니 뭔가 빠트린 듯 불안한 마음이 드네요. 입산 신고를 하고 페리에 오르는데 입장료가 터무니없이 비싸 잠시 마음이 상하기도 합니다. 미끄러지듯 보트가 페호에 호수 위를 달리자, 옥색 호수가 하나둘 눈에 들어오고, 설산이 서서히 얼굴을 내미니 그간의 괜한 감정들이 순식간에 사라져 버립니다.

오늘은 파이네 그란데<sup>Paine Grande</sup> 산장에서 묵게 될 텐데요. 이름처럼 회색 물빛을 띤 그레이호 빙하를 보러 가는 것으로 이번 트레킹의 첫 일정이 시작됩니다. 석회질이 녹으며 회색빛을 띤다고 하는데, 시린 에메랄드 빛깔의 빙하와 대비되어 더욱 신비해 보입니다.

일정이 바쁜 탓에 산장에다 집어던지듯 짐을 맡기고 트레일로 들어섭니다. 해가 저문 후 사물의 분간조차 힘들 밤 10시까지 부지런히 걷고, 헤드랜턴을 켜고 야간 산행으로 되돌아와야 하는 수고로운 길이지만, 시작하는 발걸음은 가볍기만 합니다. 내 님을 만나러 가듯 경쾌하기까지 하네요. 숱한 일상의 갈등도, 온갖 미련과 회한도 모두 파이네의 바람 따라 날려버리렵니다. 태평양에서 시작해 불어온 냉혹한 바람에게 길을 내주려는 듯, 키를 낮춘 관목들이 고요히 우리를 반겨줍니다.

길은 외길. 수많은 트레커의 걸음이 자연스레 만든 길에 이정표는 필요 없습니다. 콧노래 흥얼거리며 나도 걸음을 더해 그 길을 단단히 합니다. 그리 가파르지 않은 길을 두 시간 정도 오르면 그레이호에 닿고, 그 북서쪽 끝자락에 수만 년 세월이 빚은 파이네의 빙하가 나타납니다. 이어서 두 시간을 더 가면 푸르스름한 빙원을 지척에서 감상하게 되는데, 여름의 끝자락에 마지막 열정을 발하는 파타고니아 부쉬 꽃이 동백보다 더 붉게 호수 주변을 물들이고 있습니다. 한 번씩 몰아치는 강풍에 도리질하는 모습이 바람이랑 장난이라도 치는 것 같네요.

빙하호와 어우러지는 파타고니아

이 험난한 파타고니아의 자연환경에 꽃은 잘도 적응하고 있습니다만, 이방인인 우리는 불어대는 센 바람에 소스라치게 놀라기도 합니다. 연평균 기온 섭씨 9도. 식물의 성장에 적합한 기온은 아니련만, 끈질긴

동토의 나라 아이슬란드. 녹색 이끼가 산하를 메운다.

W 트렉 종주의 마지막 산장인 라스 토레스에서 석양을 바라보며 내일의 삼형제봉 출정을 대비한다.

생명력으로 꽃들은 해를 거르지 않고 피고 또 피어납니다. 바람을 이기지 않으려 한 방향으로 일제히 휘어진 나무들도 대견합니다. 우리도 차츰 이곳에 적응해 가겠지요.

　남극 가까운 곳. 저물어가는 여름은 저녁 7시를 넘겼는데도 아직 훤한 대낮입니다. 잰걸음으로 반은 달리다시피 걸어 근 세 시간 만에 전망대에 다다랐습니다. 이방인을 반기듯 저녁 해가 서쪽 하늘을 주홍으로 물들여 축제 같은 하늘을 연출합니다. 길 위의 철학자가 될 수야 없겠지만, 나와 대화하며 나를 살피기엔 충분합니다. 하루 한 번씩은 꼭 마주치게 되는 시련마저도 기쁘게 받아들이며, 길 위에 흩어진 내 삶을 차곡차곡 주워 담고 정리하는 시간을 가져보렵니다. 이 길 위에서 나는 참 행복한 나그네입니다.

　오늘 일정은 제법 고단할 텐데요, 파이네 산장에서 출발해 프렌치

밸리French Valley를 올랐다가 다음 숙소인 쿠에르노스Cuernos 산장까지 10시간 이상을 걸어야 합니다. 12명이 사흘간 먹을 식재료의 무게만도 만만치 않은데, 3박 중 하루는 산장 예약을 못 하는 바람에 숙영 장비까지 메고 가니, 오늘 여정은 가히 등짐과의 전쟁. 그에 더해 파타고니아의 거친 바람과의 전쟁일 듯합니다.

밤새 몰아친, 비를 동반한 돌풍에 깊은 잠을 이루지 못했습니다. 산장을 날려버릴 듯한 강풍에 함석지붕이 내는 소리는 묘한 공포감을 불러일으키며 신고식이라도 하려는 듯 심술 맞게 굽니다. 창문을 두드리는 바람 소리조차 온밤을 가슴 졸이게 하더니, 그래도 새벽닭은 울고 마침내 아침이 오긴 왔네요. 여전히 비가 오락가락하는 아침. 된장찌개에 쌀밥을 고슬고슬하게 지어 든든하게 아침을 먹고, 전의를 다지며 장도에 오릅니다. W 트레킹 내내 다양한 풍경을 보여주는 노르덴스콜드Nordenskjöld호를 오른편에 두고서 말입니다.

체념한 듯 저항 없이 묵묵히 걷는 우리가 대견했는지, 이내 화사한 초가을 날씨가 열립니다. 덩달아 마음도 걸음도 가벼워져 만년 설봉의 산군을 배경으로 기분 좋게 사진 촬영도 하고, 노래도 부르며 흥겹게 W자를 따라 걷습니다. 스치는 모든 것들이 향기롭게 느껴지고, 어귀마다 펼쳐지는 새로운 풍경에 무거운 등짐도 문제 되지 않습니다. 이 길을 당신도 걸으셔야 할 텐데 말이죠.

이윽고 프렌치밸리가 시작되는 이탈리아노Italiano 산장에 도달해 세상 최고의 전망을 선사하는 전망대에서 점심을 즐기려 계곡을 따라 올라갑니다. 몸을 가눌 수 없는 거센 바람 때문에 안타깝게도 가벼운 부상을 당한 사람도 두엇 있었습니다. 한 대원은 바람이 밀기라도 한 듯 비탈길에서 두 바퀴를 구르는 바람에 모두의 간담이 서늘해졌지만, 다행히 찰과상 정도에 그쳐 안도했습니다.

거대한 빙원이 강을 이뤄 흐르고 오른편으로는 '푸른 거탑'과 그 호위병 격인 산군들의 자태를 감상하며 오르는 길. 시선 머무는 곳마다

거센 바람과 파이네의 연봉을 가까이서 보며 걷는 W 트레킹. 그 끝에는 옥빛 호수와 푸른색 빙하가 반겨준다.

절경이고, 서서히 작아지는 노르덴스콜드호수의 옥색은 멀리서 보아도 곱기만 합니다. 설산과 호수를 내려다보이는 천하 명당인 브리타니코 Britanico 전망대에서 왕의 밥상인 듯 황홀한 오찬을 즐깁니다. 비를 실은 바람이 따갑게 살갗에 내리치지만 그래도 내려갈 마음은 들지 않네요. 저 멀리 보이는 폭포수는 강한 바람에 거꾸로 솟구칩니다. 하늘로 나는 폭포. 파타고니아의 바람이 부리는 마술 같은 묘기입니다.

마젤란 해협을 따라 불어오는 태평양과 대서양의 바람으로 인해 파타고니아의 일기는 변덕스럽기 그지없습니다. 해양성 기후에다 눈비가 섞인 바람은 몸을 날려버릴 듯 불어닥칩니다. 이 거칠고 황량한 바람의 대지에서 무엇이 살아남을 수 있을지 의문스럽기까지 합니다. 파타고니아의

기후는 고지대와 저지대가 각기 다르고, 바람도 다르다고 합니다. 이토록 변화무쌍한 자연과 그에 걸맞게 다듬어진 풍경을 본 사람들은 저마다 파타고니아를 보지 않고는 지구의 아름다움을 논하지 말라고 단언하니, 충분히 공감 가는 말입니다.

이제 길은 800m쯤 자갈길로 이어집니다. 뒤로는 설산 프렌치를, 앞으로는 노르덴스콜드호수가 버티고 있는 배산임수의 명당자리에 그림처럼 누워있는 쿠에르노스 산장은 파타고니아에서 가장 아름다운 산장으로 선정되기도 했습니다. 바람이 심상치 않아 가는 길이 만만치 않네요.

강풍은 호숫물을 치올려 물보라를 일게 하고, 회오리바람이 물기둥을 만들어 하늘로 올려 보내니 그 광경이 광폭하게 느껴지기까지 합니다. 90kg 거구인 나조차 속절없이 길섶으로 내동댕이 쳐버리니, 이를 지켜본 이들은 누구라 할 것 없이 납작 엎드려 바위를 부둥켜안은 채 날아가지 않으려 안간힘을 씁니다. 황당함을 넘어 두렵기까지 한 순간. 바람이 몰고 온 호수 물과 거꾸로 위로 솟아오르는 비에 꼼짝없이 온몸이 젖어버리곤 기습 공격이라도 당한 듯 망연자실한 채 한동안 말문이 막혀버렸습니다. 잠시 바람의 방향이 바뀌고 그 틈을 타서 황급히 다시 산길을 오릅니다. 일 분 후를 예측할 수 없는 파타고니아의 일기. 자연의 위력 앞에 한없이 작아지고 겸허해질 뿐입니다.

폭풍의 대지를 걷는다고나 할까요. 시도 때도 없이 불어오는 거친 바람에 순응하며, 척박한 대지에 뿌리를 드러내 놓은 채 생명을 이어가는 파타고니아의 나목들. 자연에 순응해 살아가는 그 모습에 경외감이 듭니다. 늦지 않게 쿠에르노스 산장에 도착해 고단한 하루를 마감합니다.

가볍게 비가 오락가락하는 아침. 파타고니아의 날씨 예보는 미리 알려 들지 않는 것이 낫다고들 말합니다. 예측할 수 없는 모든 상황에 대비해 트레킹에 나서라고 조언하니, 낭패당하지 않게끔 야무지게 채비해 길을 떠나 봅니다. 하루에 사계절을 모두 다 경험한다고나 할까요. 그럼에도 매 순간 치명적인 아름다움을 선사하는 파이네. 어떤 고생을 할지 알 수 없지만, 첫걸음은 늘 설레기만 합니다.

설봉 삼 형제를 조망하는 전망대까지 왕복 20km. 900m 고도를 오르고 내리기를 반복하며 걷는 힘든 길입니다. 그 정도의 노력 없이 어찌 세상 최고의 절경을 누릴 수 있으랴마는, 그나마도 일 년에 겨우 두어 달 정도만 가능하다고 하니 참으로 도도한 산입니다. 초반 2km는 평지를 걸으며 몸을 풀고, 칠레노Chileno 산장이 나올 때까지는 언덕길을 오르내리다가 마지막 4km 구간은 가파른 길을 치고 올라가야 합니다.

그나마 다행스러운 것은 가파르게 오르는 마지막 구간은 배낭을 맡겨두고 홀가분히 오를 수 있다는 점입니다. 남미의 카우보이라는 가우초Gaucho들의 말몰이 기합 소리가 가열차게 울리며 어메이징 한 하루가 또 이렇게 시작됩니다. 목초지를 가로지르고 내를 건너 갈림길에 섰습니다.

칠레노 산장의 이정표를 따라 오른편 언덕으로 오르니 야생화가 들판에 지천으로 피어 짧은 여름을 불사를 듯 붉게 물들이고 있습니다. 핏빛 꽃망울이 처절한 시루엘리요, 정복자의 칼날 앞에 죽어간 이름 모를 원주민의 선혈이 맺혔다고 하는 부루티지, 먹고 나면 다시 이 땅에 돌아온다는 원주민의 전설이 맺힌 갈라파테 머루 등이 몸을 낮추어 피어있습니다. 이따금 민들레라도 보일라치면 이국땅에서 고국의 친구를 만난 양 정답기만 합니다. 여름이 가기도 전에 성미 급한 가을이 내려앉았는지 나뭇잎은 고운 주황빛을 띠고 있습니다. 어느 한 곳 풍경화가 아닌 곳이 없으니, 굳이 초점을 맞추거나 구도를 잡을 필요도 없이, 셔터만 누르면 그만입니다. 풍경을 가슴으로 읽으며 바람이 인도하는 길을 즐겁게 걸어갑니다.

비가 내리기 시작합니다. 가파른 언덕길을 올라 저 멀리 칠레노 산장을 굽어보니, 자욱한 비안개에 가려 잘 보이지 않네요. 역시나 예측할 수 없는 파타고니아의 기후, 빗방울은 점점 굵어져만 가고, 열심히 속도를 내 파이네가 코앞에 있다고 상상하며 힘차게 걷습니다.

젊은 캠퍼들이 북새통을 이룬 칠레노 산장 대피소에서 젖은 몸을 잠시 데우고, 다시 오르막길을 쳐올립니다. 어느새 비는 눈으로 변했고, 그 눈은 산정에 소복이 쌓여 오히려 푸근하게 느껴집니다. 산길은 어느덧 물길이 되었고, 방수가 허술한지 비옷 아래 몸도 조금씩 젖어가네요. 열을 내기 위해 속도를 조금 더 올리자고 독려합니다. 바람은 쉴 새 없이 불어닥치며 때로는 등을 밀고 때로는 앞을 막아 조력자인지 훼방꾼인지 정체를 알 수 없습니다. 이 바람을 타고 날면 얼마나 자유로울까, 부질없는 상상으로 고생스러운 걸음을 위로해 봅니다.

이제 마지막 너덜지대의 돌밭 길을 지납니다. 여전히 신비에 싸인 파이네 삼봉은 아래쪽만 흐릿하게 보여줄 뿐, 반기는 기색이 전혀 없습니다. 기어코 두 눈으로 확인하리라 의지를 다지며 천근만근 무거워진 발을 옮기자니, 숨이 턱까지 차오릅니다. 지그재그로 경사를 죽인 길에 닿아서야 그나마 조금 살아납니다. 드디어 전망대에 올랐습니다. 파이네 첨봉의 장대함에 전율하며 넋을 잃고 바라봅니다. 조각칼로 거칠게 쳐낸 듯한 화강암 돌기둥은 그대로 수천 미터 높이의 산이 되었습니다. 만년설은 옥색 호수가 되어 풍경을 더없이 신비롭게 해 주고, 봉우리의 위용을 더욱 돋보이게 합니다.

경이로운 대자연 앞에서 자연스레 겸손해집니다. 일상으로 돌아가도 이 겸허해지는 마음을 잊지 않고 살아가야겠습니다. 호수에 떠있는 에메랄드 빛 유빙이 만든 V자를 가만히 들여다보며 깊은 심호흡으로 대자연을 내 품으로 끌어들입니다.

함께 나눌 수 있는 도반이 있어 더욱 충만해지는 순간입니다. 시련의 혹독함에 비례해 행복을 안겨주는 걸까요. 걸어온 노고가 아깝지 않은 종주였습니다. 태초의 신비를 간직한 자연과 동식물, 인간이 어우러져 살아가는 역동의 땅 파타고니아를 두고 사람들은 세상의 끝이 아닌 새로운 시작의 땅이라고 말합니다. 트레일 종주 역시 끝이 또 시작이 됩니다. 우린 또 새로운 미지의 길을 향해 걸음을 옮길 테니까요.

## INFORMATION

**거점 도시** 푸에르토 나탈레스

**거점 공항** 푼타 아레나스 공항

**트레킹 팁 1** 칠레의 수도 산티아고에서 국내선 비행기로 푼타아레나스로 간다. 여기서 거점 도시인 푸에르토 나탈레스까지 버스가 다닌다. 토레스 델 파이네 국립공원의 입구까지는 셔틀버스를 타고 간다. 파이네그란데 산장에서 트레킹을 시작하려면, 공원 입구에서 내려 페리를 타고 페호에 호수를 건너야 한다. **2** 푸에르토 나탈레스에서 트레킹 장비를 빌리거나 구입할 수 있다. 식량도 여기서 준비한다. **3** 산장에 짐을 두고 목적지에 다녀올 수 있다. 그레이 빙하 호수는 파이네 그란데 산장, 프렌치밸리는 이탈리아노 캠핑장, 파이네는 칠레노 산장에 짐을 두면 된다.

| | |
|---|---|
| 거리 | 38km |
| 일정 | 2일 |
| 난이도 | ●●●●●○○○ |
| 최고도 | 1,270m(토레스 호수 전망대) |
| 시즌 | 12~3월 |
| 코스 | 엘 찰텐~피츠로이~세로토레~엘 찰텐 |
| 고도표 | |

파타고니아의 상징인 세로토레와 피츠로이를 잇는 길이다. 하늘을 향해 사납게 솟아오른 피츠로이 산군 첨봉들은 바람의 땅 파타고니아의 축을 이루며 낯설고도 신비로운 자연미를 선사한다.

이곳은 지구 정 반대편의 나라 아르헨티나의 수도 부에노스아이레스*Buenos Aires*. 하루 종일 날아온 한국의 산 동무들과 미국에서 출발해 오고 있는 동지들을 맞이하기 위해 대기 중입니다. 한국과는 시차가 정확히 12시간 나는 곳이죠. 역시나 연착을 밥 먹듯이 하는 남미의 비행기들입니다. 11시면 집결이 끝날 줄 알았는데, 오후 1시가 되어서야 전원 안착, 간단한 체크 후 숙소로 향합니다.

각자 다른 곳에서 같은 곳을 향해 모인 사람들, 낯선 이들과 새로운 관계를 맺으며 내가 몰랐던 나의 참모습을 발견하기도 합니다. 각 지역에

이른 아침 상쾌한 공기를 마시면서 설산을 향해 걷는 맛이 일품이다.

서 가져온 다양한 종류의 소주 맛을 보니 별반 다름없는 고향의 맛입니다. 살짝 취기가 오르며, 마음이 먼저 아르헨티나의 파타고니아 피츠로이로 가닿네요. 첫날의 기분 좋은 긴장을 내려놓고 잠자리에 듭니다.

부산하게 움직여 떠날 준비를 마치고, 파타고니아의 거점 엘 칼라파테 El Calafate로 가기 위해 공항으로 향합니다. 세 대의 대형 레미스(자가용 택시)를 대절했는데, 열두 명의 트레커와 캠핑 장비를 포함한 짐들로 차 세 대가 금세 가득 차 버립니다. 소주와 한식을 포기할 수 없는 것도 이유가 되지요. 특별한 알림도 없이 비행기는 45분 지연. 그러려니 하고 맙니다.

칼라파테까지 세 시간을 날아 도착합니다. 피켓을 들고 마중 나온 전세 버스 기사를 만나 세 시간을 또 달려 엘 찰텐 El Chalten 소읍에 여장을 풀었습니다. 다시 찾은 바람의 나라 파타고니아. 그 안에 고원 평야 팜파스를 배경으로 안데스 산자락에 누운 소담한 산촌 마을 엘 찰텐. 어느덧 한낮의 열기가 식어가고 비스듬히 내리는 석양과 살랑 부는 바람이 먼저 나와 환영해 줍니다.

파타고니아를 지배하는 피츠로이 산군의 장대한 풍경

포인세노트 야영장을 지나 고개를 넘으면 설봉 피츠로이가 나타난다.

우선 내일 야영에 필요한 텐트며 연료 등 필요한 장비와 기타 물품을 마련하려 마실 갑니다. 토요일이라 그런지 텐트 대여가 쉽지 않네요. 겨우 하나를 마련해 놓고, 식료품 마트에 들러 먹거리 장을 본 후 긴 그림자를 밟으며 숙소로 돌아옵니다. 야영 짐을 잘 꾸려두고 레스토랑에서 저녁 식사를 하는데, 오늘의 특선 요리에 안데스 특산품인 말벡 포도주를 곁들이니 나름 근사한 정찬입니다. 넓은 창밖으로 배낭을 멘 나그네들의 왕래가 분주하네요. 주민보다 여행객이 많다는 피츠로이의 베이스캠프 엘 찰텐에서 흔히 볼 수 있는 정경입니다.

1974년, 자타가 공인하는 피츠로이와 세로토레 Cerro Torre의 등정 쾌보가 전 세계 산악인들에게 알려지면서 광활한 팜파스 벌판에 몇 집 되지 않는 가난한 시골 부락이었던 이곳이 1985년부터 산악 마을의 면모를 서서히 갖추게 되었습니다. 산악인과 여행가의 도전과 호기심이 끊이지 않았던 덕이지요. 이후 모험을 열망하는 더욱 많은 사람들이 모여들면서 지금은 세레토레와 피츠로이로 상징되는 유명한 산악 관광 마을이 되었습니다.

모레는 비 예보가 있지만 내일은 화창하다고 합니다. 맑고 푸른 하늘 아래, 엽서 속의 풍경화 같은 로스 토레스 Los Torres 호수를 볼 수 있다는 부푼 기대감에 잠이 오려나 모르겠습니다. 이불을 가슴까지 끌어올리니 보송한 감촉이 피곤한 몸을 휘감고, 산촌의 밤이 아늑하게 깊어갑니다.


어라. 그런데 이게 웬일입니까. 간밤 쉼 없이 폭우가 몰아칩니다. 이 상태의 일기로 산에서의 캠핑은 고사하고, 트레킹조차 가능할까 싶을 만큼 파타고니아의 미친바람은 새벽 5시까지 창을 흔들어댑니다. 신이 거부하는가, 산이 거부하는가! 안타까운 마음을 안고 살짝 선잠이 듭니다.

6시, 자명종 소리에 잠이 깹니다. 바깥에 귀를 기울여 보니 다행히 빗소리도, 바람 소리도 들리지 않습니다. 역시나 비가 그쳤네요. 들뜬 마음에 문을 열고 나서보니, 살짝 젖은 청명한 기류에 무수히 많은 새벽별이 하늘을 가득 메우고 있습니다. 프런트 데스크에 앉아 졸고 있는 직원을 깨워 오늘과 내일 날씨와 산행 컨디션을 확인해 달라고 하니, 변경된 일기 예보 상 날씨는 한마디로 'Perfect!'라며 엄지손가락을 세웁니다. 리더로서 이보다 기쁜 일이 있을까요. 서둘러 동지들을 깨우고 빠른 준비를 독려합니다. 날씨 탓에 잠깐 무기력했더랬는데, 종주의 열정이 다시금 불끈 솟아납니다. 파타고니아의 산촌 엘 찰텐의 아침이 그렇게 힘차게 열리고 있습니다.

살뜰히 배낭을 다시 점검하고, 제법 어깻죽지를 누르는 묵직함을 오히려 즐기며 새벽을 헤치고 첫걸음을 시작합니다. 칼라파테에 호텔을 가지고 있는 한국 교포가 요즘 파타고니아의 분위기를 살짝 귀띔해 주었는데요. 공원 측에서 그룹 단위 산행을 통제함과 동시에 현지 가이드 고용을 의무화하고 있다고 해요. 공원 관리 직원들이 출근하기 전에 길을 나서라는 권고를 받아들여 출발 시간을 최대한 당긴 것이지요.

파이팅 한번 크게 외칠 새 없이 도입부부터 서둘러 언덕을 오르다가 공원 현판 앞에서 기념 촬영을 하기 위해 대열을 고르는데, 여기저기서 찬탄의 말이 쏟아집니다. 밤새 무수히 내린 비가 산정에 눈이 되어 쌓인 탓에 아침 햇살을 받은 봉우리는 설탕처럼 뽀얗습니다. 이 감동은 오전 내내 이어져, 세로토레 빙하를 품은 호수에서도 경이에 찬 감탄사가 쏟아집니다. 티 없는 푸른 하늘과 눈부신 설봉이 대비를 이루며 시야를 맑게 하니, 기분까지 청초해집니다. 세로토레를 보좌하는 아이거와 세로스탄아르트 Cerro Stanhardt의 삼봉에 베일처럼 드린 구름은 무슨 비밀을 감추고 있는 걸까요. 대기엔 여름빛이 가득하고 대지엔 동토의 장엄함이 넘쳐납니다. 'Perfect'라고 외치던 숙소 직원의 말이 귓가에 기분 좋게 맴도네요.

칠레의 토레스 델 파이네와 아르헨티나 피츠로이 산군이 파타고니아의 쌍벽으로 꼽히고 있는데요. 피츠로이는 때 묻지 않은 야생을 간직하

야영하면서 피츠로이를 즐기는 트레커들

고 있을 뿐 아니라, 상어 이빨처럼 날카로운 첨봉으로 이루어진 산세 덕에 파타고니아 등산의 메카로 자리 잡고 있습니다. 팜파스 평원이 품은 아름다운 산골 마을 엘 찰텐에서 시작과 마감을 하는 피츠로이 트레킹은 세로토레(3,102m)와 피츠로이(3,405m)를 연결하여 하루를 야영하며 걷는 천상의 길입니다. 높이로 치자면 세계 최고봉의 명성에 명함 내밀기도 어렵지만, 송곳처럼 솟아오른 직벽에 가까운 봉우리인지라 세계 최고 수준 등산가들의 도전이 끊임없이 이어지고 있는 곳이기도 합니다.

피츠로이라는 명칭은 찰스 다윈과 함께 남아메리카를 항해한 비글호의 선장 '로버트 피츠 로이 *Robert Fitz Roy*'의 이름에서 따왔습니다. 하늘을 향해 사납게 솟아 오른 피츠로이 산군의 첨봉들은 바람의 땅 파타고니아의 축을 이루며 낯설고도 신비로운 자연미를 선사하고 있습니다.

호수에 그려진 피츠로이의 잔영이 그윽합니다. 수없이 많은 사람이 밟고 지나간 황톳길은 깊이 다져졌습니다. 시작점에 표시된 숫자를 기억하며 오릅니다. 1㎞마다 거리 표시를 해뒀네요. 10㎞ 지점쯤에 오르면 기세등등, 도도한 봉우리 세로토레의 위용을 호수에 비춰볼 수 있습니다.
　길은 처음부터 가파르고요, 그 길을 치고 오르며 너덜 길 같은 고개를 넘으니 드디어 펼쳐지는 풍경 하나. 세월이 켜켜이 쌓인 키 작은 고목들이 그늘처럼 짙은 표피 위에 이끼 옷을 한 겹 두르고 바람에 몸을 맡긴 채 흔들리고 있습니다. 여름 들꽃이 지천으로 흐드러져 있고, 저 멀리 바위산 골짜기 안 폭포는 한 마리 거대 용이 승천하는 듯 기세가 좋습니다. 계곡마다 옅은 안개가 드리우고, 산정 주변에는 구름이 휘둘러 있으니 지금 이 순간 우리는 몽유도원도의 산수화 속으로 한 발을 내딛는 것 같습니다. 곧이어 나타난 전망대에 서니 말이 필요 없고 저마다 기분 좋은 감탄만 이따금 신음처럼 내뱉을 뿐입니다.

바람의 나라, 언 땅에도 팜파스 평원이 펼쳐지고 강물은 촉촉하게 산하를 적신다.

　오랜만에 넓은 팜파스 평지가 시작되니 잠시 고단함을 덜고 쉬엄쉬엄 걸어도 좋겠습니다. 호수를 끼고도는 가벼운 들길, 산책 같은 트레킹이네요. 일반적으로 피츠로이 트렉은 피노체트 야영장까지 치고 올라가 배낭을 맡기고, 로스토레스 빙하 호수를 감상한 후 야영장으로 내려와 숙영, 다음날 세로토레를 품은 빙하호를 만난 뒤 하산하는 순서로 진행됩니다. 이번에 우리는 그와 반대로 길을 잡았는데, 변덕스러운 파타고니아의 날씨를 믿기 어려우니 첫날 다소 무리가 되더라도 걸을 만큼 걸어버리자는 의도였습니다. 그러다 보니 첫날 24km, 10시간의 강행군을 할 수밖에 없었지요.

남쪽 파타고니아 최고의 설봉으로 꼽히는 세로토레에는 슬픈 산악역사가 어려 있습니다. 1974년 페라리 $^{Casimiro\ Ferrari}$ 외 3인의 이탈리아 등반대에 의해 첫 등정이 이루어졌다는 점은 물론 논쟁의 여지가 없습니다. 이후에도 내놓으라는 수많은 등반가가 도전하고 있지만, 정상을 쉽게 허락해 주지는 않습니다. 히말라야 세계 최고봉 등반경쟁이 끝나면서 대세는 결과와 높이에 집중하는 등고주의에서 어려움을 극복해 가는 과정 자체를 목적으로 하는 등로주의로 기울기 시작했습니다. 그러다보니 자연스레 파타고니아 빙원에 수직에 가깝게 우뚝 솟은 난공불락 화강암 산 세로토레는 산악인들의 새로운 타깃으로 자리를 대신하게 됩니다.

이탈리아 등반대의 첫 등정으로부터 15년 전인 1959년 1월, 세자르 마에스트리$^{Cesare\ Maestri}$와 토니 에거$^{Toni\ Egger}$라는 두 명의 등반가가 초등에 성공하였으나 등반일지와 카메라를 가지고 있던 에거가 그만 추락하면서 명을 달리하게 됩니다. 그가 지니고 있던 모든 증거 자료도 동시에 사라지게 된 셈이지요. 지금과 비교하면 장비도 열악하고 정보도 부족했을 텐데, 그런 어려운 상황 속에서 이루어낸 쾌거의 결과를 인증받지 못했으니 오죽이나 한스러운 일이겠습니까. 그 후 그를 추종하는 후배들은 카메라와 등반일지를 찾고자 하는 열망으로 이 산을 연이어 오르고 있다고 합니다. 거룩한 마음입니다. 주변 고봉의 이름들도 '세로스탄아르트'처럼 세로토레를 오르다 희생한 등반가들의 이름에서 따온 곳이 많다고 하니, 입에 잘 붙지 않아도 걸음 중에 한 번씩 곱씹으며 그들을 기려도 좋겠습니다.

나무 아래에서 쉬는 트레커들이 정겹다.

　작은 산 하나를 넘으니 넓은 시야가 확보됩니다. 왼편으로 평원을 향해 산타크루즈*Santa Cruz*강이 흐르고, 양편으로 연이은 설봉이 말달리듯 이어지다 모여드는 곳. 그곳에 세로토레가 기골장대한 위용을 갖추고 근엄하게 서 있습니다. 한 발 한 발 다가가며 점점 선명해져 오는 토레를 영접합니다. 거의 호수에 이르렀습니다. 왼쪽엔 세로토레 등정을 위한 거점인 캠핑장이 있고, 길은 바위투성이의 너덜지대라 다소 부담스럽네요. 가파른 경사를 완화해 주려 이리저리 길을 휘둘러 놓았습니다. 마지막 피치를 올려야 합니다. 험난하다 하여 돌아갈 수는 없습니다. 앞으로 걸어야 할 인생길도 이와 다르지 않을 것입니다.
　드디어 일차 정상에 올랐습니다. 클라이머들이 몸을 푸는 곳이라는 세로솔로*Cerro Solo*가 먼저 나오고, 호수가 아름답게 누워 있는 라구나 토레*Laguna Torre* 전망대가 이어집니다. 호수 끝자락엔 빙하가 흐르고 있고 그 시작점을 쫓아 시선을 위로 추켜올리면 명산 세로토레가 나타납니다. 태평양의 습한 공기는 안데스산맥을 넘으면서 눈을 뿌리는데 그 눈이 녹고 얼고를 수없이 반복하며 세로토레의 빙하를 만들었습니다. 신이 빚어낸

척박한 환경에 적응한 나무에 단풍이 들었다.

대자연의 조각들. 파타고니아를 풍요롭게 하는 순수 대자연. 그리하여 우리는 파타고니아를 신이 내린 마지막 선물이라 부릅니다.

  정신 줄 다시 잡고 짧은 하산을 하여 피츠로이를 향해 왼쪽으로 길을 꺾습니다. 대체로 평지 길인 만큼 여유 있게 걸으며 풍경을 감상하면 좋겠는데, 시간을 너무 지체했으니 서둘러야 합니다. 바람마저 맞바람입니다. 매사가 마뜩잖은 앙칼진 아내처럼 성깔을 부리는 것 같네요. 파타고니아 바람이 귓가에서 윙윙댑니다. 태평양을 넘어온 거센 바람을 삼켰다가 토해내는 듯합니다. 파타고니아는 바람으로 상징됩니다. 바람의 지배를 받았고, 바람이 사는 폭풍의 대지. 그 바람 앞에서도 흔들림이 없이 버티고 서있는 만년 설산 능선의 기세는 당당하다 못해 준엄합니다.
  산자락에 걸린 하얀 빙하 띠는 산의 시간과 산의 기억을 놓침 없이 굽어보는 듯합니다. 파타고니아의 길은 어느 길을 택하던 바람과 보조를 맞추는 길. 풍경도 바람이 만든 것 같습니다. 우리 삶도 바람에 맡길 수 있다면 얼마나 좋을까요. 일상의 번다한 짐을 다 내려놓고, 배낭에 꿈을 담아 짊어지고 바람 따라 흘러가는 모험의 길. 그게 바로 자유로운 삶, 제가 바라는 인생입니다. 파타고니아의 바람에 의탁하여 흘러가는 이 길이 주는 희열은 그러한 염원과 닿아있습니다. 바람이 부딪는 순간마다 살아있음이 생생하게 느껴집니다. 이렇게 열렬히 살아가고 있습니다.

수많은 산이 얽히고 얽혀 산맥을 이룬 안데스. 이 척박한 땅에도 생명체가 살아갈 수 있을까! 있지요. 있고 말고요. 자연에 순응하며 살아가는 여러 동식물이 있습니다. 다람쥐 격인 파타고니아 비버가 부지런히 우리 앞길을 안내하고요, 클로버 잎에 둘러싸인 토끼풀이 바람에 헹가래 쳐져 허공에서 흩뿌려집니다. 파타고니아의 산은 거대 분재 전시장 같습니다. 혹독한 기후와 환경에 자라지 못한 나무들은 겉늙은 노인의 모습을 하고 있습니다. 부족한 자양분과 광폭한 바람에 키도 눌리고 가지는 뒤틀린 채 옆으로 몸집만 부풀어지는 기형의 나무들이 기묘한 그림을 만듭니다. 늘 보던 것과는 조금 다른 특별한 아름다움이라고나 할까요. 모진 환경에 적응하려는, 이면의 처절함이 가늠되어 애잔한 마음이 들기도 합니다. 꽃이나 들풀도 별반 다르지 않아 애처롭습니다.

포인세노트Poincenot 야영장에서의 캠핑. 말이 캠핑이지 비박이며 노숙입니다. 텐트 없이 지내는 동토의 나라에서 하룻밤. 혼자가 아닌, 열두 동행과 함께 나누는 고행인지라 이 역시 특별한 기억으로 남을 수 있으리라 애써 위안 삼아 봅니다. 그 흔한 피크닉 테이블도 하나 없고, 간이 해우소 하나 달랑 설치해 두었으나 거의 사용 불가 수준입니다.

이 정도의 세계적인 명소라면 제대로 된 산장이나 유사한 편의시설을 마련해 잇속을 챙길 법도 하지만, 파타고니아에는 편의 시설이 전무한 상태입니다. 자연을 자연 그대로 존재하게 하려다 보니 어쩔 수 없겠지요. 청정한 자연을 대대손손 물려줄 수 있으니, 그런 의미에서는 어쩌면 이 세상 가장 훌륭한 최고의 공원일지도 모릅니다. 유리처럼 투명한 시냇물은 그대로 마셔도 좋고, 공기야 말해 뭐 하겠습니까. 수만 년 세월에 걸쳐 녹은 빙하 물은 식수로도 최상이며, 설산과 어우러져 보는 것만으로도

1박 2일의 피츠로이 ~ 세로토레 종주 트레킹을 마친 후 기쁨에 찬 기념촬영을 하고있다.

최고의 호사입니다. 자연과 인간 사이의 적당한 거리감은 개발만이 능사인 우리네 시각으로 본다면 불합리하게 보일 수도 있겠지요. 한 발 떨어져 있는 그대로 내버려두는 것, 우리네 산하도 그리 대해줄 필요가 있습니다.

어느덧 새날이 밝아 분주히 아침을 준비합니다. 우선 추위를 녹이기 위해 커피 한 잔씩 마시는 동안 뜨거운 찌개를 끓이고 인스턴트이나마 쌀밥도 준비합니다. 구름을 벗어난 해도 차오르고 화창한 기류가 캠핑장을 휘감을 때 등반이 시작됩니다. 시공의 개념조차도 아득해지는 파타고니아의 몽롱한 수림 지역을 통과하는 동안, 이슬 머금은 들꽃이 함초롬 피어 환대해 줍니다. 하늘도 맑게 개어 티 하나 없는 파타고니아. 이 고요가 깨어질까 조심스러워 조용히 숨만 고르며 비탈을 오릅니다.

　　30분쯤 올라가니 제1전망대가 나타나고, 발아래엔 넓은 초원이 누워있습니다. 파란 하늘과 하얀 산군은 선명하게 대조되고, 빙하 녹은 물은 피츠로이강이 되어 대지를 적시니, 평원의 젖줄이라 부를 만합니다. 저마다 각기 다른 대자연의 요소가 융화되며 전혀 다른 아름다운 풍광을 만들어내니, 시너지 효과라 해야 할까요. 인고의 세월을 견뎌온 온갖 불모지대의 꽃과 풀과 나무, 저마다의 식생이 나름 조화롭습니다. 세월이 빚고 바람이 깎은 풍경에 태고의 세월을 느끼며 정점으로 향합니다.

　　입에 단내 풍기며 다다른 최종 전망대. 웅장하고도 날카로운 피츠로이 봉우리들이 호수에 투영되는데, 수면이 바람에 일렁여 더욱 아름답습니다. 상어 지느러미처럼 날카롭게 솟아오른 화강암 덩어리 산 피츠로이. 원주민들은 흰 구름이 휘두르고 있는 봉우리를 담배 피우는 형상과 같다고 묘사하며, 그것을 구름 띠라 부르기도 합니다. 연봉의 위세가 도도하고, 그 자태에 자못 위엄이 서려 있습니다.

　　정상의 바람은 골짜기보다 몇 곱의 강도로 불어옵니다. 시선을 가만히 두려 해도 그 시선조차 광폭하게 꺾어버리는 것 같습니다. 몸을 가눌 수 없는 건 말할 것도 없고요. 피하지 못하면 즐기라는 말을 애써 떠올립니다. 피할 곳도 없으니 즐겨야 할 텐데, 머리카락도, 옷자락도 굳이 여미지 않고 바람에 모두 날려버립니다. 타이타닉의 주인공이라도 된 양 두 팔을 활짝 열어 바람과 한 몸이 되어봅니다. 힘차게 날갯짓하는 콘도르의 비상을 꿈꾸며 일상의 잡념도, 지고 온 미련도 날개에 얹어 훨훨 날려 보내렵니다.

　　지나온 길을 내려다보니, 어느새 아득합니다. 이따금 한 번씩 살아온 인생길을 되돌아보듯 올라온 길 대목 대목의 갈망과 절망을 곱씹어봅니다. 오랜 날 그리움의 대상이었던 끝도 없이 광대하게 펼쳐진 파타고니아를 지척에 두고, 만감이 교차합니다. 새로운 세계에 대한 호기심으로 나약한 자신을 뛰어넘어 망설임 없이 여기까지 온 우리들. 우리는 이 길 위에서 무엇을 버리고, 무엇을 채워 갈 수 있을까요? 그리고 또, 무엇을 소망하고 무엇을 체념할 수 있을까요? 끝없이 이어지는 질문의 답을 길 위에서 구합니다. 사람의 수만큼 다른 답이 있겠지만, 한 가지 분명한 것은 내가 먼저 내 삶을 귀히 여기자는 것. 스스로를 초라하게 여길 때가 많지만, 지난한 길을 걸어와 세상 끝에 서 있는 지금 내 모습이 진짜 나라는 것. 열정과 도전, 실천과 성찰. 그 모든 것이 여기 정상에 오롯이 모여 있고, 그 가운데 내가 있다는 것을 절대 잊지 말고 살아야겠습니다.

이곳 파타고니아에선 오직 자연만이 주인. 사람은 그저 흘러가는 객일 뿐이니, 우리는 바람 따라왔다가 오늘 저 안개처럼 흔적 없이 흩어져 주는 것이 자연에 대한 예의겠지요. 울지 않고는 떠날 수 없다는 이 길, 남몰래 흐르는 눈물을 소맷자락으로 훔치고 다 못 운 울음은 하늘에게 대신 울어 달라 청을 넣곤 역시나 늘 그렇듯 길을 돌아갑니다. 바람이 등을 밀어주네요. 이 순간엔 바람도, 내 편입니다.

## INFORMATION

**거점 도시** 엘 찰텐

**거점 공항** 엘 칼라파테 공항

**트레킹 팁 1** 아르헨티나 부에노스아이레스에 내려 국내선 비행기로 엘 칼라파테로 온다. 여기서 버스를 타고 산악도시 엘 찰텐으로 3시간 정도 이동한다. 파타고니아 W 트렉 트레킹 후 방문하려면 푸에르토 나탈레스에서 버스를 타고 아르헨티나 국경을 넘어 엘 칼라파테로 온다. **2** 엘 찰텐에서 트레킹 장비를 빌리거나 구입할 수 있다. 식량과 간식 등도 여기서 준비한다. **3** 부에노스아이레스에서 입국 출국한다면, 트레킹 후 돌아와서 즐길 탱고 공연 디너쇼를 미리 예약해 놓으면 좋다.

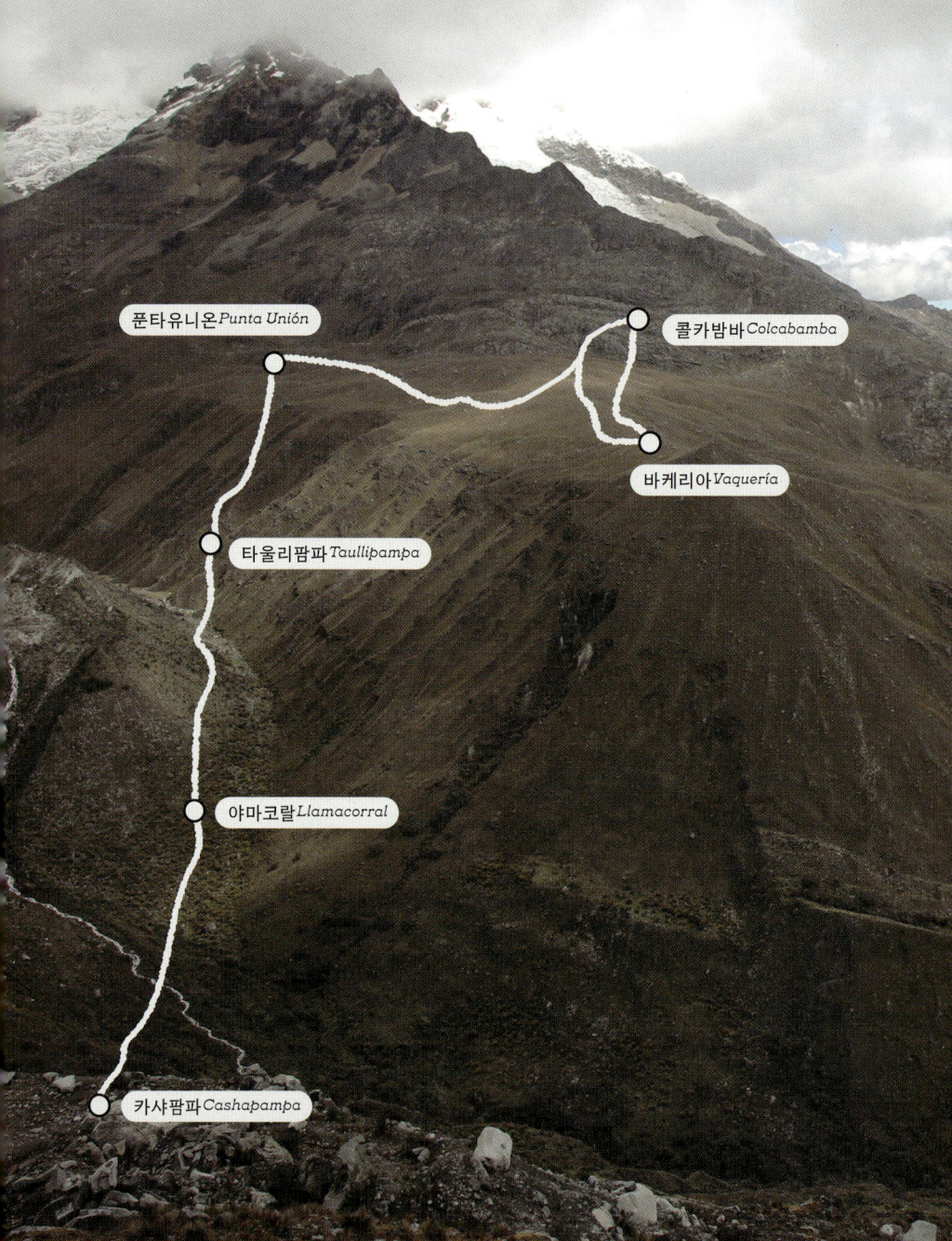

페루, 남미
# 산타크루즈 트레일 *SANTA CRUZ TRAIL*
페루의 대표 트레일, 안데스의 속살

| | |
|---|---|
| 거리 | 50km |
| 일정 | 3~4일 |
| 난이도 | ●●●●●●○ |
| 최고도 | 4,750m(푼타유니온) |
| 시즌 | 5~10월 |
| 코스 | 바케~푼타유니온~카샤팜파 |
| 고도표 | |

잉카 트레일과 더불어 페루를 대표하는 트레일로 안데스의 풍요로움과 웅장한 아름다움을 느낄 수 있는 길이다. 4,750m 높이의 푼타유니온 패스에서 남미 최고 미봉으로 일컬어지는 알파마요 산을 감상하는 맛이 일품이다.

ⓒ이상은

세계 4대 미봉으로 일컬어지는 알파마요산을 곁에 두고 걷는 길, 산타크루즈 트렉

문득 내 삶이 불행하게 여겨진다면, 길을 떠나보세요. 어려운 지역을 여행하다 보면 내가 얼마나 운이 좋은지, 내가 사는 이곳이 얼마나 풍요로운 곳인지 느끼게 된답니다. 문명의 혜택이 미치지 않는 곳에서 살아가는 이들과 눈높이를 맞추고 마주하다 보면, 나도 모르게 위안을 받고, 어느새 베푸는 사람이 되어 있는 나를 발견합니다. 행복은 결국 자기만족이지요. 욕심을 적당히 내려놓아야 만족도 따라오는 법입니다.

인구 천만의 도시 리마$^{Lima}$에서 야간버스에 몸을 싣고 8시간을 달려 와라스$^{Huaraz}$에 도착했습니다. 이어서 융가이$^{Yungay}$를 거쳐, 산타크루즈 트레킹의 시작점인 바케리아$^{Vaqueria}$ 마을로 들어서는 데 5시간이 더 걸립니다. 거친 비포장도로는 적당한 진동으로 기우뚱기우뚱, 마음까지 기분 좋게 흔들어주네요.

산타크루즈 트레일 종주를 위해 우아스카란$^{Huascarán}$ 국립공원에 들어서며 입장 신고를 합니다. 1985년에 유네스코 자연유산으로 지정된 국립공원으로, 6,000m 이상의 고봉이 무려 27개, 세계 4대 미봉 중 하나라는 알파마요Alpamayo산 역시 그중 하나입니다.

4,737m에 자리한 뽀르따추에로Portachuelo 고개를 통과하기 직전, 69호수로 향하는 트레일 시작점 표지판이 눈에 들어옵니다. 이곳은 당일 트레킹 코스로도 꽤나 유명한 곳인데요. 호수의 모양새에서 따온 이름이라고 합니다. 설산을 배경으로 한 미려한 풍경이 수많은 여행자를 이끕니다. 한때 삶의 갈피를 잃고 헤매던 둘째 딸과 함께 올랐던 기억이 있어 저에겐 더욱 특별한 곳입니다. 그때에 나눈 수많은 대화는 기억 속에 아득하지만, 위로하고 위로받던 시간만은 아직도 따스함으로 남아있습니다.

어찌나 흔들어대던지, 골이 분리될 것 같은 느낌이 들 때쯤 버스는 트레킹이 시작되는 바케리아 마을에 도착합니다. 슬슬, 출발 준비를 해야지요. 고산 증세가 확 밀려오기에 고도를 살펴보니 3,700m 고지로군요. 작은 산골마을이 정겹습니다. 가능한 한 격렬한 행동은 자제하고요. 차분히 점검하며 차비를 합니다.

산타크루즈 트레일은 안데스 트래킹 코스 중 가장 아름다운 코스로 꼽혀 안데스의 꽃이라 불리며, 기간은 3박 4일이면 충분합니다. 한국 사람에게는 생소한 편이지만, 잉카 트레일과 더불어 페루 양대 트레일로 사랑받고 있지요.

잉카인이 남겨놓은 불가사의한 유적과 그들의 삶을 엿보는 게 잉카 트레일이라면, 산타크루즈 트레일은 장엄한 안데스의 풍광과 때 묻지 않은 순수한 자연을 접하며 걷는 길입니다. 또한 절정의 풍경을 심장 가까이에서 극적으로 느끼기 위해 꽤 여러 날을 걸어 올라야 하는 게 히말라야 산군이라면, 안데스는 시작과 더불어 고산 설봉과 빙하 빙원의 절경을 둘러 줍니다. 게다가 짧은 일정으로 종주를 마칠 수 있으니 고마울 따름이지요. 우열을 가리는 게 무슨 의미가 있겠냐만 저는 감히 안데스 산군의 손을 들어주렵니다. 그중에도 안데스의 위대함과 야생의 자연을 즐기려면 산타크루즈로 가셔야지요!

처음엔 카샤팜파$^{Cashapampa}$ 출발, 바케리아 마감으로 일정을 잡았으나, 고산을 걱정하는 동반자들이 좀 더 수월할 수 있도록 역으로 방향을 잡았습니다. 출발점이 700m 더 높은 바케리아에서 출발하여 3,000m 고도인 카샤팜파에서 마감한다면, 그만큼 오르막을 덜 걸을 수 있거든요. 고산지대의 오르막길은 그야말로 쥐약이라 할 수 있습니다. 그래도 노새나 당나귀에 실어 물품을 운반할 수 있으니, 잉카에 비하면 형편이 좋은 편이지요. 무게도 그리 심하게 제한하지 않는 편이라서, 가득가득 실어 보냅니다. 가장 귀한 필수품인 소주랑 위스키 등의 곡차 아닌 곡차들도 듬뿍 얹었는데, 우리 노새나 당나귀가 너무 힘들지 않을까 조금 미안한 마음이 듭니다. 트레커가 16명, 가이드와 요리사, 당나귀 몰이꾼을 포함한 스태프 8명을 더해 24명의 인원이 꾸려졌습니다. 짐을 운반하는 나귀 일곱 마리와 응급 상황에 대비한 여분의 말 두 마리가 추가되니 그야말로 실크로드를 횡단하는 대 상단이 따로 없네요.

오늘은 바케리아에서 출발해 3,300m 정도까지 내려갔다가 파샤팜파 캠핑장과 우와라팜파 계곡을 거쳐 카치나팜파$^{Cachinapampa}$ 야영장(3,750m)에서 하루를 마감하는 일정으로 그리 힘든 코스는 아닙니다. 가이드 두 명과 당나귀 드라이버 둘이 붙은 긴 행렬이 트레킹을 시작합니다. 시나브로 날씨는 갰다 흐렸다, 비는 오다 멈추다 수시로 변덕이니, 겉옷을 입고 벗기를 여러 번 반복합니다.

남반구의 2~3월은 늦여름에서 가을로 넘어가는 시기라 할 수 있지요. 사시사철 풍성한 강수량이 받쳐주니 초목은 늘 신록이 푸르고, 다투어 피어나는 꽃들이 만개해 온 산하가 꽃 잔치 중입니다. 오래 방치된 가옥도 풍경에 어우러지니 한 폭의 아름다운 그림이 됩니다. 어디서 놀다 뛰어나왔는지, 산자락에 기대 사는 순박한 아이들이 때 묻은 소매로 코를 훔치며 다가와 손을 내밉니다. '쿠키'는 어디서 배웠나, 참새처럼 쿠키쿠키 종알대니, 너무 귀여워 볼을 꼬집고 싶네요. 잇몸이 드러나도록 환히 웃으며 몇 개 되지도 않는 쿠키를 친구들과 나눠 먹는 모습은 천사와도 같습니다.

안데스 산군의 속살로 들어서는 동행들의 아름다운 뒷모습

길가에는 아낙들이 손수 만든 수공예품을 진열해 놓곤 멋쩍은 웃음으로 호객 행위를 대신합니다. 두 시간쯤 이어지는 작은 마을 몇 곳을 지나다 전망 좋은 곳에서 점심을 먹고 길을 이어가니, 서서히 민가가 사라집니다. 왠지 아쉬운 마음이 드는데, 핑계가 좋아 맥주 몇 병을 구해 시원하게 잔을 부딪습니다. 출정주라고 이름 붙여 기운을 돋웁니다.

계곡으로 접어들어 산자락을 치고 오르는 길, 적당히 균형 잡아 양편으로 짐을 고르게 묶고 오르막을 오르는 당나귀 행렬을 먼저 보냅니다.

코를 버러렁대는 모습이 제법 힘든가 보네요. 누군가 '생똥을 싸대며 오르다'고 말해 함께 껄껄껄 웃습니다. 4,750m에 이르는 돌산 푼타유니온 고개Punta Union Pass를 포함, 4일간 동고동락할 처지라 한식구라는 생각이 들면서, 다시금 미안한 마음이 듭니다. 다들 같은 마음인 걸 보니, 일행 모두 품 넓은 자연과 어울리는 다정한 사람들입니다.

     길 위의 도반이 된 16명의 동반자들은 한국, 미국, 브라질, 필리핀 등 다양한 국적으로 이루어진 인터내셔널 팀입니다. 떠나온 곳은 달라도 같은 곳을 향해 걷습니다. 설산과 옥산을 품은 안데스의 장엄한 자연과 순박한 사람들을 만나려, 같은 마음으로 걷습니다. 안타깝게도 고산증으로 힘들어하는 사람들이 벌써 보이네요. 그럴수록 더욱 배려하고 위해주며 한 발 한 발 내딛습니다. 어깨 걸고 함께 걸어요. 곧 괜찮아지실 거예요.

     짧은 산행을 마치고 숙소인 캠핑장에 도착하니 그야말로 배산임수, 명당 중 명당입니다. 뒤로는 거대 절벽을 타고 내리는 폭포가 장관이고, 앞으로는 바케리아 계곡이 눈부신 설봉을 이고 굽이칩니다. 골마다 우렁차게 흐르는 장쾌한 시냇물들은 긴 밤 자장가로 들리고, 텐트 사이를 어슬렁거리며 코를 박고 다니는 방목 소들이 합세하니 자연과 동물, 인간이 삼위일체네요. 이보다 안온한 순간이 있을까. 평온과 평화가 공존하는 행복한 시간입니다.

     시장이 반찬이라는 말은 여행지 어디에 가도 진리입니다. 주방을 차지하곤 비록 바람에 날아가는 쌀이나마 밥을 갓 지어 입맛에 꼭 맞는 청국장을 곁들이니, 바리바리 싸 온 반찬까지 더해 한 끼로 충분합니다. 소맥으로 시작된 반주 한잔, 얼마 지나지 않아 병 여럿을 비웁니다. 고되고 기나긴 내일의 여정을 모르는 바 아니나, 적막한 산속에서 딱히 할 일이 있는 것도 아니고, 내처 자기도 아쉬운 마음에 헤어지는 시간을 미뤄봅니다. 이야기꽃이 끊이지 않으니, 이 밤을 새워도 어쩔 수 없겠네요.

     시간이 늦어지며 하나둘 빈자리가 늘어가고, 남은 사람들도 마음을 맞추어 하루를 마감합니다. 시차도 있겠다, 텐트에 듣는 빗소리도 요란해 쉬이 잠을 깊이 못 이루고 자다 깨다를 반복하네요. 쪼갠 잠을 이어가며 한밤을 보내고 새벽이 왔습니다. 체온에 핫팩이 더해져 적당히 데워진 침낭 속을 벗어나고 싶지 않군요. 물소리도 잦아들고, 까무룩 눈도 감기며 모자란 잠을 좀 더 청해 봅니다.

고산증을 견디며 마침내 넘어선 최고점 푼타유니온 고개는 늘 아련한 안개에 싸여있다.

촉촉하게 젖은 아침을 엽니다. 텐트 안으로 서서히 여명이 스며드네요. 신선한 새벽 공기를 마시려 텐트를 열고 빼곡 고개를 내미니 코카 차 한 잔이 놓여있습니다. 호텔의 룸서비스가 이보다 다정할까요. 감사한 마음으로 차를 들이켜며 묵직한 머리를 가볍게 하고, 이어 준비해 준 온수로 대충 세수합니다. 일정 내내 현지 도우미들이 정성을 다해 살펴 주시는, 이른바 황제 트레킹. 저들도 꽤나 고단할 텐데 우리보다 더 일찍 일어나 모든 준비와 서비스 제공에 최선을 다합니다. 계면쩍게 웃으며 고맙다는 말씀이나 전할 밖에요. 챙겨 주신 음식이라도 맛있게 먹어줘야 하는데, 영 입맛에 맞진 않습니다. 다행히 귀리죽이 나와서 스크램블 계란과 김, 멸치볶음, 고추 조림 등 준비한 찬을 섞어 잡탕을 만들어, 그나마 한 그릇씩 배를 채웁니다.

오늘은 일정 중 가장 험난한 코스를 마무리해야 하는데, 제대로 챙겨 먹지 못하면 고산의 통증도 더할 수 있어 여간 염려스러운 게 아닙니다. 이 야영장 고도가 이미 3,800m. 저마다 그간 겪은 여러 가지 고산증세를 토로하며 남은 길을 걱정합니다. 속이 메스껍고 어지러워 당장 아무것도 먹지 못한다는 이들도 있어 안타깝습니다. 그래도 이미 여기까지 왔으니, 이 먼 페루의 오지까지 와닿은 우리들을 칭찬하며, 출발할 때의 각오를 다시 상기하면서 단체 기념사진을 찍습니다. 해보는 거죠, 뭐. 파이팅!

촉촉이 젖은 공기에 수풀의 향기는 더없이 싱그럽습니다. 자연의 향취를 맡으며 조금씩 고도를 높입니다. 이슬을 머금은 다양한 식물들이 한껏 생기를 뽐내네요. 안데스의 맑은 공기를 마음껏 들이켜니, 더불어 싱그러워집니다. 골마다 힘차게 흘러 내려가는 강물은 이른 아침에 생동감을 더하고, 청정자연이 주는 상쾌함에 고산증으로 무거워진 머릿속이 서서히 정화되는 기분입니다. 연녹색 일색의 안데스 숲길을 우리 한국인 동행들이 다양한 컬러의 패션으로 알록달록 수를 놓네요. 길게 이어지는 띠와도 같은 길. 푼타유니온 고개를 향해, 수행하는 마음으로 발을 옮깁니다.

두어 시간쯤 되니 혼을 빼놓고 걸어가는 기분입니다. 무아지경이라고나 할까요. 어느덧 속이 허해, 시원한 물 한 잔에 귤 하나를 까먹으며 시장기를 속입니다. 열심히 걷는 우리들이 기특했는지, 안데스의 신이 비로소 하늘을 열어줍니다. 한 귀퉁이가 서서히 푸르러지며 마음도 환해집니다.

구름과 나란해진 듯 느릿느릿 산등성을 타고 넘어가니, 그렇게도 연모해 왔던 안데스의 진면목이 환하게 펼쳐집니다. 날카로운 산정을 지닌 설산이 바로 코앞에 있고, 주위를 호위하듯 기세등등한 여러 산이 어깨를 나란히 하고 있습니다. 유장하게 내리꽂는 폭포수는 하얀 선을 그으며 낙하합니다. 언덕 너머의 넓은 목초지에는 화려한 들꽃이 지천인데, 혹독한 기후 탓인지 꽃대궁 없는 꽃들이 커다란 얼굴을 땅에 붙인 채 우리를 반깁니다. 그 모습이 거리의 노숙인을 보듯 측은하게 느껴져 가슴 한 견이 아리네요. 얼굴을 바짝 갖다 대고 사진을 찍으며 다정한 위로를 건네는데, 꽃이 제 마음을 알아주려나요. 햇살이 드니 노란빛을 더하며 대롱대

안데스의 설산과 빙하 호수를 두루 즐길 수 있는 산타크루즈 트레일

거친 토양과 혹독한 기후를 이겨내기 위해 날카롭게 끝을 세우며 살아가는 거센 풀들

롱 고개를 흔들며 재롱부리는 것을 보니 아마도 마음이 통했지 싶습니다. 시원스레 불어오는 산들바람에 안데스 골짜기의 짙은 향이 함께 실려 오고 햇살마저 따스해 힘든 걸음이 보상받은 기분입니다. 아! 행복해!

    성벽 같은 산마루에 V자 모양의 홈처럼 패인 푼타유니온 고개를 바로 눈앞에 두고, 정갈한 호수 옆에 배낭을 내려 점심을 차립니다. 마른 샌드위치만으로는 고된 등반을 헤쳐 나갈 자신이 없어 즉석에서 매운 라면을 끓여봅니다. 화력이 약한 탓에 끓여 먹는다기보다는 퉁퉁 불어 터지게 해서 먹는 라면. 국물만은 제법 칼칼해 훌훌 들이키니 제법 기운이 납니다.

    앞으로 대략 두 시간쯤, 고도 5백여 미터를 더 오르며 징글징글한 사투가 이어질 것입니다. 해발 4,750m의 가파른 푼타유니온 고개, 산소가 부족합니다. 수목한계선을 넘으며 숨 고르기도 어려워집니다. 몇십 미터 오를 때마다 숨이 턱 밑까지 차올라 쉬어가기를 수도 없이 거듭합니다. 서로를 챙기고 위로하며, 적당한 거리를 놓치지 않고 행렬을 이어갑니다.

장대한 풍경을 배경으로 동행들을 절벽 끝에 세우곤 하나하나 사진을 찍어주며 애써 여유를 부려봅니다. 그러면서 숨도 고르고 호흡을 가다듬는 거죠. 정상이 가까워질수록 쉬어가는 빈도도 잦아지고, 고행하는 순례자인 듯 창백한 얼굴로 침묵을 이어가며 각자의 한계를 넘기 위해 안간힘을 씁니다. 언제부터 내렸는지 우박이 뺨을 때리니, 비로소 정신이 나네요. 이마저도 더위에 지치지 않게 해 주려는 하늘의 배려라 여기며 긍정적인 마음으로 걸음을 옮깁니다. 길은 언제나 끝이 있게 마련인 법. 마침내 우리는 모두 정상에 올라섰습니다.

안데스의 세찬 비바람이 마중을 나왔네요. 구름마저 자욱하게 번져 있어 운치를 더하고, 발아래 펼쳐지는 수려한 풍경이 마음을 적십니다. 산마루를 넘으며 바라보는 타울리*Tauli* 호수는 한 폭의 아늑한 풍경화. 두 발로 애쓰며 걸어 올라 만나는 장엄한 풍경에 가슴이 더욱 저려옵니다. 천상의 모습이 이와 같을까요. 비안개 희미하게 깔려있는 계곡 너머로 또렷이 보이는 굽이굽이 이어진 길이 바로, 우리가 걸어온 길입니다. 과거와 현재와 미래를 함께 엮어가는 인생의 길이 순식간에 한 시야 안에서 펼쳐진 듯해 신비롭습니다. 순간순간 대자연의 사계절을 고루 경험하며 걸어가는 길, 산타크루즈 트레킹입니다.

손이 시리고 바람이 얼굴을 할퀴지만, 푼타유니온의 표시판을 그냥 두고 지날 수 없지요. 기념 촬영을 마친 후 애써 여유를 부리며 주변 풍경을 감상합니다. 대기는 흐리고, 비바람에 우박마저 뿌리는 날씨에도 이렇게 아름다우니, 쾌청한 날이라면 얼마나 더 했을까요. 빼어난 절경에 우린 아마, 펄쩍펄쩍 뛰며 흥분했겠지요. 조금 아쉽지만, 지금도 좋습니다. 빙하와 호수, 바위가 잘 어우러진 풍경, 안데스의 깊은 속살을 하염없이 누려봅니다. 바람도 멈추고, 시간도 멈춰라. 그럼 나도 걸음을 멈추고 아주 오래 이대로 머물리라.

데드라인을 코앞에 둔 숙제를 마친 듯, 들뜬 후련함에 고산증이고 뭐고 내던지고 마음껏 소주를 마시고 잠들었습니다. 그런 탓에 화장실이 급하네요. 텐트 문을 열고 기어 나오다시피 밖으로 나오니 전율 같은 풍경이 충격적으로 펼쳐집니다. 더없이 맑은 하늘에 타울리팜파 $^{Taulipampa}$ 야영장 주변의 설봉이 모두 눈부시도록 하얀빛을 발하며 깨어나 있습니다. 노란 텐트촌 뒤에는 어제 온 힘을 다해 넘었던 푼타유니온을 품은 카라즈$^{Caraz}$ 산줄기가 빙하 특유의 푸르스름한 흰빛을 튕기고, 그 아래 하툰코차$^{Jatuncocha}$ 호수는 옥색 이불을 덮은 채 고이 잠든 듯 그림의 한 면을 완벽하게 채우고 있습니다.

한쪽 면에는 완벽한 피라미드 형태의 세계 최고 미봉이라 일컬어지는 알파마요산(4,947m)과 이를 더욱 돋보이게 하는 아르테손라후$^{Artesonraju}$(6,025m)산이 물결치며 설산의 너울을 만들어 냅니다. 시선을 떼지 못하고 꽤 긴 시간 열심히 사진을 찍는데, 광각에 잡히는 사람들. 우리 동행들입니다. 충격받은 사람은 저만이 아니었네요. 다들 비슷한 표정으로 제자리에 얼어붙어 있습니다. 눈으로, 카메라로 쉼 없이 풍경을 담으면서 말이죠. 서로 눈이 마주치면 엄지를 들어올리기도 하고, 다소 호들갑스럽게 인사를 건네기도 합니다. 고개를 들고 양팔까지 들어 올린 저 양반은 아마도 신에게 감사를 드리는 모양입니다. 청명한 안데스의 대기에 충만한 행복이 잔잔하게 퍼지고 있습니다.

축복의 아침입니다. 새벽의 기후가 그대로 이어져 구름 한 점 없는 푸른 하늘에 기온도 적당해 온화하게까지 느껴지는 은혜로운 아침입니다. 부지런히 모닝 코카 차에 따뜻한 세숫물까지 텐트 입구까지 가져다주곤 이어 정성스러운 아침 식사를 차려주네요. 이제 하산만이 남았다는 후련함에, 공들인 식사까지 더하니 왕후장상이 부럽지 않습니다. 어제 산행의 에피소드를 반찬 삼아 시끌벅적한 조찬이 이어집니다. 날씨가 이렇게나 좋지 않았다면 그냥 하산해 버렸을 수도 있는데, 날을 핑계 삼아 장비를 갖추어 알파마요산 전망대를 향해 다시 힘을 내어 올라갑니다. 산그림자에 덮인 야영장을 벗어나 개울을 건너고, 볕이 드는 지점에 하나둘 모여 알파마요를 배경으로 단체 기념 촬영을 합니다.

다음 등정 길은 다소 척박합니다. 거친 토양과 혹독한 기후를 이겨낼 수 있도록 날카롭게 끝을 세워 환경에 적응하며 살아가는 거센 풀들이 산자락을 메우고, 그 사이로 야생화는 화려한 빛으로 인사를 건네옵니다. 미풍이 산들대고 부드러운 햇살이 어깨 위로 나긋이 내리니 오르는 걸음마다 즐거움이 더해갑니다. 산허리를 돌아 고도를 높이면서 차츰 뾰족이 솟아오르는 맞은편 설봉들. 가까이 다가갈수록 점점 더 또렷해지는 두 산의 자태를 보니 산타크루즈 트렉을 '안데스의 꽃'이라 부르는 이유를 알겠습니다. 마지막 전망대에 다다라 두고두고 잊지 못할 만족할 만한 사진을 남기고자 위치 선정과 근사한 포즈 설정에 열성을 다합니다. 어쩌면 다시 못 올 길. 다시 보지 못할 바로 지금, 여기의 풍경. 다시 돌이킬 수 없는 것은 우리의 청춘, 우리의 인생도 매한가지입니다. 그저 순간마다 최선을 다할 뿐이지요.

평지로 내려와 호반 둘레를 걷다 풍광 좋은 곳에 앉아 잠시 쉬어갑니다. 한 여성 도반이 걱정스러운 얼굴로 퉁퉁 부은 손을 내밀어 보이며 무슨 방법이 없겠냐고 물어오네요. 간밤에 텐트 안에서 정체를 알 수 없는 무언가에 물렸다고 하는데, 긁다 보니 어느새 제법 부어올랐다고 합니다. 현지 가이드가 응급 의료함을 가져와 신속하게 치료를 해줍니다. 그러고 보니 얼굴도 제법 부어 있는 듯해 얼굴도 물렸느냐 물으니, 3일간 화장실을 못 가 부었다고 가식 없이 답합니다. 야영지에서는 따로 설비된 화장실을 찾기 어려워, 도착하자마자 깊은 웅덩이를 파고 화장실용 텐트를 칩니다. 안타깝게도 많은 여성들이 이러한 임시 화장실을 꺼려해서, 몇 날 며칠 그저 참고 산다고 하는데. 불혹쯤 되었을까요. 여전히 젊고 고운 얼굴이 적잖이 상한 듯하나 그리 괘념치 않는 눈치입니다. 오지를 찾

빙하를 배경으로 대원들과 단체 사진을 찍었다.

아 일 년에 서너 번쯤 남편과 손잡고 길을 떠난다고 하네요. 꽁꽁 숨겨진 자연의 아름다움을 만나기 위해 마치 순례자인 듯 고생을 자처하는 그 모습이 더없이 아름답습니다.

3,800m 지점인 야마코랄Llamacorral 야영장에 둥지를 틉니다. 깊은 산이 다 그렇듯이 어둠이 내리면 급격하게 기온이 떨어집니다. 다운 점퍼로 무장하고 저녁 준비에 바쁜 주방에 들러봅니다. 저녁 식단에 미역국을 곁들이려 저 역시 식사 준비 대열에 끼는데, 물고기가 여럿 들어있는 봉지가 보이네요. 송어냐고 물었더니 맞다고 합니다. 일급 청정수에서만 살아가는 송어. 와우! 회로 먹을 수 있게끔 손질해 주십사 청하고, 몇 마리 더 잡아달라고 떼를 써 봅니다. 강태공이 있다면 특별 보너스라도 주리라 생각하며 간절히 청하니, 흔쾌히 오케이 해줍니다.

그렇게 맞이한 저녁상. 16명이 먹기엔 다소 부족하고, 살도 그리 실하지 않아 아쉬움도 크지만, 산타크루즈 트레일에서 초고추장 바른 야생 송어회 한 점에 소주 한잔이라니요! 한국에서 먹던 회 맛이 부럽지 않습니다. 이곳에서 맞는 마지막 밤이니, 남은 술도 아낌없이 비웁니다. 제 마음이 넉넉해서일까요. 하늘의 별도 통통하니 살이 오른 것 같습니다. 총총히 별이 박힌 까만 밤하늘은 눈 덮인 봉우리를 이불처럼 덮어주네요. 그네를 타는 삼십 촉 백열등은 없지만, 무심히 흔들리는 헤드램프가 있습니다. 주방용 텐트는 그렇게 산타크루즈의 목로주점이 돼주어 낭만적인 밤을 선사합니다. 한잔 두잔 권주가에 흥이 더해지며 이렇게 이방의 밤이 특별한 감흥으로 깊어갑니다.

산타크루즈 트레킹의 마지막 날 아침입니다. 청명한 날씨만큼이나 다들 표정이 환합니다. 오늘은 머리도 가볍고, 마음도 상쾌하다며 기분 좋은 아침 인사를 나눕니다. 야영장의 입간판 앞에서 환한 웃음으로 기념 촬영을 하고 즐거운 마음으로 하산을 시작합니다.

여름을 지나 초가을로 접어드는 남반구의 3월. 여름내 녹아 흐르는 빙하와 만년설이 내를 이루어 우렁찬 굉음과 함께 힘차게 흘러 내려갑니다. 여기에 보조를 맞추듯 걸음도 빨라져 물길처럼 신나게 걸어 내려갑니다. 풍성한 물세례를 받으며 자연 식물원으로 변한 계곡 길을 따라갑니다. 지대가 낮아질수록 열대성 식물이 연이어 나타나고, 잎이 넓은 식물과 식용 가능한 잘 익은 열매를 가득히 담고 있는 거대한 선인장이 포진해 있습니다. 뒤늦게 꽃을 피워낸 수목은 향기로운 내음을 도처에 뿌리고 있네요. 가혹하리만치 혹독한 기후에서 살아남아 꽃을 피워 그런지, 빛깔도 향기도 짙고 화려합니다. 선홍빛으로 타는 들꽃과 보라로 치장한 야생화들. 천연 수목원이라 해도 부족할 게 없습니다.

그동안 계속 고산증에 시달려온 초보 트레커인 여성 참가자도 어느새 표정이 밝아졌습니다. 예의 그 빠른 걸음으로 앞장섭니다. 고산 트레킹에는 처음 참여했다고 하는데요, 거침없이 치고 오르던 지난 며칠. 서서히 적응하면서 속도 조절을 하는 게 중요한데, 막힘없이 참 잘 걷는다 싶더니 마침내 고산증이 찾아와 두통과 어지럼증, 매스껍고 토할 것 같은 증상을 토로하며 식사도 제대로 하지 못하는 어려움을 겪기도 했습니다.

그래도 다음 날이면 젊음을 밑천으로 거뜬하게 자리를 차고 일어나 앞장서서 걸으니 아예 다들 대장님이라고 부릅니다. 젊음이 좋긴 좋지요. 그래도 나지막이 전해주고 싶은 말이 있어요. '인생은 속도가 전부는 아니랍니다'. 속도를 내야 할 때와 장소가 있고, 적응을 위해 시간을 내주어야 할 때도 있어요. 앞만 보고 달린다고 늘 선두에 설 수 있는 것도 아니고요. 적당히 쉬어도 가고 때때로 전력투구도 해가며, 우리 인생살이에는 그렇게 속도 조절이 필요하답니다.

서두를 것 없고 기약된 것도 없는 여유로운 하산 길. 동행들과 수런수런 잡담을 나누며 걷는 길, 어느새 기암 하나가 눈앞을 가로막습니다. 산타크루즈 암봉입니다. 힘차게 불뚝 솟은 모양의 이 바위산의 이름을 따서 트레킹의 이름을 붙인 모양입니다. 암벽등반 코스로도 유명하다고 하네요. 표지판 앞에서 기념 촬영을 하고 잠시 주전부리를 하고 다시 걸음을 이어갑니다.

길고도 넓은 계곡 가 평원을 지나 마침내 비탈진 내리막길을 걷는데, 장대한 협곡이 눈 아래 펼쳐집니다. 꼬불꼬불 이어진 끝없는 산길. 애초 예정대로라면 이 길을 거슬러 올라왔어야 했는데, 생각만 해도 아찔하다 하며 너스레를 떱니다. 역시, 방향을 역으로 잡길 잘했습니다.

야영장에서 아침부터 어슬렁거리며 우리를 따르던 누렁이 한 마리. 버려진 개려나, 아니면 누구 데려온 건가 생각하고 무심히 넘겼는데, 앞서거니 뒤서거니 하며 여기까지 따라왔습니다. 카샤팜파 마을에서부터 그 먼 거리의 야영장까지 올라왔다는 것을 기특하게 여기며 자세히 살펴보다 문득 떠오르는 것이 있어 전화기의 사진첩을 뒤져봅니다. 아뿔싸. 그놈이군요. 작년에 이 길을 걸을 때도 카샤팜파에서 야영장까지 무려 5시간을 따라왔던 그 놈. 먹을 것을 챙겨준 것도 아닌데 내내 우리 곁을 지킨 그 충직함. 무슨 인연으로 이렇게 일 년 후 다시 만나게 됐을까요. 묘한 연대감으로 머리를 여러 번 쓰다듬어 주곤, 이내 다시 길을 재촉합니다.

　마을이 훤히 보이는 고갯마루에서 한숨 돌리며, 축제 같던 걸음의 마감을 준비합니다. 한달음에도 닿을 수 있을 것 같네요. 여유 있게 걸어도 20분이면 마을에 도착할 테고, 우릴 기다리는 것은 페루식 바비큐 한 상! 푸짐한 점심을 먹으며 종주를 자축할 꿈에 부풀어 있습니다. 걸음에 모터가 달린 듯, 걸음이 빨라집니다. 신바람 난 것은 저만이 아니네요.

　스태프들 몫까지 24인분의 식사가 마련됩니다. 거의 동네잔치 수준, 떠들썩하니 분위기가 달아오릅니다. 장정 열이 달라붙어 호떡집에 불 난 듯이 요란법석입니다. 우선 땅을 깊게 파고 아궁이를 만들어 철근을 얼기설기 얹은 후, 그 위에 자갈을 올립니다. 불을 피워 자갈이 뜨거워지면 철골을 빼내는데, 무너진 자갈 일부는 건져내고 또 온갖 먹거리를 잎에 싸서 던져 넣기도 합니다. 한 겹 자갈을 더 올리고, 그 위에 먹거리, 다시 또 자갈 한 겹. 마지막으로 향을 머금은 잎이 무성히 달린 나뭇가지를 가지 채 덮고, 흙으로 한 겹을 더 덮고 기다리면 됩니다. 기대만큼 허기가 더해지니, 얼마나 맛있을까요. 추릅.

　드디어 상이 차려지고, 페루식 전통 바비큐 음식이 차례로 나옵니다. 감자, 고구마, 옥수수, 콩부터 시작해서 소고기, 돼지고기, 닭고기, 양고기를 거쳐 나뭇잎에 싸서 익힌 밥까지. 안데스의 품에서 자란 온갖 식재료가 은근히 데워진 돌에 구워져 나옵니다. 자연 그대로의 담백하고도 순수한 맛에 매콤한 소스를 곁들여 먹기도 합니다. 이 풍성한 식탁에 한 잔 곡차가 빠질 수 있나요. 브라질의 대표주 까이피리냐 *caipirinha*를 한 잔씩 건네받고 샬롯을 외치며 종주의 환희를 한껏 즐깁니다. 싸구려지만 안데스가 지어낸 주정으로 만든 럼주에 라임을 투박하게 짜서 큰 유리그릇에 담고, 설탕과 럼주를 좀 더 추가해 휘이휘이 저어주면 완성되는 술입니다. 후련함과 대견함에 주흥이 절로 익어갑니다. 지난 나흘간의 여정이 주마등처럼 스쳐 갑니다.

산타크루즈 트레일에 얽힌 설봉. 알파마요, 산타크루즈, 아르테손라후, 퀴타, 타울리. 순수한 모습의 봉우리들이 한잔에 다 녹아듭니다. 50m도 오르지 못하고 멈추어 헉헉대며 깊은숨을 몰아쉬면서 어렵게 올랐던 푼타유니온 고개도, 그 정상에 서서 땀과 눈물을 씻어내며 바라보던 천상 극치의 풍경도. 그 길에서 함께 고락을 나누었던 동행들의 따스한 미소도 고스란히 잔에 녹입니다. 잔을 높이 들어 다정한 마음을 보태 한 잔씩 들이켭니다. 안데스를 모두 담아 마시는 한 잔 술. 산타크루즈 종주 트레킹의 완결이자 클라이맥스입니다.

## INFORMATION

**거점 도시** 와라스

**거점 공항** 리마 공항

**트레킹 팁** 페루의 수도 리마에서 야간버스를 타고 와라스로 이동한다. 여기서 트레킹 대행사나 버스, 개인 차량을 이용해 융가이를 거쳐 바케리아 또는 카샤팜파에 도착해, 트레킹을 시작한다.

페루, 남미
# 잉카 트레일 INCA TRAIL
오래된 미래, 마추픽추 가는 길

| | |
|---|---|
| 거리 | 43km |
| 일정 | 4일 |
| 난이도 | ●●●●○○ |
| 최고도 | 4,200m(죽은 여인의 고개) |
| 시즌 | 3~10월 |
| 코스 | 피스카쿠초~죽은 여인의 고개~마추픽추 |
| 고도표 | |

3,000m 이상의 안데스 산악 지대를 통과해 공중 도시 마추픽추로 가는 길이다. 잉카인들이 닦아놓은 터널과 제방, 그리고 수많은 유적이 고스란히 남아 있어 잉카제국의 진정한 숨결을 느낄수 있다. 흔히 세계 3대 트레킹 코스로 에베레스트 베이스캠프, 밀포드, 잉카 트레일을 꼽는다.

풍요의 땅이란 뜻의 페루. 안데스의 넉넉한 마음과 욕심 없는 잉카인의 인심이 어우러진 평화와 행복의 나라. 요즘 페루는 한국인에게 남미 최고의 여행지로 주목받고 있습니다. 세계인이 가장 가보고 싶은 여행지로 꼽는 마추픽추Machu Picchu와 세계 7대 불가사의 중 하나인 나스카Nazca 문양이 우리를 유혹할 뿐 아니라, 세계에서 가장 긴 산맥인 안데스산맥 아래 옹기종기 터를 잡고 수천 년을 살아온 원주민 고유의 문화를 즐길 수 있기 때문입니다.

안데스산맥이 품고 있는 잉카 트레일은 히말라야 에베레스트 베이스캠프(EBC), 뉴질랜드의 밀포드 트렉Milford Trek과 함께 세계 3대 트레일로 꼽히며, 유네스코 세계문화유산으로 선정되었습니다.

4개국에서 모인 16명의 여행자로 꾸려진 우리 팀은 트레커이자 탐험가가 되어, 600년 전 가장 찬란하고도 융성했던 잉카문명의 발상지 쿠스코Cusco를 밟았습니다. 금광을 찾는 엘도라도의 심정이 이와 같았을까요. '쿠스코'는 배꼽이란 뜻으로, 인류와 우주의 중심이라는 자부심이 서린 곳이라 볼 수 있습니다.

이방인의 침범이 있기 전, 안데스에 기대어 선량한 사람들이 서로 어깨를 맞닿은 채 오밀조밀 살았을 그때의 쿠스코가 바로 그러했겠지요. 쿠스코 중심에 상징적으로 지어진 침략의 유산. 십자가를 앞세워 스페인의 정복자들이 잉카인의 문명 위에 세운 교회, 태양의 신전을 허물고 지은 그들의 천주교회는 이질적이지만 여전히 아름답게 느껴집니다. 잉카문명은 그 바탕이 관용적이고 순수해 이질적인 문화조차 조화롭게 흡수할 수 있었던 게 아닐까요.

잉카 트레일은 총 43km로 그리 긴 코스는 아닙니다. 그 매력을 꼽자면, 운무에 가려 신비를 더하는 산과 숲, 두터운 이끼와 관목이 덮고 있는 아열대성 정글, 그에 더해 잉카인이 닦아놓은 돌길과 터널 등을 동시에 즐길 수 있으니 가히 환상적인 트레킹 코스가 될 것입니다. 마지막 목적지는 잃어버린 공중 도시인 마추픽추! 이 여정 역시 걸음의 축제라 부르겠습니다. 그 길도 역시 나를 만나는 수행의 길이 되어줄 것입니다.

아직 고소에서 깨어나지 못한 몽롱한 상태로 버스에 몸을 구겨 넣곤, 쿠스코를 출발하여 잉카 트레킹의 시작점인 피스카쿠초Piscacucho에 도착해 배낭을 다시 꾸립니다. 인디오와 트레커들이 뒤엉켜 북적이는 마을. 이 작은 마을에서도 얼마나 많은 잉카의 문화가 지고 피었을까요. 고용한 포터에게 허가된 중량만큼 짐을 맡기고 나는 나대로 여장을 꾸립니다. 어느 정도 동행의 도움을 받을 수는 있어도, 스스로의 고비와 한계치는 자신만이 알 수 있고 본인만이 넘을 수 있으니 이 길은 여행길이자 인생길이고, 인생길이자 순례길입니다. 걷다 보면 자기만의 길이 보이겠지요. 재촉할 것 없이 제 몫을 등에 지고 묵묵히 내 길만 걸으면, 그뿐입니다.

관리소에서 도장을 받고 유장하게 흐르는 우루밤바Urubamba강을 건너자 잉카 트레일이 펼쳐집니다. 길섶에는 거대 선인장들이 귀한 열매와 꽃을 피워내고, 사루비아 꽃향기가 코끝까지 밀려옵니다. 하늘은 맑고 푸

잃어버린 공중 도시 마추픽추를 향한 여정, 잉카 트레일

르고, 오려낸 듯 선명한 흰 구름이 우리들의 앞길을 축복하여 줍니다. 세계 절반의 식물의 조상이 여기 다 모여 있고, 400여 종이 넘는 감자의 본산이기도 하다며 자랑스러워하는 가이드는 거의 식물학 박사 수준입니다. 나무와 풀, 꽃 등을 빠짐없이 설명해 주고, 중간중간 만나는 유적지에 대한 설명에도 열심이지만 사실 다들 그다지 관심은 없는 것 같네요. 그냥 꾸준히 자신의 페이스대로 걸어갈 뿐. 덜 힘들며 무난하게 목적지까지 가기에는 이런 마음가짐이 좋기는 합니다.

잉카 원주민들이 모여 산다고 하기에는 너무 작지 않나 싶은 아담한 부락들이 이어집니다. 생활의 흔적이 곳곳에 널브러져 있는데, 음료와 주전부리들이 많이 보이네요. 잠시 그늘에 쉬어가기도 할 겸, 그렇게 봐서는 안 되겠지만 어쩐지 애잔하게 보이기도 해 애써 한두 가지를 팔아 줍니다. 무너진 돌담. 버티기도 힘들 것 같은 허물어져 가는 흙집. 고산에 사는 원주민들의 거주지는 대개 엇비슷한 것 같습니다. 뭐가 그리 즐거운지 웃음이 떠나질 않는 걸 보면, 빈부를 비교조차 할 수 없는 환경이 오히려 그들을 행복하게 해주는 듯합니다.

어느새 정오를 넘기고, 허름한 식탁에 차려진 정갈한 오찬을 부족하지 않게 들고나니, 모자란 잠이 밀려옵니다. 비가 한두 방울씩 떨어지고, 그냥 주저앉아 게으름을 부리고만 싶네요. 우루밤바강을 끼고 걷는 길, 유적지가 나타날 때마다 가이드는 열심히 설명합니다. 잉카인이 돌을 쌓아 만든 주거지로, 땅을 지배하는 신물로 여기던 뱀의 모양으로 만들어져 있습니다. 마추픽추를 오갔던 잉카인들이 이용했던 곳이라고 하네요. 계곡 속의 작은 마을과 가지런히 정돈된 다랑이논이 어우러져 평화스럽기 그지없습니다.

고도 3,000m를 찍는 지점인 와일라밤바*Wayllabamba*의 어느 상점 뒤뜰에 마련된 숙영지에 여장을 풉니다. 2인용 텐트 하나씩을 차지하고 잠자리를 고른 뒤 저마다의 휴식을 즐기는데, 웃돈을 조금 주고 온수 샤워를 할 수 있다네요. 예기치 않은 호사에 기분이 들뜹니다. 저녁 식사까지는 두어 시간이나 남아, 잉카 트레킹의 첫날의 노고를 달래고자 맥주잔을 먼저 돌립니다.

어둠이 거미처럼 기어들고, 서녘 하늘은 노을로 불타기 시작합니다. 잉카 전통곡을 연주하는 가이드의 피리 소리는 처량하기만 해 이역 하늘 아래 머무는 길손의 가슴이 촉촉이 젖어듭니다. 한잔 두잔 취기가 더해지고, 어느새 석양은 마지막 빛을 발하며 이울고 있습니다. 말이 없던 시대에 말을 대신해 소식과 물자를 전했던 전령사 차스키chasqui가 달리던 길, 잉카 트레일. 그 길에 있다는 자부심 탓인지 술기운 탓인지, 조금은 상기된 채 볼이 달아오릅니다. 행복의 다른 표현이겠지요.

찬란한 안데스의 아침. 케추아어를 쓰는 인디오 포터가 뜨거운 코카 차 한 잔을 텐트 안으로 넣어 주며 아침을 깨웁니다. 대야에 준비된 따뜻한 물로 세수하고, 차분히 배낭을 꾸립니다. 그사이 포터들은 텐트를 걷고 식사 준비도 하고, 그 모습이 분주하면서도 손에 익어 보입니다. 얼마나 많은 이들이 이 길을 걷고, 또 얼마나 많은 인디오가 그 길을 함께했을까요. 고무로 엮은 슬리퍼 같은 신발을 신고서도 뛰듯 내달리는 차스키의 후예들. 존경의 마음이 절로 듭니다.

아침 식사 후 상견례가 있었습니다. 주 가이드와 부 가이드, 조리장과 부조리장에 더해 공동 장비와 개인적인 물품들을 매고 이동하는 포터들. 우리 16명의 도반을 빼고도 스텝이 무려 25명입니다. 이름도 외양도 제각기인데 또 비슷비슷해 보이기도 하고, 10대부터 60대까지 연령층도 다양합니다. 누가 가장 연장자냐고 확인했더니 65세의 포터가 최고령이네요. 기념 촬영한 후 고산증 예방제인 다이아목스를 한 알씩 먹고, 양 볼에 마른 코카잎을 채워 씹어가며 힘겨울 게 뻔한 하루를 대비합니다.

잉카 트레킹은 대부분 3박 4일의 일정으로 진행됩니다. 난이도가 높은 편은 아니지만 3,000m에서 4,200m까지 오르락내리락하는 코스이기 때문에, 고산증에 미리 적응하고 시작해야 합니다. 3,400m 고도의 쿠스코에서 하루 이틀 머물며 적응 시간을 충분히 가지는 것도 좋겠지요. 또한 이 길은 세계문화유산으로 등재된 곳이라 말이나 노새 같은 가축의 도움을 일절 받을 수 없어 오로지 두 발로만 모든 짐을 운반하여야 합니다.

그런 이유로 국가가 잉카 트레일을 관리하고 있습니다. 트레킹 여행사의 동행이 없으면 허가가 나지 않고, 서비스의 대가로 3박 4일의 트레킹에 700~800달러의 비싼 수수료를 챙겨 갑니다. 20여 년 전까지만 해도 자유롭게 이 길을 오가며 야영도 할 수 있었는데, 쓰레기 방치나 환경오염 등이 구실이 되어 국가가 나선 셈이죠. 믿거나 말거나이지만 액면 그대로 받아들인다면, 사필귀정이요 자업자득 아니겠습니까. 그래도 4일간에 필요한 모든 짐을 고스란히 지고 간다면 꽤나 고될텐데, 관리를 받는 덕에 편하게 여행할 수 있기는 합니다.

이런저런 생각을 하며 터벅터벅 경사 길을 오릅니다. 이제 나흘간

잉카 트레킹 첫날은 민가의 풀밭 마당에서 묵는다. 온수 샤워도 가능

의 여정 중 가장 힘든 구간을 걷게 됩니다. 1,200m를 올라 4,200m 정점에 오르면 고산증과의 싸움이 기다리고 있음을 뻔히 알면서도, 치고 올라야 하는 고갯길. 가파른 숲길을 올라 마침내 '죽은 여인의 고개(Dead Woman's Pass)'를 넘으면 가슴이 터질 듯, 머리가 쪼개질 것 같은 고통도 따를 것입니다. 작렬하는 태양과 볼을 찢을 듯한 거센 바람을 견디며 자신과의 고독한 전쟁도 치러야 합니다.

인간이 터 잡고 사는 최고 지점이자 마지막 매점이 설치된 곳, 한참 쉬다가 붉은 깃발을 높이 걸어둔 곳으로 다가가니 전통술 치차*chicha*를 파는 노점이네요. 천여 종의 옥수수를 가지고 있는 안데스. 알갱이 하나가 엄지손톱만 한 옥수수도 먹어봤습니다만, 이런 옥수수로 발효시킨 치차는 우리네 맥주와 막걸리의 혼합주 같습니다. 고산 그늘에 보관된 술 한 잔을 주기에 들이키니, 냉장고에 보관한 듯 시원합니다. 대지의 여신 파차마마*Pachamama*에게 먼저 예를 올리고 마시라는 가이드의 조언대로 치차를 세 번 정도 바닥에 뿌립니다. 고산의 희박한 산소와 싸우며 오른 애주가에게 전통 술 치차 한 잔은 거부할 수 없는 유혹이지요.

취기가 살짝 오르며 고산증으로 묵직하던 머리도 가벼워지고, 무중력 상태에 떠 있는 듯 마법 같은 경험도 하게 되니 피로 회복제이자 사막의 오아시스입니다. 전통 복식으로 치장한 치차 파는 아낙은 볼이 불그레하니 어여쁘기만 합니다. 문명에 물들지 않고 그들의 전통을 지키며 사는 사람들을 만나는 것도 길이 주는 선물입니다.

몸이 고될수록 마음은 더 좋은 것도 같고, 이 맛에 트레킹에 빠지는 거겠지요? 길가엔 샛노란 '레이디스 슬리퍼'란 이름의 꽃이 지천으로 피어있고, 코카 차 한잔으로 잠깐씩 쉬어갈 수 있는 소박하고 한가로운 마을이 이따금 나타납니다. 이들의 옷은 아마 세상에서 가장 화려한 전통 의상이 아닐까 싶어요. 화려함과 순수함이 공존하는 곳. 사랑스럽기만 합니다. 산등성이에서 느긋이 풀을 뜯고 있는 라마와 알파카. 주인만큼이나

선한 얼굴을 하고 있네요. 내가 제일 좋아하는 단어, 평화. 그 목가적 평화가 가득한 여정입니다.

원시림과 다름없는 울창한 숲 속을 지납니다. 온몸이 땀으로 흠뻑 젖었네요. 힘차게 흐르는 냇물 소리가 마치 쉬었다 가라고 붙잡는 것 같습니다. 오래된 이끼가 가득한 숲은 서늘하고 청량합니다. 수분 가득한 세상이라 그런지, 많은 꽃이 앞다퉈 피어있어 그 이름을 다 알기 어렵습니다. 밀림의 끝자락 즈음에 포터들이 점심상을 마련해 두었습니다. 고산 등반에는 얼큰한 국물이 필수인지라 뜨끈한 라면에 밥과 김치를 곁들여 배를 채웁니다. 속이 허하면 고산증이 더하거든요.

트레킹 코스 중 최고점인 '죽은 여인의 고개'가 보이네요. 고산이라 희박해진 산소를 들이켜며 겨우 오르막을 오르면 이내 숨이 차고, 오래 가지 못해 금세 정지해 호흡을 고릅니다. 단내 나는 입에서 하마터면 욕설이 튀어나올 지경인데, 내가 택한 길, 누구를 탓할까요. 생생하게 살아 있음을 느끼는 시간이기도 합니다. 대화마저 끊긴 사이, 거친 숨소리만이 고요를 깨고, 정상도 이윽고 조금씩 가까워져 옵니다.

걷는 시간보다 멈추는 시간이 많았습니다. 굳이 서두르지 않는 것은 앞만 보고 달려온 삶이 얼마나 부질없었는지를 이미 깨달았기 때문이지요. 삶의 철학이 다르고, 인생의 완급도 저마다 다르듯 같은 길을 걸어도 다르게 걷습니다. 출발선은 같아도 앞서거니 뒤서거니 간격도 생기고, 가고 쉬고 걷고 쉬기를 반복하며 저마다의 삶과 투쟁하고 있습니다. 때때로 동행과 길잡이들이 서로 손을 내밀기도 하지요. 길은 그래서 늘 혹독한 것 같아도 훈훈합니다.

자신의 체구만 한 등짐을 진 포터들이 언덕에 짐을 기대고 휴식을 취하고 있습니다. 이 고개를 넘기는 인디오들도 버거운 모양입니다. 산이 높아지니 숲은 낮아지고, 경사가 가파르니 골은 발아래로 자꾸 떨어집니다. 언덕을 올라가다 한 번씩 뒤돌아보면, 건너의 산길과 뾰족이 솟은 베

로니카 빙산의 풍경이 처절하도록 아름답습니다. 길 위에 선 기쁨이 온몸을 적십니다.

드디어 정점, 해발 4,200m의 고갯마루에 섰습니다. 정상에 오르니 펼쳐진 황홀경에 아찔할 지경입니다. 악수를 청하고 부둥켜안고 기쁨을 나누며, 순식간에 모두가 동행이자 친구가 됩니다. 가장 힘들어했던 두 사람은 참았던 눈물을 왈칵 쏟으면서도, 마침내 등정에 성공했다는 자긍심에 활짝 웃고 있습니다. 까마득한 고갯마루. 잉카의 후예가 달리던 많은 길이 이리저리 흩어져있습니다. 잉카족이 멸망하며 사라진 길도 많지만, 정복자의 총칼을 피해 더 깊은 곳에 그들의 문화를 꽃피운 사람들. 저 희미한 길을 따라가면 사라져 버린 잉카인을 만날 수 있을까?

그들은 가장 높은 고개에 돌을 쌓고, 그것이 자신을 지켜주는 장벽이라 믿으며 코카잎을 바친다고 합니다. 하늘을 지배하는 콘도르, 땅을 관장하는 푸마, 지하를 다스리는 뱀을 상징하는 세 잎을 바치며 우주 만물에 제각기 정령이 있다고 믿는 사람들. 산은 신과 가까우니 더욱 신성한 영령이 깃든 존재라 믿고 산을 숭배하며 살아갑니다. 골이 얼마나 깊은지 중턱에 구름이 자욱하게 걸려있습니다. 구름도 쉬어 넘는 고개로 바람이 세차게 불어옵니다. 옷깃을 여기며 산의 정령을 느끼고자 크게 한번 숨을 쉬어 봅니다.

한없이 이어지던 급경사의 내리막길. 오른 만큼 내리는 것이 매사의 법칙. 그 지겨운 길을 한없이 내려와 3,600m 고지에 가지런히 설치된 텐트에 여장을 풀고 휴식을 취합니다. 가랑비는 추적추적 내리고 날은 을씨년스럽지만, 땀으로 젖은 몸을 그대로 뉘기는 개운치 않아 냉수로나마 샤워합니다. 빙하 녹은 물로 샤워하는 기분은 경험한 이들만 아실 터. 곤한 몸을 뉘고 잠을 청합니다. 가볍게 두드리는 밤비. 침낭의 감촉이 이렇게나 포근했나요. 밤은 깊은데, 낮에 몸으로 읽었던 정상의 풍경에서 헤어나지 못한 채 그 감흥에 몸을 떨며 쉽사리 잠들지 못하고 있습니다. 다리는 뻐근하고 몸은 천근만근이지만, 가장 염려되던 구간을 낙오 없이 전원 완료했다는 후련함이 안락한 매트리스를 대신합니다. 이제 가장 높은 산을 넘었으니, 절반은 성공한 게 아닌가. 걸어온 만큼 또 걸어 내려가야 하는 종반 길. 오직 신만이 허락된 저 높은 산을 바라보며 내일을 위한 잠을 청합니다.

온갖 꽃이 도열해 환영해주는 초반 길. 식용 가능한 선인장 꽃과 과실이 지천이다.

　　어젯밤에도 역시나 굵은 비가 밤새 내려 과연 예정대로 아침에 출발할 수 있을까 근심했는데, 다행히 기우였네요. 말끔히 그쳤습니다. 지대가 높은 데다 아열대성 기후에 속한 잉카 트레일. 언제 오느냐, 얼마나 오느냐의 문제일 뿐, 매일 비가 온다고 인정하고 걸어야 합니다. 밤새 내린 비가 그치고, 낮에는 대체로 푸른 하늘과 하얀 구름 그리고 맑은 산하를 마음껏 음미할 수 있으니, 그것이 축복이 아니고 무엇이겠습니까.

밤비 탓에 아침 안개가 제법 자욱하나, 트레킹에는 큰 지장이 없습니다. 안개구름이 산정으로 쫓겨 가는 형국입니다. 걸음의 축복을 누리며 두 발로 땅을 딛습니다. 바람도 머물다 가는 잉카의 계곡. 콘도르의 비상을 보며 나도 함께 넓은 세상으로 도약해 봅니다.

캠프를 출발하자마자 가이드가 열을 멈춰 세우곤, '죽은 여인의 고개'를 손으로 가리키며 그 이름의 유래를 설명해 줍니다. 여인들이 함부로 집 밖을 나서서 높은 고개나 산을 넘으면 죽음을 맞이하게 된다는 경고라고 하는데요, 남성 위주의 사회에서나 통할 전설입니다. 길게 누운 고갯마루는 여인의 이마, 코, 턱선, 목 그리고 가슴의 유두까지 선명한 선으로 드러내며 우리를 기다립니다.

어제 가장 높은 곳을 지나기는 하였지만, 오늘도 시작하자마자 룬쿠라카이$^{Runkuraqay}$(3,800m) 고개를 넘어야 합니다. 여전히 묵직한 몸을 이끌고, 하루를 열기 무섭게 다시 올라야 하는 두 시간의 오르막은 참으로 죽을 맛입니다. 힘들다고 멈출 수 없는 인생의 길처럼 천천히 숨을 고르며 한 발 한 발 올라갑니다. 언제고 정상에 닿게 될 터, 인생이나 트레킹이나 별반 다르지 않습니다.

주변에 텐트를 쳤던 다른 팀들도 거의 같은 시간에 출발하니, 길은 수많은 트레커로 인간 띠를 형성합니다. 쉬어갈 만한 지점에 원형이 비교적 잘 보존되어 있는 유적지가 있어 잠시 휴식을 취한 후 효과적인 등반을 위해 두 팀으로 나눕니다. 너무 오래 쉬다 보면 어깨도 식고 다리도 풀리고 각자의 페이스도 잃게 되는 법. 산정을 향해 힘차게 치솟은 구름을 동무 삼아 다시 오릅니다. 산군이 장대하게 펼쳐지고, 비 갠 후의 산하엔 선명한 무지개가 피어올라 걸음을 다독여 줍니다.

고갯마루 넘기 전, 티 없이 맑고 깨끗해 거울처럼 세상이 담기는 자그마한 산정호수가 쉬어가라 권합니다. 한숨 돌리며 돌아보니 우리가 묵었던 캠프장이 아련하게 보입니다. 트레킹 마지막 고개 룬쿠라카이를 넘으며 순식간에 풍경이 달라지니, 자연의 마술임이 틀림없습니다. 가을이 내려앉은 황금 분지엔 꽃보다 어여쁜 단풍이 곳곳에서 반짝이며 계절을 노래합니다. 하이 정글High Jungle(4,000m)은 적도에 가까운 고산에서만 볼

죽은 여인의 고개를 넘는 마지막 오르막길. 해맑은 얼굴의 라마와 마주한다.

수 있는 특별한 풍경입니다. 5~6km쯤 되는 거리에 새롭게 열리는 길, 열대 우림의 젖은 세상이 또 다른 감동을 줍니다.

길을 덮칠 것 같은 세찬 급류. 두텁고도 거대한 잎을 지닌 선인장들. 그러다 대나무 숲이 나타나면 정답고 반갑습니다. 고목에 덕지덕지 붙은 이끼는 유구한 세월 동안 생성과 소멸을 이어온 잉카의 장구한 역사를 대변합니다. 날마다 내리는 비에 씻겨 내려와 폭포로 내리꽂는 빙하수는 자연의 웅장함의 대향연이라고나 할까요. 안데스 빙하는 이처럼 폭포가 되고 강이 되며 마침내 바다에 이르는데, 우리의 걸음도 그렇게 길의 끝 마추픽추를 향해 살뜰히 이어집니다.

오늘은 크고 작은 유적지를 여럿 지나게 됩니다. 규모가 아주 큰 것도 있고, 겨우 흔적만 남은 것도 있는데 그중에 사야크마르카*Sayacmarca*(3,580m)를 보기 위해 숨도 돌릴 겸 트레일을 잠시 벗어나 봅니다. 위풍당

팬플루트 연주에 맞춰 '엘콘도르파사(철새는 날아가고)'를 함께 부르며 자축의 시간을 가졌다.

당하게 큰 손상 없이 버티고 있는 것이 긴 세월 비바람을 맞으며 그 자리를 지켜온 역사의 증인처럼 보입니다. 외적의 침입에 대비하거나, 종교적 의미에서 태양과 더 가까워지려, 혹은 공동체의 주요 사를 의논코자 사용된 곳이라고 하네요. 바위를 덮은 이끼와 돌 틈에서 자라난 야생화가 단연 돋보여 더없이 수려합니다. 오래될수록 아름다운 것이 자연의 섭리일까요.

유적지를 지나 다시 자갈이 깔린 길. 수백 년 세월이 지나도 길은 여전합니다. 잉카 트레일 전체가 이렇게 돌을 이어 바닥을 깔았는데, 갓길에 수로를 설치하고 부득이하면 길을 가로지르도록 물길을 잡아 아무리 비가 내려도 물 고인 진흙탕 길이 되지 않도록 만들었다고 하니 참으로 절묘합니다. 그 옛날 이처럼 물과 돌을 다루며 살아온 잉카인의 슬기와 지혜를 찬탄할 수밖에요.

푸유파타마르카*Phuypatamarca*(3,640m) 고개. 집은 모두 사라지고 지금은 그 흔적만이 남아 있는, 제법 큰 규모의 유적지입니다. 점심을 먹고 난 후 보슬비는 바람에 어지러이 흩날리고, 안개 자욱해 더욱 아득한 계곡은 보이지 않는 만큼 신비감을 더합니다. 산허리를 자른 구름 위엔 신선이 올라 산수를 희롱하듯, 한 폭의 수묵 산수화가 그려집니다. 오늘의 야영지는 2,650m 고도에 있는 위나이와이나*Winay Wayna* 캠프장이라 숲 속 길을 세 시간가량 내려가야 합니다. 급경사의 하산 길을 천 미터쯤 내려가야 하는 지루한 길, 무릎에 무리 갈까 우려되는 길이지요. 캠핑장에 들어서도 비는 여전하네요. 눅눅해진 옷을 벗고 그만치나 젖어버린 몸을 산골에서 내려오는 빙하 녹은 냉수로 샤워하며 이한 치한으로 한기를 이겨보려 하는데 쉽지 않네요. 내일은 새벽 4시 기상. 깨면 먹고, 먹으면 또 걷고, 걷다가 먹고 걷다가 자고. 길에서의 일상에도 이제는 제법 익숙해져, 텐트 지붕을 가볍게 두드리는 가을비 소리를 자장가로 들으며 나름 편안한 잠에 빠져듭니다.

아침잠에서 깨어나지 못한 계곡은 고요하기만 한데, 필요 이상 부지런한 이들이 3시부터 새벽을 깨우고 있네요. 다시 잠을 청하나 오래지 않아 변함없이 코카 차가 배달됩니다. 하루를 열어주는 룸서비스라고나 할까요. 그 한잔으로 아침을 엽니다. 조식 후 캠핑장을 출발해 5시 좀 넘어 등록소를 통과한 후 비탈길을 두어 시간 열심히 오르면 인티푼쿠 *Intipunku* 전망대에 오릅니다.

숨이 턱 아래 차고 다리 근육이 뻣뻣해도 멈출 수 없는 것은 인티푼쿠에서의 마추픽추 일출을 놓쳐서는 안 되기 때문입니다. 날씨가 화창해 차오르는 잉카의 태양이 신전을 비춰준다면, 우린 멀찍이서 그 신비스러운 전경을 황홀하게 조망할 수 있겠지요. 이후 곧장 내려가 경내에 들어 가장 지근거리라 할 수 있는 '망지기' 지점에서 마추픽추를 감상한 후 나머지 길을 내려가려 합니다.

잉카 트레킹 완주를 다짐하며 동행들과 함께 기념 사진을 남겼다.

드디어 트레킹의 종점 마추픽추에 들어갑니다. 이 길을 수고로이 걸어온 트레커들은 단순히 열차나 버스로 닿은 관광객과는 분명 다른 차원의 감동을 느낄 것입니다. 가고 싶다고 누구나 갈 수 있는 곳이 아니고, 누구나 종주할 수 있는 길이 아니기에 그 자부심이 하늘을 뚫을지도 모르겠습니다.

셀피를 원껏 찍어대며 이 시간을 마음껏 즐기라 합니다. 지루할 수도 있는 열대우림의 젖은 숲길 끝에 비밀의 성지처럼 홀연 나타나는 마추픽추. 잉카 트레일을 처음 발견한 미국의 고고학자 하이람 빙엄 Hiram Binghum 교수의 마음이 되어 좁고 험한 이 길을 곱씹어 봅니다. 이 길은 잉카 문명이 만든 수만km의 일부일 뿐, 길도 생명력이 있어 나고 죽는 윤회를 거듭합니다. 제국의 전령사 차스키들이 쉬어가던 곳. 잉카의 찬연한 일출을 고대해 봅니다.

여명을 헤치며 여행 아닌 일상의 길을 가뿐히 스쳐 걷는 원주민들. 우리의 가쁜 숨이 무색해집니다. 수천 미터 산 위에 닦아놓은 잉카인의 삶. 변하지 않는 사람들의 변하지 않는 삶. 세대를 넘고 유구한 시간이 흘러도 높고 깊은 이곳을 떠나지 않고 지켜온 사람들이 자연과 하나가 되어 살아가는 곳. 그들의 삶을 아름답고 경이롭다고만 생각하는 이방인의 시선을 그들은 어떻게 받아들일까요. 시간조차 게으르게 흐르는 안데스의 산자락에 시간이 흐를수록 더욱 빛날 것 같은 순한 사람들이 기대 살고 있습니다. 자연과 사람의 평화로운 공존. 그 안에 슬쩍 끼어들 순 없을까요? 그럴 수 있다면 이 길을 걷고 또 걷겠습니다. 전령사 차스키처럼 말이죠.

아이코. 구름이 훼방을 놓는군요. 인티푼쿠의 일출 조망을 포기하고 마추픽추를 만나러 내려갑니다. 하늘에서만 볼 수 있는 완전한 모습의 공중 도시 마추픽추. 드디어 모습을 드러냅니다. 가슴이 벅차오르다 못해 터질 것 같네요. 힘 풀린 다리가 다시 충전됩니다. 완벽한 계획도시로 만들어졌다는 경이롭고도 불가사의한 유적. 가슴속 깊은 곳에서 울컥 치밀어 오르는 감동에 한동안 먹먹해집니다.

태양의 중심 쿠스코. 도시의 형상은 달리는 퓨마를, 마추픽추는 비상하는 콘도르를 상징합니다. 그 옆에 가파르게 서 있는 봉우리 와이나픽추*Huayna Picchu*는 젊은 봉우리, 반대로 마추픽추의 의미는 늙은 봉우리라고 합니다. 스페인 침략자들의 수탈과 공격을 피해서 깊은 산속에 세운 새로운 삶의 터전, 군사훈련을 위해 세운 요새, 복수하기 위해 건설된 비밀도시, 자연재해 특히 홍수를 피해 고지대에 만든 피난용 도시 등등 그 기원에 대해 많은 이야기가 오가고 있으나 확인할 길은 없다 하고요. 여전히 의문투성이의 수수께끼로 남아 인간의 상상력을 자극하고 있습니다.

16세기 후반 잉카인들은 무슨 이유에서인지 문명이 발달한 마추픽추를 버리고 홀연 사라져 버립니다. 200톤이 넘는 거석들을 정교한 다면체로 쌓아 올린 태양의 신전 등은 연장 하나 없이 광물질과 나무와 물만으로 만들었다고 하니, 돌을 두부 자르듯 다루었던 그들의 석조 기술을 보자면 놀라움에 말문이 막혀버립니다. 자기 손으로 지은 도시와 길을 자신이 부수고 떠나야 했던 잉카인의 슬픈 역사가 돌 틈 사이사이에 깃든 것 같아 가슴이 싸해지며, 통한의 마음으로 지켜내야 할 인류의 소중한 유산임을 되새깁니다.

순례의 시인 파울로 코엘료*Paulo Coelho*는 마추픽추에 올라 버림받은 세계에서 무한히 작아지는 내 모습을 보았노라고 노래했습니다. 잃어버린 문명을 찾아 나선 여정 잉카 트레킹. 저 역시 유구한 대자연과 영원한 수수께끼로 남은 잉카 문명의 흔적 앞에서 한없이 작아지는 나를 느낍니다.

비 오는 아구아스 칼리엔테스*Aguas Calientes*. 기차의 종착역이자 마추픽추 오름을 시작하거나 마감하는 길목의 작은 마을. 마추픽추에서 아구아스 역까지 걸어가서 기차를 타고 내려오거나 셔틀버스를 타고 내려올 수도 있지만, 설움의 갈증이 해소되지 않은 이들은 그 가파른 길을 두 발로 지탱하며 내려오기도 합니다. 우리는 기차를 타기로 합니다. 우루밤바 강물이 미친 듯이 소용돌이치며 달려가는 강변 식당에서 점심을 먹으려는 데요, 맥주를 먼저 주문해 잔을 돌리며 우리들만의 완주 자축연을 벌입니다. 페루 전통 칵테일 피스코 사워 $^{Pisco\ sour}$도 한 모금씩 맛보며 말입니다.

비 내리는 산촌. 기차 시간이 가까워지며 어둠이 서서히 내리고 작은 상점들이 하나둘, 불을 밝히기 시작합니다. 기차를 타고 문명으로 돌아가는 시간은 그리 길지 않습니다. 잉카트레일. 그 어느 것에도 의존하지 않고 온전히 두 발로 걸어 잉카인의 옛길을 완주했다는 자긍심은 한동안 우리의 삶을 지탱해 줄 것입니다.

어두운 차창을 스치는 높고 낮은 안데스의 산들. 함께 걸었던 정다운 동행들도 시간이 지나가면 제 갈 길로 돌아가고, 언제나 그렇듯 저는 또 홀로 남게 되겠지요. 묵묵히 주어진 길을 걷다 보면, 또 다른 길 위의 도반을 만나게도 될 것입니다. 늘 그렇듯 우리는 따로 또 같이 걷고, 따로 또 같이 살아갑니다. 그것이 길 위의 인생이고, 우리의 인생이니까요.

## INFORMATION

**거점 도시** 쿠스코

**거점 공항** 쿠스코 공항

**트레킹 팁 1** 쿠스코가 기점이다. 쿠스코에서 버스로 이동, 잉카의 신성한 계곡(The Mythical Sacred Valley of the Incas)을 지나 오얀타이탐보를 거쳐 약 80㎞ 이동한다. 피스카쿠초에서 우루밤바강의 철교를 건너면서 트레킹이 시작된다. **2** 잉카 트레일은 세계문화유산으로 국가에서 관리한다. 자격을 갖춘 여행사를 통해야만 트레일을 걸을 수 있다.

미국, 북미
# 칼랄라우 트레일 *KALALAU TRAIL*
### 천국에서 자고 천국에서 눈뜨는 경이로운 트레일

케에 비치 *Ke'e Beach*
하나카피아이 비치 *Hanakāpiai Beach*
크롤러스 레지 *Crawler's Ledge*
하나코아 *Hanakoa*
하나코아 폴 *Hanakoa Falls*
칼랄라우 비치 *Kalalau Beach*

| | |
|---|---|
| 거리 | 36km |
| 일정 | 2~4일 |
| 난이도 | ●●●●●○○ |
| 최고도 | 275m |
| 시즌 | 12~3월 |
| 코스 | 케에 비치~칼랄라우 비치~케에 비치 |
| 고도표 | |

0km  7.km  14.8km  22.1km  36km  275m

하와이 카우아이섬의 대표적 트레일로 종종 세계 10대 트레일로 꼽히는 길이다. 장대한 해안선을 걸으며 야생의 해변에서 캠핑하는 맛이 일품이다. 미국의 문호 마크 트웨인의 하와이에 대한 예찬처럼 '천국에서 자고 천국에서 눈뜨는' 경이로움을 느낄 수 있다.

하와이 제도의 최북단에 자리 잡은 카우아이Kauai는 하와이에서 네 번째로 큰 섬이자, 2,800만 년 전 최초의 화산활동으로 생성된 섬이기도 합니다. '정원의 섬'이라는 별칭에 걸맞게 연녹색 계곡과 깎아지듯 솟아오른 기암절벽이 영겁의 세월이 다듬은 정원처럼 느껴지고, 에메랄드빛 바다 역시 끊임없이 우리를 유혹합니다.

와이메아Waimea 산군의 열대 우림과 강물들, 그림처럼 낙하하는 계단식 폭포는 언제든 방문객을 황홀하게 합니다. 게다가 이제 곧 만나게 될 칼랄라우Kalalau 해변 등의 일부 지역은 보트나 헬기를 타고서만 접근할 수 있으니, 이곳에서 과연 어떤 숨겨진 비경을 만나게 될지 자못 궁금합니다.

풍경만이 아닙니다. 적당한 모험심만 있다면, 짜릿한 전율을 느낄 수 있는 다양한 아웃도어 어드벤처가 준비돼 있는데요. 물보라를 헤집으며 나가는 와일루아Wailua강의 카야킹이나 래프팅, 포이푸Poipu 비치의 스

세계 최고의 아름다운 10대 길이자 최고 위험한 10대 길 중 하나인 칼랄라우 트레일.
절벽 길을 아슬아슬하게 걷고 있다.

노클링과 스쿠버 다이빙, 혹은 코케에*Kokee* 주립공원의 와이메아 캐니언 트레일 하이킹이나 카우아이 계곡을 날아 건너는 캐노피 집라인 등등. 준비되셨나요. 무엇으로 놀아보시렵니까. 고갈된 삶의 에너지를 충전시키기에 부족함이 없으리라 확신합니다.

각지에서 모여든 트레커들이 카우아이섬 리후에*Lihue*에 여장을 풉니다. 미처 시차를 극복하지 못해 다소 몽롱한 상태건만, 여명도 들지 않은 시간에 분주히 여장을 꾸립니다. 새벽 4시에 숙소 출발, 5시에는 칼랄라우 트레킹을 시작하려 서두르는 참인데, 나름의 이유가 있습니다. 캠핑장 예약과 함께 퍼밋(permit; 허가)을 받아야 하는데요, 참가 인원수만큼 얻지를 못했어요. 그래서 피치 못 하게 도둑 산행을 하려는 참입니다.

출발일 꼭 한 달 전에 온라인 사이트를 열어 한정된 인원만 신청을 받는데, 한 사람당 최대 4명까지만 예약할 수 있어요. 첫 시도에 성공하자마자 연이어 두 번째 예약을 시도했으나 이미 동이 나버린 거죠. 익히 소문 들어 알고는 있었지만, 이렇게나 빨리 차버리다니요. 다음 날 퍼밋을 발급받긴 했지만, 날짜가 다르니 제재받을 수도 있고 해서, 레인저들이 출근하기 전에 시작점을 통과할 생각입니다. 그래서 오늘은 힘찬 구호는커녕 숨소리마저 죽이고 헤드랜턴도 반만 켠 채로 조심스레 산길을 오릅니다.

카우아이섬 칼랄라우 종주 트레킹은 케에 비치*Ke'e Beach*의 트레일헤드에서 시작되는데요, 편도 18km의 해안 절벽을 왕복으로 걷는 길로, 오로지 걸어서만 그 장엄한 자연의 풍광을 볼 수 있습니다. 세계 가장 아름다운 트레일 5위, 가장 위험한 길 8위에 랭크돼 있어 트레커들에게 죽기 전 꼭 한번은 가봐야 하는 길로 꼽히는 로망 중의 로망입니다.

트레일의 종착지는 칼랄라우 비치. 계절에 따라 제한적으로 카약이 허락되기는 하지만 그 외에는 오로지 두 발로 걸어서만 닿을 수 있는 곳이지요. 절벽이라는 뜻의 나팔리 코스트*Napali Coast*를 걷게 되는데, 이름만 그런 게 아니라 실제로 수천 길 낭떠러지를 아슬아슬하게 걸어야만 한답니다. 걷는 내내 한편에는 끝없이 펼쳐지는 고혹적인 코발트블루 바다가, 다른 편으로는 '태평양의 그랜드 캐니언'이라고 미국의 대문호 마크 트웨인이 극찬했던 장엄한 와이메아 캐니언이 시야를 가득 채웁니다. 화산작용으로 빠져나간 용암이 만든 대협곡이 수억 년 세월 동안 파도에 깎이고 눈비가 쌓이거나 바람에 다듬어지며 이러한 비경이 만들어졌습니다.

케에 비치를 내려다보며 트레킹이 시작됩니다. 피톤치드 가득한 울창한 숲길을 걷자니 콧노래가 절로 나오네요. 1월은 원래 우기에 속하니 비가 오면 어쩌나 걱정했는데, 슈퍼 엘니뇨 이상기온으로 인해 연일 날이 화창하다고 원주민들이 걱정하는 것을 들었습니다. 트레커들이야 비가 안 오니 좋긴 한데, 지구의 내일은 어떨까, 생각하니 한숨이 절로 납니다. 하나카피아이Hanakapiai 해변까지의 초반 3km 구간은 일반 관광객도 많이 들 다녀오는 길인데, 길섶에는 화산 폭발에서 살아남은 유일한 꽃나무라 불리는 오히라가 우리를 반겨주고 있습니다. '불의 꽃'이라 부르기도 하지요. 나무에 매달린 과실도 풍성해, 보기만 해도 넉넉한 마음이 듭니다.

초반 9km 구간에는 두 가지의 장애물이 있습니다. 우선 연이은 3km의 진흙탕 길. 시나브로 뿌려대는 소나기가 고여 진흙 길이 돼버리니, 걷기에 여간 불편한 게 아닙니다. 다른 하나는 하나카피아이 계곡을 건너는 일입니다. 우기에는 계곡물이 범람하여 생명을 위협하는 위험한 구역인데, 근간에 비가 많이 오지 않았다고 하니 다행입니다.

그런 마음도 잠시, 모두 기분 좋게 재잘거리며 잰걸음으로 울창한 열대 수림을 지나는데, 갑자기 물방울이 후두둑 떨어지는 게 아닙니까. 나무 사이로 보이는 하늘도 홀연 어두워지고, 빗방울도 차츰 거세집니다. 주저주저하며 방수복을 꺼내볼까 하는데, 이내 하늘이 개며 나뭇잎 사이로 밝은 햇살이 드는 것입니다. 거짓말처럼 맑아졌네요. 날이 참 천연덕스럽다는 생각이 들었습니다.

에메랄드빛 바다가 매혹적인 해안선

카우아이의 연중 기온은 거의 변함이 없고, 바다 수온 역시 22~28도로 내륙과 별 차이가 없습니다. 연강수량은 내륙이 1m에 달하는 반면 해안 지역은 40㎝로 훨씬 적으며, 비는 주로 밤에 많이 내리나, 열대 우림 기후의 영향을 받아 낮에도 어쩌다 한 번씩 소나기가 내리기도 합니다. 잠깐 더위를 식혀주고 지나가는 정도에, 이따금 영롱한 무지개를 은총처럼 펼쳐주기도 하니 오히려 반갑기도 하지요. 날씨 도우미를 하나 더 꼽자면 무역풍. 소슬한 미풍이 불어와 해안의 습기를 말려주고, 트레커의 땀도 씻어내 주는 데다 해안의 모기마저 쫓아내 주니, 그 덕에 카우아이는 한결 산뜻합니다.

걸음 내내 들락날락 모습을 보여주던 바다가 하나카피아이 계곡에 들어서는 순간 사라집니다. 맑은 물에 땀을 씻어내며 한시름을 풉니다. 이른 아침부터 쉴 틈 없이 달려온 일정, 허기를 달래며 잠시 쉬어 가기에 딱 좋은 타이밍입니다. 그래봤자 트레킹 초입에 불과하니, 오래 지체할 수는 없죠. 일행을 독려하며 산행을 이어갑니다. 지금부터는 끝없이 이어지는 오르막. 말수는 적어지고 숨소리는 가빠집니다. 리더라고 뭐 따로 거들 게 있나요. 우스갯소리 한 자락 풀어놓으니 끊겼던 웃음소리가 카우아이의 산하에 경쾌하게 울립니다.

하루를 꼬박 걸어 칼랄라우 비치에서 야영하고 또다시 같은 길을 되돌아와야 하는 여정. 그간 먹고 자고 마실 것들을 모두 메고 가는 녹록지 않은 고행의 길입니다. 자연의 장엄한 풍경이 우리를 도와주리라 믿습니다. 어느덧 24㎞ 나팔리 코스트가 시작되는 고개 앞에 닿았네요. 스페이스 록Space Rock이라는 이름을 가진 돌출된 곳에 서서 왔던 길을 돌아보고 앞으로 갈 길을 잠시 살피는 여유를 가져봅니다.

문득 시계가 밝아오며 광활한 협곡이 별안간 나타나고, 날카로운 능선이 파도를 타며 푸르게 펼쳐집니다. 원시의 아름다움을 그대로 간직한 곳으로, 영화〈킹콩〉이나〈쥐라기 공원〉의 촬영지이기도 하지요. 숲을 헤치고 나가 산허리 돌아가는 바위 위에 서서 풍경을 바라보니 오른편으로는 옥빛 태평양이 누워있고, 해변에는 하얀 파도가 모래톱을 핥고 돌아갑니다.

이따금 한 번씩 나타나는 황톳길. 비가 오면 최악이다.

 물들인 손톱을 깎아 던져버린 것 같은 카약들이 형형색색으로 아스라이 떠 있습니다. 달음질치듯 하산하여 여정의 절반쯤 되는 9㎞ 지점의 하나코아$^{Hanakoa}$ 계곡에 닿았습니다. 하나코아 폭포에서 발원한 물줄기가 시원스레 흘러내리는 곳으로, 야영장이 설비되어 있어 이곳에서 하루를 마감합니다. 족욕을 하며 노독을 풀고, 이어 꿀맛 같은 점심을 먹습니다.
 오래 주저앉아 있을 수는 없는 것이, 지금까지 걸어온 숲길과 달리, 오후에는 맑은 대기를 뚫고 내리꽂는 뜨거운 태양열을 곧이곧대로 받으며 걸어야 합니다. 물을 충분히 마셔줘야 하는데요, 다행히 트레일 안에

7개의 내가 있어 물 공급은 충분하나, 산양이나 야생동물의 배설물이 섞여 있어 반드시 정수제를 풀어 마시기를 권장합니다.

두 발에 세상을 다 맡긴 듯 지친 모습이 역력한데, 차라리 비라도 시원하게 뿌려줬으면 좋겠다는 생각이 드니 날이 정말 뜨겁긴 뜨겁나 봅니다. 이따금 불어주는 태평양을 건너온 바람이 그나마 잠깐씩 더위를 식혀주기도 하고, 좌우로 펼쳐지는 황홀한 풍경이 그 고통을 치유해 주기도 합니다. 고생 끝엔 낙이 있겠지요. 마의 7마일 구간. 고소 공포증이 있다면 제대로 몸을 가누기도 어려울 만큼, 천 길 절벽 길이 까마득합니다. 파도마저 광폭한 굉음을 내며 부서지니, 내딛는 걸음마다 모골이 송연한 것이 어느새 더위도 달아나 버립니다.

곡예하듯 바위산을 타는 검은 산양들과 함께 다다른 9마일 지점. 장대한 풍광이 펼쳐지는 전망대에 이르렀습니다. '하나호 힐'이라 불리는 곳인데요, 시선을 어디에 던져도 굽이치는 해안선 풍경이 드라마틱하게 펼쳐집니다. 고집스러운 걸음으로 이곳에 닿았습니다. 절벽 아래 코발트빛 바다에 보트 한 척이 그림처럼 떠 있습니다. 저쯤 내려다보는 칼랄라우 비치를 향해 걸음을 옮깁니다. 쉬이 닿기 어려운 와이메아 산군은 아름다운 나팔리 코스트를 품고 있어 더욱 신비로운 풍경을 연출합니다.

미친 듯이 달려왔다가도 백사장에 이르러 분을 죽이며 잔잔해지는 파도, 아련한 해무가 깔린 한적한 해변과 모래 위에 촘촘한 발자국을 남기며 오종종 걸어 다니는 물새들. 한 쌍의 바다 밍크도 해변 모래톱에서 느릿느릿 사랑놀이를 벌이고 있고, 어미 찾아 나선 야생 고양이 한 마리가 뒤뚱거리며 무심히 그 옆을 지납니다. 험한 길을 걸어 마침내 당도한 칼랄라우 해변. 바닷속으로 막 잠기려는 해는 마지막 붉은빛을 토해내며 주변을 보랏빛으로 물들입니다. 나팔리의 속살 같은 칼랄라우 비치. 잠시 나도 그 일부가 되어 나팔리에 몸을 기댑니다.

서 있기만 해도 영감이 떠오를 것 같고, 걷다 보면 절로 시 한 편이

마의 구간으로 들어서기 위해 지그재그로 조심스럽게 접근한다.

써질 것 같은 칼랄라우 트레일. 쥐라기 시대가 연상되는 야생 그대로의 깎아지른 절벽 위에 내 발자국도 새겨진다 생각하니 뭉클합니다. 하늘로 솟은 위용 있는 산군은 태초에 자연이 빚은 그대로의 모습이고, 바다로 뻗쳐 나간 해안선은 유구한 세월에 걸쳐 신이 만든 작품입니다. 이 길은 도전의 길이고, 성취의 길입니다. 아니, 도전 자체가 성취이기도 합니다. 미처 완주하지 못하고 두고 온 동행을 떠올리며 거푸 되새깁니다. 이 길에 들어선 것만으로도, 도전한 것만으로도 이미 충만하다고. 절벽 아래로 메아리를 보내듯 내 마음을 던져봅니다.

　　동이 튼 걸 확인하고, 조심스럽게 아침밥을 준비합니다. 다들 꽤나 고단할 테니, 조금이라도 더 재우고 싶은 게 제 마음입니다. 든든하게 먹어야 잘 걸을 수 있기에, 먼저 점심용 밥을 넉넉히 지어 놓고, 아침 식사를 위해 떡국을 끓입니다. 음력설 지나고 얼마 되지 않은지라 설날에 떡국을 못 먹은 이도 있으리라 짐작하고 준비한 메뉴입니다. 하나둘 일어난 일행들이 떡국을 반기는 눈치입니다. 제각기 할 몫을 맡아 하고, 식사도 마친 후 길 떠날 채비를 합니다. 서두를수록 작렬하는 한낮의 햇볕을 조금이나마 피할 수 있고, 일찍 도착할수록 도착지에서 느긋하게 바다를 바라보며 시원한 하와이안 맥주 한 잔이라도 즐길 수 있으니 분주해질 수밖에요. 아름다운 사람은 머문 자리도 아름답다는 말처럼, 쓰레기도 봉지에 담아 배낭에 넣는 등 깔끔하게 흔적을 없애고 다음 걸음을 시작합니다.

감사하게도 날이 참 좋습니다. 산뜻하고 청아한 아침 기운을 느끼며 길을 이어가는데, 날씨와 달리 길은 퉁명하기만 합니다. 폭이 겨우 몇십㎝ 밖에 되지 않거나, 마른 황토 경사길이라 미끄러지기 십상이기도 한 길을 연이어 오르내려야 하는 위험한 구간입니다. 본능적으로 바짝 벽 쪽에 붙어서 걷게 만드는 절벽 구간은 잘 부스러지는 화산토 돌길도 있어

칼랄라우 종주 최종 목적지인 칼랄라우 비치 1km 전 입간판 앞에서

걷는 내내 긴장의 연속이지만, 이런 아찔함이 또 이 길의 매력인지도 모르겠습니다.

파도는 거세게 달려와 절벽에 부딪고, 시원스레 부서지며 잠시 더위를 식혀주곤 큰 바다로 다시 돌아갑니다. 5개의 구릉을 쉴 새 없이 오르고 내리며 에둘러 걷는 이 길. 아침 햇살에 비끼는 캐니언의 산세는 안개구름에 가려 신비하고, 보일 듯 말 듯 한 정상이 애간장을 끓게 합니다. 불의 여신인 펠레$^{Pele}$가 만들었다는 하와이 화산군도. 사랑하는 이를 한없이 기다리다 흘린 눈물이 저 청잣빛 바다를 이루었다는 전설을 알고 나니, 그 눈물 먹고 자란 야생화는 붉은빛이 더욱 강렬하게 느껴집니다. 깊은 계곡 어디선가 큰 몸집의 킹콩이 당장 튀어나올 것만 같고, 굽이마다 화첩 같은 풍경이 이어집니다. 우리도 전설의 일부가 된 듯, 감미로운 하와이안 바람에 몸을 맡긴 채 오래 서 있었습니다.

돌아가는 길 2마일 지점에 다시금 하나호 힐이 나타납니다. 칼랄라우 트레일에는 두 개의 갈림길이 있는데 그 하나는 하나카피아이 해변에서 잠시 빠져나가 풍광을 즐기고 돌아오는 하나카피아이 폭포 트레일이고, 또 하나는 바로 이 지점의 칼랄라우 밸리 트레일입니다.

붉은 토암에 새겨진 숫자 '9'를 확인하고 아슬아슬한 좁은 길을 돌아 나와 7마일 구간을 잔뜩 경직된 채 통과하는데, 이때 동행들에게 간격 2~3m 거리를 유지하며 여차하면 발생할 수 있는 실족의 위험에 대비하라고 단단히 당부합니다. 아찔한 이 구간이 어쩌면, 기세 좋은 산군, 미려한 해안선과 더불어 칼랄라우를 가장 칼랄라우답게 만들어주는 구간이 아닌가 하는 생각도 해봅니다.

하나코아 밸리 지역에 들어서니 해는 중천으로 치솟고, 더위가 기승을 부리기 시작할 무렵 그냥 지나쳐 버렸던 하나코아 폭포로 향합니다. 우기가 무색하게 폭포수는 초라하지만, 그 아래 고여 있는 맑은 물은 발을 담그고 땀을 훔치기에는 모자람이 없습니다. 수영 팬츠와 비키니 차림으로 물속에 뛰어드는 청춘들도 적지 않네요. 부러운 마음도 잠시, 이것저것 남은 간식으로 원기를 돋우고 다시 울창한 밀림으로 들어갑니다.

가던 길엔 마음이 바빠 미처 살피지 못했던 다양한 풍광들을 돌아오는 길에 충분히 음미합니다. 가고 나면 얼마나 또 빨리 잊힐까 싶어 돌아보고 또 돌아보며 아득해지는 풍경을 마음에 고이 심어둡니다. 드문드문 오버나이트 캠핑을 위해 칼랄라우 비치로 향하는 트레커들만이 가끔 지나갈 뿐 정적이 가득한 이곳에 상업용 헬리콥터들이 이따금 고요를 깨기도 합니다. 경고문 하나가 눈에 들어오며 정신이 번쩍 납니다. '*A slip can be a death.*' '까딱 미끄러지면 죽을 수도 있다.'는 의미의 섬뜩한 문장 옆에 현재까지 목숨을 잃은 사람이 82명째라고 진행형으로 알려주고 있습니다. 결코 방심해서는 안 되는 곳입니다.

마지막 0.5마일을 남겨둔 지점에 이르니 시작점인 케에 비치가 내려다보이고, 해수욕과 서핑을 즐기는 이들이 해변을 가득 메우고 있습니다. 종주의 환희와 안도가 교차하는 만감을 품고 지그시 눈을 감아봅니다. 1,400m의 고도를 거침없이 오르내리며 이어진 36km의 장대한 길. 함께 고난을 견디고 역경을 나눈 끝에 마침내 그 끝에 이르렀습니다. 다시 오라고 손짓한다면 언제라도 달려가 품에 안기고 싶은 칼랄라우 트레일.

미처 종주를 마무리하지 못한 동행들과 하나레이*Hanalei*만의 선술집에서 합체해 시원한 생맥주를 곁들여 도전과 종주를 축복합니다. 연중 파고가 변함이 없다는 하나레이만. 우리 삶도 그럴 수 있다면 얼마나 좋을까요. 어찌 생각해 보면 도전도 없고, 성취도 없고, 실패도 없는 그 삶이 조금 지루할지도 모르겠어요. 우린 이렇게 끊임없이 도전하며 걸어야죠. 삶의 모험가니까요.

## INFORMATION

**거점 도시** 리후에

**거점 공항** 카우아이 리후에 공항

**트레킹 팁 1** 하와이 호놀룰루에서 비행기를 타고 카우아이섬 리후에로 온다. 섬 북동쪽에 있는 프린스빌로 이동, 이 길 끝에 있는 케에 비치 주차장에서 트레킹을 시작한다. **2** 칼랄라우 트레일은 퍼밋을 받아야 입장할 수 있다. 예약사이트는 가고 싶은 날의 30일 전, 우리나라 시간 오후 7시에 열린다. 퍼밋을 받은 후에 케에 비치의 입장권과 주차권을 예약한다.

**예약** 하와이 주립공원 https://camping.ehawaii.gov/

미국, 북미
# 그랜드캐니언 카이밥 트레일
GRAND CANYON KAIBAB TRAIL

## 지구 비밀이 기록된 세계 최고의 캐니언

노스림 *North Rim*

콜로라도 강 *Colorado River*

사우스림 *South Rim*

| 거리 | 38km |
|---|---|
| 일정 | 2일 |
| 난이도 | ●●●●●○○ |
| 최고도 | 2,700m |
| 시즌 | 4~5월 혹은 9~11월 |
| 코스 | 노스림~콜로라도강~사우스림 |
| 고도표 | |

세계 10대 비경, 세계 7대 불가사의 등으로 꼽히는 그랜드캐니언을 걸어서 종주하는 길이다. 지구의 가장 두드러진 특징을 세밀하게 들여다볼 수 있는 곳으로 캐니언 깊숙이 들어가 바라보는 장대한 자연미와 낙조 감상이 일품이다.

얼마나 오래도록 그랜드캐니언을 그려왔던가요. 종주의 출발점인 노스림North Rim의 브라이트 엔젤Bright Angel 전망대에 올라 장엄하게 펼쳐진 산하를 두근거리는 마음으로 내려다봅니다. 헤아릴 수 없는 영겁의 세월 동안 돌출하고 내려앉고 깎이고 마모되며 만들어진 저 거대한 협곡, 그랜드캐니언. 선사시대의 선물. 지구의 역동적 역사가 그대로 드러나는 곳. 세계적으로 으뜸으로 꼽는 협곡이자 세계 10대 비경 1위에 꼽히는 그랜드캐니언은 애리조나주 북서부에 위치하며 지질학적, 생태학적 특징과 웅장한 자연미를 인정받아 1919년에 국립공원으로 지정되었습니다. 근간에는 연간 천만 명 이상이 이곳을 보기 위해 몰려든다고 하는군요. 누구든 그 장대한 풍경 앞에 서면 인간이 얼마나 보잘것없는 미물인지를 깨닫고 이내 겸손해질 수밖에 없습니다.

드디어 그랜드캐니언 종주를 시작합니다. 트레커를 위해 로지에서 준비해 둔 천연 지하수와 얼음 등을 채워서 길을 떠납니다. 1년 전에 신청해도 될까 말까인, 그것도 추첨을 통해서야 가능한 종주 허가증. 운 좋게도 취소자가 있어 가까스로 발급받아 트레일 헤드에 이렇게 당도했습니다. 태양의 열기가 한풀 꺾인 오후 2시. 38km의 그랜드캐니언 카이밥 트레일을 하루 반 만에 완주할 예정입니다.

그랜드캐니언은 콜로라도Colorado강을 사이에 두고 노스림과 사우스림South Rim 두 지역으로 나뉩니다. 두 절벽 간의 거리는 겨우 16km 정도이지만 바로 건너가는 길이 없어서 사우스림에서 차를 타고 노스림으로 가려면 354km 거리를 4시간 동안 돌아가야 합니다. 일반적으로 노스림에서 출발해 콜로라도 강변에 있는 팬텀랜치Phantom Ranch 숙소나 야영장에서 1박 하고, 사우스림 카이밥이나 브라이트 엔젤 트레일로 올라오게 되는데요. 노스림의 들머리는 2,497m로 최저점인 콜로라도강이 795m, 그리고 사우스림의 날머리는 2,216m이므로 1,700m를 내려가서 1,400m 이상을 올라오는 굴곡이 심한 코스입니다.

캐니언 깊숙이 들어가 눈앞에 다가온 캐니언의 장대한 자연미와 낙조 감상은 이 여정의 백미로 꼽힙니다. 이 코스는 지구의 가장 두드러진 특징을 세밀하게 들여다볼 수 있는 곳으로써 그랜드캐니언의 엄청난 규모를 직접 느낄 수 있답니다. 참고로 세계 5대 캐니언은 그랜드캐니언 다음으로 아프리카 나미비아의 피시리버 캐니언Fish River Canyon, 멕시코의 코퍼 캐니언Copper Canyon, 티베트의 얄룽창포 Yarlung Tsangpo 그리고 페루의 꼴까 캐니언Colca Canyon입니다.

신이 만들고 바람이 빚은 장대한 그랜드캐년. 그 깊은 계곡 속으로 들어가는 동행들

여름이 더디 오는 고원의 노스림 주변에 늦은 봄꽃이 나긋하게 피어있고, 푸르른 관목이 줄지은 산길은 쾌적하기 이를 데 없습니다. 가파른 내리막길을 조심스레 내려갑니다. 산길은 홀로 가면 성찰의 길이요, 둘이 가면 대화의 길이며, 여럿이 가면 친교의 길이라 하지요. 제각각의

삶을 살다 오로지 산이 좋고 길이 좋아 모인 고만고만한 나이의 동년배들이 함께 하니 즐겁기 그지없습니다.

사우스 카이밥 출발지에서 2km 내려가면 시다 리지 포인트다.

어느새 코코니노$^{Coconino}$ 전망대에 이르렀네요. 발아래 펼쳐지는 그랜드캐니언의 장엄한 비경. 수억 년 바위도 세월의 손을 타 적당히 무디어진 채 병풍처럼 협곡을 에워싸고, 굽이굽이 계곡 따라 물과 바람이 휘돌아 갑니다. 넋을 잃고 바라보다 쌩한 바람에 정신이 번쩍 나며 걸음을 재촉합니다. 열심히 발품을 팔아야 9시경에나 도착할 수 있는 최저점, 콜로라도강. 풍광이 좋으니 그리 초조하진 않습니다.

웅장한 기세로 솟은 거대 직벽과 푸른 초목, 계곡물과 바람의 소리. 오감을 활짝 열어두고 다듬어지지 않은 천연의 길을 걸어갑니다. '캐나다의 로키나 미국의 그랜드티턴$^{Grand\,Teton}$을 모두 모아도 이보다는 못하다'고 누군가 찬탄을 던지는데, 역시나 그랜드캐니언만의 독특한 산세가 있습니다. 잠시 숨을 고르기 위해 늦은 점심을 먹습니다. 소박한 식단, 일상의 음식에 비하면 하찮은 음식이지만 꿀맛입니다. 신들의 정원에서 나누는 오찬. 그간의 여독을 말끔히 씻어냅니다. 지나는 산객들과 반가운 인사를 나누고, 산그늘 아래 감미로운 휴식을 취하는 가운데, 짝을 지은 독수리들이 협곡의 봉우리 위를 한가로이 비행하며 맴돕니다.

    신비로운 천연 굴 수파이 터널<sup>Supai Tunnel</sup>을 거쳐 직벽으로 둘러싸인 계곡을 가로질러 레드월 다리<sup>Redwall Bridge</sup>를 건너면, 맹렬히 굉음을 쏟아내는 로링 스프링스<sup>Roaring Springs</sup>에 닿습니다. 가파른 비탈길을 1,000m 쯤 내려가야 하는데, 90kg의 무거운 체중이 온통 하체에 실리니 내 무릎이 안쓰럽습니다. 바람이 감고 도는 산모퉁이에서 잠시 비경을 감상합니다. 로링 스프링스, 이름 그대로 으르렁대는 샘물입니다. 깎아내린 절벽 틈에서 콸콸 넘쳐흐르는 엄청난 양의 물을 보니, 불가사의라 말해도 좋겠

사우스 카이밥 출발지에서 3km 내려가면 스켈리톤 포인트. 풍광이 절정이다.

구비구비 이어지는 하산길. 콜로라도 강이 흐르는 계곡 저점으로 길은 이어진다.

습니다. 골마다 협곡을 적시며 콜로라도강까지 흘러가는, 이름도 참 예쁜 브라이트 엔젤 시냇물. 발 한번 안 담글 수 없죠. 찬 기운이 발끝에서 머리끝까지 훑고 지나가고, 부는 바람이 땀에 젖은 몸도 말려줍니다.

　구름 사이 비낀 햇살이 갈 길이 멀다고 일러 줍니다. 가볍게 걸을 만한 평지길, 냇물도 졸졸 청아한 소리를 내며 따라옵니다. 꽃과 풀과 나무와 돌, 그리고 보이지 않는 수많은 생명체를 스치며 이것도 인연이 아닐까, 생각해 봅니다. 자연과 하나가 된 것 같습니다. 해가 저물며 풀벌레 소리는 요란하고, 새들도 부산하게 쏘다닙니다. 저 멀리 콜로라도 강변의 유일한 숙소인 팬텀랜치에서 저녁밥 짓는 연기가 피어오르니, 여기까지 음식 냄새가 풍기는 듯한 것이 마음이 먼저 도착했나 봅니다.

　서녘에 드리운 산그늘이 짙어가고, 세상에서 가장 아름다운 낙조로 꼽히는 그랜드캐니언의 석양을 보기 위해 잰걸음에 보폭마저 넓어집니다. 바쁜 걸음이지만, 기암 절봉의 절경도 그냥 지나칠 수 없죠. 성화봉, 곰돌이 푸, 여인 봉, 남근 봉 등등, 봉우리마다 이름을 하나씩 지어줍니다. 목이 아프도록 고개를 돌려가며 제각기 별스럽게 생긴 조물주의 작품을 감상합니다. 다 왔나 싶으면 또 다른 모퉁이, 모퉁이를 돌면 또 다른 계곡이 펼쳐지고. 끝도 없이 반복하며 그랜드캐니언의 협곡은 좀처럼 끝나려 하지 않습니다.

발목에 묵직한 추를 달아놓은 듯한 피로감에 걸음이 가볍지가 않습니다. 서로를 격려하며 어둠이 서서히 내리는 캐니언을 하염없이 내려갑니다. 고단한 여정 끝에 종착점에 이르면, 고생 끝에 복이라 느낄 것입니다. 생에 대한 자신감이 불끈 솟아오릅니다. 그 자신감은 훗날, 삶의 고난과 마주할 때 힘이 되어 주겠지요.

석양이 고프다고나 할까요. 다급한 마음에 일행을 뒤에 두고 달음박질로 콜로라도강을 향해 앞서 내달립니다. 어느덧 검은 서산 뒤로 붉은 태양 빛이 내려앉으니, 더욱 조급해지며 걸음은 더욱 빨라집니다. 가까스로 9시경에 랜치에 다다랐으나, 어둠으로 짙어진 산 위에 불그스름한 하늘만 드리우고 있을 뿐, 사진으로 보았던 황혼의 비경은 만날 수가 없었습니다. 허탈한 마음으로 순식간에 기진해져선, 길섶에 쓰러져 누워버립니다.

얼마나 시간이 흘렀을까? 아스라한 랜턴 빛과 수런거리는 소리에 선잠에서 깨어나 동무들을 맞이합니다. 허접한 피크닉 테이블 위에 소박하게 차린 저녁상. 라면과 햇반에 소주까지 곁들이니 이만하면 번듯한 정찬이지요. 길 위에서 맞은 저마다의 무용담을 나누다 보니 어느덧 밤은 이슥해지고 잠자리를 채비할 시간. 열대야와도 같은 무더운 날씨에 텐트를 치느니, 차라리 텐트를 이불처럼 덮고 매트리스 위에 누워버립니다.

제법 늦은 시간이고 몸도 노곤하건만, 내일 일정을 생각하니 부담이 엄습해 오네요. 24km의 거리에 1,500m의 높이를 하루 만에 올라야 하거든요. 오소리나 삵 같은 들짐승이 먹을 것을 훔치러 오기도 한다니, 더욱 경계심이 듭니다. 한껏 높이 매달아 둔 배낭을 향해 날쌔게 뛰어드는 놈들을, 신발을 던져 쫓아내기도 했으니까요. 걱정이 늘어져도 밤은 옵니다. 잠도 옵니다. 별은 빛나고, 흐르는 시냇물 소리에 열대야의 무더위도 한풀 꺾이네요. 로지와 텐트의 간이 전등 불빛도 하나둘 꺼져가며 소곤대던 이야기 소리도 잦아들고, 그랜드캐니언의 밤은 적막 속으로 깊어갑니다.

캐니언의 아침은 노새의 방울 소리에 놀라 깨어납니다. 이른 새벽부터 림을 향해 올라가는 노새 행렬이 분주히 채비하고 있는데, 아니 이럴 수가! 바닥이 평평한 것이 텐트 치기 적격인 명당자리라며 좋다던 바로 이 자리가 사실은 노새들의 대기 집결지였습니다. 주변이 아주 그냥 노새 똥 밭입니다. 껄껄껄 웃을 밖에요.

마음 단단히 먹고 캠프장을 나섭니다. 오늘도 수통과 병에 물을 가득가득 채웁니다. 콜로라도강을 건너, 인디언의 흔적이 그대로 남아 있는 콜로라도 강변 리버 트레일을 따라 걷다가 바람의 길로 들어섭니다. 강변은 항상 림보다 기온이 10여 도쯤 높은데요, 6월부터는 40도에 육박한 사막기후로 의지 약한 트레커들을 시험에 들게 합니다.

인디언 가든, 3마일 레스트 하우스 등을 지나며 길은 다소 느슨해진다.

여름이 일찍 온 이곳에 봄꽃은 다 져버리고, 밤이슬을 먹고 자라는 사막성 선인장들은 제철을 만나 요염한 꽃을 피워냅니다. 전망대에서 내려다볼 땐 뭐 하나 살아있는 거 없을 것처럼 황량해 보였는데, 들풀과 꽃, 나무들이 무성하게 잘만 자라고 있습니다. 주위 절벽은 수억 년간 강물이 조각한 듯, 하나하나가 황홀경을 선사합니다.

거대 바위에 새겨진 세월의 흔적을 찬찬히 살펴봅니다. 문명이 가장 발달했다고도 말할 수 있는 나라 미국, 그 안에 가장 원시적인 대자연 그랜드캐니언. 세월의 흔적이 켜켜이 쌓인 이곳의 지층은 계속되는 침식 작용으로 지금도 여전히 변화하고 있습니다. 12개의 바위층엔 변화무쌍한 지구의 형성 과정이 차곡차곡 쌓여 지질학 교과서라 불러도 부족함이 없습니다. 방문객의 90% 이상이 전망대에서 휘 둘러보고 간다고 하는데, 그들은 절대 알 수 없죠. 신과 자연이 함께 만든 작품이 얼마나 훌륭한지. 얼마나 신비한지. 신성한 인디언의 길에 두 발로 걸어 들어온 자만이 누릴 수 있는 특권입니다.

깎아지른 절벽 틈바구니 사이, 브라이트 엔젤과 사우스 카이밥을 연결한 리버 트레일. 바짝 긴장하며 걷는 트레커들 머리 위로 흰머리 독수리가 힘찬 날갯짓으로 비상합니다. 두 발로 애써 버티며 균형을 잡지 않으면 그만 저 수 백길 낭떠러지로 추락하고 말 인간. 새들의 비상이 부럽기만 합니다. 래프팅 보트들이 간간이 떠다니는 고즈넉한 강에 잠시 넋을 잃다가 굽이굽이 이어진 산길이 시야에 차면서 현실로 돌아옵니다.

갈 길이 바쁩니다. 사우스 카이밥 트레일의 분기점에서 인증 사진을 찍고, 아름답게 휘어진 비탈길을 따라 그림 같은 풍경 속으로 들어섭니다. 아득하게 이어진 낭떠러지 길을 비 오듯 땀을 쏟으며 오르다가 잠시 더위를 식히려 걸음을 멈춥니다. 저 건너엔 노스림 카이밥 트레일이 바람에 끊길 것 같은 다리로 연결되어 있고, 우리가 묵고 온 팬텀랜치가 신기루 속의 오아시스처럼 아른거립니다. 루스벨트 대통령이 사냥을 위해 머물렀다 해서 '루스벨트 랜치'라고도 불리는데 음식이나 음료를 구매할 수 있는 유일한 곳이기도 합니다. 숙소까지 물품을 조달하는 노새들의 걸음이 유난히 무거워 보이는 것이 애처로운 마음이 듭니다.

시선은 구름다리를 따라 건넙니다. 1920년경 인디언의 손으로 지은 철제 다리. 국립공원으로 지정되면서 삶의 터전을 내어주고 쓸쓸히 사라졌을 인디언들을 생각하면 동병상련이랄까, 쓸쓸한 마음을 갖지 않을 수 없습니다. 유장한 물은 파란만장한 역사의 현장을 목격하고도 아무 말 없이 흘러만 가고, 피의 역사의 산증인인 바람도 모든 것을 용서하려는 듯 평화로운 협곡을 부드럽게 보듬고 지나갑니다. 나 역시 그저 가만 눈을 감아 버립니다.

카이밥Kaibab 트레일. 그랜드캐니언의 심장부를 가로지르는 이곳을 한국 사람들은 우스갯소리로 '개밥'이라 부르기도 하는데, 뜻은 둘째치고 재미있게 부르긴 좋습니다. 인디언의 말로는 '거꾸로 선 산', 거대한 대협곡이 마치 산을 뒤집어 놓은 듯해 자기식대로 소박하게 붙인 이름인가 봅니다. 원시 그대로의 아름다움을 간직한 신비의 땅이자 인디언의 땅, 우리도 자박자박 걸음을 더하며 길을 이어갑니다. 건조한 바람이 땀을 식혀줍니다. 둔덕에 앉아 굽어보니 어느덧 출발점이 까마득합니다. 가야 할 오르막길을 생각하면 아득하지만, 지금까지 걸어 내려온 길을 생각하며 스스로를 대견하다 여기고, 밀려오는 오수를 툭툭 털어내곤 다시 등정을 시작합니다.

가파른 사면의 각도를 줄이기 위해 이리저리 휘돌아가게 만들어 놓은 배려의 길. 이어지는 협곡을 돌아 돌아가면서 간혹 허물어져 내린 돌무덤들을 봅니다. 언제라도 붕괴될 수 있는 천연 그대로의 길인지라 낙석의 위험이 도사리고 있습니다. 정수리에 눈을 옮겨놓은 듯 바짝 긴장한 채 촉각을 곤두세워 잰걸음으로 협곡을 벗어나려 합니다. 잦은 침수와 범람으로 물 수송용 대형 파이프가 흉물스럽게 파헤쳐져 있고, 방치된 듯

종주를 얼마 남기지 않은 터널 지점. 다리 무게가 천근만근이다.

오래된 전신주와 전선 역시 눈살을 찌푸리게 합니다. 문명이 이렇게 자연에 죄를 지었네요. 안타까운 마음에 가슴이 저려옵니다. 협곡을 빠져나와 평원으로 들어서니 구름을 밀어낸 뜨거운 햇살이 머리꼭지를 달구고, 언짢은 마음이 더욱 뾰족해집니다.

그랜드캐니언 종주는 물과의 전쟁, 기온과의 싸움입니다. 체력 고갈로 인해 심각한 후유증을 남기거나 때때로 죽음으로 이어지기도 한다는 무시무시한 경고. 1ℓ 양의 물을 최소한 4개 이상 준비하시길 제안합니다. 그만큼 사우스 카이밥 길에는 수원지가 없어서 사막성 기후를 경험해야 하는 어려운 종주 길입니다. 나무마저 키가 작아, 중천에 머물며 혹독한 열기를 내뿜는 햇살을 피할 길이 없습니다. 바람마저 잦아들어 고통스럽기까지 한 한낮의 열기. 땀으로 목욕하는 한이 있어도 포기하지 않으리라 마음먹고 그 더위를 기꺼이 받아들입니다. 길도 언젠간 끝나겠지요. 피할 수 없고 즐길 수도 없으니, 체념할 밖에요.

얼마나 걸었을까요? 무념무상의 상태가 되어 저마다의 보폭으로 길을 갑니다. 자연에 취해 산에만 귀 기울이고 걷다 보니, 소란함은 어데 가고 고요만이 남았습니다. 자연 자체가 작품이니, 별다른 기술이나 도구 없이 대충 찍어도 다 작품이 되고, 예술이 됩니다. 구름이 거들어 더욱 오묘한 분위기가 연출되고, 잘 듣는 진통제를 먹은 듯 어느 순간 고단함도 사라집니다. 끝없이 이어지는 비탈길을 두고 동행 하나가 넋두리 같은 푸념을 늘어놓습니다. 도대체 왜 이 많은 돈을 들여가며 사서 고생이냐고. 웃음을 타고 오는 그 말이 자긍심의 표현 같고, 저 역시 비슷한 뿌듯함을 느끼며 길을 이어갑니다. 돌아오기 위해 여행을 떠나고, 내려오기 위해 산을 오른다고들 말하지요. '산이 그곳에 있기에 오른다'는 영국 산악인 조지 말로리 George Mallory의 말처럼 산을 오르는 저마다의 이유는 명쾌하게 말하기가 쉽지 않습니다. 마음에 묻어두고 묵묵히 걸을 뿐입니다.

어느새 저만치 올라선 이들을 보고 있으니 은근한 경쟁심에 걸음이 빨라지기도 합니다. 바람과 함께 오르는 길, 얼마나 왔을까 하고 뒤돌아보니 믿기지 않을 수려한 캐니언의 풍광이 시야에 들어오고, 떠나온 콜로라도강의 정경이 한 폭의 농익은 수묵화처럼 펼쳐집니다. 어느 각도에서 보느냐에 따라 산세는 달리 보입니다. 거대 암벽이 직각으로 도열해 있고, 이어지는 돌산은 전시장의 조각품처럼 질서 정연하게 줄을 서 구름과 대화하듯 하늘과 가깝습니다.

어느덧 시장기가 몰려옵니다. 점심도 먹어야 하니 적당한 길섶에 자리 잡고 걸터앉습니다. 세속에서는 보잘것없는 주전부리가 산에서는 꿀맛입니다. 흔하다고 귀하지 않은 것은 아님을, 인생에서 함부로 대할 것은 없음을 되새기며. 산을 통해 또 하나를 배웁니다. 산이 곧 스승입니다.

쉴 새 없이 이어지는 오르막길. 서녘 하늘에 머뭇거리는 식은 태양은 서산마루를 물들이며 걸음을 다그치고, 더위 삼킨 계곡은 푸른빛이 감돌며 신기루처럼 흔들립니다. 스켈레톤*skeleton* 전망대가 저만치 다가와 있는데, 점점 발아래로 멀어지는 봉우리들에서 눈을 뗄 수 없어 잠시 그 치명적인 아름다움을 감상하고자 또 한 번 쉬어갑니다. 그늘 없는 카이밥 길. 맑은 공기를 투과해 거칠 것 없이 내리꽂는 햇살과 발아래 장대한 협곡의 풍광에 잠시 아찔해집니다. 이 길을 걷게 해 준 그 모든 인연과 우연과 필연에 감사하며, 길 자체가 은총이라는 생각으로 그 길의 일부가 되어갑니다.

오를수록 더 넓어지는 시야, 장쾌한 캐니언의 풍경. 산그늘이 머리 위를 덮으며 발길을 재촉해도 천하제일의 황홀경을 그냥 지나치기 어렵습니다. 좋은 전망이 펼쳐지는 곳마다 잠시 잠깐 틈을 내어 다양한 포즈를 취하며 사진을 찍습니다. 나중에 꺼내 보면 주름진 얼굴에 세월을 느끼며 한숨을 폭폭 쉬게 될 수도 있지만, 지금 이 순간만큼은 근사한 모델인 양 서로를 추켜세웁니다.

마지막 남은 힘을 다하여 올라야 하는 마의 구간이 기다리고 있기에 서로서로 응원군이 되어야 합니다. 물은 이미 거의 소진돼 버렸고, 하산하는 외국인들에게 염치 불고하고 물을 얻어 목을 축입니다. 생명수가 따로 없지요. 동고동락 그 이상, 생사를 같이 한 듯한 소중한 동행들. 무거워진 걸음을 한발 한발 옮기며 힘겹게 자신과 싸웁니다. 이런저런 일거리를 병행하느라 잠도 부족했던 탓에, 선두 자리를 내어주고 행렬에 기댄 기분으로 천근만근 두 발을 질질 끌고 갑니다. 더도 덜도 없이 모두의 사정이 매양 비슷합니다.

같이 걷는 것이 그저 위로일 뿐, 누구도 누구를 그 이상 배려할 수 없습니다. 길이 고될수록 마지막에 기다리는 기쁨은 더욱 클 것이라 여기며, 선두에서 메기는 "으쌰!" 함성을 후미에서 더 큰 소리로 "어영차!" 받아내며 흥을 돋웁니다.

정성이 갸륵했는지, 촉촉한 단비가 잠시 흩뿌립니다. 힘든 이의 배낭을 대신 짊어지기도 하고 때로는 손을 잡아 이끌어주기도 하면서, 사우스 카이밥 정상 부분에 어느덧 닿았습니다. 정(情)으로 올랐다고 할까요. 마음에 맞는 이들과의 산행만큼 즐거운 일이 또 있을까! 진정으로 산을 사랑하는 사람들과 함께 말입니다.

정상에 섰습니다. 멀고 험한 길을 걸어와 정상에 서면 뿌듯한 자긍심이 가슴을 가득히 채우면서 한편으론 울컥 억장에서 걸리는 서러운 감정이 묘하게 교차합니다. 정상에 올랐다는 성취의 희열과 주저하고 갈등했던 나약한 내 모습이 함께 떠올라 마음 한편이 저릿하기도 합니다. 사는 일도 산에서 걷는 일처럼 적극적일 수 있다면 얼마나 좋을까요. 그래도 회한은 요기까지만. 오늘만큼은 이 아름다운 정상에 서서 안개구름이 신비하게 흐르는 그랜드캐니언의 깊은 골을 내려다보며 진한 감회에 젖어보렵니다.

서부 대륙 3대 캐니언을 돌면서 순간순간 조우한 명 풍경들이 뇌리에 주마등처럼 스쳐 지나갑니다. 한 모퉁이를 돌 때마다 캐니언이 보여준 수려한 풍광과 잊지 못할 비경들을 심장 가장 가까운 곳에 묻어두고, 구름이 걷히며 더욱 선명해진 캐니언을 무심히 바라다봅니다. 숨 한 번 크게 들이마시니, 마음은 새가 되고 바람이 되고 구름이 되어 쪽빛 하늘로 흘러갑니다. 덧없던 회한을 긴 한숨으로 뱉어냅니다.

어디를 향하는지 모를 또 다른 그리움이 머지않아 마음 안에 똬리를 틀고, 곧 나는 다시 배낭을 꾸리겠지요. 너무 무겁지 않은 배낭을 지고, 너무 많은 것을 마음에 담지 않고 언제라도 길 떠날 수 있다면, 새만큼이나 가볍고 새만큼이나 자유로운 삶입니다. 구름 따라 호젓이 황혼 속으로 걸어 들어가는 등짐 진 나의 뒷모습을 그려보니, 그것이 바로 가장 나다운 모습이요, 가장 아름다운 모습이란 생각이 듭니다. 흠, 살아온 날보다 남은 날이 너무 적게 남았는데, 너무 늦은 깨우침이 아니길요.

---

### INFORMATION

**거점 도시** 라스베이거스 또는 페이지

**거점 공항** 라스베이거스 공항 또는 페이지 공항

**트레킹 팁 1** 미국 서부 네바다주 라스베이거스에서 출발, 차량으로 그랜드캐니언 국립공원 노스림으로 간다. 가장 근처의 공항이 있는 페이지에서 접근할 수도 있다. **2** 노스림에서 출발하면 사우스림에서 마무리하게 된다. 사우스림에서 차량 지원이 필요하다. **3** 그랜드캐니언 종주는 물과의 전쟁, 기온과의 싸움이다. 탈수 현상으로 사람이 죽는 경우가 있다. 1인당 1ℓ 물을 최소한 4개 이상 준비해야 한다.

미국, 북미
## 더 네로우즈 트레일 *THE NARROWS TRAIL*
### 아름다운 물길과 협곡의 비경을 찾아서

- 챔벌레인스 랜치 *Chamberlane's Ranch*
- 어퍼 내로우즈 *Upper Narrows*
- 딥 크릭 *Deep Creek*
- 빅스프링 *Big Springs*
- 월스트리트 비긴즈 *Wall Street Begins*
- 플로팅 록 *Floating Rook*
- 미스테리 폴 *Mystery Falls*
- 시나와바 사원 *Temple of Sinawava*

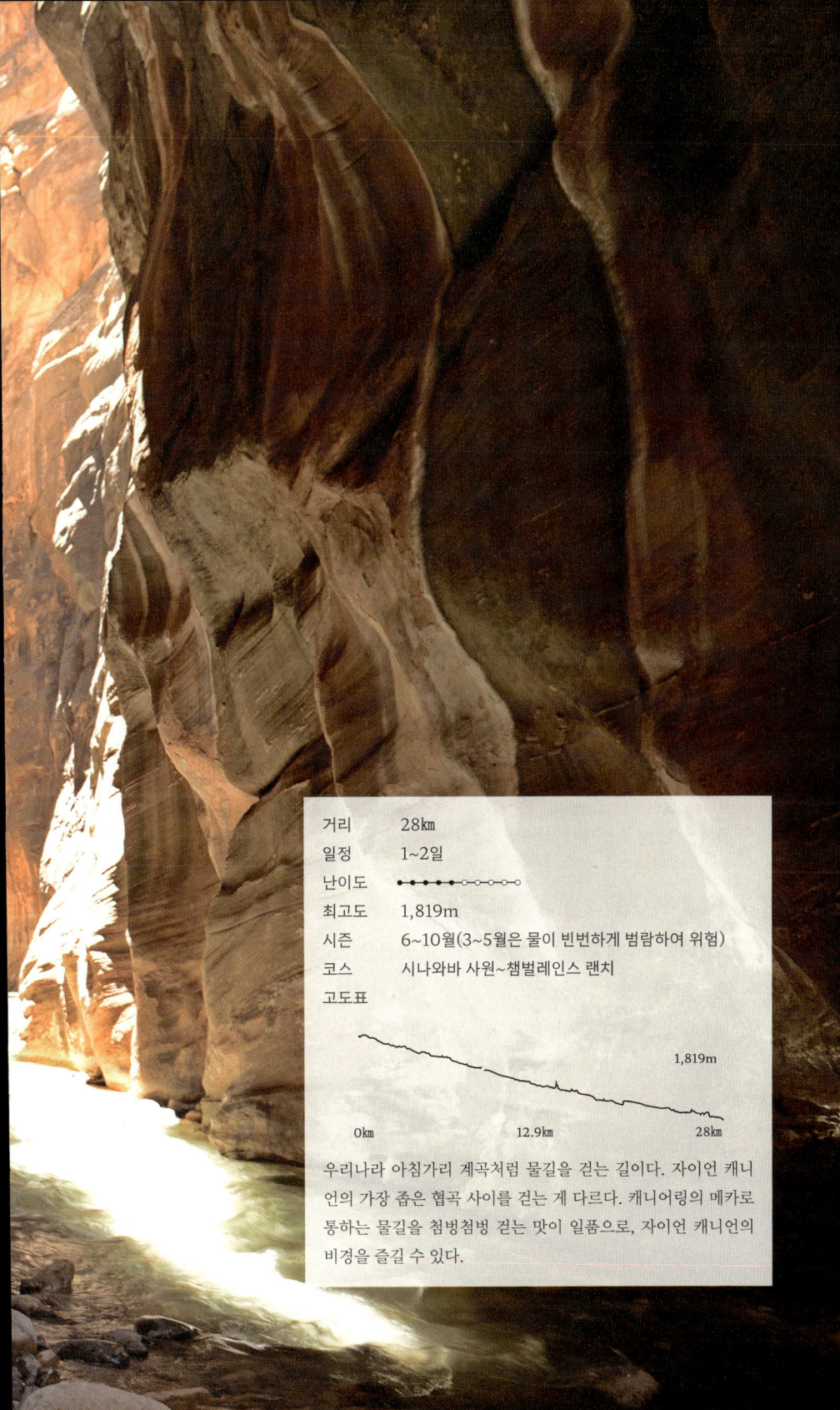

| | |
|---|---|
| 거리 | 28km |
| 일정 | 1~2일 |
| 난이도 | ●●●●○○○ |
| 최고도 | 1,819m |
| 시즌 | 6~10월(3~5월은 물이 빈번하게 범람하여 위험) |
| 코스 | 시나와바 사원~챔벌레인스 랜치 |
| 고도표 | |

우리나라 아침가리 계곡처럼 물길을 걷는 길이다. 자이언 캐니언의 가장 좁은 협곡 사이를 걷는 게 다르다. 캐니어링의 메카로 통하는 물길을 첨벙첨벙 걷는 맛이 일품으로, 자이언 캐니언의 비경을 즐길 수 있다.

미국 유타주 자이언캐니언의 더 네로우즈$^{The\ Narrows}$ 트레일은 캐니언의 가장 좁은 협곡 사이를 걷는 길로 캐니어링$^{canyoneering}$의 메카입니다. 캐니어링은 등산이나 라펠, 래프팅 등의 활동을 통해 협곡을 탐험하는 스포츠를 말합니다.

캐니어링은 좁은 협곡을 걷거나 작은 폭포 등을 오르내린다.

자이언캐니언의 입구 로지에서 네로우즈 트레일용 전문 장비를 배급받아 애지중지 가슴에 품고 들뜬 하룻밤을 보낸 뒤, 찬연한 아침을 맞이했습니다. 좁은 협곡 사이 물길을 걸어야 하니, 장비를 제대로 갖춰야겠지요. 동녘에서 힘차게 차오르는 태양은 자이언의 거대 직벽을 비추며 장엄한 광경을 연출합니다. 확실히 해두고자 재차 일기예보를 확인하는데, 어제와는 달리 청명한 일기가 될 것이란 확신에 찬 설명에 모두 희색이 만면합니다.

방문자 센터에 주차하고 셔틀버스로 시닉 드라이브Scenic Drive의 종점인 시나와바Siwanava 사원에 도착한 후 1.7㎞쯤 걸으면 트레일이 시작되는 협곡 어귀에 닿게 됩니다. 물길에 대비해 만반의 준비를 한 많은 트레커들이 알록달록 다양한 복장으로 입구를 가득 채우고 있습니다. 하루

자이언 캐니언의 더 네로우즈 트레일은 세계 최고의 캐니어링의 메카다.

중 어느 때고 비 올 확률이 있다면 트레일을 닫아 버리기 때문에 여러 날을 기다려온 사람들도 제법 있을 것입니다.

개중에는 물살 안에서 체온을 유지하기 위해 스쿠버 다이빙용 드라이 슈트까지 동원하여 중무장한 이들도 있었습니다. 우리 일행은 대여해 온 수중 보온 양말을 착용하고 수중용 신발을 덧신었으며, 저마다 하나씩

흙길, 돌길을 걷기도 하고 목높이까지 찬 물을 헤치고 가기도 한다.

키를 훨씬 넘는 막대 봉을 들고 있습니다. 한 치 앞을 알 수 없는 물길. 걷기에 앞서 때때로 긴 막대를 이용해 수심을 측정해야 합니다. 긴 창을 차고 전쟁터에 나가려 준비하는 군인처럼 긴장되고 상기된 표정입니다. 혼자가 아니고 함께 걸을 수 있어서 다행입니다.

  더 네로우즈 트레일을 조금 여유 있게 걸으려면 버진$^{Virgin}$강 상류에 해당하는 챔벌레인스 랜치$^{Chamberlane's\ Ranch}$에서 시작하여 물길 따라 26km쯤 내려오며, 그 안에 조성된 두 캠프장 중 한 곳을 골라 하룻밤 야영하며 진행할 수 있는데요. 그리하면 조금은 수월하련만, 충분한 시간적 여유가 없는 우리 팀은 하루 만에 완주하기로 한 터. 물살을 치고 오르며 역으로 걷기로 결정했습니다. 버진강을 거슬러 오르면서 양편에 깎아지른 듯 서 있는 바위 협곡 사이를 때로는 거센 물길을 가로지르기도 하고, 경우에 따라서는 목까지 차는 물웅덩이도 건너야 합니다. 흥미진진하고도 긴장을 놓칠 수 없는 쫄깃한 트레일이 될 듯합니다.

바람이 할퀴고 물살이 깎아내린 바위벽이 하늘을 가릴 기세로 사방을 둘러싸고 있다.

중간중간 자갈밭도 걷고 숲길도 지나며, 모퉁이 모퉁이를 돌 때마다 새로운 경치가 펼쳐질 겁니다. 거리는 27.4㎞ 정도 되니 걸을 만하겠지요. 캐니어링의 메카인만큼 전 세계 트레커들이 열 손가락 안에 자신 있게 꼽는 매력적인 길이라 할 수 있습니다. 새로운 도전에 들뜬 일행은 캐니언 초입에서 근엄한 표정으로 기념사진 한 장 찍고 들뜬 마음으로 길을 재촉합니다.

인류가 이 땅에 뿌리내리기 훨씬 전부터 바람이 할퀴고 물살이 깎아 이곳을 만들었을 터. 거대 바위들은 양편에 하늘이 가릴 정도의 높은 키로 벽처럼 우뚝 서 있고, 도배하듯 켜켜이 이끼 쌓인 바위벽이 사방을 둘러싸 유구한 세월을 소리 없이 말하고 있습니다. 짙은 황색의 직벽에는 물, 바람, 눈 등 자연과 싸워 온 그간의 고초가 검은 멍의 상흔으로 아로새겨져 있고, 그럼에도 그 틈바구니에선 갖가지 수목들이 모진 생명을 질기게 이어오고 있습니다. 빛깔만은 새색시처럼 청초해 투박한 암벽을 어여쁘게 장식합니다. 인색하게 비끼는 햇살을 받으며 자라는 야생화는 군계일학처럼 단연코 돋보입니다. 이 길을 만난 것이 마치 잃어버린 임을 만난 듯 반가우니, 동경한 세월이 길긴 길었던 모양입니다.

맑은 물을 차고 오르며 드디어 걸음을 시작합니다. 물에 떠내려오다 여울목에 걸쳐진 거대한 고사목 잔해들이 곳곳에 널브러져 있고, 얼마나 긴 세월을 지나왔을지 모를 두터운 이끼들이 바위에 가득 퍼져있어 협곡 안은 태초의 원시를 그대로 느낄 수 있습니다. 정신없이 사진을 찍게 됩니다. 누구를 찍든 인생 사진이 나올 것 같네요.

한길 한길 걸어 오르며 봉 막대의 요긴함을 몸소 체험합니다. 물살이 거친 곳에서는 몸의 중심을 잡는 데 필요하고, 깊이를 가늠할 수 없는 웅덩이에서는 심 봉사 마실 가듯 더듬더듬 물길을 측정하는 데 쓰입니다. 때로는 장대높이뛰기용으로도 쓸 수 있으니, 아주 요긴한 장비로군요. 언제라도 물에 빠질 준비가 되어있긴 하지만, 물길과 겨루기 하는 맛을 놓

유구한 세월동안 침식과 풍화로 생겨난 협곡 안은 해의 위치에 따라 빛의 향연이 펼쳐진다.

칠 순 없으니. 차츰 막대 달인이 되어가며 물을 거슬러 올라갑니다.

드디어 오늘 여정에서 가장 걱정되는 구간이 눈앞에 나타났습니다. 운영회사가 브리핑해 줄 때, 수심 깊은 곳이 여러 군데 있다고 말해 주었는데 이곳이 가장 빡센 곳 중 하나입니다. 꽤 많은 사람이 건너려 대기 중인지라 러시아워 차량 정체가 따로 없네요. 고개를 쭉 빼 건너는 이들을 내다보니 거의 머리까지 잠길 정도! 아슬아슬하네요. 그래서인지 제법 많은 사람이 이쯤에서 포기하고 되돌아가기도 합니다.

더 네로우즈 트레일을 즐기는 이들의 형태도 다양합니다. 곳곳에 만들어진 수심 깊은 웅덩이를 만날 때마다 바위에 올라 풍덩풍덩 물에 뛰어들기도 하고, 다이빙 선수가 된 양 갖가지 포즈로 멋있게 뛰어내리기도 합니다. 대개는 에너지가 차고 넘치는 청춘 남녀들! 좋을 때다! 열정적인 젊음에 격려와 찬사를 보내며 마음만은 그들과 함께합니다.

갑자기 파안대소 웃음소리가 울려 퍼집니다. 정신 차려보니 우리 일행 중 한 사람이 실수로 물속에 풍덩 빠져버린 것이죠. 아픈 건 둘째고 계면쩍은 마음에 얼른 일어나 정신을 가다듬더니, 이내 가장 크게 웃어젖힌 일행을 빠뜨리려고 몸싸움을 벌입니다. 빠지게 하려는 이와 빠지지 않으려는 이의 사투가 한동안 계속되고, 한국인 외국인 할 것 없이 웃음보가 터집니다. 남녀노소도 없고 네 편 내 편도 없이, 그저 이 위대한 대자연 속에서 순진무구한 아이가 되어봅니다. 협곡은 어느새 우리들의 놀이터가 되었습니다.

태양이 다시 빼곡 얼굴을 내밀고 햇살을 쏟아붓습니다. 때로는 거친 물살을 이기며 걷고, 깊은 수심에 가슴 졸이며 긴장하거나 높은 바위를 기어오르는 위험도 감수해야 합니다. 고사목을 타고 물을 건널 때도 있으니 캐니어링을 제대로 즐긴다고 봐야죠.

고단한 여정 후 슬슬 시장기가 찾아와 움푹 홈이 파인 큰 바위에 올라 밥상을 차립니다. 흰쌀밥에 된장찌개, 그리고 각종 찬들. 물에 젖어 행색은 초라하지만, 밥상만큼은 풍요롭습니다. 어느 값비싼 식당에서 이 맛을 낼 수 있을까요. 물론 현실은 밥은 찬밥이요, 찌개도 식어 군데군데 고추기름이 둥둥, 대충 담은 반찬도 뒤엉켜 보기에 내세울 만은 못합니다만, 맛이라면 으뜸입니다. 머나먼 이국땅에서 산행 중에 한식을 먹을 수 있다는 것만으로도 대단한 행운이라 하지 않을 수 없습니다. 충분히 땀을 빼고 난 뒤라, 아마 깔고 앉은 이 바위도 충분히 소화할 듯합니다.

다시 여장을 꾸려 상류로 향해 거슬러 올라갑니다. 수심도 끊임없이 변하고, 자갈길 바위길 황톳길 등 길도 다양하게 변하니 지루할 틈이 없습니다. 힘들 땐 잠시 카메라에 풍경을 담으며 쉬었다 가고, 땀이 맺히면 털썩 주저앉아 물에 온몸을 적십니다. 무료하다 싶을 땐 동료에게 물이나 뿌리며 괜한 물장난도 걸어보고요. 그러다 보면 바로 순식간에 단체 물싸움이 되어버려 물속에서 아우성들입니다.

그 외에도 이 길은 다양한 볼거리를 제공합니다. 오더빌 캐니언 Orderville Canyon으로 빠져나가 또 다른 모습의 협곡을 감상할 수도 있고, 빅 스프링 Big Spring에서는 맑은 약수가 샘솟으며, 구스 크릭 Goose Creek이나 콜롭 그릭 Kolob Creek을 지날 땐 미니 삼각주가 애틋한 풍경을 선사합니다. 풀과 꽃으로 가득 채운 녹색의 향연이나 내리꽂는 폭포의 유장함을 즐길 수 있는 것도 덤이라면 덤입니다. 상류로 갈수록 협곡의 폭은 좁아지고 높이는 더 높아집니다.

신발이 좀 작다는 느낌이 들었으나 바꿀 시간적 여유도 없어, 그냥 감행했더니 발에 많은 피로감이 느껴집니다. 조금만 더 가면 오늘의 종착점이자 터닝 포인트인 딥 크릭 Deep Creek에 다다르게 됩니다. 깊은 웅덩이가 길을 막고 있어 대부분 이쯤에선 완전히 몸이 잠기게 되고, 자연스레 온몸이 흠뻑 젖고 맙니다. 다른 곳에 비해 물웅덩이가 특히나 넓고 잔잔하며 물가에는 대형 바위가 포진해 있습니다. 지친 몸을 빨랫감처럼 널어놓고 휴식을 취합니다.

중천에서 서녘으로 기우는 따스한 햇살은 젖은 몸을 말려주려 인자하게 비추고 있습니다. 역시나 여기서도 놀 줄 아는 인간들은 열심히 다이빙 중입니다. 저도 못지않게 놀 줄 아는 놈인지라, 용기 내어 그들과 어울려봅니다. 첨벙. 막춤 추듯 엉거주춤 뛰어들었지만, 물살을 가르는 그 순간만큼은 누구 못지않게 후련합니다. 내 몸에 덕지덕지 붙어있던 세속의 욕망이 모두 씻겨 나가는 것 같다면 과장일까요. 이 모습을 본 동료들이 하늘을 향해 까르르 웃어 젖힙니다. 협곡에 울려 퍼지는 호탕한 웃음소리는 메아리가 되어 고개를 넘습니다. 세상 부러운 것 없는 충만한 순간입니다.

보물을 찾아 미지의 세계를 탐험하는 고고학자 인디아나 존스가 된 듯 굽이굽이 도전하는 마음으로 이곳에 이르렀습니다. 어느새 모험심은 동심이 되어 마냥 즐겁기만 합니다. 자이언 캐니언의 더 네로우즈 트레일은 바로, 그런 곳이랍니다.

## INFORMATION

**거점 도시** 라스베이거스

**거점 공항** 라스베이거스 공항

**트레킹 팁** 인근 가장 큰 도시는 라스베이거스다. 차량으로 자이언 국립공원으로 이동한 후 공원 방문자 센터에서 셔틀버스를 타고 자이언 캐니언 시닉 로드의 종점인 시나와바 사원에서 내린다. 여기서 강변길을 따라 1km쯤 접근해 시작점이 표시된 곳에서 1박 2일의 일정을 시작한다.

# 오세아니아

호주 그레이트 오션 워크 *GREAT OCEAN WALK*     300

뉴질랜드 밀포드 트렉 *MILFORD TREK*     316

호주, 오세아니아
# 그레이트 오션 워크 GREAT OCEAN WALK
세계에서 가장 아름다운 해안선을 걷다

| | |
|---|---|
| 거리 | 104km |
| 일정 | 5-6일 |
| 난이도 | ●●●●●○○○○ |
| 최고도 | 280m |
| 시즌 | 10월~4월 |
| 코스 | 아폴로 베이~요한나 비치~12사도 상 |
| 고도표 | |

호주를 대표하는 트레일로 해변 트레킹의 진수를 보여준다. 아폴로 만에서 시작해서 드라마틱한 풍경을 선사하는 12사도 상까지 104km의 해안 절벽 길을 걷는다. 물때에 맞춰 걸어야 하는 바닷길 두어 구간 이외에는 딱히 위험한 구간이 없어 남녀노소 누구라도 힘들이지 않고 걸을 수 있다.

아폴로 베이 *Apollo Bay*

블랭킷 베이 *Blanket Bay*

바다는 나에게 언제나 그리움이었습니다. 뭍에서 태어나 유년기를 도회지에서, 청소년기를 지리산 자락에서 보낸 후 청년기는 다시 회색빛 도시에서 보내다 보니, 바다는 늘 피안에 있는 동경의 세상과도 같았지요. 고등학교 시절 친구와 죽이 맞아 슬그머니 교실을 빠져나와 책가방을 단골 막걸릿집에 맡기고, 교복 카라를 꺾어서 속으로 집어넣곤 부산으로 달렸던 기억이 납니다. 요즘 같으면 한 시간이면 달려갈 길을 거의 네 시간에 가깝도록 느리게 가는 버스 안에서 가슴 졸이며 달려가 태종대를 만나고, 비릿한 바다내음 맡으며 아나고회 한 접시에 소주 한잔 들이켜던 그 맛. 통통배 타고 부산 앞바다를 달리며 뱃머리에 서서 바라보던 아련한 오륙도도 생각나네요.

바다와 얽힌 추억은 계속 이어집니다. 어디에선가 나처럼 늙어갈 첫사랑 소녀와 자주 찾던 포항 앞바다. 군대 소대장 시절엔 부러 해안 초소 경비를 자원하기도 했고, 울진에 머물 때 술친구가 되어주신 프랑스 출신 신부님 덕분에 스쿠버 다이빙을 처음 경험하며 황홀한 수중 세계에 감탄하기도 했습니다. 그때의 짜릿하던 전율이 먼 훗날 워싱턴 출신의 최초 한인 스쿠버 강사로 나를 만들지 않았나 싶습니다. 그 후로도 꽤 오래 대서양과 태평양, 카리브해를 누비며 물속 세계에 빠져 살았더랬지요.

그러던 어느 날 우연찮게 등산을 시작했고, 레저 활동의 중심이 등산과 트레킹으로 옮겨지며 서서히 바다와 멀어지고 말았습니다. 그렇게 산과 길로 떠돌던 중, 화산 트레킹을 위해 지난 늦가을 방문했던 중미의 보석 코스타리카에서 오랜만에 바다와 정면으로 마주하게 됐습니다. 고운 물빛을 보는 순간, 바다를 향한 연모가 다시 시작된 것이죠. 처음 바다를 만난 그때처럼 순수하게 바다를 만나고, 해안선을 따라 그저 원껏 걷고 싶었습니다. 마침, 때는 매서운 겨울. 이런 혹독한 계절에 볕 좋은 바닷길을 걷는다면 더욱 반갑지 않겠는가! 그렇다면 어디? 태양이 이글거리는 하늘을 이고 걸을 수 있는 세계적인 코스트 라인 트레일. 하와이? 호주? 뉴질랜드? 어디든 좋다! 엑소더스를 저지르자. 어느새 가슴이 뜨거워집니다.

　　　지금 내게 필요한 건 바다! 산이라면 충분히 걸었고, 앞으로도 또 질리도록 걷게 되겠지요. 처음부터 끝까지 해안선을 따라 종주하고픈 열망이 큽니다. 그래서 선택한 곳은 그레이트 오션 워크 Great Ocean Walk! 바닷길을 내쳐 걸으려 호주로 들어갑니다.

　　　멜버른은 호주 제2의 도시이자 1년 내내 다양한 축제가 열리는 문화 예술의 중심도시입니다. 호주에서 유럽풍 유산을 가장 많이 간직한 도시로, 고풍스러운 오래된 건물과 독창적인 현대 예술 감각이 어우러진 매력적인 도시이기도 하구요. 일행들이 지구촌 각처에서 모이는지라 항공편의 연착 등 제각기의 이유로 멜버른에서의 집결이 늦어집니다. 이상기온으로 연일 섭씨 45도를 넘나드는 불볕더위 속에서 땀으로 멱을 감으며 기다립니다. 겨우 팀원이 다 모여 오션 워크의 출발점인 소담스러운 해안 마을 아폴로 베이 Apollo Bay를 향해 2시간쯤 달리니 어느덧 시간은 자정에 가까워졌습니다. 동반자들 대부분이 그간 함께 여행해 왔던 분들이 태반이라 손발도, 취향도 척척 잘 맞아 된장찌개를 끓이고 밥과 소소한 안주를 곁들여 긴 비행으로 칼칼해진 입맛도 풀 겸, 서로를 환영하는 주연을 펼칩니다. 12명이 3주간 엮어갈 그레이트 오션 워크 트레킹. 우리끼

세계에서 가장 아름다운 해안선이라 불리는 그레이트 오션 로드

리 꾸려갈 자유여행이니, 내일 좀 늦게 시작한들 또 어떻겠습니까. 공수해 온 빨간 뚜껑 국민 소주에 호주산 맥주를 곁들여 기쁜 해후의 잔을 권커니 자커니, 술잔이 더해갈수록 주흥이 무르익습니다. 음악도 없이, 교교한 달빛만으로 충만한 밤. 밀려와서 철썩대고 밀려가며 철썩대는 파도 소리가 운치를 더합니다.

세계에서 가장 아름다운 해안선이라 불리는 그레이트 오션 로드는 제1차 세계대전 참전군인들의 일자리 창출을 위해 착공하게 된 길로, 13년간의 공사 끝에 완공된 해안 도로입니다. 이 도로보다 더 해안가 쪽에 자리한 오솔길이 바로 그레이트 오션 워크입니다. 이름에 왜 '그레이트'라는 수사를 달았는지 걷다 보면 절로 느끼게 될 텐데요. 걷는 내내 호주 남동부의 아름다운 바다를 바라보며 걸을 수 있다는 장점만으로도 호주 제1의 걷기 코스로 손색없는 곳입니다.

멜버른 남부 해안 도시인 질롱Geelong의 근교인 토키Torquay에서 와람불Warrambool을 잇는 바닷가 절벽을 깎아 만든 길로, 총길이 214km에 달합니다만, 주요 트레킹은 아폴로 베이에서 시작해 가장 드라마틱한 풍경을 선사하는 12사도Twelve Apostles 상이 있는 곳까지 104km의 해안 절벽 길을 걷는 것입니다. 빅토리아주 정부와 국립공원 관리공단에서 1960년대부터 트레킹 코스를 조성하기 시작했는데, 특별히 높은 산악 지형이 없습니다. 물때를 맞춰 걸어야 하는 바닷길 두어 구간 이외에는 딱히 위험한 구간이 없기 때문에 남녀노소 누구라도 힘들이지 않고 걸을 수 있습니다.

당일 코스부터 최대 6일 코스까지 다양한 일정을 선택해 걸을 수 있으며, 워낙 광범위한 지역이라서 대부분의 트레킹 여행은 숙박과 가이드를 포함한 현지 패키지 프로그램으로 운영됩니다. 고급 숙소에서 숙박하며 진행하는 럭셔리한 상품도 있고, 텐트에서 야영하며 진행할 수도 있지만, 초로의 참가자들로 구성된 우리 팀은 좀 더 효과적으로 완주할 수 있도록 구간별로 나누어서 매일 이어 나가되 숙소는 한 곳으로 정해두고 날마다 함께 잔치 즐기듯 진행하기로 했습니다.

해안선으로 이어진 협곡과 깎아지른 절벽, 우거진 수풀, 하얀 백사장 등 대자연과 늘 함께하며 걸을 예정입니다. 남극해를 넘어온 차가운 바람이 다듬어 놓은 경관과 거대한 몸집으로 달려와 하얀 포말로 부서지며 일렁대는 파도가 우리 마음을 흔들어놓겠지요. 1년 중 트레킹 시기는 남반구의 봄철인 9~11월, 가을철인 4~6월이 최적기라 말들을 하지만 저 같은 사람에겐 뜨거운 여름을 즐길 수 있는 12~1월도 나쁘지 않습니다. 종주 후 깊고 푸른 바다에 풍덩 몸을 맡기는 나를, 얼음 가득 채운 시원한 아이스 맥주를 목젖까지 같이 넘길 듯이 들이켜는 나를 상상해 봅니다. 이보다 특별한 여정이 또 있겠습니까!

이 길을 걸으며 우리가 만나게 될 풍경들. 세계적으로 유명한 벨스 비치 *Bells Beach*의 파도를 만나고, 앵글씨 *Angelsea*의 모래사장에서 휴식을 취해도 좋겠으며, 호주에서 가장 오래된 등대인 케이프 오트웨이 *Cape Otway*를 배경으로 인생 사진도 한 장씩 남기게 될 것입니다. 물론 이 여정의 하이라이트는 따로 있지요. 남극해에 당당히 솟아 있는 12사도 상으로 일컬어지는 석회암 바위들. 얼마나 신비로울까요.

남극해의 검푸른 바다색이 멋지지만, 때론 성난 파도가 백사장을 덮으니 물때를 잘맞춰야 한다.

우림지역과 강, 오래된 화산 지역과 거친 해안선을 거치며 이 지역만이 품고 있는 독특한 대자연과도 조우합니다. 그레이트 오트웨이 국립공원Great Otway National Park에서는 웅장한 폭포와 수정같이 반짝이는 협곡을 감상하면서 이끼로 뒤덮여 나이를 가늠할 수 없는 오래된 나무들 속에서 영화 〈아바타〉의 한 장면을 느껴봅니다. 인적 드문 모래 해변이나 울창한 숲을 걷기도 하고, 호주에서 가장 높은 아찔한 절벽 길을 걷다 보면 그 탁 트인 풍광에 저절로 스트레스가 해소될 것입니다.

해안선만이 아니라 향기 가득한 푸른 숲도 동시에 즐길 수 있는 그레이트 오션 워크

이 길에서 빼놓을 수 없는 행운 한 가지, 바로 다양한 야생 동물과의 조우입니다. 그리 반갑지 않을 굵은 뱀들도 일단 조심하셔야 하고요, 5월에서 9월까지 해안 가까이에서는 흰배돌고래의 출현뿐 아니라 출산 장면도 구경할 수 있다고 합니다. 넓은 바위에 누워 게으름 피우는 물개 떼는 평온 그 자체이고, 그레이트 오트웨이 국립공원에서 앙증맞은 어린 새끼

를 업고 있는 야생 코알라나 왈라비, 나무늘보도 이따금 만날 수 있어요. 여름이면 지천으로 피어있는 산딸기를 따 먹는 동안 다양한 덩치와 빛깔의 캥거루가 자주 스쳐 지나갈 거예요. 대자연과 그 속에서 살아가는 다양한 생명체들과 눈 맞추며 때때로 다정한 마음도 나누며 걸을 수 있는 길. 언제나 그 길엔 평화가 함께 할 것입니다.

    작지만 울창한 숲처럼 꾸며진 펜션 정원에서 이 새 저 새가 주거니 받거니 노래를 합니다. 새보다 부지런한 일행들이 먼저 아침을 열었네요. 잠은 두 채에서 나눠 자고, 한 채의 넓은 베란다에 12명이 함께 모여 식사할 수 있도록 식탁을 모으니 근사한 가든식당이 됩니다. 뜨끈한 국물로 속을 데우고 길을 나섭니다. 차량 두 대로 트레킹의 시작점과 마감 지점에 차를 하나씩 배치해 두려니 시간이 제법 걸리겠습니다. 해안선 거리 20여 km, 왕복 거의 한 시간 반 이상이 소요될 듯해 저와 또 다른 운전자를 제외한 나머지 일행들을 그레이트 오션 워크의 안내 사인인 노란 삼각형 표시를 따라 먼저 출발하라고 워키토키 통신을 이용해 지령을 내렸습니다.

    서둘러 뒤를 따라잡아 동행들과 합류합니다. 어느새 마렝고 홀리데이 파크$^{Marengo\ Holiday\ Park}$를 지나 오솔길도 지나쳐 광대한 대양이 눈앞에 펼쳐지는 곳까지 이르렀네요. 급한 마음에 바닷가 모래톱으로 달음질칩니다. 얼마나 짤까, 물맛도 보고 손도 씻고 하다가 검은 바위에 다닥다닥 붙어있는 따개비와 고동, 홍합을 발견합니다. 섬 출신 참가자가 길을 내어 모두 붙어 훑어내니 이내 한 봉지 가득. 들고 다니기에 조금 성가시기도 했지만, 끝끝내 숙소로 가져와 저녁 식탁에 안주 겸 디저트 별식으로 톡톡히 대우받았습니다.

    남극해에서 불어오는 해풍을 맞으며 해안 절벽을 따라 나 있는 그레이트 오션 워크를 걷는 기분은 별유천지의 신선이 된 듯합니다. 거대 절벽의 우뚝 솟은 바위에 부딪힐 때마다 성나게 울어대는 파도, 보기만 해도 힐링이 되는 평화로운 해안의 만과 잔잔하게 불어오는 바람에 모래톱이 쌓여가는 아름다운 해변은 그대로 그림입니다. 숲의 즐거움도 빠질 수 없지요. 산으로 이어지는 오존 향기 가득한 울창한 숲과 걷기 좋은 푸른 숲도 동시에 즐길 수 있어 더욱 좋은 그레이트 오션 워크입니다.

인간의 발길이 드문 곳에는 홍합, 따개비, 고동 등이 바위마다 지천이다.

트레일은 총 여덟 구간으로 나뉘며 코스마다 각각의 볼거리와 매력을 지니고 있는데, 첫 번째 구간은 아폴로 베이 그레이트 오션 방문자 센터에서 엘리엇리지*Elliot Ridge* 캠프장까지, 해안선을 따라 기암절벽과 작은 폭포들을 보며 걷는 길입니다. 두 번째 구간은 블랭킷 베이*Blanket Bay* 캠핑장까지, 세 번째는 오트웨이 캠핑장까지 이어지며 검은 왈라비와 유칼립투스 나무숲, 또 그 잎을 먹고사는 코알라 등 호주에서만 관찰 가능한 동식물을 이곳에서 살펴볼 수 있습니다. 네 번째 구간은 에어리버*Aire River* 캠핑장까지로 무지개 폭포와 해안절경을 감상할 수 있는 길, 요한나*Johanna* 해변에 이르는 다섯 번째 길은 드넓게 펼쳐진 해변의 고운 모래를 맨발로 밟으며 붉게 지는 노을빛 속으로 서서히 스며드는 구간입니다.

여섯 번째는 라이언스덴Ryan's Den 캠핑장, 일곱 번째 구간인 데블스키친 Devil's Kitchen 캠핑장까지 바다와 인접한 해안 절벽 길과 모래밭길을 번갈아 걷다가 마침내 마지막엔! 무엇이 있을까요?

맞습니다. 그레이트 오션 워크의 대미를 장식할 12사도 상과 드디어 조우하게 됩니다. 접안에 버티어선 거대한 석회암 봉 무리의 자연이 만든 천연조각상은 고단한 순례자들을 위해 주께서 보내주신 환영의 사도들인 양 마지막을 뭉클하게 장식합니다. 덤으로 이어지는 쉽렉코스트 Shipwreck Coast는 '난파선 해안'이라는 의미이며, 80여 척의 배가 침몰당한 아찔한 곳으로 드라마틱한 풍경을 과시하고 있습니다. 큰 고도의 변화도 별반 없이 순탄한 104㎞의 길. 평소의 우리 같으면 나흘이면 걸을 만한 길이지만 이번만큼은 초단시간 종주 성취가 목적이 아니기에 그저 차분히 걸으며 자연과 교감하기로 합니다. 결론부터 말하자면, 자제한다고 했는데도 6일에 걸을 길을 결국은 5일 만에 다 걷고 말았네요. 하루 벌은 시간은 그레이트 오션 로드 드라이브로 여유롭게 관광하는 데 썼습니다. 돌아보니 잘한 일 같습니다.

하루를 마감할 무렵이면 지는 해는 붉은빛으로 드넓은 해안을 물들이며 저물어 갑니다. 하루도 빼놓지 않고 바라보는 저물녘 풍경에 여행자는 서서히 자연의 일부가 되어가며 달콤한 평온과 아늑한 위로를 얻습니다. 일정한 방향으로 가지를 뻗고 있는 에어리버와 요한나 비치의 거목들은 남극에서 불어오는 혹독한 바람에 우리 이렇게 순응하며 산다고 애처로이 몸으로 표현하고 있습니다. 화산 작용에 의해 기묘하게 형성된 바위나 거대 암반들이 해안선을 가득 메운 쉘리 비치Shelly Beach에서는 지구가 아닌 다른 행성에 서 있다는 느낌을 지울 수 없습니다. 요한나 비치를 수놓은 트레커의 발자국과 그 위로 비스듬히 쏟아지는 석양빛은 이상하게 사람을 센티멘털하게 만들기도 합니다. 오트웨이 등대는 멀리서 바라보기만 해도 아름다워 굳이 돈 들여 등대와 박물관은 방문하지 않기로 합니다. 길이 준 기쁨을 나열하려니 끝이 없네요. 마냥 정지해 있고 싶은 걸 추슬러 해안선으로 내려서니 청량한 파도 소리가 귓가를 시원하게 해 주고 걸음마저 가벼워져 더욱 명랑하게 걷습니다. 바람이 조금만 세지면 그에 실려 날아갈 듯, 몸도 함께 가벼워진 느낌입니다.

다양하게 변화되는 길은 지루하지 않고, 여행자는 서서히 자연의 일부가 되어간다.

종주 기간 내내 한두 번 밤에만 살짝 뿌려준 비 이외에는 한 번도 궂은날이 없어 서로가 서로에게 날씨 요정이라며, 착하게 덕 쌓으며 살아온 데 대한 상이라고 칭찬합니다. 날마다 잔치지만 오늘은 특히나 종주의 절반 정도 되는 캐슬코브 Castle Cove를 지났으니, 저녁으로 제대로 된 정찬을 준비하고 소맥에 와인까지 고루 갖추어 제대로 된 연회를 즐깁니다. 청정초원에 방목해 키운 호주산 소고기와 양고기도 빠트릴 수 없지요. 세탁기와 건조기에 옥외 가스 바비큐 그릴까지. 제대로 편의시설을 갖춘 쾌적한 숙소. 트레킹이 이렇게 호사스러워도 되느냐고 너스레를 떨며, 마음껏 즐깁니다. 잘 구워진 스테이크에 건배를 외치며 즐거운 담소를 나누니 오늘따라 특별히 소화도 잘되고, 시금치 칼국수와 과일로 정찬을 마감합니다.

총총한 별이 어느새 맑은 하늘을 가득 메우고, 오늘따라 더욱 잠잠한 남극해는 저도 끼워달라고 한 번씩 투정 부리듯 물결을 보냅니다. 작은 균열도 용납하고 싶지 않은, 완벽에 가까우리만치 행복으로 충만한 여행의 시간. 좋은 사람들 곁에서 꿈인가 생시인가 분간 못하다 나도 모르게 스르르 깊은 잠에 빠져듭니다.

조금 열어놓은 문틈으로 아침햇살 대신 파도 소리가 먼저 스며옵니다. 지난밤 제법 얼큰하게 마신 술기운 탓에 소파에 그대로 잠들어 버렸더니, 자연의 소리로 아침을 열게 되는군요. 종주도 이제 종반으로 접어들고, 미지의 길을 걷는다는 초반의 흥분도 슬슬 가라앉으며 차츰 마음이 차분해져 갑니다. 오로지 걷는 것에만 집중하고, 걸음의 수가 늘수록 자연에 서서히 동화되는 우리들. 일상의 번다한 생각들을 내려놓고, 하루 몫의 삶을 성실히 살듯 오늘 몫의 걸음을 진중히 걷습니다. 잡념이 사라지니 머리도 맑아지며 어느 순간 무념무상의 경지를 즐기고 있습니다.

바다와 숨바꼭질하며 이어지는 길은 오늘도 계속됩니다. 지친 발을 위로하듯 특별히 오늘은 양탄자 같은 길을 내어주네요. 흙과 모래가 쌓인 길을 잔디가 다붓이 덮어주니, 발에 닿는 감촉이 순하고 부드럽습니다. 해안 절벽을 따라 이어진 길옆에선 장쾌한 파도가 포말로 부서지고, 하늘과 바다는 데칼코마니처럼 파랗습니다.

해안 길은 언덕으로 이어지고, 싱그러운 기류가 은총처럼 온 누리를 채우고 있습니다. 바람에 하늘대는 풀꽃의 환대를 받으며 걸음의 희열을 맘껏 즐깁니다. 오늘도 역시 동행들을 먼저 출발시키고 변함없이 예정 종착지로 신나게 달리며 다시 한번 오늘의 루트를 그려보던 중 요한나 비치를 떠올리다가, 아뿔싸! 황급히 와이파이가 터지는 지역에 차를 세우고 해양 날씨를 검색해 봅니다. 화들짝 놀라 지금 이 시각이면 동행들이 도착했을 법한 지점으로 되돌아갑니다. 잠시 후면 만조가 시작되기 때문입니다.

오션 워크를 종주하며 세 구간의 갈림길에서 선택이 필요합니다. 백사장을 걷거나 해안 위 언덕길 중에 골라 걸을 수 있는데, 대부분의 도보여행자는 바다가 가까운 백사장 길을 택하는 편입니다. 이럴 때 물 때 확인은 당연히 필수, 반드시 간조 시기에 맞추어 지나가야 합니다. 해변 입구에서 'Decision Point'라는 경고 사인을 볼 수 있는데 한번 더 확인해 보라는 의미입니다.

주차하고 달려가 보니 이미 걸음이 빠른 사람은 요한나 해변을 향해 제법 내려가 버렸지 뭡니까. 워키토키를 이용해 되돌아오기를 다급히 요청하여 결국 모두 무사히 모였습니다. 상황을 설명하고 절벽 길로 올라가 걷는 데 아니나 다를까, 이내 모래사장 전체를 덮어버리는 파도가 밀려듭니다. 아찔한 순간입니다. 잠시 진저리를 치며 절대 경계의 고삐를 늦추지 말아야겠다고 수없이 다짐합니다. 1,800년도 중반에 이 지역을 지나던 거대 선박이 난항을 피해 해변 가까이 정박했다가 높고 험한 파도에 전복된 바 있는, 악명 높은 요한나 비치! '요한나'는 그때 그 선장의 이름입니다.

그레이트 오션 워크의 역사를 잠시 되짚어 본다면, 1974년에 처음으로 트레일을 만들자는 제안이 있었으나 환경보전의 이유로 무산되었다고 합니다. 이후 1990년대에 호주 에코투어리즘 협회를 발족한 후, 철저한 관리하에 자연 상태를 최대한 보존하면서 건설하기로 다시 계획했다고 하네요. 기존에 나 있던 해안 산책로 등을 이용하면서 2006년 초에 전 구간을 개통, 이후 서서히 호주 에코 투어의 상징으로 부상하게 된 거죠. 정부의 후원 아래 체계적으로 잘 운영되고 있고, 캠핑장도 잘 정비돼 있는 데다 안내 표지판도 워낙 세밀하게 잘 세워두어 전문 가이드 없이도 충분히 걸을 수 있는 친절한 길이기도 합니다. 찬사를 받을 만한 길. 부럽기도 하네요.

드디어 닿았습니다. 그레이트 오션 워크 걸음 축제의 주인공을 만나야 할 시간. 포트 캠벨 국립공원의 자랑이자 코스의 하이라이트인, 12사도 상. 피날레를 장식하기에 이보다 좋은 곳이 있을까요. 해안선 따라 늘어선 12개 암석의 모양이 예수의 열두 제자와 비슷하다고 해서 붙여진 이름. 정말 절묘하지 않습니까. 대단한 스토리텔링입니다.

처음엔 12사도 상까지 7~8㎞ 남은 젤리브랜드*Gellibrand*강에서 잠시 물놀이를 하며 더위를 식히다가 내일 다시 올까 생각도 했는데, 오늘 마감을 해버리자는 대다수의 의견에 다시 전열을 갖춥니다. 동행들은 걸어오는 중이고 저는 종착점에 차를 가져와 주차하는데, 12사도 상 주차장은 북새통이라 제법 떨어진 한적한 곳에 차를 세우고 거슬러 갑니다. 그간 산뜻했던 기온은 간데없고, 어제부터 더위가 기승입니다. 한낮의 열기는 가히 사막과 다르지 않네요. 그늘진 숲도 많지 않은 이런 길을 걸어오려면, 우리 동행들이 얼마나 더울까요. 물이 더 필요하겠다 싶어 잽싸게 퀸스타운*Queenstown*에 하나밖에 없는 가게로 가서 맥주와 얼음을 구입한 뒤, 배낭 속 내용물을 죄다 비워버리곤 맥주 한 상자와 얼음으로 가방을 채웁니다. 와우. 등으로 느껴지는 이 시원함. 얼음 녹은 물이 엉덩이를 타고 종아리로 흘러내리더니 앞부분까지 적셔주는군요. 얼결에 피서합니다.

마지막 고개를 오르면서 펼쳐지는 장관을 감상하고 기념 촬영도 할 수 있도록 세워둔 전망대. 역방향에서 저 역시 낑낑대며 올라갑니다. 도반들이 하나둘 다가오고 있네요. 도착하는 이마다 맥주 한 병씩 권하니 단숨에 들이켜는 동행도 있는 것이 제법 목이 말랐던 모양입니다. 평생 이렇게 시원하고 맛있는 맥주는 처음이라며 행복에 젖는 동행들을 바라보며 내 기분이 더 좋아집니다. 그 좋은 기분으로 모두 함께 기념 촬영을 합니다.

12사도를 다른 각도에서 볼 수 있는 뷰포인트이기도 한 깁슨스텝*Gibson Step*을 밟고 바다로 내려갑니다. 바람이 쓸고 지나간 거칠고도 드라마틱한 풍광의 해변은 낮 시간인데도 옅은 해무가 풍경을 가리고 있습니다. 베일을 쓴 듯 안개에 희미하게 가려진 12개의 석회암 봉, 12사도에게 종주 신고를 합니다. 길 위에서 품었던 소소한 단상들과 동반자들과 함께 나눈 우정을 떠올리니 가슴이 벅차네요. 수천만 년 전에는 육지와 연결되었다는 사도 상들은 무수히 많은 파도와 바람에 깎여 동굴이 되고, 동굴이 깎여 아치가, 결국 그 아치마저 무너지며 45미터 높이까지 솟구친 기둥들만이 남게 되었다고 합니다. 신이 설계하고 자연이 빚어낸 인고의 작업. 그 길고 긴 세월을 떠올리니 가슴이 먹먹해집니다. 안타깝게도 기둥들은 1년에 약 2cm씩 여전히 지속적으로 침식되어 몇몇은 파도에 쓸려가 버려 이제는 단 8개의 기둥만이 남아있습니다.

그레이트 오션 로드의 대표적인 여행 코스이기도 했던 런던 브리지 London Bridge는 파도가 뚫은 천연 구멍으로 이루어진, 끝까지 걸어 나갈 수 있는 아치형 다리였는데 1990년에 육지에 가까운 쪽의 아치가 무너지면서 지금의 형상인 런던 아치 London Arch가 되고 말았습니다. 그 사고로 2명의 관광객이 바다 쪽 아치 위에 갇히기도 했었지요. 가장 최근의 붕괴는 50m 높이의 암봉 사도로 2005년에 무너져버렸다 합니다.

거센 바람과 광대한 바다가 해안선을 쓸어내는 모습은 종주를 마감한 우리에게는 특별한 감흥으로 다가옵니다. 가볍게 부서지는 물보라를 얼굴에 그대로 맞으며, 바위 사이로 파고드는 대양의 울부짖음을 들으면서 종주의 기쁨을 한껏 즐깁니다. 헬리콥터 소음이 이 환희의 순간을 요란하게 파고드네요. 걸음의 축복을 모르거나, 혹은 상황이 여의찮아 걷기 어려운 사람들은 그들만의 방식으로 또 이곳을 즐기고 있습니다. 저로서는 왠지 부자연스럽게 느껴지기도 합니다만. 소란함에 그제야 정신이 들어, 깁슨스텝을 밟고 다시 올라갑니다.

마침내 종주를 마치고 아폴로 베이로 되돌아갑니다. 차를 타고 내달리며 걸음으로 지나온 길을 고스란히 되돌아보는 시간이기도 합니다.

저마다의 소소한 기억들은 어느새 추억이 되고, 아쉬운 마음을 달래려 전망대마다 내려서는 기억을 한 번씩 소환해 봅니다. 미려한 풍경은 풍경대로, 아찔했던 순간은 또 그 순간대로 이야깃거리가 됩니다. 함께 웃고 울던 순간들은 모두 그리움이 될 것입니다. 바람 잦은 거친 남극해를 바라보며 구불구불 이어지는 해안선의 장관을 걷는 내내 감상할 수 있었던 그레이트 오션 워크. 뭍을 향한 바다의 그리움이 파도가 되어 밀려오듯, 우리는 또 길을 향한 그리움과 서로를 향한 그리움으로 다른 길에서 다시 만나게 되겠지요. 세상은 넓고, 길이 많아 좋습니다. 그중에도 제일 좋은 길, 100대 트레일을 골라 걷고 있는, 나는 정말 행복한 사람!

## INFORMATION

**거점 도시** 멜버른

**거점 공항** 멜버른 공항

**트레킹 팁** 멜버른 공항에서 아폴로 베이까지 차로 2시간쯤 걸린다. 이곳 방문자센터에서 트레킹 정보를 얻고, 캠핑장을 예약할 수 있다.

뉴질랜드, 오세아니아
# 밀포드 트렉 *MILFORD TREK*
### 태곳적 풍경의 아름답고, 까탈스러운 길

- 샌드플라이 포인트 *Sandfly Point*
- 덤플링 헛 *Dumpling Hut*
- 서덜랜드 폭포 *Sutherland Falls*
- 맥키넌 패스 *Mackinnon Pass*
- 클린턴 헛 *Clinton Hut*
- 글레이드 왈프 *Glade Wharf*

| | |
|---|---|
| 거리 | 53km |
| 일정 | 4일 |
| 난이도 | ●●●●●○○○ |
| 최고도 | 1,140m(매키넌 패스) |
| 시즌 | 11월~4월 |
| 코스 | 글레이드 왈프~매키넌 패스~샌드플라이 포인트 |
| 고도표 | |

인간의 발길이 닿지 않은 태곳적 풍경을 간직한 곳으로 '세계 3대 트레킹 코스', '세계에서 가장 아름다운 길' 등의 화려한 수식어를 가진 트레일이다. 그렇지만 지나친 통제와 엄청난 비용이 따르는 까탈스러운 길이기도 하다.

Kia Ora! 뉴질랜드 원주민인 마오리족의 환영 인사입니다. 우리말로 하면 '안녕하세요!' 정도겠지요. 진정 그들의 문화와 전통을 계승할 의도로 하는 말인지, 상술로 하는 시늉인지 의심하는 것은 제가 너무 순수하지 못한 탓일까요. 백인들의 행태도 행태지만, 이민 정책으로 부쩍 늘어난 중국인들마저 자기들이 이 나라의 주인인 양 행세하는 태도부터, 사실 뉴질랜드의 첫인상이 그리 좋지만은 않았던 것은 사실입니다. 그럼에도 원시 모습 그대로를 유지하고 있는 밀포드<sup>Milford</sup> 트렉을 걷기 위해 꾹 참고 뉴질랜드에 들어섭니다.

밀포드를 자연 그대로의 원초적인 모습으로 유지할 수 있었던 것은 뉴질랜드 정부의 적극적인 노력의 산물이라고 할 수 있겠지요. 공항에 들어설 때부터 그 노력이 어찌나 극성맞던지, 좋은 얘기만 쓰면 좋겠지만, 아닌 건 또 아닌 것이니 경험한 대로 쓸 수밖에요. 지나치리만큼 호들갑스러운 그들의 작태에 눈살을 찌푸리지 않을 수 없었습니다. 저만의 느낌일지 궁금하기도 하네요.

배낭에 달고 온 등산화에 흙이 완전히 제거되지 않았다고 사람을 붙잡아 놓고는, 솔질을 해대며 '원래는 4백 불 벌금형인데 봐주는 것이다, 다음부터는 얄짤없다'는 엄포를 해대는 공항 직원들. 그리고 우리 한식이 무슨 죕니까. 고향의 맛이자 우리 걸음에 힘이 돼주는 원동력인 우리 음식을 무슨 혐오스러운 것이라도 되는 양, 슈트케이스를 개 털듯이 탈탈 털어대는 모습에 어찌나 성이 나던지요. 자국을 찾아주는 관광객을 환영은 못 해줄지언정, 그리 개차반으로 취급하는 경우가 어디 있나요. 나 원 참. 아니꼬운 마음이 목까지 차오르지만 어찌겠습니까! 맘 같아선 불매운동이라도 세계적으로 하고 싶은 심정이었으나, 그렇게 독하게 관리해 잘 간직한 그들의 대자연 속 좋은 길을 누리고 싶으니 욱하는 심정을 집어넣고 들어설 밖에요.

뉴질랜드는 약 1억 년 전 다른 대륙으로부터 분리되었고, 그로 인해 고립된 고대 동식물들이 진화하며 독특한 자연환경을 만들 게 된 곳입니다. 드넓은 평야와 광대한 산맥, 빙하지대와 협곡은 물론 맑고 깊은 호수와 온천까지, 다양하고 순수한 자연경관이 넘쳐나 꿈의 여행지로 통합니다.

그중 뉴질랜드 남섬 피오르드랜드 국립공원Fiordland National Park 남서쪽에 자리한 밀포드 트렉은 인간의 발길이 닿지 않은 태곳적 풍경을 간직한 곳이다 보니, 야생의 대자연을 걷고자 하는 모든 뚜벅이의 버킷리스트라고 봐도 좋을 것입니다. 53km 길이, 다양한 식물들이 사는 울창한 밀림지대와 아름다운 폭포, 드넓은 초원들이 장관을 이뤄 세계에서 가장 아름다운 트레킹 코스 중 하나로 손꼽히며 세계 10대 트레일 리스트에 빠지지 않고 등장하고 있습니다.

1908년 런던 스펙테이터London Spectator지에서 '세상에서 가장 아름다운 트렉'으로 묘사하기도 했던 밀포드 트렉. 초기 탐험가인 퀸틴 매키넌Quintin McKinnon의 발자취를 따라가는 동안 바위투성이의 언덕과 기가

테아나우 호수를 건너 종주길의 들머리인 글레이드 왈프로 향한다.

막히게 가파른 협곡, 하늘에서 내리는 듯 쏟아져 내리는 폭포와 마주하기도 하고, 무성한 밀림 숲을 통과하며 며칠간은 문명과 뚝 떨어져 있게 됩니다. 그러다 보면 우리 영혼도 어느덧 호수처럼 맑아질 것입니다. 대개 3박 4일 동안 걷게 되는 코스로, 뉴질랜드 환경보전 부가 선정한 뉴질랜드 9대 트렉 중 하나입니다.

뉴질랜드 전역에 펴져 있는 9개의 등산로를 'Great Walks'라 부르며, 우리에게도 많이 알려진 밀포드, 루트번Routeburn, 케플러Kepler 세 개의 트렉이 피오르드랜드 국립공원 안에 자리하고 있습니다. 밀포드 트레킹은 잘 꾸며진 로지와 식사 등 편의가 제공되는 가이드 트레킹과 자신의 물품을 모두 어깨에 짊어지고 떠나는 셀프 가이드인 자유 트레킹, 두 가지 방법 중 선택할 수 있습니다. 뉴질랜드에서 가장 큰 국립공원인 피오르드랜드 국립공원은 생태적 중요성과 아름다움을 인정받아 1990년 유네스코 세계자연유산으로 등재되었으며, 풍부한 강수량과 적당한 온도로 인해 다양한 식물이 사는 울창한 밀림 지대를 품고 있습니다. 빙하가 깎아내린 U자형 날카로운 계곡과 절벽, 풍부한 강수량의 물빛 고운 강과 호수, 피오르가 함께 만들어낸 천혜의 자연경관을 자랑합니다.

밀포드 트렉의 역사는 뉴질랜드 역사만큼이나 오래됐는데, 원래 이 길은 뉴질랜드 원주민인 마오리족이 청옥을 수집하고 운반하는 길로 사용했다고 합니다. 초기 뉴질랜드 개척 시절인 1880년경, 탐험가인 도널드 서덜랜드Donald Sutherland와 존 매케이John Mackay는 밀포드사운드Milford Sounds 지역에 유입된 유럽 최초의 거주자였습니다. 트렉 내에는 그들이 최초로 발견한 폭포이자, 그들의 이름을 딴 맥케이 폭포와 서덜랜드 폭포가 있습니다. 그 뒤를 이어 등반가이자 기업가인 퀸틴 매키넌은 관광업이 밀포드 사운드 지역의 주 산업이 될 것을 꿰뚫고, 1888년 테아나우Te Anau 호수 북쪽 끝의 클린턴계곡에 길을 뚫어 트렉을 만들기 시작했습니다. 그는 밀포드 사운드로 넘어가는 고개를 그의 이름을 따 매키넌 패스라고 이름 지었습니다.

울창한 원시림 사이로 서서히 햇살이 스며들고, 클린턴강을 따라 밀포드 계곡을 거슬러 오른다.

밀포드 트렉의 아름다움은 뉴질랜드를 넘어 전 세계적으로도 명성이 자자한데, 산장 예약이 오픈과 동시에 마감되어 버리는 것으로 인기의 정도를 실감할 수 있습니다. 사실 우리의 이번 트레킹 역시 최적의 시기를 놓치는 바람에 시즌 끝 무렵인 3월 말에야 겨우 찾게 된 것이지요. 총 연장 53.5km인 밀포드 트렉은 10월에서 4월 말 까지 입산 허가를 내주며 하루 90명(가이드 투어 50명, 셀프 가이드 투어 40명), 따라서 연간 입산 가능한 인원이 1만 6,000명밖에 되지 않는 특별한 트레킹 코스입니다.

밀포드 트레킹 여행은 뉴질랜드 남섬의 아름다운 호반 도시 퀸스타운 Queenstown에서 시작됩니다. 뉴질랜드에서 24시간 불이 꺼지지 않는 유일한 관광도시로, 아웃도어의 천국으로 알려져 있으며 세계 최초로 번지점프를 한 곳이기도 합니다. 이곳에서 이동하여 페리로 테아나우호를 건넌 후, 글레이드 와프 Glade Wharf에서 대망의 걸음의 축제를 시작합니다.

14,000여 년 전 빙하가 파놓은 협곡 사이로 흐르는 클린턴<sup>Clinton</sup>강 위의 현수교를 건너면서 트레킹의 첫발을 내딛습니다.

길은 적막하면서도 풍요롭습니다. 너도밤나무 아래로 평탄하게 이어진 길은 새소리만 요란하고, 두터운 나뭇잎으로 덮인 숲길은 어둑어둑 그늘져 미지의 세계를 향한 진입로 같습니다. 울창한 원시림 사이로 보이는 하늘은 청명하고, 그 틈을 비집고 들어온 햇볕이 숲 사이사이를 아름답게 물들입니다. 푸른 하늘 아래 흰 눈을 이고 있는 산봉우리와 그 아래로 흘러내리는 폭포, 온갖 화훼와 관목들. 계곡에도 새소리가 가득합니다. 때 묻지 않은 정갈한 자연 속에서 마음도 함께 맑아집니다.

문명의 흔적이라고는 발견할 수 없는 길 위엔 작은 쓰레기 하나 버려져 있지 않습니다. 쓰러진 나무는 쓰러진 대로 계단으로 쓰이고, 태초의 모습 그대로 자연이 보존되어 있습니다. 나뭇가지에 매달려 바람에 흔들리는 이끼들의 몸짓은 애처롭기만 한데, 호기심과 장난기가 많은 케아 앵무새는 나무 위에서 철없이 조잘대며 까부느라 바쁩니다.

매키넌 고개를 넘기까지는 넓은 계곡을 걷는다. 길옆으로 폭포들이 걸려있다.

클린턴 산장을 휘감은 안개를 헤치고 이끼 덮인 고목들 사이를 마치 꿈속인 양 걷습니다. 이어 클린턴강을 따라 밀포드 계곡을 거슬러 올라갑니다. 울창한 원시림 사이로 서서히 햇살이 스며들자 그제야 숲이 깨어나고, 지저귀는 새소리와 명랑한 물소리가 걸음에 흥을 더합니다. 무심히 걷다가 어느 순간 갑자기 시야를 압도하며 나타난, 왕처럼 우람하게 서 있는 설산의 위용에 소스라치게 놀라고 맙니다.

반전의 풍경이라고 말해야 할까요. 수만 년 전 빙하가 지나며 형성된 협곡 내의 크고 작은 폭포와 계곡을 지나며 이전과는 전혀 다른 풍경을 만끽합니다. 깎아지른 듯 거대한 절벽이 병풍처럼 양옆에 서 있고, 높이 수백에 이르는 수많은 폭포는 안개 사이로 거세게 흩어집니다. 길은 히레레$^{Hirere}$ 폭포 대피소까지 평탄하게 이어지다가 서서히 오르막으로 바뀌고, 저 멀리 계곡 끝자락에는 내일 넘어야 할 밀포드 트렉의 하이라이트인 매키넌 패스가 우뚝 솟아있습니다.

홍수를 대비해 지어놓은 버스스탑$^{Bus\ Stop}$ 셸터 옆의 강은 건천이 되어버려 물을 구할 수 없는 관계로, 오르막을 좀 더 올라 비취색 물을 길어 라면을 끓입니다. 밥을 곁들여 꿀맛 같은 오찬을 즐기는데, 지나는 외국인들도 냄새 최고라며 군침을 흘리네요. 나눌 수 없어 안타까울 따름입니다. 여러 개의 현수교와 나무 덱으로 이어진 길을 따라 청정 호수는 물론 하늘을 찌를 듯 솟은 봉우리와 깊고 장대한 계곡 풍경을 차례로 즐기며, 지구 태초의 자연을 보고 느낄 수 있는 곳. 밀포드 트렉에서의 한 때입니다.

드디어 오늘! 밀포드 트렉의 하이라이트인 매키넌 패스(1,154m)를 넘는 날입니다. 저녁 식사 후 소일거리로 미니 윷놀이를 하며 시간을 보내기도 하지만, 밤 10시면 소등해 버리니 자는 것 말곤 딱히 밤에 할 일이 없네요. 자연스레 아침엔 이른 시간부터 준비를 마치고 어서 가자고 서둡니다. 어둠이 채 가시기도 전에 산장을 떠나 길을 시작합니다. 곧바로 치고 올라가는데 워낙 가파른 오르막인지라 지그재그로 길을 만들어 두었습니다.

한 2시간 동안 그저 나뭇가지 사이로 희끗희끗 보이는 산세만 확인하며 숲길을 걷다가 산 중턱을 오를 때쯤에야 비로소 시야가 확 트입니다. 점점 낮아지는 관목들 사이로 거센 바람에 힘들게 꽃을 피운 야생화가 납작 엎드려 있고, 꽃보다 화려한 억새가 바람에 춤을 추고 있습니다. 이제야 계곡에 충만하게 빛이 스미니 이틀 동안 걸어온 우리의 발자취가 클린턴 계곡을 따라 선명하게 그려져 있습니다. 푸른 잎새와 황금빛 메마른 가을 풀의 오묘한 조화가 밀포드 트렉 산하를 가득 덮고 있고, 언제 내렸는지 모를 눈은 고개 넘는 주변 산마디를 다붓이 덮고 있어 다양한 계절이 함께 하는 미려한 수채화가 완성됩니다.

작은 십자가가 세워진 돌탑이 잡힐 듯 가까이 다가옵니다. 정상이 멀지 않습니다. 아직 가을이 곁에 있는 것 같은데 바람은 겨울 날씨처럼 매섭게 불어닥치고, 건너편 산은 만년설 같은 하얀 눈을 이고 있습니다. 매키넌 패스 곳곳에는 천연 습지가 형성돼 있습니다. 1,000m가 넘는 고지에 맑은 물을 담고 있는 습지가 있다는 것만도 신기하기만 한데, 이 물에 비치는 설산들의 자태가 또 수려하기 이를 데 없어 감탄이 절로 나옵니다. 특히 연못에 반영된 설봉 마운트하트 Mount Hart(1,769m)의 모습은 그중에도 압권입니다.

주변으로 시선을 돌리면 푸르른 계곡과 웅장한 산봉우리로 가득한 장엄한 경관이 눈앞에 펼쳐지고, 빙하에 깎여 만들어진 거대한 계곡의 전망은 경이로 다가옵니다. 전망대 발아래로는 수천 길 낭떠러지. 그 앞에서 용기 내어 부산 떨며 열심히 사진을 찍던 중, 갑자기 차오른 자욱한 안개와 함께 바람이 거세게 몰아치니 어디로든 피신해야겠습니다. 매키넌 패스를 쫓기듯 넘어와 아늑하게 갖춰진 대피소로 몸을 피합니다. 가이드 트레킹 팀과 가이드 없는 셀프 트레킹 참가자들이 건물을 반으로 나눠 공동 사용하도록 만들어진 대피소입니다. 잠시 몸을 녹인 후 하염없는 내리막길에 몸을 던집니다.

매키넌 고개를 오르다가 뒤돌아본 풍경이 그윽하다.

　　길은 급경사의 내리막을 따라 아서Arthur 계곡으로 이어지며, 거침없이 쏟아지는 수많은 폭포가 맑은 계곡의 정취를 더욱 고조시킵니다. 오른쪽에는 저보이스 빙하를 끼고 있는 엘리엇Elliot산과 윌머Wilmer산이 날카롭게 솟아 있고 왼쪽 저 멀리로는 매켄지Mackenzie산과 하트산이 버티고 서 있습니다. 매켄지산과 하트산 사이에는 1890년 윌리엄 퀼William Quill에 의해 발견된 퀼 호수가 고운 물빛을 한껏 자랑합니다. 이 호수는 서덜랜드 폭포에 물을 공급하는 근원이기도 합니다. 구조용 헬기가 한 장소에 머무르며 프로펠러 소음을 잔뜩 일으키고 있네요. 무슨 큰 사고나 없기를 바라며, 무릎이 시큰할 정도의 길고 긴 내리막길을 경험합니다.

　　가파르게 이어진 하산 길 곳곳에는 나무 계단을 설치해 놓았습니다. 자연을 보호하려는 노력을 인정하긴 하지만 그에 반해 또 너무나 인위적인 시설물로 인간과 자연을 분리해 놓으니 오히려 짜증이 치밀기도 합니다. 저 계곡물을 한 움큼 잡아 이마라도 적시면 좋으련만, 아예 접근조차 못 하게 한 채 그저 멀리서 바라보기만 하라고 한다면 그것이 진정한 자연과의 만남이라 할 수 있을까요? 삐친 마음에 아서강 상류의 으르렁거리는 물소리를 따라 나도 함께 마음으로 으르렁거리며, 곳곳에 내리쏟는 폭포를 지나다 보니 어느덧 완만한 길. 걷다 보니 서덜랜드폭포로 진입하는 퀸틴Quintin 로지가 나타납니다.

뉴질랜드에서 가장 높고 세계에서 다섯 번째로 높은, 길이 580m의 서덜랜드 폭포는 3단 폭포로 이루어져, 그 위용은 멀리서도 보는 이들을 압도합니다. 왕복 한 시간 반쯤 걸리는 서덜랜드 폭포를 보기 위해 잰걸음으로 달려가는데 한 삼십 분을 오르락내리락하다가 현수교 다리를 건널 즈음에 폭포의 완전한 자태가 시야에 꽉 찹니다. 거대한 짐승이 울부짖는 듯한 폭포 소리. 사실 폭포는 멀리서 봐야 전체를 다 볼 수 있음을 알면서도 뭔가 욕심이 나 낙하지점까지 다가갑니다. 역시나 폭포는 그 규모가 장대하고, 가까이 다가갈수록 사방으로 흩어지는 물방울에 흠뻑 젖어버립니다. 게다가 고막을 때리는 굉음과 엄청난 유량이 만들어내는 바람까지! 탄성을 내지르지 않을 수 없습니다.

젖은 몸 말리며 돌아온 퀸틴 로지에서 제공하는 음료를 한 잔씩 나누며 서덜랜드 폭포의 감상평을 무용담 삼아 경쟁적으로 목청을 높입니다. 지친 몸으로 들어선 덤플링Dumpling 산장. 우리 팀 12명이 함께 사용할 방문에 문패처럼 'Korean'이라고 써둔 배려가 무척 감사하기도 하고, 국가대표인 양 일견 가슴 뿌듯하기도 했습니다.

밀포드 트렉의 마지막 날. 산장을 나선 후 아서강을 따라 걸어갑니다. 물이 어찌나 맑은지 팔뚝 크기의 송어가 유영하는 것이 선명하게 보이네요. 고요히 누워 밀포드의 산하를 품고 있는 아다Ada 호수를 따라 길은 이어집니다. 아서강을 건너 다시 숲속으로 이어지는 길은 잠시 쉬어가라는 듯 사이드 트레일이 나 있는데, 시원하게 물바람을 날려주는 매케이Mackay 폭포와 그 아래 바위 밑으로 침식 작용으로 만들어진 종 바위Bell Rock가 오묘한 소리를 만들어내고 있습니다.

아서강 위에 걸쳐 있는 현수교가 그림처럼 아름답습니다. 고운 물빛에 혹한 젊은 트레커들이 옷을 훌렁 벗고 다리 위에서 강물로 풍덩 뛰어듭니다. 우리도 마음 같아서는 함께 뛰어들고 싶었습니다만, 나이도 나

세계 10대 폭포에 선정된 서덜랜드 폭포

이거니와 트레킹 삼 일째인 어제 추위를 무릅쓰고 로지 앞을 흐르는 개울에서 이미 멱을 감았기에 그냥 지나치기로 했습니다. 그 다리 밑에서 점심을 해결합니다. 전투식량인 비빔밥에 라면 끓여 열두 명이 풍겨대는 음식 냄새에 지나는 사람들이 시샘 반 부러움 반의 눈길을 보내며 스쳐 갑니다. 이제 세상에서 가장 아름다운 길이라는 밀포드 트렉은 샌드플라이 Sandfly 포인트에서 끝이 나고, 보트를 타고 밀포드 사운드의 후미진 곳을 떠나 큰 부두에 닿음으로써 공식적인 여정은 이제 끝이 납니다.

모두가 감탄하는 세상 제일 아름다운 길. 저로서는 사실 살짝 의구심이 들기도 합니다. 정말 밀포드 트렉이 세상에서 제일 아름다운 길이 맞을까? 세계 10대 트레킹에 속하는 게 맞긴 맞나? 늘 비가 내리고 흐린 날이 대부분인 데다가, 어쩌다 한 번 화창한 날을 만난다 해도 매키넌 패스를 넘을 때나 겨우 제대로 된 풍경이 열릴 뿐 죄다 이끼로 채워진 어둑한 숲길뿐. 물론 크리스털처럼 투명한 물의 향연이나 헤아릴 수 없이 많은 폭포야 좋긴 좋습니다만.

트레킹의 목적이야 물론 저마다 각기 다르겠지만, 세상의 보기 드문 풍경을 보기 위해 오로지 미답의 길만을 찾아 떠나는 저 같은 사람의 눈에는 안데스의 한 모퉁이나 히말라야의 어느 한 후미진 산자락보다도 못한 풍경처럼 여겨진 게 사실입니다. 이 정도 풍경으로 150년 가까이 우려먹을 건 아닌데 싶은 생각은 저만 드는 건가요.

하룻밤 고작 눈비나 피할 만한 집단 수용소 같은 숙소도 일 인당 100불 가까이 받는 것도 납득이 안 갑니다. 벙크 배드에 매트리스 하나 깔아 주고 히터도 들어오지 않는 오두막 같은 집에서 내가 짊어지고 간 침낭을 덮고 추위에 떨어야 하는 게 현실인데 말이죠. 트레킹을 위해 이용해야 하는 버스비나 뱃삯도 입이 떡 벌어질 가격인데, 국가가 나서서 오히려 바가지 씌우는 듯한 희한한 구조의 트레킹. 과연 이 속임수 놀음에 계속 장단을 맞춰줘야 하나 하고 많은 고민이 생깁니다.

영국 잡지사에 밀포드에 관해 기고한 블랜치 보한*Blanche Baoughan*이라는 시인이 있습니다. 문명 안에서만 살아온 그에게 뉴질랜드에서 조우한 밀포드 트렉은 분명 매우 특별했을 터. 그가 '세상에서 가장 주목할 만한 산길(A Notable Walk)'로 소개한 글은 편집장의 입김이 작용했는지 아니면 뉴질랜드 정부의 공작이 있었는지, 알 수 없는 영문으로 '세계에서 가장 멋진 산길(A Finest Walk in the World)'이라는 과장된 미사여구로 바뀌어 실렸고, 세인들은 한술 더 떠서 '세상에서 가장 아름다운 길'로 떠벌리게 되어 100년 넘도록 우려먹고 있는 작금의 현실.

그래서 나는 지인들에게 이곳은 가슴의 떨림이 멈추고 두 다리가 떨릴 때, 그에 더해 세상 아름답다는 길을 다 걸을 만큼 걸은 후에 더 이상 갈 만한 곳이 없을 때 가보라고 말하겠습니다. 이런 뾰로통한 생각에 빠져 트렉의 말미를 걷는 나에게 얄밉고도 악명 높은 곤충 샌드플라이가 달려들어 모질게 피를 빨아먹습니다. 뉴질랜드 정부와 그 국민들처럼 말이죠. 제 사견을 말하고 나니 속은 시원합니다!

---

### INFORMATION

**거점 도시** 퀸스타운

**거점 공항** 퀸스타운 공항

**트레킹 팁** 뉴질랜드 퀸스타운에서 버스를 타고 테아나우로 이동한다. 여기서 테아나우 다운스로 약 30분쯤 차량 이동하면, 국립공원관리소를 만난다. 다시 보트를 타고 호수를 건너 글레이드 왈프 선착장에 내려 트레킹을 시작한다.

# 아시아

| | | |
|---|---|---|
| 키르기스스탄 톈산 알틴아라샨 아라콜 패스 TIAN SHAN MOUNTAINS TREK | 332 |
| 튀르키예 리키안웨이 LYCIAN WAY | 346 |
| 네팔 에베레스트 베이스캠프 EVEREST BASE CAMP | 366 |
| 네팔 랑탕 밸리 LANGTANG VALLEY TREK | 386 |
| 말레이시아 키나발루 MOUNT KINABALU SUMMIT TRAIL | 404 |

키르기스스탄, 아시아

# 톈산 알틴아라샨 아라콜 패스
TIAN SHAN MOUNTAINS TREK

## 비단길 따라 아라콜 패스를 넘어

| | |
|---|---|
| 거리 | 50km |
| 일정 | 3일 |
| 난이도 | ●●●●○○○○ |
| 최고도 | 3,900m(아라콜패스) |
| 시즌 | 6월~8월 |
| 코스 | 악수 마을~아라콜패스~악수 마을 |
| 고도표 | |

중앙아시아 4개의 '스탄' 국가는 천상의 산맥이라 일컫는 2,500km 길이의 톈산산맥을 품고 있다. 알틴아라샨 아라콜 패스 트레킹은 산중 호수의 천국인 키르기스스탄과 톈산산맥의 핵심을 걷는 길이다.

새로운 미지의 세계를 만나러 갈 때마다 알 수 없는 미열의 진통을 겪습니다. 이 증상은 설렘일 수도 있고, 초행에 대한 두려움일 수도 있으나, 신기하게도 목적지를 향해 비행기에 몸을 싣고 길을 떠나는 순간, 거짓말처럼 낫습니다. 여행이란 언제 들어도 운치 있게 들리는 단어입니다. 박목월 시인의 시구처럼 구름에 달 가듯이 술 익는 마을마다 들러 한잔 걸치는 풍류 넘치는 여정일 수도 있고, 모험가 마르코폴로처럼 도전과 모험심으로 무장한 치열하고도 간절한 탐구의 길일 수도 있으며, 영혼을 울리는 소설가 파울루 코엘류의 사유의 여정이자 인생의 비밀을 찾아가는 순례의 길일 수도 있습니다. 제가 추구하는 여행의 목적은 그 모든 것을 담고 있습니다.

　이번 여행의 목적지는 중앙아시아. 위의 그 세 가지 여정과 꼭 맞는 곳이 아닐까 싶습니다. 소위 말하는 '신비의 5 스탄' 나라들이 모여 있는 곳. 천상의 산맥 Celestial Mountains이라 일컫는, 4개 국가를 내달리는 2,500 km 길이의 톈산 Tian Shan 산맥을 품고 있으며, 희미해진 역사 속에서 우리 선조 고구려인들이 말 타고 호기롭게 내달리던 곳이자 고려인이라는 이

키르기스스탄의 톈산산맥은 아시아 알프스로 통한다.

주자의 설움도 간직한 곳. 그래서 더욱 애절하게 다가오는 미지의 땅을 찾았습니다.

천상의 산뿐 아니라 세계의 지붕으로도 일컬어지며, 저에게는 또 하나의 동경하던 목적지인 파미르Pamir고원과 신비롭고 장대한 실크로드 길 위에도 마침내 올랐습니다. 그야말로 일타삼피! 실크로드를 따라 걷다가, 톈산산맥의 산길을 걸어 올라 파미르고원의 하늘길을 따라 걷는 여정. 이어서 톈산 남북로가 다시 합쳐지는 사마르칸트Samarkand와 부하라Bukhara 고대도시까지 걸으면서 여정을 마감할 예정입니다. 겨우 18일의 일정으로 이 길의 심오한 의미를 다 알 수 있겠냐마는 촘촘하게 일정을 짜서 하나라도 더 보고 느끼려 욕심을 부려봅니다. 중앙아시아를 들어서는 관문 역할을 하는 카자흐스탄의 알마티에서 여정이 시작됩니다.

실크로드Silk Road는 인류문명의 교류가 진행된 통로, 즉 고대 비단무역을 계기로 하여 중국과 서역 각국의 정치, 경제, 문화를 이어준 육·해 교통로의 총칭입니다. 독일의 지리학자 리히트호펜Richthofen에 의해 실크로드라고 명명되었고 우리말로는 비단길이라 하지요. 초원길, 사막길, 바닷길로 나뉘며, 거미줄처럼 동서남북으로 뻗어간 이 교통망 덕에 동서문명은 원활히 교류할 수 있었습니다. 기원전 200년대인 전한(前漢) 시대에 길이 처음 열렸으며, 당시에 실크로드는 톈산산맥을 두고 남북로로 나뉘었습니다. 이 길을 통한 교역이 가장 활발하던 시기는 당나라(618~907) 시기로 비단뿐 아니라 다양한 방면에서 실크로드를 통해 동서무역이 활발히 전개되었습니다. 송 대 이후로는 광저우를 지나 스리랑카, 파르티아, 홍해를 지나 카이로에 도달한 후 시리아로 가는, 덜 위험하면서도 대량 수송이 가능한 해상 실크로드가 발전하면서 육로는 점차 쇠락하게 되었습니다.

중앙아시아를 여행하는 이들에게 총길이 6,400km에 달하는 실크로드는 최고의 로망 중 하나입니다. 끝이 보이지 않는 지평선 너머로 펼쳐진 부드러운 사막의 모래와 줄지어 길을 건너는 낙타 무리. 저 멀리 아른거리는 신기루 같은 오아시스가 반가워 바쁜 걸음을 재촉하는, 기분 좋은 상상을 해봅니다. 비단길. 이름도 참 곱지요. 실크로드는 비단 교역의 통로였을 뿐 아니라 문화 교역로 역할도 톡톡히 했으며, 또한 '왕오천축국전'이라는 여행기로 유명한 혜초 스님을 포함한 수많은 승려가 불법을 전하기 위해 목숨 걸고 건넜던 길이라는 데에도 큰 의미가 있습니다.

이러한 거대하고도 방대한 비단길을 어찌 다 걸을 수 있겠으며, 얼마큼을 걸어야 '실크로드를 걸었다'고 힘주어 말할 수 있을까요. 우리는 그 길 중 자연 그대로의 순수함을 가장 많이 품고 있는 중앙아시아의 여정을 선택해, 지금 그 길 위에 있습니다. 전체 여정에 비하면 비록 짧은 코스지만 나름 역사적인 길을 걸으며 그 의미를 되새겨 보기도 하고, 2,500km 길이의 톈산산맥의 품에 안겨 풍경에도 취해보고자 합니다.

이름도 분간하기 어렵고 발음도 쉽지 않은 다섯 개의 '스탄' 나라 중 덩치도 가장 크고 가장 부유한 나라인 카자흐스탄의 대도시 알마티에

야생화 가득한 고산 초원과 푸른 하늘, 그리고 설산이 어우러진다.

내렸습니다. 카자흐스탄에서 가장 큰 도시이자 옛 수도로, 700~800m 고지에 위치하며 인구 210만 이상의 최다 인구의 도시이기도 합니다.

'알마티'는 '사과의 할아버지'라는 뜻으로 전 세계 사과의 원산지로 알려져 있으며, 그에 걸맞게 수도 없이 많은 품종의 사과가 산과 들에 지천으로 자라나 4~5월이면 사과 꽃이 만개해 장관을 이룬다고 합니다. 제철에는 거의 거저 주다시피 가격이 저렴해진다고 하는데, 명절 전이면 금값이 된다는 한국의 사과 값이 떠올라 씁쓸해집니다.

카자흐어보다는 러시아어를 주로 쓰며, 우리말과 같은 우랄 알타이어 계열인지라 어순이 한글과 같다고 해요. 그래서인지 여기 사람들은 한국말을 쉽게 배우고 잘한다고 합니다. 러시아의 스탈린에 의해 중앙아시아의 황무지로 눈물의 강제 이주를 당한 후 수많은 죽음과 희생, 고통을 겪으며 정착한 고려인들이 지금껏 고려인 사회를 만들어 거주해 오고 있습니다. 카자흐스탄 내에 약 10만 명쯤 살고 있다고 하니 결코 우리나라와 무관할 수 없는 나라이기도 합니다.

뒤로 시원하게 펼쳐진 악수 마을. 감자로 유명한 마을로 트레킹 코스의 들머리다.

오늘은 알마티 시내에서 잠시 벗어나 톈산산맥을 조망할 수 있는 트레일을 하루 걸으며 몸을 풀기로 했습니다. 콕자일라우 Kok Zhailau에서 쿰벨피크 Kumbel Peak로 오르는 길. 하루 종일 비가 내리는데 이 역시 이상기온의 영향이라고 하네요. 평상시 같으면 덥고 건조한 게 당연한 건데, 쌀쌀하고 내내 비를 뿌리니 별난 현상이라며 가이드가 투덜거리는군요. 그리하여 산맥의 전체적인 형태를 멀리서 조망하려던 기대는 바로 허물어져 버렸습니다. 짙은 구름 뒤에 가려진 산의 모습을 저마다 상상대로 표현해 봅니다. 나 역시 이 여정을 기다리며 꿈꿔왔던 톈산의 모습이 있습니다. 동행들의 과장된 표현을 그에 더해 바라보니, 웅장한 산세가 제법 그럴싸합니다. 특히나 해가 들지 않는 북쪽 사면은 아직 녹지 않은 눈이 쌓여, 베일에 싸인 설산 풍경이 더욱 눈부신데, 이는 상상일까요, 현실의 모습일까요. 어느 쪽이든 모두, 그대로 톈산입니다.

아침부터 서둘러 준비합니다. 정해진 국경 초소에 시간 내에 도착하여 키르기스스탄의 국경을 넘어야 하기 때문입니다. 해발고도 1,745m에 위치한 카라콜 Karakol에 도착했습니다. 키르기스스탄 동부에 자리한 도시이며 이식쿨 Issyk-Kul 주의 주도입니다. 키르기스스탄의 수도인 비슈케크 Bishkek와는 380㎞ 정도 떨어져 있으며, 인구는 7만여 명. 카라콜 마을 내의 관광 자원은 그리 많지 않지만 톈산산맥이 걸쳐있어 스키, 트레킹, 산악자전거 등을 즐기기 위해 여행자들이 많이 찾는 키르기스스탄의 주요 관광지 중 하나입니다.

우리 일행도 카라콜에서 알틴아라샨 Altyn Arashan 계곡으로 들어가 4,000m 높이에 있는 카라쿨 호수를 보고 오는 2일간의 여정을 준비합니다. '카라'는 검은색을 나타내고 '쿨'은 호수를 의미하니, 빙하호가 그들에게는 검게 느껴졌나 봅니다. 여기서는 '카라'라는 명칭을 자주 갖다 붙이는데 역시나 이곳 사람들이 검은색을 좋아한다고 하네요. 석탄이 주요 난방 연료로 쓰일 만큼 많이 나는데, 검은색을 좋아하는 것은 불을 숭상하는 의미라고도 합니다. 또한 이 도시는 위구르족, 러시아인, 우즈베크인,

트레커에게 숙식을 제공하는 산장과 유르트.

멀리 협곡 사이로 팔라트카 피크가 보인다. 산 이름은 텐트를 의미한다.

둔간족 등 다양한 국적의 사람들이 다채로운 문화를 형성하고 있답니다.

1888년 러시아의 탐험가 니콜라이 프르제발스키$^{Nikolay\ Przhevalsky}$가 카라콜에서 사망했으며, 1939년 그의 업적을 기념하기 위해 프르제발스크$^{Przhevalsk}$로 지명을 변경했다가, 1991년 소련 연방 해체와 함께 다시 본명 카라콜을 되찾았습니다. 국가명 키르기스스탄은 '40명의 여인'이라는 뜻으로, 오래전부터 모계 중심 사회로 이어져 왔으며 지금도 여성이 중요한 역할을 한다고 합니다.

산 좀 탔다고 하는 이들도 키르기스스탄에는 호락호락하지 않은 곳들이 많다고들 말합니다. 가이드 역시 인간의 발이 닿지 않은 미답의 산이 많은 신비로운 나라라고 자랑하니 더욱 설렙니다. 아시아의 깊은 중부에서 2,500km 이상을 달려온 톈산산맥. 키르기스 사람들은 이 땅을 그들 민족에게 선사한 조물주의 선물이라 여긴답니다. 우주 만물을 창조하신 조물주가 이 세상을 다 빚고 나서 한숨 돌리려고 하는데 키르기스인들이 찾아와 왜 우리에게는 땅을 주지 않느냐고 통사정하며 매달려서 하는 수 없이 조물주의 별장으로 사용하려고 남겨둔 땅을 내주었다고 하네요. 전

설치고는 어딘가 사랑스럽기도 하고, 아름다운 국토에 대한 그들의 자부심이 느껴지기도 합니다.

이른 아침 중무장을 하고 알틴아라샨 계곡 초입에 내려졌습니다. 수십 마리 황색 소들이 환영해 주는 것도 같고, 엄청난 유속의 강물이 흘러 내리는 풍경은 다소 위압적으로도 느껴집니다. 가문비나무숲을 지나 시원하게 흐르는 강물을 거슬러 계곡을 따라 걷거나 야생화 가득한 푸른 초원 지대를 걸으며 올라갑니다. 알틴아라샨 산장(2,600m)까지 오를 예정인데, 초반에 계속되는 오르막길에서 보이는 풍경은 마치 알프스를 보는 듯 합니다. 이러한 장대한 풍경은 중앙아시아 산하의 전형적인 풍경이라고 볼 수 있습니다.

5월 말의 톈산. 아직 해동기라, 출발부터 눈과 빙하가 녹은 계곡물이 천둥 치듯 포효하니 거칠고 사납기 이를 데 없습니다. 곧게 잘 뻗은 가문비나무 숲이 양 협곡을 빼곡히 채웠고, 산하는 신록으로 가득해 저절로

드넓은 초원에 말과 양이 한가로이 풀을 뜯는다.

콧노래가 나오는 것이, 걷기엔 아주 그만입니다. 파란 하늘에 조각구름이 둥둥. 이따금 한 번씩 바람도 나긋이 불어주니 발걸음도 마냥 가볍습니다. 가끔 오가는 사륜구동 트럭들을 비껴가며, 신명 나게 흘러내리는 강물을 거슬러 삼판 길을 오릅니다. 포말로 부서지는 저 강물의 급류에 몸을 맡기고 래프팅 한다면 얼마나 스릴 넘칠까, 상상도 해봅니다.

상념 없이 무심히 걷다가 작은 고갯마루에 올라 드넓게 펼쳐지는 초지 위로 시선을 던지니, 신기루처럼 나타난 설산 설봉. 신록이 물들여놓은 목초지에는 이제 피기 시작하는 오월의 야생화들이 수줍게 웃으며 몸을 떨고 있습니다. 민들레와 아기 붓꽃이 특히나 지천입니다. 파란 하늘, 흰 구름. 그 아래 평화롭게 풀 뜯는 소들의 울음소리가 계곡을 메우고 있으니, 여기가 바로 곧 중앙아시아의 알프스입니다. 어쩌면 웃음소리일 수도 있겠네요.

우리 동행들은 모두 감탄 일색입니다. '깨끗하다, 정갈하다, 자연미로 볼 땐 알프스보다 오히려 낫다' 등등. 제 개인적인 의견도 다르지 않아 이 계곡은 마치 세계 삼대 미봉의 하나인 마터호른의 마을 체르마트로 들어가는 지역과 비슷하게 여겨집니다. 진입 도로를 잘 다듬고, 인근에 서서히 마을이 형성되며 체르마트와 유사한 산악도시를 조성한다면. 그에 더해 케이블카, 산악 열차 등의 수송 수단을 설치하여 4,000m급 빙하와 호수까지 접근해 볼 수 있는 전망대를 만들면서 트레일을 정비한다면 아마도 그때엔 이곳이 국제적 수준의 산악도시가 되리라는 확신이 듭니다. 그럴 경우 한국에서는 상대적으로 가깝고 가성비 좋은 최상의 트레일이 될 테니, 톈산산맥 나들이가 훨씬 더 쉬워지고 잦아질 것입니다.

제법 오래 마음 비우고 걸었습니다. 걸음의 즐거움을 사념 없이 즐기다 보니, 어느새 쉴만한 곳에 닿았습니다. 나무를 대충 잘라 만들어 놓은 탁자와 의자. 꽤 오래전에 만들어진 듯, 낡고 투박한 물가 쉼터네요. 한국에서 제법 넉넉히 공수해 온 빨간 뚜껑 곡차를 꺼냅니다. 뭔지 아시죠? 한잔 곁들이니 소박한 도시락이 꿀맛 같습니다. 주변을 둘러보니 무더기로 피어난 들꽃들이 나지막이 몸을 낮춘 채, 수줍고 순박한 표정으로 우리를 맞아줍니다. 어느새 저 멀리 협곡 사이로 팔라트카 피크Palatka Peak(5,000m)가 가장 마지막에 하얀 얼굴을 내보입니다. '팔라트카'는 러시아어로 텐트를 뜻한다는데, 설봉의 모습이 잘 쳐진 텐트를 옆에서 바라본 모습 그대로입니다. 그래서 한인들은 '텐트봉'이라 부르기도 하지요.

다시 배낭을 둘러메고 꾸준히 오르다가 마지막 된비알을 식식대며 올라서니 절로 입이 떡 벌어지는 엄청난 풍경과 맞닥뜨립니다. 산장들로 형성된 산악 마을과 그 주변의 자연경관이 대단하군요. 텐트봉 설산 아래 푸른 초원마을과 하얀 유르트. 그 옆으로 평화롭게 풀 뜯는 말과 양떼를 둘러싼 설산과 암봉. 인공적인 요소가 전혀 가미되지 않은 순수한 풍경입니다. 극적이라 여겨질 만큼 아름다운 비경을 보면 가슴 한쪽이 뭉클해집니다. '아시아의 알프스'라는 별칭이 이제야 이해가 가네요. 로지에 도착해 방을 배정받아 커튼을 걷고 창문을 여니 눈 부신 햇살과 함께 쏟아져 들어오는 풍경. 창틀이 액자가 되어 아시아의 알프스를 그림으로 만듭니다. 똑 떼어내 그림엽서 삼아 그리운 이에게 안부를 전하고 싶군요.

밤새 요란스럽던 하늘이 맑고 푸르게 개었습니다. 오늘은 3,000m 고지에 펼쳐진 앙아르토 초원을 소풍 가듯 느긋이 걸은 후, 길을 꺾어 3,960m 아라콜Alakol 패스를 넘어 호수까지 무려 15㎞의 오르막을 치고 올라갔다가 내려야 하는 도전의 길입니다. 말의 도움을 받지 못한다면 결코 하루 만에 해낼 수 없으니, 승마 트레킹을 병행해야 한다고 가이드는 반협박입니다. 다들 겁을 먹고 말 한 마리씩 배정받아 말 잔등 위로 오릅니다. 그래야 겨우 1~2m 더 올랐을 뿐인데, 내려다보는 세상이 눈 아래로 여겨지며 괜히 우쭐해집니다. 마부까지 동원되어 이어지는 말 행렬이 비단길을 걷던 상인들의 대 행렬 못지않습니다.

손톱만큼 작게 피어 앙증맞고, 요란 떨지 않아 더 어여쁜 야생화들은 사랑하지 않을 수 없습니다. 푸른 초원 뒤로 펼쳐져 있는 만년 설산의 위용이 그저 감탄스럽습니다. 해동기의 강물은 우렁찬 굉음을 내며 노도와 같이 흘러갑니다. 이 계곡 길과 초원길, 꽃길을 따라 곧장 가면 카라콜 피크 베이스캠프에 도달한다는데, 우리는 방향을 틀어 다리를 건넌 후 경사 길을 치고 올라야 합니다. 물기가 남아있는 산길을 따라 고도를 높입니다. 고단했던 삶을 이어가려 유목민들이 오갔던 길을 따라 넘습니다. 3,000m 고도에 현지인들이 운영하는 유르트 캠프와 시로타 캠프가 지어져 있어 하루 머물며 여유 있게 호수의 일출이나 일몰 등 아름다운 풍경을 앵글에 담아도 좋겠지만, 우리는 하루에 마치기로 일정을 잡았기에 그냥 지나칩니다.

　　이제 너덜 길이 시작됩니다. 눈사태와 산사태로 흘러 내려온 돌과 바위가 켜켜이 쌓여 만들어진 돌무덤 사이로 난 길. 짧게 휘어진 길을 돌아 오르니 이쪽저쪽 모두 설산 산릉들이 눈높이로 다가옵니다. 계속 이어지는 오르막길에 고도가 3,000m를 훌쩍 넘어가자, 고산증이 몸 구석구석까지 엄습해 오며 숨도 가빠지고, 가파른 길의 연속에 종아리 근육이 땅겨옵니다. 고통이 수반될수록 사위 풍경은 더욱 수려해지고, 우리가 고도를 높일수록 낮아지는 설산들은 마치 바다인 양 우리를 휘두릅니다. 몸이 고달플수록 눈은 호사를 누리는군요. 아라콜 고개에 올라 눈앞에 활짝 펼쳐진 풍경에 그만 나는 마음에 이고 진 모든 것을 다 잊고, 황홀함에 취해 그저 백치가 돼버립니다.

　　연이어 달리는 톈산산맥의 장엄함. 그 만년 설산 아래 빙하 물 고인 짙푸른 호수가 고요히 누워있습니다. 일출과 일몰이 더없이 아름답다는 아라콜 호수는 날씨에 따라 옷을 다르게 입는데, 햇빛이 인색한 오늘은 잉크 빛 블루가 더욱 짙어 도도한 차가움마저 느껴지네요. 때로는 에메랄드, 때로는 옥빛, 때로는 청잣빛으로 화려하게 변신하는 산정호수. 과연 키르기스스탄에게 준 조물주의 별장이 맞나봅니다. 길 위의 나그네가 되길 정말 잘했습니다. 그 별장을 이렇게 함께 누릴 수 있으니 말이에요.

## INFORMATION

**거점 도시** 카라콜

**거점 공항** 비슈케크 공항

**트레킹 팁** 키르기스스탄 비슈케크 공항에 내려 카라콜로 5시간 쯤 차량 이동한다. 카라콜에서 버스나 택시를 이용해 약수 마을에 도착해 트레킹을 시작한다.

튀르키예, 아시아
# 리키안웨이 *LYCIAN WAY*
고대 유적과 지중해를 아우르는 사유의 길

- 안탈리아 *Antalya*
- 페티예 *Fethiye*
- 카박 *Kabak*
- 시메나 *Simena*
- 올림포스산 *Olympos*
- 아드라산 *Adrasan*

| | |
|---|---|
| 거리 | 509km |
| 일정 | 25일 |
| 난이도 | ●●●●○○○ |
| 최고도 | 2,366m(올림포스산) |
| 시즌 | 3월~10월 |
| 코스 | 오바식(페티예)~올림포스산~안탈리아 |
| 고도표 | |

리키안웨이는 튀르키예 최고의 트레킹으로 꼽히며, 전체 구간을 주파하려면 25일쯤 걸린다. 4,000m급의 산과 고대 리키아 지역의 유적지, 블루 라군과 옹기종기 자리 잡은 해안 마을의 사랑스러운 풍경을 즐길 수 있다. 지중해 종합 선물 세트를 받는 느낌이다.

누군가는 걷는다는 것은 두 발로 사유하는 것이라 했습니다. 이제 막 산티아고 순례길을 마치고 마드리드를 떠나 이스탄불로 왔습니다. 자 못 깊은 상념에 빠져 걸었던 순례길, 그리고 이제 튀르키예의 지중해를 따라 걷게 될 리키안웨이. 2,000년을 넘겨온 역사의 땅, 튀르키예. 산과 바다를 두루 품은 대자연을 거느리며 대 왕국을 만들어 로마시대에 번성했던 고대 리키아. 그들이 남겨놓은 역사의 발자국을 따라, 풀지 못할 수수께끼만 남긴 채 사라져 버린 그들의 전설을 생각하며 걷는 길. 아마도 이는 산티아고 순례길 못지않은 사유의 길이 될 것 같습니다.

로마시대에 번성했던 고대 리키아. 그들이 남겨놓은 역사의 발자국을 따라 걷는 길이 리키안웨이다.

리키아는 현재의 튀르키예 남서 해안 지역의 안탈리아<sup>Antalya</sup>와 무글라<sup>Mugla</sup>에 해당하는 고대 그리스 도시입니다. 리키안웨이는 고대 리키아인들이 남긴 유적지와 아름다운 지중해 바다를 따라 걷는 트레일로 영국의 유력 시사지 선데이 타임스가 선정한 세계에서 가장 걷기 좋은 길 베스트 10에 되기도 했습니다. 안탈리아에서 터키 남부의 또 다른 미항 페티예*Fethiye*까지 509㎞. 아직까지 한국에는 덜 알려졌지만, 자연과 역사가 조화를 이룬 트레킹 코스로 현지인들이나 유럽인들 사이에서 큰 사랑을 받고 있습니다.

트레킹은 안탈리아와 페티예, 두 도시에서 각각의 진행 방향으로 걸을 수 있으며 4,000m급의 산과 고대 리키아 지역의 유적지, 블루 라군과 지중해 연안의 옹기종기 자리 잡은 해안 마을들이 사랑스러운 풍경을 만듭니다. 전체 루트를 걷는 데, 평균 25일 정도가 걸리며 웰빙의 대명사로 자리 잡은 지중해의 음식과 아름다운 자연, 그에 더해 고대 유적까지 만날 수 있어 튀르키예 최고의 트레킹 코스로 자리매김했습니다.

트레킹의 시작이 페티예라고는 하나, 대부분의 사람들은 출발을 알리는 입간판이 세워져 있는 오바식*Ovacık*에서 걸음을 시작합니다. 오바식은 욀뤼데니즈*Ölüdeniz*의 뒷산으로, 푸른 바다와 사철 생기 넘치는 송림을 벗 삼아 걷는 목가적인 길입니다. 참고로 욀뤼데니즈는 아름다운 석호와 코발트빛 바다, 굽이진 해변의 수려한 풍경을 가진 블루 라군이 있어 튀르키예 관광 홍보 포스터에 자주 등장하는 곳이랍니다. 도로에서 들어가는 초입에 아주 최근에 세운 듯한, 걷는 사람들의 동상이 있어 기념사진 한 장 찍고 출발하기에도 좋습니다.

우리 팀은 페티예와 오바식 사이에, 지금은 폐허가 된 그리스 마을 카야쾨이*Kayaköy*를 먼저 걷기로 했습니다. 15㎞ 이상은 걸어야 해 주어진 시간이 그리 여유롭지 않은 데다, 지원 차량도 없어 처음부터 고대 도시로 바로 접근해 페티예로 돌아오는 길을 택했습니다.

폐허로 남은 도시지만, 그 당시 얼마나 많은 그리스인들이 모여 살며 융성했을지를 가늠하게 하는 웅장한 고대 극장과 거대한 공동묘지, 경이로운 헬레니즘 건축물에 연이어 감탄하지 않을 수 없습니다. 수천 채가 넘는 집들, 수십 개의 교회와 학교가 남아있으나, 튀르키예 독립 전쟁 이후 대규모의 인구 교환이 이루어지면서 기독교 주민들이 그리스로 이주해 버려 이곳은 완전히 유령 도시가 되어버렸다고 합니다. 왠지 을씨년스럽고 애잔합니다. 더구나 이 도시가 버려진 후 산 아래 새롭게 건설한 마을이 있는데, 두 마을을 다 방문해 보면 마치 현재와 과거가 공존하는 듯한 묘한 분위기를 느낄 수 있습니다.

저녁 시간, 페티예의 명물을 찾았습니다. 규모 면에서는 비교도 안 되지만 노량진 시장과 비슷한 형태의 시장으로, 밤늦게까지 즐길 수 있어 많은 사람들이 찾는 곳입니다. 우리에게 친숙한 오징어나 한치, 문어, 고등어 등의 다양한 생선들이 나름 신선한 광채를 발하고 있습니다. 원하는 양만큼 무게를 달아 구매한 후 주변에 둘러싼 식당에서 돈을 내고 굽거나 튀겨 먹을 수 있는데, 음료나 주류값으로 더 많은 이익을 남기는 것으로 보였습니다.

왁자지껄한 호객 행위가 난무한 좌판들 사이를 지나다 그나마 가장 마음에 드는 곳을 잡아 넉넉하게 시켰더니 완전 바가지요금입니다. 경악스러울 정도의 가격 담합에 화가 치밀어 주문을 취소해 버리고 조금 외떨어져 있는 점포를 찾았습니다. 내일 아침상에 오를 것까지 대량으로 주문할 테니 가격 장난치지 말고 시작하자며 단호하게 말했더니, 이전 가게의 반값도 안 되는 가격으로 풍성하게 내줍니다.

시장이 반찬이기도 하지만, 지중해에서 갓 잡아 올린 싱싱한 해산물을 즉석에서 굽고 튀겨 먹으니, 술이 절로 넘어갑니다. 언젠가부터 지중해Mediterranean라는 단어는 바다라는 의미뿐 아니라, 올리브와 질 좋은 치즈를 곁들인 건강한 음식들, 칼라말리(오징어), 풀뽀(문어) 등의 신선한 해산물 요리들을 함께 떠올리게 합니다. 연이어 잔을 들이켜다 보니 적당히 취해서. 기분 좋게 숙소로 향합니다. 길 위에는 완벽한 원형의 커다란 보름달이 함박웃음을 짓고 있습니다.

다른 곳에 기거 중인 펜션 주인 내외가 조식을 만들어주기 위해 일부러 찾아와서 냄새를 피우며 수선스레 아침을 깨웁니다. 얼굴 가득 먼저 웃으며 과하다 싶을 정도로 친절한 튀르키예 사람들. 그들은 진심으로 우리를 형제국의 사람이라 여깁니다. 한국의 모든 것을 부러워하고 사랑하며, 한국 관광객을 살갑게 대합니다. 택시에서 통행료 등의 추가 요금이 있어 돈을 더 받으려던 운전기사가 '아임 코리안'이라는 소개에, 하마터면 차이니즈인 줄 알고 더 받을 뻔했다며 추가 비용을 면해주는 일이 있을 정도입니다. 한국인이라서 행복한 순간입니다.

고대로부터 전설 같은 수많은 스토리텔링이 샘솟는 신비의 땅, 튀르키예. 유럽과 아시아에 걸쳐 있어 두 문물이 잘 어우러진 독특한 문화와 천혜의 눈부신 자연환경을 지니고 있습니다. 동로마제국과 오스만제국의 영토였던 만큼 유구한 역사의 흔적을 볼 수 있고, 미각을 만족시키는 다채로운 음식들에, 평화로운 휴양지까지 갖추어져 있는 나라. 그럼에도 여행 경비가 유럽보다 훨씬 저렴하니, 세계 여행객들의 발길이 끊이지 않고 있습니다. 여정 마지막 날 저녁, 선상 크루즈 디너 전에 각자 자기소개를 하는데 출신 국가 수가 30여 개국에 이를 정도이니, 말 다했지요.

리키안 웨이 종주를 시작하는 오바식에 세워진 순례자 조형물

트레킹 여행이 시작되고 마감되는, 튀르키예의 수도 이스탄불 *Istanbul*은 지리적으로 동서양이 나뉘는 곳에 자리합니다. 보스포루스 *Bosporus* 해협을 사이에 두고 아시아와 유럽에 걸쳐 있으며, 터키의 나머지 영토는 소아시아라고도 불리는 아나톨리아*Anatolia* 반도에 속해있습니다. 그중에서 지중해 연안과 어깨를 나란히 하고 달리는 토로스*Taurus*산맥을 따라 이어진 리키안웨이. 행여, 단순히 해안선만을 따라가는 쉽고도 단조로운 여정으로 착각하고 이 길에 오른다면 제대로 찐 고생을 할 것입니다. 509km라는 거리도 만만치 않고, 오르내리는 고도가 18,000m가 넘으니, 세계의 지붕 에베레스트를 두 번 이상 오르내려야 하는 셈입니다. 일부 구간의, 말 그대로 버려진 리키아의 유적지와 여전히 시대의 뒤안길에 서 있는 듯한 오지의 농가 마을들은 아련한 향수를 만들며 멀고 먼 옛날로 인도하기도 합니다.

수수께끼만 남긴 채 사라진 고대 리키안들을 떠올리게 하는 역사의 흔적

영국 출신 이주민이자 아마추어 역사가인 케이트 클로우*Kate Clow*는 길 위의 역사를 보존하려는 열망으로 리키아 웨이를 연구, 개척하던 중 1990년대에 자원봉사자들의 도움을 받아 이 길을 완비했습니다. "나는 길을 만들려는 영감을 받은 것이 아니라 오래된 도로를 수집하라는 영감을 받았습니다."리키안웨이의 의미와 그녀의 의지를 엿볼 수 있는 문장입니다.

튀르키예의 남해안 지역에서 망망대해를 바라보며 살아온 리키아인들은 자유를 존중하는 민주주의 국가로 번성했으나 수 세기 후 호전적인 로마 제국의 잦은 침공과 불가역적인 지진 폭발에 의해 국가의 수명이 다하고 말았습니다. 이 길 위에는 그 흔적이 구석구석 아로새겨져 있습니다.

젊은 펜션 주인장 부부의 환송을 받으며 길을 나선 후, 서쪽 시작 지점 입간판 앞에서 기념사진을 찍고 걷기 시작합니다. 윌뤼데니즈 해안 마을 끝으로 청록빛 블루 라군의 바다색이 더욱 선명합니다. 해안 바위 절벽에 부딪히며 하얗게 부서지는 파도. 고개를 들어보니 색색의 낙하산이 파란 하늘을 물들이고 있네요. 이곳은 세계 3대 패러글라이딩 명소 중 하나입니다. 마을과 산, 바다가 어우러져 만든 수려한 풍경화를 보노라니 나 역시 그 그림 속에서 날아보고 싶은 욕심이 불쑥 솟구칩니다. 그 너머 지중해 바다는 물결 하나 없이 잔잔하여, 밝은 햇빛을 받으니 그 물색이 더욱 매혹적으로 빛납니다. 바다는 하늘을 담고, 하늘은 바다에 스며듭니다. 오늘따라 유난히 구름 한 점 없이 맑고 푸른 하늘, 경계가 모호해진 지중해와 하늘 사이에서 내 마음도 분간 없이 천진하게 뛰놉니다.

이제 길은 산으로 치닫고, 제법 애쓰며 산길을 치고 오릅니다. 2,000m급 바마다그*Bamadag*산의 사면을 오르는 중인데, 오를수록 점점 거대해지는 바위산이 묵직하게 버티고 있습니다. 중압감마저 느껴지는 이곳은 튀르키예의 요세미티라 불립니다. 산과 바다를 모두 품고 있는 리키안웨이는 해안선을 걸을 때는 거대한 산맥이, 산길을 걸을 때는 푸른 바다가 한쪽에서 어김없이 펼쳐지며 다채로운 풍경을 선사합니다. 이 길에서 또 한 가지 누릴 수 있는 기쁨은 소박한 마을 사람들의 일상의 모습과 고유의 문화, 현지인이 마련해 준 식사와 따뜻한 친절입니다.

리키안 웨이는 해안과 깊은 산속을 드나들며 이어진다.

팔라야*Palaya*의 작은 해변에 이르렀습니다. 잠시 신발을 벗고 해안선을 걸어보는데 작은 몽돌이 깔린 자갈 해변의 촉감이 모래사장보다 훨씬 좋습니다. 창이 크게 난 카페에 들어가 시원한 생맥주 한 조끼씩 들이키며 창밖 바다를 내다보는데 주변으로 연신 건축 공사가 진행 중입니다. 길을 걷던 중에도 계속 보이던 광경입니다. 살기 좋은 곳이라 집터를 마련하려는 사람들도 많고, 또 이 길을 종주하는 순례자들을 위한 숙소로 투자하려는 의도도 있다고 합니다. 언젠간 트레커로 가득 찰 이 길을 상상하며 다시 마지막 구간을 오릅니다.

바다를 향해 돌출된 바위 절벽 쪽으로 올라가 보니 넓은 잔디밭 위에 일찌감치 자리 잡은 대여섯 개의 원색 텐트들이 보입니다. 일정을 잘 짜서 펜션이나 게스트 하우스에서 묵으며 종주할 수도 있고, 이렇게 백패킹을 하면서 여유롭게 진행할 수도 있습니다. 시간의 구애받음 없이 마음껏 자유를 누리며, 절경 속에서 밤을 지내는 그들이 부럽기도 합니다. 마침, 영국에서 왔다는 중년의 여성이 텐트에서 나오며 인사를 건네기에 잠시 대화를 나눕니다. 이들 부부는 캠핑과 숙소 이용을 섞어서 하며, 별 시간 제약 없이 놀멍쉴멍하며 걷는다고 하네요. 텐트 앞 벼랑에 서니 드넓은 바다와 점점이 누워 있는 섬들, 아기자기한 해안 마을까지 어우러진 그림 같은 풍경 위로 서서히 산그늘이 덮여옵니다.

맑고 푸른 하늘과 청아한 기류. 지중해를 차고 오르는 찬연한 태양빛. 튀르키예의 지중해가 선사하는 축복의 아침입니다. 오늘은 제법 큰 규모의 해안 휴양도시 카쉬<sup>Kas</sup>로 향하는 여정이 시작됩니다. '눈썹'이라는 뜻의 이름을 가진 도시인데, 앞쪽 해안선이 초승달처럼 휘어져서 붙여진 이름이라고 하네요. 사랑스러운 이름입니다. 길은 해안선을 벗어나 내륙의 산으로 깊이 들어갑니다. 거쳐 가는 마을마다 전원적인 풍경 안에서 저마다 소박한 삶을 영위하고 있습니다. 경제적으로야 우리보다 넉넉하진 않을 텐데, 농가 모두 반듯하고 제법 큼직합니다.

적당한 규모를 갖추었다 싶은 마을마다 어김없이 모스크가 지어져 있습니다. 이슬람 율법에 따라 하루 다섯 번씩 확성기로 흘러나오는 예배 소리. 새벽에 울려 퍼지는 그 소리는 때때로 소음으로 느껴져 미움의 대상이기도 했으나, 이제는 그런대로 제법 익숙해졌습니다. 그 시간이 저절로 기상 시간이 돼버리니, 하루가 길어져 미리 정해놓은 일상이 대개는 계획대로 맞아떨어집니다. 오늘은 조금 특별한 곳, 델리케머<sup>Delikkemer</sup>의 계곡을 가로지르는 로마 수로 유적지를 방문할 예정입니다. 높은 산에서 해안지대의 고대 파타라<sup>Patara</sup> 지역에 물을 공급하는 시스템의 일부였습니다. 이 수로를 따라 파타라 유적지까지 걸어가면 극장, 목욕탕, 사원 등 한때 리키아 리그를 주도했던 도시의 다양한 유적을 감상할 수 있습니다. 5,000석 규모의 극장, 복원된 구 시의회 건물, 재건된 기둥 옆 콜로네이드 거리를 포함한 파타라의 웅장한 기념 유적지를 둘러보면서 리키안웨이의 의미를 다시 새겨봅니다.

거대한 바다거북이 카레타Caretta가 알을 낳기 위해 오는 것으로 알려진 긴 파타라 해변으로 들어가 봅니다. 시즌이면 해수욕을 즐기려는 인파가 북적인다는데 4월의 바다는 인적조차 드물고 그나마 열어놓은 대형 음식점도 그저 파리만 날리고 있습니다. 노랫소리도 그리 아름답지 못해 소음처럼 느껴집니다. 멀리 해안을 항해하는 선박 하나가 향수를 자극하는 아련한 뱃고동을 불어주고, 찰싹대는 파도 소리와 살랑대는 미풍이 바다로 오라고 유혹하는 듯, 한가한 오후입니다.

나른함을 떨치고 해안을 벗어나 다시 고지대를 오릅니다. 제법 긴 시간, 마을을 지나며 그들의 삶을 가까이서 지켜봅니다. 다양한 인종들. 동서양이 만나니 푸른 눈을 지닌 이들, 검은 피부를 가진 곱슬머리 사람들, 또 그 사이에서 태어난 혼혈. 다시 대를 이으며 섞이고 또 섞이는 다양한 인종들. 인종의 멜팅팟melting pot(다양한 문화를 가진 사람들이 섞여 하나의 동질 문화를 만들어 가는 것)이 따로 없습니다.

리키안웨이는 고난도 구간도 더러 있지만, 산길은 대체로 순하게 이어져 있어 여유 있게 풍경을 감상하며 트레킹을 즐기기에 더없이 좋습니다. 산 능선에서 내려다보는 카쉬의 풍경이 참으로 미려합니다. 완만한 만으로 이루어진 바다는 천혜의 방파제가 만들어져 정박한 요트들이 포구를 가득 채우고 있습니다. 유럽 각지에서 항해해 온 휴양객들은 배안에서 생활하며 이곳에 장기간 머물기도 합니다. 그들만의 커뮤니티가 저절로 생기기도 하고, 그에 맞는 리조트 서비스까지 제공된다고 하니 부럽습니다.

샌프란시스코의 러시안 스트리트만큼이나 가파른 길 중간에 있는 숙소에 배낭을 내리고 해안으로 나가봅니다. 종주길 위의 마을들은 골목마다 카페와 바, 레스토랑이 가득해 활기가 느껴지고, 넘치는 행인에 때때로 길이 막히기도 합니다. 해변 광장은 더 많은 사람들로 붐비며, 거리 예술인들의 공연을 감상하거나 팔짱을 끼고 여유 있게 산책하기 좋습니다. 고독하고 거친 길을 걸어오다가 오랜만에 사람 사는 세상을 만나니 반갑기도 하고, 문명의 달콤함이 새삼 고마운 순간입니다.

번잡함이 덜한 도시의 경계까지 걸어갔다가 돌아오는 길. 부두의 작고 매혹적인 빨간 등대가 가장 잘 보일 듯한, 이층 테라스의 선술집으로 들어섭니다. 맥주와 피시 앤 칩스. 고등어를 튀겨냈는데, 마치 어릴 때 우리네 제사상에 오르던 것과도 비슷한 것이, 묘하게 맛있습니다. 지는 노을 속에서 우리도 풍경의 하나가 됩니다. 스피커에서는 귀에 익은 올드 팝이 연이어 흘러나오고 사위가 점점 차분해지니 홀연 애틋한 노스탤지어에 감싸입니다. 어둠은 짙어오고, 일교차가 큰 날씨에 어느새 오들오들 떨고 있습니다. 담요 한 장씩 얻어서 어깨에 걸치고 깊어가는 카쉬의 밤에 녹아듭니다. 이 역시 인생 일기장에 남음 직한 밤입니다. 어둠 속의 돛단배들도 이제는 지친 어깨를 늘어뜨리고 잠을 청하고 있습니다.

어느새 정이 든 카쉬를 떠나 칼레우카기즈<sup>Kaleucagiz</sup> 해안 마을로 이동합니다. 길은 잠시 내륙으로 들었다가 다시 해안으로 연결됩니다. 길이 바다와 너무 가깝다 못해 까딱하면 물에 빠져버릴 듯한 구간도 있습니다. 하얀 바위틈 사이의 길에는 친절하게도 자주 표식을 해두었습니다. 눈에 띄는 바위나 나무 또는 건물에 그려진 빨간색과 흰색의 조합된 표식을 따라가면 됩니다. 알프스 트레일에 표시된 문양과 동일한 것을 보니 여기도 유럽의 일부라고 주장하는 것도 같네요. 드물지만 작은 돌탑인 케언즈 *cairns*(돌을 쌓아 만든 이정표, 돌무덤)를 따라 방향을 잡아야 할 때도 있습니다.

개들이 먼저 반기며 짖어대는 칼레우카기즈. 마을에 들기 전, 독특한 양식의 석관이 늘어선 길을 따라가 야트막한 산 위에 자리한 케코바 칼레 Kekova Castle 옛 성에 들어가 봅니다. 적의 침략과 지진의 위험을 피하고자 가능하면 높은 산 위에서 생활하고자 축성한 곳으로, 지금은 그 덕에 지중해가 펼쳐놓는 수려한 풍광을 볼 수 있는 멋진 전망대 역할을 하고 있습니다. 여전히 견고해 보이는 누각에서 건너다 보이는 많은 섬들이 색다른 풍경을 선사합니다.

마을로 들어서니 '케코바!'를 외치며 호객을 해댑니다. 케코바 Kékoba 섬은 지중해의 유명한 관광명소 중 하나로, 배를 타고 섬 호핑투어를 하며 스노클링이나 스쿠버 다이빙, 맛있는 식사와 뱃놀이를 즐길 수 있는 곳입니다. 이 마을의 부두에서 출발한다고 하네요. 한나절은 그렇게 놀며 쉬어가도 좋겠다고 생각하며, 다음 기회엔 더 많은 동행과 방문해 배 한 척 전세 내서 유람하리라 나하고만 조용히 약속합니다. 작은 동네지만 깔끔한 집과 카페, 그럴싸한 숙소들이 제법 많습니다. 알록달록 채색된 집들이 이탈리아 아말피 해안가 마을을 떠올리게 합니다. 아기자기한 선물 가게에다 바다로 창을 연 카페들, 크고 작은 배들이 연안을 가득 채우고 있습니다. 하루쯤 놀다 가고 싶은 마음을 접고 아직 점심때도 안 된지라 식사조차 못하고 아쉬운 발걸음을 돌립니다.

종주 길에서 가장 긴 모래 해수욕장을 품은 피니케 Finike로 들어서기 전, 트레일에서 조금 벗어난 고대 유적지가 즐비한 리미라 Limyra를 방문합니다. 역사의 잔해들이 곳곳에 흩어져 있는 옛 도시를 걸으며 그 당시 이곳이 얼마나 찬란한 도시였을까를 그리다 보니, 융성하던 도시 리키아를 하루아침에 지진이 삼켜버렸다는 사실에 자못 숙연해지기까지 합니다. 동시에 몇 달 전(2023년 2월) 튀르키예에서 발생했던 지진의 대참변이 떠올라 몸서리를 치기도 합니다.

곧이어 해안으로 나와 긴 모래톱을 따라 걸으면 다시 숲길이 나타나고 곶처럼 튀어나온 지점에 리키안웨이 최고의 전망대라 불리는 겔리

도니아Gelidonia 등대에 닿습니다. 3면을 둘러싼 바다에 수려한 돌산, 돌섬이 포진해 있어 자연이 빚은 비경과 인간이 이룩한 찬란한 문화가 자연스레 어우러지며 감동적인 풍경을 만듭니다. 서로 사진 찍어주느라 여념 없는 사람들이 넘쳐나 부대낄 지경입니다. 사람이 왜 이리 많나 했더니, 오늘이 토요일이었군요. 요즘 시간 가는 줄 모르고 살았습니다. 주말이라 가족이나 연인 단위로 많이들 나들이 나왔습니다. 좋은 곳이 나만 좋을 리는 없으니까요.

숙박은 호텔이나 게스트하우스, 또는 캠핑을 할 수도 있다.

다시 길을 이어 650m 높이 산에 올랐다가 내려가면서 이어지는 고대도시 올림포스Olympos의 유적지들을 만납니다. 로마나 그리스의 유적과 비교하면 다소 조야하고 덜 정교하다는 품평을 어쩔 수 없이 하게 되네요. 올림포스산(2,336m)에서 이름을 얻은 이 고대 도시는 긴 모래 해변에 인접하여 형성된 츠랄르Çıralı 마을로, 초목 사이에 무덤, 사원, 교회, 궁전 등의 숨겨진 유적이 즐비합니다. 입장료도 내었겠다, 돈 아깝지 않게 살뜰하게 보면서 내려오니 어느새 앙증맞고 예쁜 해안이 펼쳐집니다.

사진도 찍고, 모래와 자갈이 섞인 해변을 걸어 마을에 듭니다. 메인 도로 양옆으로 가게와 식당, 마트와 선물 가게들이 길게 줄을 잇습니다. 식당들 문밖에 설치해 둔 쇼 케이스 냉장고에는 오늘 갓 잡아 온 듯한 신선한 해산물이 얼음 위에 차곡차곡 쌓여있습니다. 성의 없는 숙소 주인이 예약 사이트에 주소를 잘못 올려놓은 바람에, 이 골목 저 골목 찾느라고 생고생하다가 지쳐버렸습니다. 시간도 늦고 밥 해 먹을 기력도 없는 데다 좀 전에 보았던 해물들이 눈에 아른거려 적당한 식당을 찾아 나섭니다. 대부분의 식당이 왁자지껄합니다. 이 나라 사람들은 일은 안 하고 놀고먹기만 하나 생각하니 조금 시샘도 드는데, 일상의 한 장면만 보고 일반화하는 오류를 범해선 안 되겠지요.

이 마을 뒷산에는 색다른 명물이 있습니다. '불타는 돌'이라는 뜻의 야나르타쉬Yanartas. 바위틈에서 지표를 뚫고 나오는 천연가스에 놓인 불이 꺼지지 않은 채 3,000년 가까이 불타오르고 있다고 합니다. 이보다 신비하고도 특별한 곳이 있을까요. 2,000년 전 그 엄청났던 화산 폭발의 현장을 연상케 하는 모티브가 되기도 하는데, 수 천 년을 꺼지지 않고 불꽃을 피워 올리고 있다는 것이 정말 대단합니다. 군데군데 작은 불은 이미 죽기도 하고 기세가 덜한 곳도 있다고는 하지만, 그렇다 해도 그리스 신화 속 입에서 불을 뿜는 키메라의 전설을 떠올리게 하는 신화적인 광경은 여전합니다. 이미 죽어버린 불을 보며 세월의 흐름 속에서 불변의 영원함이란 없다는 것도 다시 한번 깨닫습니다.

신화 속에서 빠져나온 듯 오묘한 기분으로 돌아온 숙소. 리조트 전체를 고치느라 어수선하기 이를 데 없는데, 아마 방갈로 한 채를 제대로 꾸며서 첫 손님으로 내준 게 우리인가 봅니다. 오후에 집 찾느라 에너지를 소진한 데 대한 짜증과 이 너절한 정원 분위기며, 인터넷 연결마저 제대로 되지 않아 새삼 다시 화가 치밀어 오릅니다. 영어라고는 한마디도 못 하는 젊은 주인에게 분풀이로 뜻도 안 통하는 야단을 치고 그 핑계로 술잔을 잡습니다. 멀리 철썩대는 파도 소리. 개 짖는 소리. 룸메이트의 나지막한 코 고는 소리. 세상의 모든 소리가 서서히 그 영역을 좁히고, 대신 밤은 더욱 몸을 부풀립니다.

토로스산맥의 장대한 산길로 여정을 이어가는데, 오늘은 지중해를 바라보며 고대 리키아의 유적이 유난히 많이 남아있는 파셀리스_Phaselis_ 해변으로 향합니다. 바다로 둘러싸여 있어 안전한 뱃길을 제공했던 파셀리스는 일찍이 상업의 중심지로 번성했던 곳으로, 50만 명은 살았을 것이라는 추측이 있을 만큼 대규모 도시였다고 합니다. 이제는 지진으로 인해 흔적만 남아있지만, 어느 곳보다도 많은 유적이 보존되고 있어서 마치 그 시대로 돌아가 시간여행을 하는 기분이 듭니다. 독특한 문화와 언어를 사용하며 살아가다가 흔적 없이 사라져 버린 마추픽추의 잉카인처럼, 리키아인들도 홀연 그렇게 사라져 버려 신비로운 궁금증을 더합니다. 푸른 하늘엔 점점이 흩어진 양떼구름이 평화로이 노닐고 있습니다. 그때에도 하늘은 이렇게 푸르렀을까요.

바다와 산의 절묘한 조화가 압권인 리키안웨이. 그 아름다움에 내내 취해 걷는 여정은 이제 내륙의 높은 산으로 향합니다. 야일라쿠즈데레_Yayla Kuzdere_에서 시작해서 산악지대를 통과할 예정. 종주를 끝낼 게익바이리_Geyikbayiri_는 안탈리아에서 차량으로 40분 정도 떨어져 있습니다. 오늘부터 게익바이리를 향해 3일간의 산촌 생활을 이어갈 예정입니다. 현지명이 '깊은 숲의 산' 또는 'God Mountain'이라는 의미의 타흐탈르_Tahtalı Dağı_. 우리에겐 올림포스산으로 알려진 곳을 향해 오르는 길입니다. 쿠즈데레 계곡, 풍성한 수량의 시냇물을 따라 거슬러 오르는 길에는 돌로 축성한 유서 깊은 로만 브리지Roman Bridge가 그대로 남아 있어 멋진 사진 한 장 남기기 좋습니다. 추쿠르Çukur 고원의 목초지로 꾸준히 오르기 시작하여 소나무 숲과 삼나무 숲을 통과한 후, 한동안 계속 오르막을 넘어 능선에 서면 장쾌한 바위산 타흐탈르가 흰 눈을 가득 이고 버티고 서있습니다. 순식간에 시선이 사로잡힐 수밖에요. 토로스산맥 남단에 우뚝 솟은 타흐탈르산은 리키안 지방의 최고봉으로, 그리스 12 신이 머물렀던 신성한 산으로 알려져 있습니다. 웅장하게 솟은 산을 올라 바다를 향하면 안탈리아를 비롯한 항구도시가 지중해 바다와 어우러져 그림 같은 풍경을 연출합니다. 오늘은 산자락을 휘돌아 자리한 아담한 마을 히사르찬디르Hisarcandir에서 고단한 하루를 내려놓습니다.

　　리키안웨이의 기점 도시 안탈리아를 향한 마지막 여정이 시작됩니다. 올림포스산의 품으로 더 깊이 들어서니 개발의 손길이 거의 닿지 않은 길은 꾸밈없는 태초의 자연 그대로입니다. 그럼에도 사람의 왕래가 있었음을 증명하듯, 곳곳에 순례자를 위함인지 상인을 위함인지, 물을 마실 수 있도록 수도가 설치되어 있습니다. 거대한 바위산이 병풍처럼 휘두른 산길을 따라가다 보니 인기척이 들려옵니다. 암벽 등반가 무리가 붉은 바위산을 오르는 훈련을 하고 있네요. 수인사를 나누고 지나가는데 멀리서 때를 모르는 게으른 수탉의 울음소리가 들려옵니다. 자동차 경적 소리도 한 번씩 들려오는 걸 보니 이제 거의 다 다다른 듯합니다.

　　산을 내려와 계곡으로 들어서는데 수량이 풍부한 시냇물 가에 나들이 나온 사람들이 가득합니다. 마지막 지점에 도달하며 종주는 끝이 나고, 시작점이자 끝점인 곳의 입간판 주변에는 야영장이 꾸며져 있습니다. 제법 많은 사람들이 텐트를 쳐놓고 있네요. 우리처럼 종주를 막 마친 사람들인지 이제 막 시작하려는 사람들인지는 알 수 없으나, 높은 산에 둘러싸인 사람들의 표정이 화사하기만 합니다. 우리도 기념사진 몇 컷 찍고 나니 그제야 시장기가 밀려옵니다. 어서 안탈리아로 들어가야겠습니다.

제대로 된 정찬, 종주 축하 정찬을 즐기러 말입니다.

튀르키예 지중해의 항구 도시, 안탈리아. 안탈리아주의 주도이며 터키에서 가장 괄목한 성장을 이루고 있는 도시로 아름다운 해안 비치와 올드 타운 등, 곳곳에서 고유의 전통문화를 접할 수 있을 뿐 아니라, 지중해의 아름다움을 모두 모아놓은 듯한 최고의 절경을 자랑합니다. 게다가 다양한 역사 지구가 존재해 튀르키예에서도 가장 유명한 관광지로 손꼽히고 있습니다. 바다와 산으로 둘러싸여 연중 온화한 날씨를 유지해 프로 축구팀들이 전지훈련을 위해 자주 찾는 곳이니만큼, 휴양과 스포츠가 적절히 뒤섞인 매력적인 도시입니다. 특히 로마 황제 하드리안누스 Hadrianus의 방문을 기념하여 만든 하드리안 문, 안탈리아 왕국의 성벽과 석탑이 남아있는 칼레이치 Kaleiçi, 안탈리아의 상징인 37m 높이의 이블리탑 Yivli Minare 처럼 오래된 건물이나 예술품 등 역사적인 유적이 즐비합니다. 기독교와 이슬람 문화가 공존하는 독특한 여행지. 얼마를 머물러도 지루할 틈이 없습니다.

숙소에 배낭을 던져두고 부두로 나갑니다. 항구엔 사람들이 가득하고, 저마다 다양한 장식을 한 관광 크루저들이 쉼 없이 출항하는 모습을 지켜보는 것도 흥미롭습니다. 개중엔 캐리비안의 해적의 배도 있고, 별별 모양의 배들이 힘차게 물결을 밀며 바다로 나아갑니다. 제법 오래 이 나라를 여행했음에도 그 유명하다는 고유 음식 케밥을 아직 못 먹어봤네요. 시장기를 속이고자 길거리 음식인 케밥을 하나씩 입에 물고 투어 합니다.

빨간 등대가 있는 부두 끝에 가서 포구를 바라보며 사진을 찍는데, 수많은 선박과 뒤로 펼쳐진 성곽, 높은 종탑 등을 배경으로 방문객이 바글바글합니다. 성벽을 넘어가자 거미줄처럼 엮인 방대한 올드 타운이 나타납니다. 골목마다 상점과 카페, 레스토랑들이 즐비하고 거리는 활기가 넘칩니다. 줄 이은 인파에 밀려오는 상인들의 외침소리, 생선과 고기 굽는 고소한 냄새가 한꺼번에 밀려오며 우리 마음을 들뜨게 합니다.

제법 넓은 맥주 골목엔 파라솔 테이블과 의자를 밖으로 내놓은 가게들이 저마다 만석을 이루고 있습니다. 우리도 자리 잡고 앉아 맥주에 넉넉히 안주를 시켜서 웃고 떠듭니다. 골목골목을 좀 더 돌아다니다가 다시 시장기가 돌아 바다가 가장 잘 보이는 언덕 위 식당의 테라스 자리에 앉습니다. 역시나 술과 음심을 풍성하게 시키고, 종주의 기쁨을 담아 한 잔 두 잔 들이켜는 맥주에 취기가 오르니, 저마다 말도 많아지고 목소리도 커집니다.

낮에는 뜨거운 햇볕에 땀이 뻘뻘 나지만, 저물녘이면 청명한 바닷바람에 오소소 추워질 만큼 일교차가 매우 큰 곳입니다. 옷깃을 꼭 여미고 잠시 고요해져 바라보는 저물녘 서산 낙조는 서러울 만큼 황홀한 아름다움입니다. 바다로 나갔던 배들도 서서히 포구로 돌아오는 시간. 해안선 절벽의 집들이 하나둘 불을 밝히니, 술 취해가는 이방의 항구는 깊은 여수에 사로잡힙니다. 익어가는 밤이 장대한 여정을 마친 나그네들 어깨에 차갑게 내리고, 우리는 우리끼리 어깨를 가까이 한 채 마음을 모으며 이 밤을 견뎌봅니다. 지금 우리 여기, 함께여서 얼마나 다행인가요. 다음 길도 같이 할 수 있기를.

## INFORMATION

**거점 도시** 페티예

**거점 공항** 페티예 공항

**트레킹 팁** 먼저 터키 이스탄불 국제공항을 거쳐 페티예 달라만 공항에 도착한다. 달라만 서쪽에 있는 페티예로 1시간 차량 이동하여 트레킹을 시작한다.

네팔, 아시아

# 에베레스트 베이스캠프 EVEREST BASE CAMP
### 나를 낮춰야 열리는 세계 최고봉을 향한 길

- 칼라파타르 *Kala Patthar*
- 에베레스트베이스캠프 *EBC*
- 고락셉 *Gorakshep*
- 로부체 *Lobuche*
- 페리체 *Pheriche*
- 딩보체 *Dingboche*
- 텡보체 *Tengboche*
- 남체바자르 *Namche Bazar*
- 루클라 *Lukla*

| 거리 | 92km |
|---|---|
| 일정 | 9일 |
| 난이도 | ●●●●●○○ |
| 최고도 | 5,550m(칼라파타르) |
| 시즌 | 4~5월, 10~11월 |
| 코스 | 루클라~EBC(칼라파타르)~루클라 |
| 고도표 | |

히말라야 그 어떤 트레킹보다 극적이며 장대한 설산의 풍경을 감상할 수 있는 여정이다. 8,848m의 에베레스트뿐 아니라 로체, 아마다블람 등 히말라야 명봉들과 눈을 맞추고, 셰르파족의 고단하지만 눈부신 삶을 만날 수 있다.

나마스테. 히말라야에서 나누는 인사입니다. 신들이 거주하는 땅, 히말라야. 누구든 한번 발을 들여놓으면 언제나 그리움으로 남는 곳. 안 가본 사람은 있어도 히말라야에 한 번만 가고 마는 사람은 없다고 합니다. 고산에서의 고소증, 가파른 경사의 산길, 끝없이 오르락내리락하며 건장한 사람도 순식간에 파김치로 만들어버렸던 고통스러운 기억으로 다시는 히말라야 쪽으로는 고개도 돌리지 않겠다고 다짐했건만. 시간이 흐르면서 고난의 시간은 잊히고 미움도 스러지며 그 장대한 설산 고봉이 그리워집니다.

그런 마음으로 다시 히말라야를 찾은 사람 몇에, 난생처음 히말라야를 밟게 된 이들 몇을 더해 열 명이 팀을 꾸려 에베레스트 베이스캠프 등정에 나섰습니다. 세계 3대 베스트 트레일로 수많은 트레커의 사랑을 받아온 길 중 하나죠. '히말라야'를 하나의 산 이름으로 알고 있는 분들도 더러 계신데, 사실 히말라야는 거대한 산군이자 산맥의 이름입니다. 네

EBC 종주 열흘 동안 대부분 곁에 머무는 세계 3대 미봉 중 하나인 아마다블람

팔, 티베트, 부탄, 파키스탄, 인도와 중국까지도 품고 있으며, 여기에 세계 최고봉인 에베레스트를 위시해서 안나푸르나Annapurna, 마칼루Makalu, K2 등 8,000m급 14좌가 자리 잡고 있습니다.

네팔의 수도 카트만두Kathmandu에서 경비행기를 타고 세상에서 가장 위험한 공항으로 꼽히는 텐징-힐러리 공항(루클라 공항)에 내려 11일간 이어질 걸음의 축제를 시작합니다. 이틀간 고소 적응 훈련을 하자는 현지 가이드의 제안이 있었지만, 팀 구성원 모두 고산 트레킹 경험이 제법 쌓인지라 4,400m에서 5,600m까지 올라갔다 내려오는 훈련 한 번으로 계획을 축소했습니다.

히말라야 3대 트레킹 코스는 우선 한국인이 가장 많이 즐겨 찾는 안나푸르나 베이스캠프Annapurna Base Camp(ABC)와 랑탕 밸리Langtang Valley, 그리고 우리가 걷게 될 에베레스트 베이스캠프EBCEverest Base Camp, 이렇게 세 코스를 일컫습니다. 안나푸르나 트레킹은 보통 안나푸르나 베이스캠프만 찍고 돌아오는 코스, 혹은 푼힐Poon Hil 전망대를 거쳐서 베이스캠프로 가기도 하며, 안나푸르나 산을 온전히 한 바퀴 도는 안나푸르나 서킷 세 가지로 나뉩니다. 랑탕 밸리 트레킹은 대부분 옥빛 빙하 호수인 고사인쿤드Gosainkund까지 다녀오는 여정이며, EBC는 5,550m 지점의 전망대 칼라파타르Kala Patthar까지 오르는 것을 포함합니다.

텐징-힐러리 공항 인근의 히말라야 로지의 사장에게 종주를 마치고 돌아와 자축할 소주와 안주거리들을 맡겼습니다. 이 로지의 주인은 고 박영석 대장과 친구라고 하네요. 박 대장과의 인연 때문인지 한국인들이 가장 즐겨 찾는 로지이기도 합니다. 미리 짐을 맡기는 것은 20kg씩 지고 갈 셰르파들의 짐을 줄여주기 위한 작은 배려이기도 합니다. 산비탈에 옹기종기 모여 정을 나누며 살아온 셰르파족. 볼이 빨갛게 익은 어린아이들이 '나마스테 초콜릿! 나마스테 초콜릿!' 언제 생긴 말인지, 신조어 같은 말을 수없이 외치는 것을 들으며 마을을 지나갑니다.

시작부터 건너게 되는 출렁다리. 깊은 협곡이 발아래 있어 제법 아찔한데, 빼곡히 붙어 있는 경전 적힌 깃발들이 세찬 바람에 힘차게 펄럭이며 우리의 길을 축복해 줍니다. 물빛 고운 강물이 계곡을 따라 우렁차게 흐르네요. 주변국의 유명한 인더스강과 갠지스강, 양쯔강은 모두 히말라야에서 발원하니 이 물도 흘러들어 어느 강으로 합쳐지겠지요. 우리는 EBC 종주 내내 어깨를 나란히 하기도 하고, 이쪽저쪽으로 건너기도 하면서 늘 이 강을 벗 삼아 함께 하게 됩니다.

히말라야의 계곡에 설치된 현수교. 룽다가 어지러이 매달려 바람에 휘날린다.

완주의 각오를 외치고 출정을 시작하는데, 출발점에서 계속 내려가는 게 영 기분이 좋진 않습니다. 내리막길이 오래 지속되면 그만큼 또 힘들게 올라가야 하니까요. 아니나 다를까 6시간 이동의 막판 수백 미터 오르막에 다들 죽을 맛이라며 기를 쓰고 올라야 했습니다.

미국, 한국, 심지어 뉴질랜드 등 멀리서 날아오느라 미처 여독도 풀리지 않았을뿐더러 시차 적응도 채 되지 않은 상태인 일행은 모두 팍딩 Phakding으로 가는 길을 힘들어합니다. 78세 노익장을 보여주는 대선배의 해마다 다르다는 푸념이 남의 말 같지 않아 마음 한편이 뻐근한데, 구름에 가렸다가 성큼 다가온 흰 눈 가득한 거대한 산이 모든 근심을 일시에 날려버립니다.

팍딩 마을에 들어서는 구름다리 위에서 오늘은 저 빙하 녹은 차디찬 강물에 뛰어들어 알탕을 하자며 호기를 부렸지만, 방마다 온수 샤워가 가능한 로지를 얻고 나니 갈등이 생깁니다. 결국 다들 기회 될 때 호사를 누리자는 편리함 쪽으로 마음이 기웁니다. 뜨거운 물로 땀을 씻어내고 새털처럼 가벼워진 몸과 마음으로 여유로운 오후를 즐깁니다. 따사로운 햇살과 상큼한 바람, 저녁밥 짓는 연기와 음식 냄새가 산촌에 번지며 시장기가 동하던 중 독주 취향인 동행의 제안을 거부하지 못하고 스카치위스키 한잔을 기울이는데 어느덧 한 잔이 한 병, 이어 맥주판까지 벌어집니다.

산을 좋아하는 사람들은 대부분 술도 깔끔하게 잘 마시는 선한 주당들입니다. 저녁상을 받기도 전에 양주로 시작하여 맥주, 소주로 이어지다가 제 고향인 대구에서 온 동갑 개띠 여행팀과 합석하게 되며 질펀한 술자리가 계속됩니다. 돼지고기를 삶아 한국식 양념을 얹어 먹는 수육이 안주가 되니 술이 절로 답니다. 내일은 내일이고, 오늘만큼은 마음껏 취해봅니다. 얘기를 나누다가 그 일행 중에 국민학교 동창생 하나를 우연히 만나니 32년 이국 생활에 이산가족 만난 듯 반갑기만 합니다. 호방한 술자리가 길어지며, 히말라야 어느 산촌의 밤이 그렇게 허물어져 갑니다.

티 없이 맑은 하늘이 열리며 오늘의 여정을 시작합니다. 마을을 들어서거나 나갈 때는 어김없이 불교 경전이 새겨진 원통형 판각을 돌리게 하는데 이를 마니차(摩尼車)라 합니다. 마을 주변에서 늘 휘날리는 룽다(風馬)는 깃발에 새겨진 경전의 복음이 사바세계로 널리 퍼져 인간을 이롭게 하라는 염원을 담고 있으며, 왼쪽에서 오른쪽으로 탑을 돌거나 마니차를 돌리면서 소원을 빌면 그 소원이 이뤄진다고 여깁니다. 트레커의 소원이야 뭐, 다른 거 있겠습니까. 오늘 하루 청명한 일기를 주십사, 안전하게 지켜주십사 간곡히 빌며 길을 시작합니다.

EBC는 티베트풍이 매우 강합니다. 영토는 네팔이지만 티베트족인 셰르파들이 대를 이어오면서 살고 있기에 티베트는 셰르파족의 정신적 고향입니다. 오늘 가게 될 곳인 남체 바자르 $^{Namche\ Bazar}$가 바로 무수히 많은 셰르파족이 모여 사는 본향이자 수도 격인 큰 규모의 마을입니다. 화려한 호텔부터 각종 카페나 음식점, 기념품 숍이 가득한 거리는 늘 생기가 넘치고, 티베트 마켓이라는 장도 매일 섭니다. 저희도 오늘은 거기서 닭을 사서 백숙을 해 먹으려고 합니다.

곳곳의 의미 있는 장소마다 불교 경전을 새긴 판각과 대형 탑이 즐비하고 이따금 거대한 바위를 빼곡하게 양각으로 새긴 대역사의 경전들도 만나게 되니 감탄을 금치 못합니다. 티베트가 복속된 중국과 네팔의 분쟁으로 셰르파족들은 현재 국경이 봉쇄되며 자유로운 출입이 불가능해지고 규제 또한 심해졌다고 합니다.

히말라야의 산길은 결코 호락호락하지 않습니다. 롤러코스터처럼 어찌나 오르내림이 많은지, 대부분의 트레커가 인내심의 한계를 한두 번씩 혹은 그 이상 경험하기도 합니다. 한걸음 옮기기도 숨이 차고 다리 근육이 묵직해지는데, 고무 슬리퍼를 신고 수십 킬로 짐을 지고 날듯이 뛰어가는 셰르파들이 부럽기도 합니다. 그들만의 독특한 산악문화 중 하나로, 지팡이로 사용하기에는 짧은 T자형 굵은 몽둥이들을 하나씩 들고 갑니다. 험한 길을 오르내리다 잠시 숨을 고르며 쉬어가고 싶을 때, 아무 데서나 등에 진 짐 보따리를 T자형 막대에 턱 걸쳐 놓으면 됩니다. 번거롭게 그 무거운 짐을 땅에 내렸다가 다시 애써 들쳐 메지 않아도 되니, 나름의 지혜가 돋보입니다.

그런 식으로 짐을 걸쳐놓고 잠시 쉬었다 떠나는 가녀린 체구에 앳된 얼굴의 두 아이를 봅니다. 18세를 넘어야 포터 일을 할 수 있는데, 그 나이쯤 됐을까요. 박스마다 적혀있는 무게를 합산해 보니 딱 100kg이라 한동안 입이 다물어지지 않습니다. 지고 가는 짐의 무게가 마치 청년들의 삶의 무게 같아 애처롭기만 합니다. 타인의 인생을 이렇게 저렇게 판단하는 것도 무례일 수도 있으니, 애써 생각을 접고 스쳐 지나는 그들에게 캔디 하나씩 물려주고 맙니다.

4,400m 고도의 딩보체 마을에서 고도 적응을 준비한다.

길 위에서 만나는 많고 많은 사람들. 이곳에서도 다양한 군상들을 만납니다. 특별히 눈에 띄며 기억에 남는 사람들이 몇 있습니다. 한 커플은 여자분이 12일간의 종주에 전혀 대비되어 있지 않은 차림으로 트레킹에 참여해, 이런저런 비난을 온몸으로 받아가며 오릅니다. 저들은 이 여행에 무슨 가치를 두고 참여하는 걸까. 궁금한 마음도 듭니다. 뭉클하게 감동을 주는 일행도 있습니다. 젊은 시절 산악인이거나 등산광이었음 직한 아빠와 나란히 손잡고 오르는 열 살도 안 됐을 법한 두 아들들의 동행. 한 녀석은 이미 고산증세로 두통을 호소하며 울먹이는데, 다른 하나가 등을 쓰다듬어주며 위로합니다. 응급처치를 해주는 아빠의 손길까지. 얼마나 아름다운 장면인지 눈시울이 붉어집니다. 훗날 어른이 되었을 때 이 아이들도 자신들의 아이와 함께 같은 길을 걸어갈 수도 있겠네요.

디보체Deboche의 숙소를 떠나 완만한 경사의 계곡 길을 걷는데 야크 한 떼가 워낭소리를 내며 지나갑니다. 등에는 묵직한 짐이 실려 있습니다. 계곡에 터를 잡고 사는 이들에게 팔 생필품이나 로지에 공급하는 가스통 등 필요 물품을 지고 계곡을 따라 오르는 중입니다. 야크는 생각보다 큰 덩치에 추위를 견디기 위한 검고도 긴 털, 공격적으로 보이는 긴 뿔로 인해 호전적인 동물로 보이나 실상은 무척 온순하다고 합니다. 특히나 야크의 배설물은 추운 겨울에 요긴한 땔감으로 쓰이는데, 아낙들이 담벼락이나 돌담 위에 검은 반죽을 덕지덕지 붙여가며 말리는 것을 자주 볼 수 있습니다.

마을을 벗어날 무렵, 미처 아침 안개가 걷히지도 않았는데 어린 소녀가 밭을 일구고 있습니다. 중학생쯤이나 됐을까. 큰 밭떼기 하나를 벌써 반이나 파놓고 허리가 아픈지 몸을 일으키며 이마의 땀을 훔칩니다. 설산이 뒤에서 그녀를 품어주고 있어 그대로 하나의 그림이 됩니다. 카메라를 들이대자 수줍은 표정으로 몸을 돌리곤 다시 묵묵히 밭일에 집중하네요. 먹고살기 위한 괭이질에 먼지가 폴폴, 삶의 고단함이 묻어납니다. 에베레스트를 만나러 가는 길의 서정적인 풍경이자 히말라야의 속살입니다.

에베레스트를 품고 있는 사가르마타Sagarmarta 국립공원으로 깊숙이 들어갑니다. 세계 최고봉인 에베레스트의 원래 이름은 티베트에서 '초모룽마'(대지의 여신), 네팔에서는 '사가르마타'(하늘의 이마)라고 불렀습니다. 그런데 영국 식민지 시절에 '에베레스트'로 바꿔 부르며 차츰 널리 통용되다가 이제는 네팔 현지인들조차 에베레스트로 부르고 있습니다. '세계 최고봉' 에베레스트를 오르기 위해 얼마나 많은 사람들이 모여들었고, 또 얼마나 죽어갔는지! 우리도 그중의 하나가 되어 조만간 이루어질 대자연의 멋진 풍경과의 해후를 꿈꾸며 한 걸음 한 걸음 5,000m 고지를 향해 올라갑니다.

아마다블람을 뒤에 두고 선 필자. 휘날리는 룽다는 깃발에 새겨진 경전의 뜻이 사바 세계로 널리 퍼져 인간을 이롭게 하라는 염원을 담고 있다.

오늘은 700m 정도를 느슨하게 대여섯 시간 정도 오르는 일정이라 여유롭다고 생각했건만, 밥값 하라며 공으로 넘어가 주지 않습니다. 오늘 머물 우리의 숙소는 4,400m에 자리 잡은 딩보체Dingboche인데 마지막 300m를 올리기 위해 사력을 다해야 합니다. 이미 희박해진 산소로 몇 발

짝만 걸어도 숨이 차 헉헉거리게 되고, 산소의 순환을 위한 혈류의 이동이 순조롭지 못하니 말초 부위가 마구 저려옵니다. 배낭의 무게에 골반까지 아파오며 종아리는 터질 듯하고, 인대의 당김까지. 총체적인 고통의 순간입니다. 그렇다고 누구 하나 포기하지 않습니다. 한 발 한 발 숨을 고르며 천천히 오르다가 한 번씩 되돌아보면, 어느새 이렇게나 멀리 왔나 싶어 스스로가 대견하기도 합니다. 고행을 자처한 수도자의 길. 이 길 위에서 우리는 무엇을 얻을 수 있을까? 각자가 풀어야 할 숙제입니다.

어느덧 손에 잡힐 듯 마을이 가까워졌습니다. 어둑어둑 낮아진 하늘은 결국 콩알만 한 우박을 내리쏟아버립니다. 어찌나 거센지 머리가 아플 정도라 모자를 쓰고 레인 점퍼까지 덧입으며 방비합니다. 마을 어귀에 들어설 즈음엔 눈으로 바뀌어 소복이 쌓여가네요. 주변 산들도 서서히 하얗게 채색되고, 내리는 눈 뒤편으로 희미하게 에베레스트가 첫선을 보입니다.

로지에 도착해 방을 배정받고 나서도 추위에 몸이 얼어 꼼짝 않고 식당에 머뭅니다. 야크 똥을 땔감 삼아 피워둔 화력 약한 난로 옆에 옹기종기 모여 앉아 눈 내리는 창밖의 풍경을 바라봅니다.

눈이 제법 쌓인 지붕의 굴뚝에서는 모락모락 연기가 피어오르고, 어디선가 새로 짓는 로지에서 규칙적으로 울리는 돌 다듬는 소리는 마치 음악처럼 들리네요. 속수무책으로 눈을 맞고 있는 야크의 눈망울은 어찌 자고 슬프게만 보이는 걸까요. 저녁이 내리는 풍경이 어찌나 고요한지 가슴 한편이 아려옵니다. 고산증이 두려워 안 마시겠다는 동행 하나를 꼬드겨서 소맥 낮술을 시작합니다. 일찍 로지에 들어온지라 딱히 할 일도 없고 낮잠 말고는 시간 보낼 일도 없으니, 밤잠을 잘 자기 위해서라도 한 모금씩 술로 시간을 달래며 낮 시간을 버텨봅니다. 어둠이 깊어가는 산동네에 여전히 소리 없이 눈이 내리고 있습니다.

해발 8,848m의 에베레스트는 히말라야산맥의 최고봉이자 세계의 지붕이라 불립니다. 세계 최고봉 에베레스트를 오르기 위한 베이스캠프

에베레스트 트레일의 마지막 로지가 모여 있는 고락셉은 눈으로 덮여 있다.

트레킹은 세계 3대 트레킹 코스이자 트레커들의 로망으로 추앙받는 아름다운 길로서 '천국으로 가는 계단 The Steps to Heaven'이라고도 표현됩니다. 안나푸르나 지역에 이어 두 번째로 많은 트레커가 방문하는 곳입니다. 셰르파의 고향인 솔루 쿰부 Solu Khumbu 계곡과 짙푸른 숲이나 언덕, 흥미진진한 셰르파 마을과 티베트 수도원 등을 거치며 다채로운 히말라야 풍경을 끊임없이 제공합니다. 이 모든 것이 세계에서 가장 아름다운 산으로 둘러싸여 있다니, 얼마나 감동적인가요. 이 길에는 최고봉 에베레스트 외에도 로체 Lhotse(8,501m), 마칼루(8,463m), 초오유 Cho Oyu(8,153m) 등의 눈에 띄는 히말라야 대표 최고봉들이 함께 합니다. 네팔 히말라야의 트레킹 피크 33개 중 16개가 이 지역에 자리 잡고 있기도 합니다.

오늘 하루는 고도 적응일이라 생각하고, 5,616m의 낭카르 Nangkar 전망대까지 올라가 보기로 합니다. 에베레스트 베이스캠프(5,364m)와 칼라파타르(5,550m)를 수월하게 오르기 위한 전초전 등반이라고나 할까요. 깨져서는 안 되는 완벽한 구도처럼 구름 한 점 없는 푸르른 창공이 설산을 배경으로 찬연하게 펼쳐져 있습니다. 오늘만큼은 셰르파족이 가장 신성시하는 미봉 아마다블람 Ama Dablam(6,856m)도 어느 한 곳 가려지지 않은 채 나신 그대로의 아름다움을 풍기며 산객들을 환영합니다.

마을을 떠나 뒷동산으로 오르는 비스듬한 길을 크고 작은 규모의 행렬이 줄지어 갑니다. 어디나 흔하게 서 있는 탑이 있는 곳에서 한숨 돌리며, 그 행렬은 두 갈래로 나누어집니다. 우리 팀을 포함 오른쪽 산비탈을 따라 낭카르 전망대로 향하는 대열과, 최종목적지 칼라파타르를 향해 용맹정진하는 행렬. 길이 가파르다 보니 한발 올리기가 무섭게 차오르는 가쁜 숨. '참을 인(忍)'자를 거푸 새기며 느릿느릿 올라갑니다. 더는 못 가겠다며 포기 의사를 피력하신 선배님들께 절대 무리하지 말고 쉬었다가 천천히 오시라고, 오를 수 있는 만큼까지만 오시라고 당부하고 정상을 향합니다. 드디어 5,000m 고도를 넘깁니다.

대기권을 벗어나는 상황이라 더욱 희박해진 산소 농도로 숨쉬기도 어려운데, 아무리 고도 적응 훈련을 위해 만든 길이라지만 왜 이리 가파르게 냈느냐고 푸념하시는 노 선배의 말씀에 적잖이 공감도 가네요. 나름대로 지그재그 선을 그리며 애써 정상을 향합니다.

에베레스트 베이스캠프 주변 풍경. 빙하와 설산이 어우러진 풍광이 일품이다.

에베레스트 베이스캠프 EVEREST BASE CAMP

그 너덜 길의 정상에 섰습니다. 산 아랫마을이 아스라이 옅은 안개에 가려 잘 보이지 않네요. 전망대 탑에 얼기설기 엮어둔 펄럭이는 깃발 너머로 주변 설산들이 구름 띠를 두르고 의연하게 히말라야를 지탱해 주고 있습니다. 어느 한 방향도 무시할 수 없는 일망무제의 풍경은 거의 완벽에 가깝습니다. 이 맛에 이런 고행을 마다하지 않는 것이지요. 애써 가져온 맥주를 한 모금씩 나눠 마시며 무사 등정을 자축하고 무언의 격려를 나눕니다. 땀이 식으며 바람이 차다고 느껴질 즈음 차오르는 안개구름으로 시야가 점점 더 가려지기에 하산을 서두릅니다.

폭설이 내린 에베레스트 베이스캠프. 아스라히 세계 최고봉 에베레스트가 나타난다.

로부체Lobuche를 거쳐 고락셉Gorakshep으로 향하는 순례의 길. 이제 몸은 지칠 대로 지쳤고, 덩달아 마음까지도 약해졌지만 오래도록 품어 온 한 가지 목표를 위해 의지를 다지며 오늘도 고난의 길을 이어갑니다. 히말라야의 그 많은 로지에 물자를 수송하는 말과 야크 무리의 길고 긴 행렬은 마치 대형 상단이라도 되는 듯 큰 규모를 이루고 있습니다. 대열이 지나치기를 기다리며 이때다 하고 한숨 돌리는데, 아뿔싸. 여기서 우리는 정말 기억하고 싶지 않은 사건을 목도하고 맙니다.

수송 행렬이 지나가기를 기다릴 때는 안전을 위해 반드시 산기슭 쪽에 붙어 있어야 하는데, 벼랑 쪽에 서 있던 한 산객이 무심한 야크의 떠밀림에 버티지 못하고 떨어져 버려 그대로 목숨을 잃고 만 것입니다. 십여 분 전에 벌어진 사고. 절벽 아래 흐르는 강가의 참혹한 현장에는 십여 명의 사람들이 사고를 수습하느라 분주하고, 그가 밀려 떨어진 지점으로부터 강바닥까지의 궤적이 한눈에 들어옵니다.

어떻게든 살아남으려 발버둥 치며 나뭇가지라도 잡고 의지해보려던 필사의 노력으로 훼손된 나무가 연이어 보입니다. 수목도 제법 무성하거늘, 무엇 하나 붙잡지 못하고 결국 낙사하고 말았는지 안타까운 마음뿐이었습니다. 생과 사 사이의 찰나 같은 운명. 지금 여기서 생을 마감하는 것이 거스를 수 없는 그의 운명이었을까요! 얼굴도 이름도 모르는 사람의 명복을 간곡히 빌고, 동시에 그간 길 위에서 만났던 많은 사람들의 얼굴을 하나하나 떠올리며 그들의 안녕과 평화를 기원합니다.

세계에서 가장 위험한 활주로를 가졌다는 텐징-힐러리 공항에서 경비행기와 헬기의 충돌사고로 세 명이 죽었다는 사고 소식까지 들려와 마음이 뒤숭숭하던 차에 이런 추락사 사고까지 목격하고 나니 저절로 마음이 어두워집니다. 타산지석의 교훈으로 삼고 더욱더 조심하자고 마음을 다잡고 의지를 북돋우며 고개 하나를 힘들여 넘습니다.

이른 시각부터 시작된 인부들의 돌 다듬는 망치 소리에 잠을 깹니다. 세계 3대 트레일의 하나를 순례하고 싶은 트레커들이 수없이 밀려들다 보니, 숙박 장소인 로지 역시 끊임없이 지어지고 있습니다. 산속의 흔한 돌과 바위로 바탕을 깔고 담과 벽을 쌓아 올리는데, 고산에 기대어 사는 사람들인지라 페루비안이나 잉카인과 마찬가지로 돌 다루는 기술이 모두 뛰어나 보입니다. 해머와 망치, 정. 고작 이런 연장만으로 집을 짓습니다. 한 사람이 정을 잡고 다른 사람이 해머로 내려치며 커다란 바위를 쪼개는데, 실수하면 어쩌나 싶어 보는 우리가 다 조마조마합니다. 생긴 홈에 물을 부어가며 한참을 반복하면 그 큰 바위가 거짓말처럼 반 조각이 납니다. 작게 부서지면 망치와 정으로 마름질하여 건축자재로 씁니다. 감탄이 절로 나며 때론 디지털보다 아날로그 방식이 더 나을 수도 있다고 여기기도 합니다.

    걷다 보면 드는 생각. 사람의 몸은, 특히 인간의 다리는 참으로 위대합니다. 잠깐이라도 한숨 돌리면 몇백 걸음, 아니 그 이상도 내쳐 걸을 수 있고, 아무리 고단해도 한밤 잘 지내고 나면 또 하루 주어진 몫의 걸음을 걸을 수 있습니다. 그렇게 걸어온 7일간의 족적을 떠올리며 쿰부 계곡을 되돌아봅니다. 과연 우리가 저 길을 정말 걸어왔던가. 한편으론 믿기지 않고, 한편으론 대견하기만 합니다. 저 길을 다시 걸을 수 있을까 싶을 정도로 장대한 길. 우리 역시 쉽게 온 길은 아닙니다. 고소로 얼굴과 손발이 붓고, 깨지듯 아픈 두통도 견뎌야 했으며 구토를 거듭하다 시키면 위액까지 토해가며 올라온 길. 그야말로 개고생이 따로 없었지요.
    그 모든 불편과 고통을 감수하면서 이른 마지막 정점. 이제 우리는 다들 가슴에 무엇을 새기고 돌아가게 될까요. 적어도 극단의 한계를 넘었다는 자부심과 완등했다는 성취감을 마음 가득 안고 돌아갈 것입니다. 그 기운으로 좀 더 진취적인 자세로 일상에 임하게 되겠지요. 살면서 몇 번 접하기 어려운 비경을 눈높이에 두고 확인하던 기억은 결코 잊을 수 없을 것입니다. 그 길은 숭고했고, 그 길에 섰다는 것만으로도 모든 고난은 이미 보상받은 셈입니다.

    눈 내린 고락셉. 5,200m 고지에 지어진, 세계에서 가장 높은 하늘 아래 로지들. 온 천지가 하얗게 변했고, 산마다 골마다 들마다 바위마다

한 켜씩 눈을 이고 있습니다. 아이젠에 스패츠까지 단단하게 채비하고 마지막 목적지인 에베레스트 베이스캠프를 향해 올라갑니다. 줄 이은 순례의 행렬처럼 모두 한 방향 한 줄로 이어 걷는데, 복장만큼은 순례자 같지 않아서 알록달록 색색으로 흰 도화지 같은 세상을 화려하게 물들입니다. 그 자체로 한 폭의 그림, 한 장의 그림엽서 같습니다.

 에베레스트 베이스캠프로 가는 길. 로체며 아이슬란드 피크$^{Island\ Peak}$며 장엄하게 도열한 주변 설봉의 응원을 받아 막판 스퍼트를 올립니다. 누가 걸어도 녹녹지 않은 히말라야의 길. 롤러코스터 트레일인 양 이렇게나 굴곡 심하게 길을 낸 이들이 때때로 원망스럽기도 합니다. 세찬 바람이 쿰부 계곡으로 몰아치더니 눈보라가 휘날립니다. 옷깃을 여미고, 장갑이며 목도리와 모자를 꺼내 제대로 무장하고, 흩날리는 눈을 헤치고 나아갑니다. 마지막 언덕에 올라서니 산세는 눈발에 가려 보이지 않고, 클라이밍을 하기 위해 설치된 수많은 텐트가 노랗게 펼쳐져 있습니다. 파란 하늘을 배경으로 눈앞에 펼쳐진 설산의 장관을 기대하고 예까지 올랐건만, 히말라야 신은 우리에게 야박하기만 합니다. 기대가 허물어져 잠시 허무하긴 했지만, 열심히 산 인생에 후회 없듯 우리도 길 위에 뿌린 땀과 눈물이 아깝지 않습니다. 걸어온 길 자체가 위안입니다. 베이스캠프 주위를 휘두른 설봉들이 눈보라에 가려져 아련한데, 가만히 내려다보며 보이지 않는 미소를 우리에게 던져주고 있을 것입니다. '수고했소, 환영하오.' 아마도 이런 마음으로요.

 The Top of the World, 에베레스트 마운틴. 세계에서 가장 높은 산은 클라이머의 꿈의 목적지일 뿐 아니라, 8,848m의 피크를 눈높이에서 바라보고 싶어 하는 트레커들의 로망이기도 합니다. 대참사, 조난, 극단의 고행 등 에베레스트에 관한 모든 우려와 근심을 털어내고 이 길에서만 만날 수 있는 히말라야의 광대하고도 장엄한 풍경에 푹 젖었던 시간이었습니다. 그 자연에 기대어 사는 순박한 네팔리들의 삶의 향기도 가까이서 지켜볼 수 있어 행복했고요. 남체바자르, 쿰중 Khumjung 등의 유서 깊은 마을에서 오랫동안 이 땅에 뿌리내린 셰르파 문화의 흔적을 엿보며 묘한 위안이랄까, 형언할 수 없는 깊은 감동을 느끼기도 했습니다.

에베레스트 베이스캠프 트레킹은 히말라야의 그 어떤 트레킹보다 극적이며 그림 같은 풍경을 내주는 장대한 여정이었습니다. 8,848m의 에베레스트산을 직접 대면할 뿐만 아니라 에드먼드 힐러리 Edmund Hillary와 텐징 노르게이 Tenzing Norgay와 같은 훌륭한 등산가들의 발자취를 따라가는 의미심장한 길이었고, 많은 현수교와 서스펜션 다리를 건너는 흥미진진한 길. 설산을 배경으로 유유하게 풀을 뜯는 야크 떼가 있는 평화로운 풍경. 볕에 그을린 붉은 얼굴로 수줍어하면서도 반갑게 인사 건네던, 콧물 자국 또렷한 산촌의 아이들과 어수선한 듯 가지런한 다랑이 밭은 또 어찌나 다정하던지요.

셰르파족을 만날 때마다 삶의 행복은 정녕 어디에 있는지 스스로에게 묻기도 했습니다. 사가르마타로 향한 이 순례 여행에서 감동과 환희, 눈물과 웃음을 함께 나눈 동행들 역시 같은 질문을 했을 거예요. 이따금 우리는 삶의 고난에 직면할 때마다 에베레스트를 떠올리고 비슷한 질문을 떠올릴 것입니다. 그리고 다시 길 위에 서게 되겠지요. 걸으며 답을 찾는 구도의 길. 끝은 없을 것 같습니다.

## INFORMATION

**거점 도시** 카트만두 또는 루클라

**거점 공항** 텐징-힐러리 공항

**트레킹 팁 1** 카트만두에서 국내선 항공편으로 루클라의 텐징-힐러리 공항에 내린다. **2** 사전에 카트만두에서 포터를 구하지 못했으면, 루클라에서 구할 수 있다.

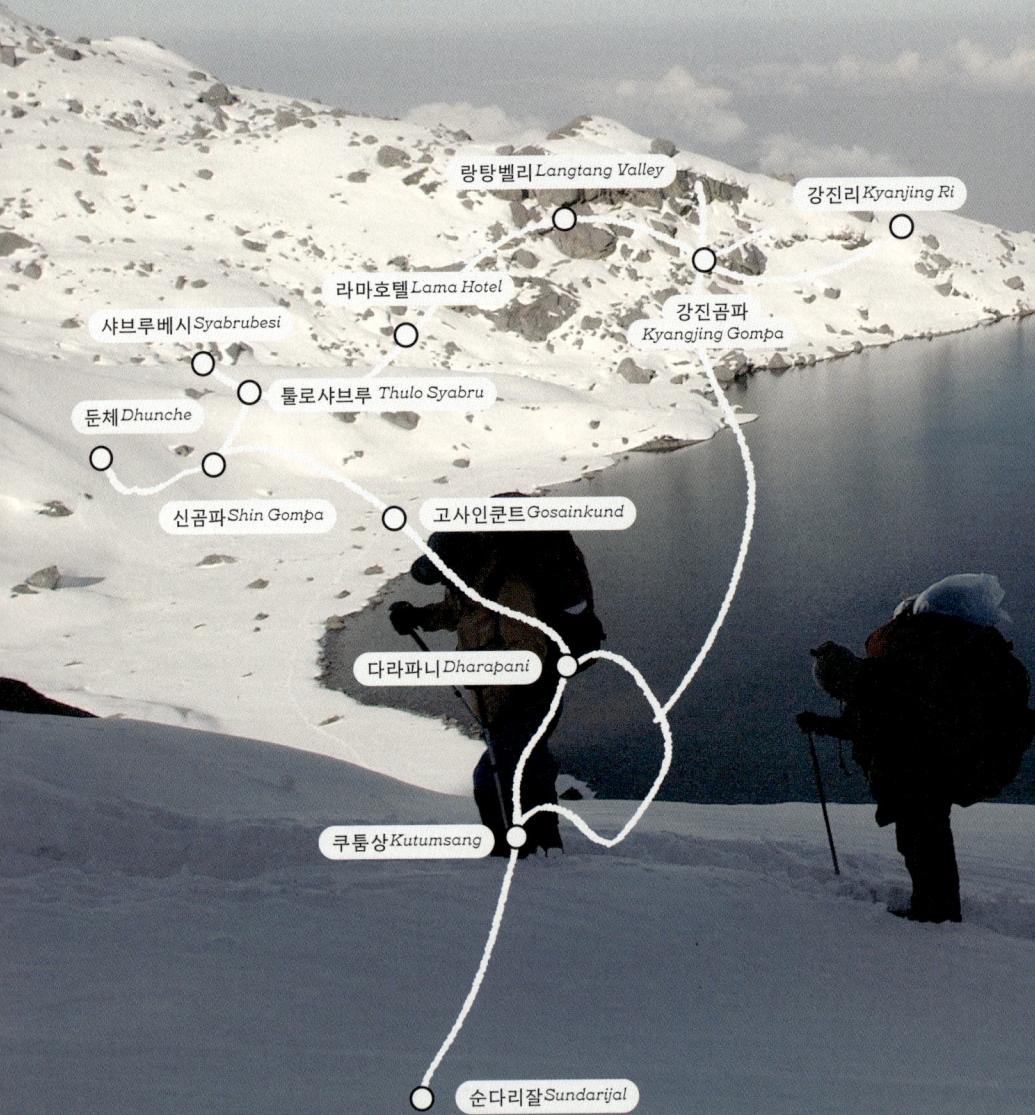

네팔, 아시아
# 랑탕 밸리 LANGTANG VALLEY TREK
세상에서 가장 아름다운 계곡

| | |
|---|---|
| 거리 | 120km |
| 일정 | 7일 |
| 난이도 | ●●●●●○○ |
| 최고도 | 4,773m(강진리) |
| 시즌 | 4~5월, 10~11월 |
| 코스 | 샤브루베시~강진리~순다리잘 |
| 고도표 | |

영국의 등반가 틸만 윌리엄이 세계에서 가장 아름다운 계곡이라고 극찬했던 랑탕은 랑탕리룽을 포함한 7,000m급 고봉들을 품고 있다. 강진리에서 바라보는 히말라야 조망이 일품이고, 해발 4,400m 높이에 있는 신비로운 호수 고사인쿤드까지 함께 둘러보는 걸 추천한다.

'최고의 여행이란 언제 돌아올지 모르는 여행이고, 최상의 여행지는 어떤 곳인지 미처 모르고 찾아가는 여행지'라는 말이 있습니다. 어디를 향하든 여행을 떠난다는 것은 누구에게나 큰 즐거움일 텐데, 그 선택은 저마다 각기 다를 것입니다. 예스러운 고도를 찾는 이, 초 현대화된 도시를 즐기는 사람, 혹은 어디든 비현실적 풍경 탐험에 꽂힌 사람들도 있겠지요. 지구의 오지를 찾아다니는 저와 같은 트레커들처럼요. 특히나 문명이 비껴간 두메산골 전인미답의 길 위에 서면 일상에서 느끼지 못한 생경함과 경이로움에 여행은 더욱 강렬해지기 마련입니다.

중국 고사 중에 중국 절경 중의 하나인 무릉도원 장자제에 대해 평가한 구절이 있는데 들어보셨을지요. '人生不到張家界, 百歲豈能稱老翁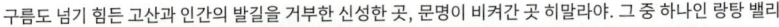(사람이 태어나 장자제를 가보지 않았다면 백 세가 되어도 어떻게 늙은이라고 할 수 있겠는가!)' 참으로 멋진 표현입니다. 어디 장자제뿐일까요. 가보지 않고는 백 세가 되어도 늙은이라 말할 수 없는 곳. 100대 트레일이 저에게 그런 곳이 아닐까 싶습니다. 구름마저도 넘기 힘든 고산과 인간의 발길을 거부한 신성한 곳, 문명이 비껴간

구름도 넘기 힘든 고산과 인간의 발길을 거부한 신성한 곳, 문명이 비껴간 곳 히말라야. 그 중 하나인 랑탕 밸리

곳 히말라야. 이번에 걷게 될 길도 그중 하나입니다. 적어도 산꾼이라면, 그리고 트레킹을 즐긴다면 히말라야 속살은 꼭 한 번 걸어봐야 하지 않겠습니까. 그래야만 백 세가 되었을 때 늙은이라 말할 수 있을 것입니다.

히말라야의 속살 중의 속살. 히말라야의 진주라 불리는 랑탕 계곡. 고즈넉한 자연 그대로를 느끼며, 내면의 나를 만나기에 더할 나위 없이 좋은 코스입니다. 계곡을 적시며 흐르는 랑탕 강을 따라 걷고, 강진곰파 Kyangjing Gompa(3,870m)까지 올라 촌락을 둘러싼 빙하와 설산을 감상한 후 더 욕심을 내어 최고의 뷰 포인트 강진리 Kyanjing Ri(4,600m)에 올라 랑탕리룽 Langtang Lirung, 얄라피크 Yala Peak, 모리모토피 Morimoto Peak 등 랑탕 히말라야의 6,000~7,000m급 설산 파노라마를 조우한 뒤 다시 원점으로 내려옵니다. 그 후 길을 꺾어 카트만두에 근접한 순다리잘 Sundarijal(1,460m)까지 진행하면서 해발 4,400m 높이에 있는 신비로운 호수 고사인쿤드 Gosain Kund와 마주하게 될 랑탕 계곡&고사인쿤드 트레킹. 역시나 이번에도 두근두근 설레는 여정입니다.

랑탕은 히말라야산맥의 북쪽과 티베트와의 경계 사이에 위치한 좁은 계곡으로 1971년부터 국립공원으로 지정되어 보호되고 있습니다. 티베트어로 소를 뜻하는 '랑'과 평원을 뜻하는 '탕'이 합쳐져 랑탕이라 부르니, '소들의 들판'이라고나 할까요. 해발 고도 3,000m 대의 높은 곳에 드넓게 펼쳐진 평원엔 좌우로 마주 보고 있는 만년설이 녹아 흘러 만들어진 계곡이 끝없이 이어집니다. 채 녹지 않은 고산은 소 떼의 천국이자 낙원이기도 하니, 괜한 이름이 아니네요.

영국의 등반가 틸만 윌리엄 Tilman Harold William이 세계에서 가장 아름다운 계곡이라고 극찬했던 곳으로 랑탕리룽(7,246m)을 포함한 7,000m급 고봉들을 품고 있습니다. 1949년 영국인 탐험대가 세상에 알리기 전까지 미답의 세계로 남아있던 랑탕은 울창한 숲과 계곡 그리고 설산으로 둘러싸여 알프스와 히말라야를 섞어놓은 듯한 비경을 자랑합니다. 네팔 대부분의 트레킹 코스가 그렇듯 랑탕 트레킹 코스 역시 처음부터 등산로로 개척된 것은 아닙니다. 혹독한 자연환경에 맞서 살면서 척박한 땅을 일구고 살아온 원주민의 생의 애환이 서려 있는 삶의 길입니다.

　카트만두를 떠나 7시간의 긴 주행. 실제 거리는 겨우 200㎞도 되지 않는데, 교통 체증에 비포장도로를 들어서면서 길인지 물먹은 공사판인지 분간 가지 않는 도로를 지나느라 속력을 거의 내지 못합니다. 고사인쿤드 호수에서 발원한 물이 합류한 트리슐리<sup>Trishyli</sup>강을 따라 산으로, 산으로 거슬러 올라갑니다.

　샤브루베시<sup>Syabrubesi</sup>, 랑탕의 시작점이자 문명의 언저리에 있는 마지막 마을에서 여장을 풀고 출정을 준비합니다. 잔치국수 한 그릇씩 말아 먹고 우렁차게 흐르는 강물 가에서 온천욕을 하며 신이 거주하는 곳 히말라야에 들기 전에 몸도 마음도 정갈하게 합니다. 동네 청년들에 아지매랑 딸까지, 좁은 탕에서 복닥거리느라 제대로 씻었는지 아닌지 그리 개운하

만년 설산에서 녹아내려 흘러내려온 강물은 랑탕계곡을 풍성하게 적신다.

진 않지만, 다시 한잔 술판을 벌이기에 적당할 만큼 기분이 상쾌합니다. 살찐 별들이 촘촘한 밤. 강물은 무엇이 그리 바쁜지 성큼성큼 큰 걸음에다 포효하듯 소리치며 밤새 도회지를 향해 달려갑니다.

샤브루베시 산촌을 뒤로하고 현수교를 건너 녹음이 짙은 랑탕밸리로 들어서면서 걸음의 축제가 시작됩니다. 산허리를 자른 비탈길을 오르락내리락하며 히말라야의 품속으로 한 걸음 한 걸음 들어갑니다. 급할 것도 바쁠 것도 없는 여유로운 길. 강물은 인사도 없이 쌩하니 흘러가네요. 꽃향기는 스쳐 가고, 하산하는 트레커들은 자연의 일부인 양 풍경과 잘 어울립니다. 나 역시 자연과 하나 되고자 이곳에 왔지요. 그러한 바람으로 서서히 깊은 계곡으로 들어갑니다.

한동안 무념무상의 상태에서 더운 땀 흘리며 꾸준히 오릅니다. 저 기쯤에 로지가 보여요. 음료 한잔 하며 쉬어가라고 권하는 것만 같네요. 생뚱맞게도 레게음악의 상징적 인물인 밥 말리 Bob Marley의 대형 걸개 사진이 간판을 대신하여 나무에 걸려있습니다. 얼마 전까지만 해도 지도상의 공백으로 남아있던 지구촌 오지 랑탕 계곡에도 문화의 바람이 불어왔구나, 생각하며 가이드에게 설명을 듣습니다. 이 지역은 특히 양귀비가 지천으로 자생하고 있어 마리화나 필드라고 별칭이 지어졌다고 합니다. 마리화나와 밥 말리. 그럴싸한 조합입니다.

계곡이 깎아내린 아찔한 절벽에는 거대한 벌집이 지어져 있습니다. 벌들이 만든 대형 석청에 길손들이 군침을 흘립니다. 원숭이들이 허둥허둥, 그 꿀 한번 먹어 보겠다고 손을 뻗어 애쓰는 모습이 우스꽝스럽습니다. 우렁차게 흐르는 계곡물소리에 땀에 젖은 몸이 절로 씻기는 듯합니다. 상쾌해진 기분으로 오늘 하루를 뉘게 할 라마Lama 호텔까지 치고 올라갑니다. 부다힐Budda Hill 설봉이 먼저 마중 나와 인사를 합니다. 언제부터인지도 모르게 우리들 뒤를 졸레 졸레 따라온 안개가 주변을 감싸고 돌 때 고산마을에는 희미한 불빛들이 하나둘 켜지며 짧은 하루가 저물어 갑니다.

이른 아침 서둘러 길을 나섭니다. 제 입맛이 한식 위주인지라 네팔리 음식과 주방 냄새가 비위에 잘 맞지 않습니다. 차라리 빈속이 편해 끼니를 거른 채 새벽 산행을 시작합니다. 두세 시간 정신 줄 놓고 걸은 뒤, 라면 하나 끓여 먹고 또 하염없이 걸어 로지에 일찌감치 도착해 술 한 잔에 삶은 감자나 계란을 곁들여 식사를 대신합니다. 그러다 쓰러져 허물어져 버리면, 또 새 아침이 찾아오겠지요.

'영택'이라고 한국 이름을 붙여준 가이드에게 다음 로지를 예약하지 말라고 했습니다. 한계까지 걷다가 지치면 아무 숙소나 들어가 자기로 합니다. 그렇게 계획을 변경해 원래 오늘 마감할 예정이었던 랑탕 마을을 그냥 지나쳐서 이틀 치 일정의 목표 지점인 강진곰파까지 오릅니다. 최소 9~10시간의 강행군. 결국 우리는 12일간의 일정을 8일로 줄였습니다.

우리보다 게으르게 일어난 해가 산이며 골이며 구석구석 비출 때 쥬갈Jugal(6,590m)산이 그제야 기지개를 켜고, 넓은 분지에 가득 만개한 네팔의 국화 랄리구라스가 우리를 반겨줍니다. 16가지 색의 꽃잎을 가졌다는 이 네팔리 국화 중 우리가 걷고 있는 랑탕 계곡에는 흰색과 분홍, 노랑, 자주의 네 가지 색 꽃이 많다고 합니다. 아름다운 꽃을 보면 사람의 마음도 유해지기 마련인데, 오늘은 그 무수한 낙화 위에 마른 낙엽까지 함께 뒹구니 낙엽길인지 꽃길인지 계절이 뒤섞인 듯 혼란해집니다.

이 계곡에서 가장 번성했던 랑탕 빌리지(3,500m)를 지납니다. 지금은 폐허가 되고 흔적도 없이 땅속에 묻혀버린 랑탕 마을. 공교롭게도 오늘, 4월 25일이 네팔 지진이 발생한 지 꼭 4년이 되는 날이며, 이제 5년 차로 들어갑니다. 네팔을 통틀어 총 1만 명의 희생자를 냈고, 랑탕 계곡에도 1,600여 명이 잠들어 있습니다. 굴러 내려온 돌이나 바위에 깔려 희생된 경우는 많지 않고, 대형 참사는 주로 산정에 매달려 있던 빙하가 흔들려 밀려 내려오면서 이차로 덮친 산사태 때문이었습니다. 한 발짝도 피할 수 없었던 지형 때문에 그리도 무수히 많은 사람들이 희생된 것이지요. 랑탕의 그 큰 마을에서 피해를 입지 않은 단 하나의 건물은 빙하가 무너져 내린 쪽의 바위 절벽에 등을 대고 지은 3층 건물. 거짓말처럼 그 모습 그대로 서 있습니다. 생과 사의 간극은 이처럼 몇 뼘밖에 되지 않는 것이지요.

랑탕 호텔의 주인 부부와의 함께. 안타깝게도 2015년 지진으로 두 아들을 잃었다.

　　산사태의 사정권에서 벗어나 살아남을 수 있었던 산비탈의 생존자들이 먼저 간 사람들을 애도하며 추모비를 세웠습니다. 비석에 새겨진 이름들은 벌써 빛바래어 가는데, 우리 한국인의 이름이 없다는 사실에서 안도감을 느낌과 동시에, 이름이 새겨진 이들을 위해서는 가만히 명복을 빌어봅니다. 매몰된 사람들을 수색하여 찾아낸 시신은 50구에 불과하다고 합니다. 지금 내 발아래 잠들어 있을지도 모를 수많은 사람들. 그들의 비명이 들리는 듯하여 걷는 내내 걸음이 무겁고 기분도 가라앉습니다. 감정을 애써 추스르며 종종걸음으로 탈출하듯 벗어납니다.

찌그러진 다리. 굴러 내려와 집에 박힌 바위. 여전히 금가고 상한 채 위태롭게 서 있는 집, 지진 피해의 흔적은 지금까지도 아픔으로 곳곳에 새겨져 있습니다. 로지를 운영하는 노부부는 세 남매와 오순도순 의지하며 살았었는데 지진으로 아들 하나를 잃고, 나머지 살아남은 두 남매는 다시는 이 랑탕 계곡으로 들어오지 않겠다고 진저리를 치며 카트만두로 이주했다고 합니다. 벌써 4년째 발걸음을 하지 않고 있다고 눈물을 글썽이며 넋두리하시는데, 그 마음이 오죽할까요.

랑탕의 나른한 오후. 풍경은 이렇게나 평화롭고, 처참했던 참변을 고스란히 지켜봤을 히말라야 설산들은 아픔을 묻어둔 채 오늘도 그저 조용히 내려다보고만 있습니다. 랑탕 마을에서 조금 오르면 250m 이상 길이의 마니 석이 이어져 있는데 세계 최장 길이라고 합니다. 이렇게나 한결같이 종교를 우선으로 하는 사람들에게 신은 왜 그리 참혹한 재난을 주셨을까요. 두고두고 오래 애도해야겠습니다.

이제 설산과 빙하가 병풍처럼 감싸고 있는 강진곰파 마을이 손에 잡힐 듯 가까이 다가왔습니다. 그래도 아직 한 시간은 더 올라가야 한답니다. 이제 랑탕의 최고봉 랑탕리룽(7,227m)이 좌측으로 솟아오르고, 여기서 북동쪽으로 약 6km 지점에는 중국 영토로 복속된 시샤팡마$^{Shishapangma}$(8,013m)도 버티고 있습니다. 랑탕 계곡을 걸으면서 제법 높은 지점에 오르면 어김없이 이 위풍당당한 시샤팡마의 남벽이 구름을 뿜어대며 시야에 들어옵니다.

히말라야의 길은 여행자를 위해 낸 길이 아닌, 이곳 사람들이 고단한 생을 이어가기 위해 오랜 세월에 거쳐 만들어낸 삶의 길이라고 볼 수 있습니다. 등짐을 진 채 그 멀고 험한 길을 허술한 슬리퍼 하나 신고 야크를 몰며 재빠르게 내달리곤 합니다. 국립공원이라 함부로 벌목을 못 하니, 허가된 지역에서 나무를 베 기나긴 겨울에 대비하려 땔감을 이고 올라오는 아낙네들의 이마에는 삶의 애환이 송알송알 맺혀 있습니다.

길은 또 왜 그렇게 굴곡이 심한지 고도 1,000m를 올린다고 하면 그 두 배 이상으로 가늠해야 합니다. 차라리 지속적으로 오르기만 하는 게 나을 것을, 오름길은 한 번씩 뚝 떨어져서 내리고 다시 오르게 하며, 수도 없이 그것을 반복시키는 이유가 무엇인지 도무지 이해할 수 없었습니다. 들어보니 그 옛날 뭣 하나 변변한 장비 없이 길을 내야 했으므로 절벽과 암반 등을 피하다 보니 그리될 수밖에 없었다고 하네요. 동시에 한 번씩 오르고 내리기로 변화를 줌으로써 근육을 골고루 쓰게 해주는 효과가 있어 장기 도보 여행에는 더 좋다고들 합니다. 세상에 괜한 일은 없나봅니다.

샤브루베시 숙소를 떠나며. 현지 가이드와 함께한 일행들

투덜대며 오기로 걷다 보니 금색 지붕이 햇살에 반짝이는 독특한 모양의 힌두 사원이 서 있는 동네 어귀를 지납니다. 길이 꺾이는 전망 좋은 곳에서 주위를 둘러봅니다. 지는 해도 지친 듯, 뉘엿뉘엿 서산을 물들이며 느리게 넘어갑니다. 황금빛으로 물든 산정은 말이 없습니다. 내 몸도 이제는 지는 해, 이따금 아프다고 사인을 보냅니다. 이런 말씀드리기

에 뭐 합니다만, 오줌 색이 샛노랗게 변해서 나오기도 하고 허리띠도 두 칸을 줄일 정도로 몸무게가 줄었습니다. 지고 가는 태양 볕이 무거운 건 마음 탓일까요.

　　고산 증세로 힘들어하는 동행들과 마지막 힘을 다해 마을을 통과해 가이드가 인도하는 로지로 기어들어 갑니다. 영국 탐험가 틸만이 70여 년 전 처음 찾았을 때 이곳에는 아무것도 없이 그저 목동이 거처하는 움막 하나 달랑 있었다고 했는데 지금은 가옥 수십 채의 제법 큰 마을이 조성되어 있고, 여전히 새 건물이 지어지고 있습니다. 그중 우리가 묵을 숙소는 4층짜리의 나름 고층 빌딩이라 할 수 있는데 젊은 주인장은 제법 영어도 구사하며 유머도 많고 어딘가 얼굴이 두꺼운 것도 같습니다. 술로 매상을 올려주니 기분이 좋았는지 주방을 내주기에 우리 식대로 안주 만들어 내와서 오랜만에 입을 즐겁게 합니다.

　　고도를 높일수록 덩달아 올라가는 술값. 식사는 미리 준비해 온 것으로 해결하고 있으니, 술값이 식대 대신이라 생각하며 감당하고 있습니다. 한잔 두잔 마시다 취기가 돌면 달과 함께 쓰러집니다. 설봉이 달빛을 받아 더욱 하얗게 빛을 발하니 마을은 참 거대한 가로등을 가졌습니다.

　　눈 뜨면 걷고 지치면 자고, 해 뜨면 다시 걸으며 어느덧 습성이 되어버린 이 길고 긴 작업. 생각도 지극히 단순해지며 머리가 맑아져 옵니다. 하산 길은 더욱 그렇습니다. 랑탕 계곡의 정점을 찍고 주변 가네쉬 히말Ganesh himal 산군의 화려한 설봉들을 감상하고 난 후 내려가기 시작하는데, 아무 생각 없이 라마 호텔까지 한달음에 내달아버립니다.

　　이른 아침 강으로 내려가 빙하 녹은 강물에 머리를 감으니, 머릿속이 쨍한 것이 텅 비어버리는 것 같습니다. 트레일을 벗어나 강으로 오가는 짧은 길에도 그들의 모진 삶이 담겨 있습니다. 인간과 동물의 삶의 경계가 모호한 곳. 구정물인지 식수인지도 전혀 분간이 가지 않는 물을 아무렇지 않게 마시며 사는 사람들. 비위생적이라고도 볼 수 있는 이런 척박한 생활에 길들어 있기에 험난한 자연과 맞서 살아남을 수 있는 저항력을 키웠던 게 아닌가 생각하게 됩니다. 우리나라도 그런 시절이 있었으니까요. 지긋지긋한 가난 속에 이를 잡는다고 몸에 DDT를 뿌려가며 살았던 날들도 이제는 추억이 되어버렸습니다.

오늘은 라마 호텔에서 내려가 도멘Domen에서 길을 꺾어 다시 툴로 샤브루Thulo Syabru까지 치고 올라야 합니다. 오늘따라 걸음이 조금 가벼워 보이는 것은 특별한 설렘이 있기에! 예약된 로지 주인이 우리 가이드의 인척이라고 하네요. 로지 구멍가게에 물품을 배달하는 인편으로 미리 닭 두 마리를 주문해 두었기 때문입니다. 설렐 만하지요?

로지에 도착하자마자 주방을 빌려 요리를 시작합니다. 해가 뉘엿뉘엿 넘어갈 즈음, 옥상 테라스에서 우리만의 히말라야 잔치가 시작됩니다. 일정의 반을 마감한 지금까지 수고한 가이드와 셰르파들, 넉살 좋은 젊은

랑탕 계곡의 마지막 마을인 강진곰파. 가네쉬 히말 산군의 화려한 설산을 감상할수 있다.

주인 내외까지 동석시켜 거나한 술판이 벌어집니다. 술기운 탓인지, 서산에 걸려 아쉬움을 불사르는 황혼 탓인지, 저마다 만면에 홍조를 띠곤 슬슬 분위기가 고조됩니다.

가이드며 포터며 모두 위아래 없이 친구가 되어 마구 친한 척을 하기에 어린 친구들에게 기다렸다는 듯 노래로 벌을 줍니다. 우리네 아리랑과도 같은 네팔리 노래 '레쌈삐리리'를 부르게 하니 기다렸다는 듯이 마지막 소절까지 빼놓지 않고 불러주어 산촌의 밤이 저절로 흥에 무르익습니다. 우리 흥도 빠질 수 없지요. 포크송으로 시작해 결국은 젓가락 장단에 맞춰 흘러간 옛 노래를 부르며 향수를 달래 봅니다. 다행히 내일까지는 고산증 염려를 하지 않아도 된다는 안도감에 기막힌 우리네 안주까지 더해지며, 맥주며 럼주, 위스키 가리지 않고 로지가 보유한 알코올을 모두 떨이 처리해 버립니다.

그나마 히말라야 로지 중에서는 5성급 호텔이라 할 수 있는 오늘의 숙소. 뜨거운 물에 샤워하고 맛있는 한식으로 포식하고 얼큰한 안주에 한잔 취하니 세상 누구도 부럽지 않습니다. 후담이지만 동행이 말합니다. 맛있는 한 끼 식사, 온수 샤워, 판자때기로 막아서 옆방에서 코 고는 소리에 몇 번씩 깨어나도 눈바람을 맞지 않아도 되는 숙소 등등, 그러한 사소한 것들이 이렇게 사무치게 감사한 것인지를 내 생애 처음 알았다며 아내에게 전화하다가 울었다고 합니다. 내 맘도 그와 다르지 않습니다.

오늘은 아주 작정하고 늦게 일어납니다. 엊저녁 마실 때부터 서로 그러자고 다짐하고 진탕 마셨던 참이니까요. 장안에 내놓으라 하는 거포 술꾼 셋이 뭉쳤으니 오죽하겠습니까. 동이 트면 바로 길 떠나던 사람들이 9시경에 출발하니, 마치 해가 중천까지 떠오른 느낌입니다. 호흡을 가다듬고 1,200m 높이를 한 번도 꺾지 않고 신곰파<sup>Shin Gompa</sup>까지 꾸준히 올라야 하는 오늘의 일정. 마을을 벗어나 산길을 치고 오르는데 참 죽을 맛입니다. 가장 늦게까지, 또 가장 많이 마셨음 직한 막내가 뒤처져서 힘들게 올라오는 모습이 안타깝네요. 그럭저럭 어느 전망 좋은 로지에서 한시름 쉬어갑니다. 바람이 제법 부네요. 트레커들의 고단함을 잠재우는 습기 하나 없는 쾌적한 바람. 기분까지 상쾌해지는 백만 불짜리 바람입니다.

안개 사이사이를 햇살이 메우고 있어 멀리 히말의 산들이 빛바랜

3대 신앙의 신성한 호수인 코사인쿤드로 가는 길에서 내려다보는 계곡 풍경

그림처럼 아득한 풍경을 만들어 보입니다. 그 풍경 안 산자락에 한 뼘 땅만 있어도 산마다 골마다 모여 집성촌을 이루고 살아가는 사람들이 낸 길이 이리저리 휘어져 두텁게 선을 그어 놓았습니다. 크게 자라지 않는 산죽이 터주는 길을 따라 조그만 동네로 들어갑니다. 이곳 산비탈 작은 밭에도 때가 되니 보리가 영글고 콩밭인가 싶은 무성한 작물 아래서 닭들이 사랑놀음을 하고 있습니다. 스치며 지날 때마다 빙그레 웃으며 바라보는 할매 할배들, 총각 큰 애기들. 인간의 궁극적인 삶의 목적은 행복이 아니던가. 히말라야에 기대어 사는 그들은 부족하고 가진 것이 별로 없어도 늘 그렇게 행복해 보입니다.

해발 3,000m를 훌쩍 넘긴 신곰파로 들어서니 이곳에는 계절이 늦

게 찾아와 이제야 봄꽃들이 만개하고 있습니다. 우리네 개나리 같은 노란 꽃들이 화사하게 흐드러져 있고 종이를 만들어낸다는 이곳의 페이퍼 플랜트가 그야말로 산기슭을 모두 채우고 화려한 보랏빛으로 오후 햇살에 지천으로 빛나고 있습니다. 여기가 바로 야생화 천국이며 수려한 꽃동산입니다. 이곳에도 분홍빛 랄리구라스가 마지막 생을 마감하기 전 절정의 짙은 색을 토해냅니다. 이미 길 위에 가득 떨어져 우리 걸음에 밟히는 떨어진 랄리구라스와 새롭게 피어난 화려한 들꽃의 만개. 꽃들의 윤회를 봅니다.

꽃향기에 취해 평탄한 오솔길을 걷는데 주체할 수 없는 흥에 '레쌈 삐리리'를 선창 하니 우리 포터뿐만 아니라 짐을 진 모든 이들이 따라 부르게 되고 급기야는 산 전체에 메아리 되어 울려 퍼집니다. 흥겨움도 잠시 이제 다시 4,400m 높이에 누워있는 고사인쿤드 호수까지 고소와 싸우며 올라야 합니다. 바람도 매섭게 몰아치며 손과 얼굴이 시려옵니다. 더욱 무거워진 발걸음. 깊은숨을 몰아쉬고 고개를 넘는데 어제의 로지에서 올려다보던 그 설산들이 이제 우리 곁으로 다가와 어깨를 나란히 하니, 목전에 펼쳐진 장쾌하고도 미려한 풍경에 저절로 발길이 멈춰집니다. 거룩하게까지 느껴지는 풍경을 한숨에 다 마셔버리고 싶은 바람은 지나친 욕심이자 과장된 여흥입니다. 그래도 그 느낌은 지금도 생생해서 전율이 느껴지네요.

안온한 보금자리를 떨치고 나와 일상에서 이탈해 자연의 근원적 매력을 찾아 떠나는 여행은 늘 새로움을 경험하게 합니다. 새롭다는 것은 한편으로는 즐거움이고, 때로는 공포로 다가오기도 합니다. 적어도 약간의 긴장은 필요한 법이죠. 고산 설봉을 오르는 히말라야 트레킹에서는 이런 두 가지 감정이 더욱 짙은 농도로 다가옵니다. 그러나 막상 현지에 들어가 걸음을 시작하고 나면 한층 마음이 놓이게 되는데, 아마도 그것은 그 땅을 지키며 살아가는 원주민들 덕이 아닐까 싶습니다. 자연과 동화되어 원초적 삶을 살아가는 히말라야 사람들. 자연의 이치에 순응하고, 신에게 복종하며 욕심 없이 무던한 삶을 살아가고 있습니다. 설산 녹은 물처럼, 빠질 듯 깊고 맑은 하늘처럼 깨끗하게 살아가는 이들의 본성을 가까이서 지켜보며 깨닫습니다. 별 특별할 것도 없는 나의 존재 역시 저 산하에 흩어져있는 목석초화와 다를 게 뭐 있느냐. 절로 마음이 편안해집니다. 이렇게 나를 낮추고 나면 공포도 근심도 절로 사라집니다.

고사인쿤드를 향해 고행의 오르막길을 오릅니다. 숨이 턱까지 차오르고 산소가 점점 줄어들며 끝없이 험한 이 길을 무엇하러 오르려 하느냐고 몸이 영혼에게 질문합니다. 그 답은 단 하나, 산이 거기에 있으니까. 세상에서 가장 귀한 풍경을 산이 품고 있으니까.

길을 재촉해 4,400m 고지에 성스럽게 누워 있는 빙하호수 고사인쿤드를 만나고 '처녀골'이라는 순다리잘까지 무릎이 시큰하도록 끝없이 내려가는 여정이 남아있습니다. 랑탕과 헬람부$^{Helambu}$ 사이에 위치한 고사인쿤드 호수는 시바 신 등 힌두의 신들이 거주한다고 믿어지는 신성한 곳으로 매년 8월이면 힌두 축제를 위해 많은 인도인이 방문하는 힌두교의 3대 성지이기도 합니다. 또한 룸비니, 자낙푸르, 묵티나트와 더불어 네팔 4대 불교 성지 중 하나로도 꼽히고요.

힌두교 신자가 많은 네팔인들. 그래서인지 거의 모든 포터가 녹지 않은 얼음이 둥둥 떠다니는 고사인쿤드 호수에서 냉수욕하는데, 보는 것만으로도 온몸에 소름이 돋고 전율이 일어날 지경입니다. 신성한 호수에 몸을 던져 몸도 마음도, 영혼까지도 맑게 하려는, 시바 신에게 바치는 그들만의 경건한 의식을 훔쳐보며 때때로 나도 그들 중 하나이고 싶어집니다.

이른 새벽. 서둘러 배낭을 꾸려서 탈출하듯 로지를 떠납니다. 흉을 봐서야 안 되겠지만, 건물 안 원시적 재래 화장실의 악취가 참기 힘들고, 다락방을 꽉 채운 가이드와 포터들의 움직임과 소음이 자못 소란한 데다 옆방의 소곤대는 소리까지 선명하게 다 들리니 어찌 잠을 더 이어 잘 수 있겠습니까. 게다가 곳곳에 구멍 난 곳으로 눈보라가 쳐들어오니 새우잠으로 밤새 뒤척뒤척. 언제 씻었을까 싶은 로지 주인과 주방장 옷은 또 언제 빨았을까 싶게 점퍼 재킷의 묵은 때가 반짝반짝 빛이 날 지경이니, 위생 관념의 차이라 여기며 넘기긴 하나 차마 뭘 시켜 먹기엔 또 비위가 그리 세진 않네요. 곡기 대신 술만 마시다가 쪽잠을 자고 출발한 새벽. 마지막 정점인 4,800m의 고개를 넘는데 죽을 맛입니다.

칼바람은 뺨을 도려내고, 바람에 흩날리는 폭포에서 번져 나온 물방울이 얼어붙어 길을 채우니 몸을 가누기조차 힘듭니다. 뱃가죽은 등짝에 가서 붙은 지 오래. 하체가 후들후들, 비틀비틀 힘겹게 올라가는 동행들을 보니 이 시간이 언제 끝이 날까 두렵기까지 합니다. 배낭 속에는 아이젠이 들어 있건만, 꺼내 신을 기력조차 없어 밤새 다시 얼어버린 비탈진 길을 미끄러지지 않으려 정신 줄만 붙잡고 한 발 한 발 눈을 차며 천천히 이동합니다. 긴긴 고행의 길도 끝이 보이네요. 어둠을 걷고 차오른 태양이 산마루 위로 올라설 즈음 바람도 칼 추위도 한풀 꺾입니다. 눈앞에 다가온 작은 언덕엔 무심한 마니 탑이 울긋불긋 경전으로 치장하고 세찬 바람에 깃발을 날리며 히말라야의 서슬 퍼런 냉랭함을 일깨워 줍니다.

바람을 막으려고 쌓아놓은 최정상 돌무덤 뒤에 몸을 숨기고 그제야 안도의 한숨을 길게 내쉽니다. 메마른 갈증과 절박한 허기가 나란히 밀려옵니다. 수통의 물을 반은 단숨에 마셔버리고 비스킷 두어 쪽으로 시장기를 속이곤 담배 한 모금 깊게 들이켭니다. 차츰 정신이 돌아오며 우리가 걸어온 길을 아득히 내려다봅니다. 하얀 설원 위에 우리의 족적. 힘든 길을 잘도 참고 걸어왔습니다. 늘 그렇듯 그간 걸어온 내 삶의 길도 함께 떠올리지 않을 수 없습니다. 고난의 걸음 중 잠시 이렇게 황홀한 설국에 머물게 하시며 축제의 걸음으로 만들어 주시는 신의 선물. 이 아름다운 풍경. 동시에 고난의 길 끝에서 와락 달려드는 이 허무함. 우리네 인생과 참 많이 닮았습니다.

이제 내려가야 합니다. 올랐던 거리 그대로 남아 있습니다. 재수 없어 120살까지 산다면, 살아온 만큼 더 살아야 할 날이 남아 있는 것처럼 말입니다. 정상의 소회는 늘 후련하면서도 착잡합니다. 시간이 지나면 이 모든 감정도 바람에 흩어져 버릴 것이고, 세계 전도를 펴놓고 또 다른 도전의 길을 찾게 되겠지만 말입니다. 어떤 사람들에게는 이 여행이 히말라야가 품은 네팔, 혹은 산에 의존해 살아가는 네팔리들과의 평생 사랑의 시작이 되기도 할 것입니다. 히말라야는 한 번도 안 가본 사람은 있어도 한 번만 가고 만 사람은 없다는 말은 그런 데서 나온 것이지요.

    함께한 동행들. 인생 최대의 시련을 겪은 후 하나를 버려야 하나를 얻을 수 있다는 지혜를 터득하기 위해, 안일하게 살아온 자신에게 모진 벌을 주고 다시 세상에 나아가 부끄럼 없이 살아갈 힘과 용기를 얻기 위해 길 위에 서는 사람들. 나 역시 그중 하나일 것이며, 걸으며 그들을 위해 봉사하는 삶이 될 수 있길 염원해 봅니다. 50을 맞아 살아온 반생을 되돌아보고, 남은 생의 반을 멋지게 살아갈 삶의 이정을 이 길에서 세웠다는 후배에게 가장 큰 응원을 보냅니다. 저 역시 약해지려는 심신을 추스르고, 히말라야의 기를 받아 세계 100대 트레킹 완주를 위해 나날이 더욱 정진하리라는 의지를 다지며 길을 마무리합니다. 그 길 위에서 우리 꼭 다시 만나길.

---

### INFORMATION

**거점 도시** 샤브루베시

**거점 공항** 카트만두 공항

**트레킹 팁 1** 카트만두에서 정기적으로 운영하는 버스를 타고 샤브루베시로 이동한다. 9시간쯤 걸린다. 둔체에 위치한 국립공원 사무소에서 입산 신고서를 작성해야 한다. **2** 카트만두 또는 샤브루베시에서 가이드 또는 포터를 고용할 수 있다.

| | |
|---|---|
| 거리 | 22km |
| 일정 | 2일 |
| 난이도 | ●●●●○○○ |
| 최고도 | 4,095m(정상) |
| 시즌 | 2월~4월 |
| 코스 | 메실라우 게이트(팀포혼 게이트)~정상~팀포혼 게이트 |
| 고도표 | |

키나발루는 말레이시아 최초의 유네스코 세계자연유산이다. 우거진 열대우림 숲속에는 저지대 식물군에서부터 고산식물까지 다양하고 풍부해 마치 산 전체가 거대한 식물원 같다. '키나발루'는 죽은 자를 숭배하는 장소라는 뜻이다. 정상에서 바라보는 일출이 장관으로 잠시나마 영혼의 안식처가 되어준다.

여행을 떠올리며 설레는 순간, 여행은 시작됩니다. 우리가 여행에 바라는 것들을 꼽아봅니다. 낯선 자연의 일부가 되는 것. 새로운 세상을 알아가는 것. 동반자들과 함께 만들어가는 추억. 그 모든 것이 여행이 주는 선물입니다. 이번 여행이 더욱 특별한 것은 키나발루로 가는 이 길이 사전에 계획된 것이 아니라, 갑자기 정해졌기 때문입니다. 예약한 단체가 여행을 취소하는 바람에 제 업무에 공백이 생겨 2주 정도의 시간이 주어졌고, 그 시간을 어떻게 보낼까, 고민하다가 일을 겸하지 않는, 온전히 여행다운 여행으로 나에게도 휴가다운 휴가를 주기로 했습니다. 조금은 준비가 덜 된 상태로 떠날 수밖에 없었지만, 그래서 더 설레기도 합니다. 의무적으로 가이드를 고용해야 하는 데다, 1박 2일의 초미니 일정이라 부담도 덜 한 편이고요. 이곳 역시 세계 100대 트레일 중 하나이기도 해, 언제 가도 가야 할 길! 이렇게 가게 되네요. 갑자기 큰 선물이라도 받은 양 들뜹니다.

코타키나발루 공항에 내려 렌터카를 픽업하고, 키나발루 국립공원까지 내비게이션을 켜놓고 두어 시간 달려갑니다. '코타$^{kota}$'는 도시, '키나$^{kina}$'는 여자, '발루$^{balu}$'는 바위라는 뜻입니다. '코타키나발루'라는 이름은 키나발루가 있는 도시란 말이네요.

공원 내 로지에 체크인하고 문 닫기 바로 전, 카페에서 가까스로 음식을 주문합니다. 키나발루산의 정기를 와인 한 잔에 듬뿍 담아 음미하며 내일을 꿈꿔 봅니다. 키나발루산은 보르네오섬에서 가장 높은 산으로 말레이시아 사바$^{Sabah}$ 주에 위치하며, 말레이 제도에서는 대양주의 최고봉인 칼스텐츠 피라미드$^{Carstensz\ Pyramid}$라고도 불리는 인도네시아의 푼착자야$^{Puncak\ Jaya}$산과 푼착트리코라$^{Puncak\ Trikora}$산, 푼착만달라$^{Puncak\ Mandala}$산에 이어 네 번째로 높은 산입니다.

산 일대는 국립공원이자, 말레이시아 최초로 유네스코 세계자연유산에 등재된 곳으로 생태계가 잘 보전돼 있고, 관광객을 위한 각종 시설과 트레킹 루트도 비교적 잘 정비되어 있습니다. 북위 4~8도 사이, 열대 기후권에 속해 우거진 열대우림 숲 안엔 저지대 식물군에서부터 고산식물까지 매우 다양하고 풍부해 마치 산 전체가 거대한 식물원 같습니다. 4,000m가 넘기에 고산 등반을 위한 훈련지로서도 인기랍니다.

이른 새벽에 출발해 정상에 선 필자

　이 지역에 살아온 원주민들에 의하면 '키나발루'는 죽은 자를 숭배하는 장소라는 뜻이라고 하네요. 생을 마치면 영혼은 하늘로 올라가지 않고 키나발루 산꼭대기에서 또 다른 삶을 시작한다고, 그래서 산이 조상의 영혼을 위한 영원한 안식처라고 믿으며 신성시한다고 합니다. 잠시지만 저에게도 영혼의 안식처가 되어주길 바라며, 1박 2일의 키나발루 등정 여정 중 무엇보다 기대하는 것은 정상에서 맞이하는 일출! 발아래 깔린 구름 위에서 잠시 신선이 될 것입니다.

　촉촉한 기류가 싱그러운 남국의 아침입니다. 로지 식당에서 아침을 해결하고, 공원 사무실로 걸어가 현지 여성 산악 가이드를 배정받아 트레킹 시작점인 팀포혼 게이트Timpohon Gate로 이동합니다. 포터 서비스를 이용할 수 있으며, 라반라타Laban Rata 산장까지 왕복으로 1kg에 5달러를 받는데 포터들은 대략 20kg에서 25kg을 지고 다닙니다. 우리는 가져갈 물품이 딱히 없어서 서비스를 이용할 이유가 없네요. 옷도 한 벌이면 족하니까요. 우리 가이드가 입산을 위한 제반 사무를 보는 동안 게이트 주변에서 기다리는데, 다른 그룹의 가이드가 입고 있는 상의 유니폼이 인상적입니다. 한국에서 흔히 입는 회색 근무복인데 어느 한국인이 회사 유니폼을 줬나 봅니다. 한글 회사명이 크게 새겨진 그 점퍼를 소중하게 입고 키나발루를 오르내릴 그의 모습을 그려보니 참으려 해도 웃음이 절로 새 나옵니다.

이제 출발합니다. 등산로는 팀포혼 게이트와 근자에 새로 개척한 메실라우 게이트Mesilau Gate에서 오르는 두 개의 등산로가 있는데, 팀포혼은 시작부터 정상까지 꾸준히 오르기만 하는 데 반해 메실라우는 중간에

어둠이 걷히고 일출이 시작되면서 신이 펼치는 향연이 시작된다.

메실라우 게이트부터 울창한 열대우림 사이를 걷는다.

한 번 내렸다가 다시 오르는 구간이 있습니다. 해서 거리가 상대적으로 1.5㎞ 정도 더 긴데 두 코스 모두 해발 3,273m에 위치한 라반라타 산장에서 만나 1박 하게 됩니다.

　　대부분이 팀포혼 게이트를 통해 올라갔다가 그 길로 다시 내려오지만, 키나발루의 밀림과 자연의 아름다움을 두루 둘러보고 충만하게 만끽하기 위해서는 메실라우 게이트로 올라간 뒤 내려올 땐 팀폰 게이트를 택하는 것이 좋습니다. 아무래도 같은 풍경을 두 번 보는 것보다 오며 가며 다른 풍경 새로운 산하를 보는 것이 당연히 낫겠죠.

가랑비가 내려 촉촉합니다. 비 걱정을 했는데 이 정도면 통상적인 기후이며, 곧 맑아질 것이라고 해 마음을 놓습니다. 메실라우 게이트에서 라반라타 산장까지 약 6시간 정도 걸어 오를 예정입니다. 대부분 이틀에 걸쳐 트레킹을 진행하는데, 첫째 날엔 팀포혼 게이트 또는 메실라우 게이트에서 라반라타 산장까지 오르고, 다음 날에 정상까지 약 3시간에 걸쳐 오른 후 다시 약 5시간쯤 하산하며 마감합니다.

열대우림 지역 숲길은 두터운 이끼가 덕지덕지 덮여 도통 나이를 가늠할 수 없는 나무들로 꽉 차 있어, 정글에 들어온 듯 느껴집니다. 나무에는 특이한 모양의 난들이 공생하고 있습니다. 무려 1,800여 종의 난이 자생하며, 국립공원 내에 난 공원이 있어 식물학자들의 방문이 잦다고 합니다. 길섶 양편에 지천으로 핀 꽃들의 색상이 무척 화려합니다. 얼키설키 엮인 나무뿌리들이 길 위로 그대로 드러나 자꾸 눈이 갑니다. 키나발루의 요상한 식물, 벌레 잡아먹는 네펜테스를 알려 주는 데 생각보다 아주 작아서 놀랐습니다. 시장기가 도는 걸 보니, 어느덧 밥때로군요. 대부분 라양라양Layang-layang 쉼터에서 점심을 먹게 됩니다. 우리도 한자리 꿰차고 식사를 즐기는데, 마치 쥐같이 생긴 다람쥐가 쉴 새 없이 왔다 갔다 하며 공손히 두 손 들어 먹거리를 애원합니다. 딱히 줄 건 없네요.

이제 제법 찬 공기의 촉감이 느껴지고, 그에 따라 시야에 잡히는 식생들도 조금씩 변해갈 즈음, 저 멀리 키나발루가 살짝 자태를 드러냅니다. 수목은 더욱 비틀어져 춤을 추고 가지마다 실타래 같은 이끼가 흩날리듯 붙었는데, 알고 보니 버섯의 일종이라 하네요. 식물 공부하며 가는 유익한 길입니다. 이제 하늘도 제법 열리면서 청명한 푸른빛을 드러냅니다. 양떼구름이 유유히 흘러가고 볼을 스치고 지나가는 바람의 결이 상쾌하기 이를 데 없습니다.

3,000m 고도에 오르니 이제는 멀리 바다도 조망되고, 절벽 구간의 바위산도 멋지게 나타납니다. 풍경에 취해 산장으로 가는 마지막 구간

을 더욱 힘차게 오를 수 있겠네요. 키나발루는 4,000m가 넘는 산이지만, 적도지방이라 정상에서도 눈은 볼 수 없고, 고소 증세를 느낄 수 있는 고도임에도 여타 비슷한 고도의 다른 산에서보다 심하지 않습니다. 이곳은 '하이 정글'이라 수목한계선이 거의 정상까지 올라가니 식물들이 뿜어내는 산소만으로도 충분하기 때문입니다.

　　마침내 산장에 도착했습니다. 안으로 들어서니 이미 많은 사람이 식탁을 차지하고 웅성대고 있네요. 우리도 방 배정을 받아 배낭을 내려놓고, 식당 창가 쪽의 나름 명당자리를 골라잡아 앉습니다. 와인 한 병 시켜서 홀짝홀짝 마시며, 창밖에 펼쳐진 풍경을 여유롭게 감상하면서 분위기에 젖어갑니다. 어느덧 저물녘. 지는 해가 어찌 이리도 아름답나요. 핑계가 좋아, 비상용으로 가져온 소주 한 병까지도 꺼내 비우고 맙니다. 뭔가 아쉬움이 남지만, 어느덧 자야 할 시간. 내일 정상 일출을 보기 위해 자정 넘어 바로 일어나야 하니까요.

키나발루 정상은 장대한 화강암으로 덮여 있다.

새벽 한 시. 산장은 시장 통으로 변합니다. 모두 같은 시간에 일어나 다 같이 밥 먹고, 또 다 같은 시간에 오르려니 무슨 속도전이라도 하듯 경쟁할 수밖에 없네요. 그래도 나름의 질서를 지켜가며 시간에 맞춰 준비를 마쳤습니다. 칠흑같이 어두운 밤. 헤드 랜턴을 켜고 굴비 엮듯 줄줄이 줄을 만들어 앞사람의 뒷모습만 보며 걷는 길. 우선 철 계단을 조심조심 오릅니다. 잠깐 뒤를 돌아보니 불빛이 길게 띠를 이은 모습이 장관입니다. 달빛도 도와주고 있네요.

한참을 그렇게 오르니 굵은 로프가 바닥에 깔린 구간이 나옵니다. 길 자체가 미끄러워서 깐 것 같지는 않고요. 지금처럼 어두울 때 오른다거나 짙은 안개가 꼈을 때, 혹은 바위 표면이 심하게 마모되거나 물기를 먹었을 때, 등산화 바닥이 닳았을 경우를 대비해 깔아 둔 모양입니다. 제법 요긴하게 느껴집니다. 키나발루산의 암반은 화강암인지라 잘 미끄러지지 않는 편이지만, 매사불여튼튼(튼튼히 하는 것보다 더 나은 것이 없음)인 법. 조심할수록 더 좋은 법이죠.

키나발루 정상은 완벽한 화강암 덩어리로 이루어져 있습니다. 정상을 중심으로 동쪽 능선부에는 킹에드워드봉 King Edward Peak, 킹조지봉 King George Peak, 못난이형제봉 Ugly Sisters Peak, 당나귀귀봉 Donkey's Ears Peak 등을 비롯하여 여러 개의 연봉이 솟아 이어집니다. 익살맞은 이름들이 귀에 쏙 들어오네요. 남쪽에는 광활한 화강암 언덕과 뾰족하게 솟아오른 남봉 South Peak, 서쪽에는 세인트존스봉 St. John's Peak과 서봉 West Peak, 북쪽에는 빅토리아봉 Victoria Peak과 세인트엔드루스봉 St. Andrew's Peak 등의 수많은 암봉들이 조스의 이빨처럼 솟아 있습니다. 1,500만 년 전에 보르네오 크로커 산맥 Crocker Range의 퇴적암 밑에서 융기한 용암이 굳으면서 형성된 화강암 관입이라고 하는데, 그런 이유로 산은 매년 조금씩 높아진다고 합니다.

여명이 깃들면서 삼각뿔의 주봉이 희미하게 보이고, 연봉들도 서서히 윤곽을 드러냅니다. 어둠이 걷히고 해돋이가 시작되면, 신이 펼치는 향연도 함께 시작됩니다. 내 마음도 함께 울렁거립니다. 정상에는 뜨는 해와 함께 서서히 일어나는 봉우리들. 발아래 운해는 장관을 이룬 채 느리게 흘러가고, 그 위로 서서히 오르는 뜨거운 태양은 붉은빛으로 작열합니다. 바다에서 붉은빛이 솟으며 시나브로 구름바다를 물들이면, 발아래는 온통 붉은 양탄자가 깔립니다. 인간은 결코 그려낼 수 없는 풍경화, 오로지 신만이 만들 수 있는 작품입니다.

주봉 정상의 입간판 앞에서 기념 촬영을 하는데, 우리의 종주를 축복하는지 바람도 잦아들고 햇살은 따스하게 어깨를 감쌉니다. 이제는 구름도 사라지면서 알렉산드라 봉$^{Alexandra\ Peak}$, 킹콩이라 불리는 성요한봉 $^{St.\ John's\ Peak}$ 등이 뚜렷하게 자태를 드러내면서 화려함을 더합니다. 키나발루 여신이 선물한 이 황홀한 일출. 서두를 것도 없는 자유로운 시간. 그저 떠오르는 해를 바라보며 지그시 눈을 감고 이제는 후각으로 풍경을 읽습니다. 나도 서서히 풍경의 일부가 됩니다. 갑자기 달려온 키나발루. 넉넉히 나를 품어줍니다. 짧지만 강렬한 이틀이었습니다.

> **INFORMATION**
>
> **거점 도시** 코타키나발루
>
> **거점 공항** 코타키나발루 공항
>
> **트레킹 팁** 공항에 도착해, 렌터카 또는 버스로 키나발루 국립공원으로 이동한다. 트레커는 반드시 키나발루 국립공원 사무소에서 입산 신고하고, 현지 산악가이드를 배정받아야 한다. 트레킹 시작점인 팀포혼 게이트 또는 메실라우 게이트로 이동해 대장정에 나선다.

# 아프리카

탄자니아 킬리만자로 MOUNT KILIMANJARO TREK　　　　　416
남아프리카공화국 오터 트레일 OTTER TRAIL　　　　　432

탄자니아, 아프리카

# 킬리만자로 *MOUNT KILIMANJARO TREK*

### 고독한 영혼, 아프리카의 축복

한스 마이어 케이브
*Han's Meyer Cave*

키보 헛 *Kibo Huts*

우후루 피크 *Uhuru Peak*

캄비야타부 *Kambi Ya Taabu*

호롬보 헛 *Horombo Huts*

만다라 헛 *Mandara Huts*

마랑구 게이트 *Marangu Gate*

| | |
|---|---|
| 거리 | 70km |
| 일정 | 6일 |
| 난이도 | ●●●●●●○○○○ |
| 최고도 | 5,895m(우후루 피크) |
| 시즌 | 9~3월 |
| 코스 | 마랑구 게이트~우후루 피크~마랑구 게이트 |
| 고도표 | |

여행과 모험을 즐겼던 헤밍웨이는 '온 세상만큼 넓고 높으며 위대하고, 태양 속에서 믿을 수 없을 만큼 흰 산'이라고 킬리만자로를 예찬했다. 초원 위에 우뚝 솟아 있는 킬리만자로 정상에 서면 대자연이 주는 가슴 벅찬 감동과 낭만을 동시에 느낄 수 있다.

"하쿠나!"

"마타타!"

가이드가 먼저 소리를 메기면, 트레커들이 기세 좋게 받아냅니다. 킬리만자로의 산길에 자주 메아리치는 말입니다. '아무 문제없다, 괜찮다. 걱정 마라'라는 의미의 탄자니아 말로, 영화 〈라이온 킹〉의 주제가이기도 해서 다들 익숙하실 것입니다. 가이드와 트레커가 수시로 '하쿠나 마타타'를 주고받으며, 아무 문제 없으니 걱정하지 말라고 서로를 보듬으며 오르는 킬리만자로 트레킹. '킬리만자로의 표범'이라는 조용필의 히트곡 덕에 한국인에게 더욱 친숙해진 곳이기도 합니다.

가보지 않은 길을 계획하며 설레는 일은 종주 자체의 희열과 종주 후의 성취감 못지않게 귀합니다. 검은 대륙 아프리카를 오래 동경해 왔습니다. 대륙에서 가장 높은 킬리만자로! 그에 더해 적도의 나라에서 바라보는 산정의 만년설이라니! 최고봉에 올라보는 것은 물론이고, 내친김에 세렝게티 사파리 <sup>Serengeti Safari</sup> 게임도 즐겨보고 싶습니다. 세계 3대 폭포 중

고도가 높아질수록 수목의 성장은 낮아진다.

하나인 빅토리아*Victoria* 폭포도 놓칠 수 없지요. 그래, 이번엔 아프리카다!

그렇게 드디어 아프리카 킬리만자로 트레킹을 감행하기로 했습니다. 혹시나 부담될까 가볍게 툭 던진 한마디에 기꺼이 동참해 준 동행들이 고맙습니다. 그들의 독려가 있어 빠르게 추진할 수 있었고, 계획이 현실이 되어 이렇게 아프리카의 평화롭고 한적한 시골길을 달려가고 있습니다. 케냐 나이로비 공항을 출발해 국경을 넘어 오랜 시간을 길 위에서 보낸 끝에 탄자니아 아루샤*Arusha*의 숙소에 들었습니다. 석양빛을 받아 붉게 타는 만년설봉 킬리만자로가 바라보이는 곳입니다.

한 덩어리로 존재하는 세계 최대 규모의 화산암 산인 동시에, 아프리카의 최고봉이며 세계에서 가장 큰 화산, 킬리만자로. 스와힐리어로 '번쩍이는 산'을 뜻합니다. 가히 아프리카의 상징이라 할 만하며, 산악인의 버킷리스트에 빠지지 않고 끼어있는 곳이지요. 실제로 매년 약 3만 명의 등산 마니아들이 정상 등정을 시도하고 있습니다.

정상에서 일망무제 펼쳐지는 풍경이야 오죽하겠냐만, 특히 산정에서 누리는 일출은 거의 예술의 경지라 하니, 들뜬 마음에 조급한 기분까지 듭니다. 정상을 찍고 돌아오는 여정은 체력 수준과 적응 속도에 따라 약 5~7일이 소요됩니다. 내일이면 그 대단한 여정이 시작됩니다.

여기서 잠깐, 킬리만자로에 오기까지의 여정을 정정해 드릴 필요가 있는데요. 아마도 제가 오래된 정보를 입수했던 모양입니다. 탄자니아에 킬리만자로 국제공항이 생긴 걸 모르고, 옛날 방식으로 케냐의 아디스아바바*Addis Ababa*에 내려 아루샤까지 긴 시간 차량 이동을 했지 뭡니까. 그 불편은 말로 못 합니다. 하루를 꼬박 허비한 건 물론이고, 언제 서버릴지 모르는 털털거리는 자동차, 지저분한 자동차 내부에 낯선 냄새의 동승객까지. 게다가 차비보다 더 많이 지불했던 입국 경비 등등.

그래도 아프리카의 초행자인 저에게 길 위의 풍경은 충분한 위안이 되었습니다. 듬성듬성 바오바브나무가 자라는 끝없이 펼쳐진 평원과 푸른 초원을 배경으로 바쁘게 살아가는 아프리카 사람들. 센스 있는 기사가 '라이온 킹' 주제가 비슷한 음악도 틀어주니, 금세라도 야생의 풍경이 펼쳐질 것만 같습니다. 아무튼 저 같은 실수로 시간 낭비, 돈 낭비 하지 마시고 킬리만자로 국제공항으로 야무지게 입성하시길요.

이른 아침, 아루샤를 출발해 모시$^{Moshi}$를 지나, 마랑구$^{Marangu}$ 게이트에서 입산 신고 및 등정 준비를 합니다. 간혹 숲 사이로 킬리만자로의 눈 덮인 산정이 언뜻언뜻 드러나니, 절로 가슴이 뜁니다. 지나는 시골 장터에는 예쁘게 치장한 아낙들이 야채와 과일을 풍성하게 벌려 놓고는 이방인에게 환한 웃음을 건넵니다. 웃음이 옮았는지 함께 마음이 밝아지며 이번 여정도 기대에 어긋나지 않을 것 같은 확신도 듭니다. 마음이 넉넉해지니 과일도 넉넉하게 사게 되는군요. 어느 길에선가 이 과일을 또 약처럼 먹게 되겠지요.

킬리만자로 보존을 위해 트레커 1인당 3명의 포터를 배정해 모든 쓰레기와 오물을 가지고 내려와야 한다.

마랑구 마을 입구는 이미 해발고도가 1,550m. 병풍을 두른 거대한 산군 아래 삼림 지대와 초원 지대가 번갈아 보이며 전체적으로 울창한 숲을 이루고 있습니다. 끝없이 펼쳐진 평원에는 소담스러운 작은 마을과 덤불숲이 어우러져 그림 같은 풍경을 만들고, 바람마저 고요히 스쳐 가니 평화 그 자체입니다. 킬리를 바라보며 서 있다는 그 자체가 이미 행복입니다. 입구에 들어서 산군 모형 상징물 앞에서 기념 촬영을 하고 가이드를 따라 이동합니다.

4,000m 고도의 카랑가 산장으로 접근하는 길. 수목한계선으로 황량한 풍경이 펼쳐진다.

눈과 빙하로 덮여 있는 키보$^{Kibo}$, 마웬지$^{Mawenzi}$, 시라$^{Shira}$. 주요 봉우리 세 개를 보유한 해발 5,895m의 킬리만자로산은 아프리카 대륙에서 가장 높은 산일 뿐 아니라, 화산 활동으로 생긴 높은 봉우리가 사바나 평원 위에 홀로 우뚝 솟아 있어 그 존재감이 더없이 돋보입니다. 최저점에서 최고점까지 75,000㏊의 너른 품에 초원 지대, 열대우림 지대, 황야 지대, 화산 지대, 빙하 지대 등 다섯 개의 주요 식생대가 공존한다니, 놀라울 따름입니다.

1973년에 설립된 킬리만자로 국립공원은 암보셀리$^{Amboseli}$ 국립공원, 아루샤 국립공원과 차보$^{Tsavo}$ 국립공원 등으로 이어집니다. 기온은 200m마다 1°C씩 내려가고, 대략 1,000m 단위로 풍경이 바뀐다고 하네요. 수많은 포유동물이 살고 있는데 멸종 위기에 처한 동물도 적지 않다고 해 안타깝습니다. 게다가 인간이 야생동물의 이동 경로를 침범하는 통에 코끼리, 버펄로, 영양 등의 수가 기하학적으로 감소하고 있다는 것도 우울한 소식이고요. 잘 알고 계시겠지만, 유구한 세월 존재해 온 적도 상의 빙하조차 기후 변화로 인해 서서히 녹아 없어지고 있는 형편입니다.

　알프스 트레킹 인솔 때 만났던 지인이 적극 추천해 준 현지 여행사인 'Bobby Tour'와 서비스 계약을 맺었습니다. 나라 형편이 안 좋을수록 업체 선정을 잘해야 합니다. 정식 허가도 없이 싼 가격에 질 낮은 서비스를 제공할 뿐 아니라 사고가 나도 책임지지 않고 발뺌하는 경우도 많으니 특히 조심해야 해요. 잘해줘야 믿고 또 찾고, 지인에게 소개도 하련만, '한 번 오지 두 번 오겠냐' 생각하고 그러는 건지 간혹 어이없는 여행사들도 있으니 유념하시길요.

산길을 오르다 뒤를 돌아보면, 운해가 장관을 이룬다.

탄자니아를 먹여 살리는 두 관광 명소인 킬리만자로산과 세렝게티 사파리는 가이드와 포터를 동반해야만 입장할 수 있습니다. 요즘 이런 관광명소가 제법 많지요. 관광객의 안전 보장과 자연 보호라는 명분에 더해 자국민에게 일자리도 주고, 국가적으로도 수입이 생기기도 하니까 그들로서는 마다할 리 없는 정책이기도 합니다. 그리 부담스러운 가격은 아니니, 기분 좋게 응할 밖에요. 그렇게 해서 만난 우리 팀 헤드 가이드의 이름은 '바라카Baraka'. 스와힐리어를 사용하는 동아프리카에서 가장 많이 사용되는 남성의 이름 중 하나로, 축복Bless이라는 의미라고 합니다. 오! 느낌 좋네요. 이번 길에도 축복이 늘 함께하길.

  녹음 짙은 오솔길을 걷다 보니 나도 초록이 되는 것 같습니다. 열대 우림지역을 통과하여 커피 농원이 이어지는 킬리만자로의 초입 산길은 고요하고 평온합니다. 화산 지대에서 재배되는 탄자니아 커피의 생두는 회색이 도는 녹색 빛을 띠고요, 강한 신맛과 뛰어난 향, 부드러우면서 깔끔한 맛으로 유명합니다. (제가 이래 봬도 2급 바리스타 자격증 보유 산악인이랍니다.) 비옥한 숲을 지나면서 다양한 아프리카의 식생을 만납니다. 모양도 제각기 다른 원숭이와 각양각색의 새들, 야생 난과 각종 꽃이 앞다투어 피어 있는데, 시야가 트인 곳에서는 소박한 도시 모시의 풍경이 또 그림처럼 드러납니다.

  마랑구 게이트에서 만다라Mandara 산장으로 오르는 길, 열대 우림의 푸른 숲과 수량이 풍부한 계곡이 이어집니다. 스와힐리어로 Kilima(산)+njaro(빛나는)의 합성어 킬리만자로. 빛나는 산 혹은 하얀 산. 여행과 모험을 즐겨했던 헤밍웨이는 '온 세상만큼 넓고 높으며 위대하고, 태양 속에서 믿을 수 없을 만큼 흰 산'이라고 킬리만자로를 찬탄하기도 했습니다.

  마랑구 루트의 첫 번째 휴식처인 만다라 헛에 도달했습니다. 해발 2,700m. 산허리의 공기는 더없이 신선하고, 탁 트인 시야에 너른 풀밭이 펼쳐지니 소풍 온 듯 저녁 식사를 하기에 제격입니다. 적당한 숙소도 마련되어 있어 더욱 좋네요. 등정을 마치고 만족한 표정으로 하산하는 순례자와 셰르파 일행을 만납니다. 누구 할 것 없이 '잠보$^{Jambo}$'를 외치는데, 히말라야의 '나마스떼', 안데스의 '올라'처럼 안녕이란 뜻의 인사말입니다. 된장찌개에 저녁밥을 해 먹고 산장 주변을 산책합니다. 구름에 뒤덮인 맞은편의 마웬지 봉우리가 마음을 설레게 합니다.

만다라 산장을 출발하여 차츰 낮아지기 시작한 키 작은 나무들이 마운디$^{Maundi}$ 분화구에 이르자 대부분 허리춤 아래로 내려가 버립니다. 고도가 높아질수록 수목의 성장은 낮아지는 법이거든요. 만다라 산장에서 호롬보$^{Horombo}$ 산장으로 향하는 초원 지대의 오르막길엔 낮은 관목과 덤불 사이사이로 고운 꽃들이 색과 향을 마구 발산합니다. 노란 반점과 보라색 수술을 품은 새빨간 꽃이 특히 눈에 띄는데요, 이곳에만 서식하는 킬리만자로의 꽃이랍니다. 안개비가 사뿐히 내리는 길섶에 가득 핀 풀꽃을 감상하며 걷노라니 오르막인 줄도 모르겠습니다.

어느새 히스 나무들이 울창한 계곡을 가로지르는 소담스러운 나무다리를 만납니다. 이어지는 완만한 산등성을 따라가다 보면 전망이 탁

탄자니아의 또 다른 명산 메루가 구름바다 위로 솟아 오른다.

야자수 같기도 하고, 큰 선인장 같기도 한 키네시오 군락

트이며, 야자수 같기도 하고 큰 선인장 같기도 한 키네시오 군락이 우뚝 우뚝 서 있습니다. 아프리카 식생에서만 볼 수 있는 식물이라고 하네요. 400년 넘게 산다는 키네시오는 5~6m 높이로 자라고, 윗잎이 마르면 밑으로 처져 나무를 덮어준다고 하는데, 고산에서 추위를 견뎌내는 지혜가 아닌가 싶어 경이롭기만 합니다. 주변으로 야생화 로벨리아도 함께 춤을 추고 그 너머로 마웬지 봉우리가, 왼편으론 흰 눈 덮인 킬리만자로의 정상이 또렷이 그 모습을 드러냅니다.

고도 1,000m의 완만한 비탈길을 올라 호롬보 산장에 도착해 하루를 마감합니다. 이곳은 킬리만자로에서 가장 아름다운 산장으로 정평이 나 있는데요, 어느 곳에서나 계곡 물소리가 힘차게 울리고 주변엔 키네시오 군락이 한가득입니다. 산악사막 지대인지라 어둠이 짙어지면 기온이 뚝 떨어지는데, 안개구름도 사라진 밤하늘은 낮보다 더욱 청명해집니다. 교교한 달빛이 산 구릉을 비추면 아득히 먼 것 같던 산 아랫마을에도 하나둘 불빛이 켜지고, 키보의 만년설은 보석처럼 반짝입니다. 밤에 더욱

킬리만자로의 최고봉 우후루 피크에 세워진 표지판. 일행이 고이 모셔온 태극기를 달았다.

눈부신 산 킬리만자로, '빛나는 산'이라는 그 이름은 괜히 온 게 아닙니다.

오늘은 하루 꼬박 걸려 4,000m 고도에 있는 지브라록<sup>Zebra Rock</sup>을 지나 마웬지봉과 키보봉의 중간 지대인 말의 안장처럼 생겼다고 '안부'(Saddle, 4,300m)라 이름 지은 곳까지 올라갔다 다시 산장으로 귀환하며 고도에 적응합니다. 안부에 가까이 다가갈수록 킬리만자로를 이루는 세 화산이 더욱 가까이 다가옵니다. 세계 최대 분화구인 키보의 우후루피크 Uhuru Peak를 중심으로 동쪽에는 마웬지가, 서쪽에는 시라가 우뚝 솟아 있습니다.

원래 케냐 영토였던 킬리만자로는 제국주의 열강이 아프리카를 지배하던 시절 탄자니아로 편입되어 버립니다. 당시 케냐는 영국의 지배를, 탄자니아는 독일의 지배를 받았는데요. 1889년에 독일인 한스 마이어 Hans Meyer와 루드비히 푸르셀러 Ludwig Purscheller가 킬리만자로의 최고봉 우후루피크의 초등에 성공하자 독일 황제 빌헬름 Wilhelm 2세가 외할머니인 영국의 빅토리아 여왕에게 킬리만자로를 독일령으로 하게 해달라고 청했다고 하네요. 이름조차 자신의 이름을 따 빌헬름 봉으로 불리다가 1960년대 초 독립하면서 원래 이름인 우후루를 다시 찾게 되었습니다. 아프리카의 슬픈 역사라 할 수 있지요.

킬리만자로에 얽힌 또 다른 이야기라면, 1926년경 이 지역 선교사로 있던 로이쉬 Reusch가 눈 속에 파묻혀 있던 표범을 발견하고 기념으로 한쪽 귀를 잘라 왔다는 믿거나 말거나의 이야기가 있는데, 이를 모티브로 해서 쓰인 책이 헤밍웨이의 〈킬리만자로의 눈〉이라고 합니다. 조용필의 노래 '킬리만자로의 표범'도 거기서 기원했는지도 모르겠네요. 1987년 킬리만자로는 마침내 유네스코 세계자연유산으로 등재됩니다.

호롬보 산장에서 키보 산장으로 가는 길은 두 가지가 있습니다. 오른쪽 길은 안부와 마웬지 쪽으로 돌아가는 다소 힘든 길로 돌이 많은 거친 길이고, 왼쪽 길은 보다 쉽고 짧지만, 경사가 가파른 길입니다. 산장을 출발한 후 너덜지대 같은 바위가 많은 지역의 급경사를 지나면 마랑구 루트의 마지막 샘터인 라스트 워터 포인트Last Water Point가 나옵니다. 이후로는 차츰 초목이 사라지며 사막화된 길이 이어지는데요, 산천초목 간데없이 붉은색의 흙과 바위만 나타납니다. 안부 혹은 안장 길의 이정표를 지나고 나면 완전한 황무지가 펼쳐지고, 마웬지봉이 황량하게 서 있습니다.

킬리의 가장 높은 지점은 바깥쪽 분화구의 남쪽 가장자리로, 키보와 마웬지 사이에 약 3,600㏊가량 되는 너른 고원이 펼쳐지니, 여기가 바로 '안부'. 아프리카 열대지역에서 가장 넓은 고지대 툰드라 지역이라고 합니다. 키보는 오늘날 여전히 사철 얼음과 눈으로 뒤덮여 있고, 마웬지 역시 만년설과 빙하 지역을 품고 있지만, 지구 온난화로 인해 눈과 빙하가 언제까지 버텨줄지 기약할 수 없습니다.

호롬보 산장에서 키보 산장까지 15㎞, 고산증을 달래며 '폴레폴레 pole pole(천천히)' 오르다 보니 호롬보 산장과는 전혀 다른 풍경이 펼쳐집니다. 황량한 바람이 모질게 불어대는 산자락에 군대 막사처럼 덩그렇게 서 있는 이곳은 세계에서 가장 높은 산장인 키보 산장(4,703m)입니다. 정상까지 오를 내일의 출정에 대비해 저녁도 든든하게 챙겨 먹고 온 정신을 집싸는 데 집중합니다. 잡담도 잡념도 아끼고 일찍 잠을 청해보는데, 쉬이 잠이 올까 모르겠네요.

탄자니아의 축복, 킬리만자로. 오늘 드디어 그 정상을 밟을 예정입니다. 유수의 명산 고봉 등정은 오늘처럼 0시 전후의 야심한 시각에 시작하는 경우가 많은데요, 첫째, 화려한 산정 일출을 보기 위해서. 둘째, 야밤에 꽁꽁 언 상태의 빙판이나 화산흙이 걷기 편하기 때문이며, 정상의 기상은 오전에서 오후로 갈수록 나빠질 가능성이 많다는 게 세 번째 이유. 귀환 시간이 당겨지니 좋은 게 마지막 이유입니다.

삭막한 산장의 밤에도 나름의 아름다움이 있습니다. 새카만 밤하늘은 환한 달과 영롱히 빛나는 별이 가득하고, 그 빛을 받은 키보는 아프리카 최고봉이자 세계 최대의 분화구다운 위용을 강렬히 분출합니다. 이 정도 높이에선 빙하가 떨어지거나 크고 작은 눈사태로 인해 굉음이 들리기도 하는데 이곳엔 고독한 침묵뿐이니, 정적이 오히려 두렵게 느껴집니다. 손가락과 발가락 끝이 얼어 터지는 듯한 추위를 느끼며 희미한 헤드램프 조명에 의지한 채 화산재와 모래밭인 급사면을 천천히 지그재그로 오릅니다. 2시간 정도 오르면 초등에 성공한 한스 마이어의 이름을 딴 동굴에 냉동 표범이 있다고 하는데, 둘러볼 여유가 없습니다.

'하쿠나 마타타'와 '폴레 폴레'를 주문처럼 중얼대며 천천히 올라갑니다. 고산증은 천천히 걷는 것 이외에는 다른 방책이 없습니다. 킬리만자로는 7 대륙 최고봉 중에서 가장 쉽게 오를 수 있는 산으로 꼽히기도 하지만, 실제 등정 성공률은 30%에 머뭅니다. 열 명 중 여덟 명이 성공한다는 말을 들으셨다면, 트레킹 회사에서 만들어낸 과장 광고일 가능성이 높습니다.

화산석과 화산재가 뒤섞인 30~40도의 급경사를 한 발 한 발 디뎌 올리며 느리게 깨어나는 새벽을 맞이합니다. '당신은 지금 5,681m의 길만스 포인트 Gilman's Point에 있습니다.' 화산 분화구 위인 길만스 포인트의 이정표가 반깁니다. 그와 동시에 웅장한 자태를 드러내는 키보 봉. 한쪽 사면에 만년설을 이고 있는 키보는 마치 순수의 상징처럼 보입니다. 아무도 밟지 않은 처녀봉으로 여기고 제가 먼저 밟고 싶다는 부질없는 생각이 드네요.

능선을 따라 한 발 두 발 더 오르니 큰 바위인 스텔라 포인트 Stella Point(5,750m)에 도착하고, 서서히 주변이 밝아옵니다. 이곳에서 화산분화구를 우측에 두고 분화구 벽을 따라 2시간 정도 더 올라가면 마침내 킬리만자로 최정상 우후루피크에 닿습니다. 한쪽은 빙하, 한쪽은 분화구를 이룬 능선을 따라 정상으로 향하는 사이 등 뒤로 구름바다를 뚫고 태양이 솟아오르고 마웬지도 날카로운 산정을 드러냅니다.

"축하합니다. 당신은 지금 5,895m의 우후루피크 정상에 있습니다. 아프리카의 최고봉이며 걸어서 올라갈 수 있는 세계 최정상 봉우리입니다."

　　간판의 세 문장처럼, 정말로 우리가 아프리카 최정상에, 걸어서 올라갈 수 있는 세계 최고도 봉우리에 우뚝 섰습니다. 장대하게 펼쳐진 적도의 빙하는 떠오르는 태양 빛을 받아 불그스름하게 물들고 있습니다. 세계의 여느 명산이 그렇듯 십자가가 많이 세워져 있어 덩달아 숙연해집니다. 고독한 영혼을 부르는 킬리만자로. 잔잔한 감동이 밀려옵니다. 까닭 모를 서글픈 허탈감도 따라옵니다. 마침내 킬리만자로 정상에서 한 줄기 자유로운 바람이 되었습니다. 이제 나는 무슨 꿈을 꾸어야 할까요. 또 어느 곳으로 바람이 되어 흘러가야 할까요. 그저 지그시 눈을 감습니다. 그렇게 나는 킬리만자로의 일부가 됩니다.

## INFORMATION

**거점 도시** 탄자니아

**거점 공항** 킬리만자로 공항

**트레킹 팁 1** 탄자니아의 킬리만자로 공항에 내려 차량을 이용해 모시로 가서 하룻밤 묵는다. 다음 날, 모시에서 1시간쯤 이동해 마랑구 게이트로 간다. **2** 현지 트레킹 회사를 통해야만 킬리만자로에 오를 수 있다.

남아프리카공화국, 아프리카
# 오터 트레일 OTTER TRAIL
산과 바다가 만들어 낸 수달의 길

안드레 헛 *Andre Huts*
네이처스 밸리 *Nature Valley*
오크허스트 헛 *Oakhurst Huts*

| | |
|---|---|
| 거리 | 45km |
| 일정 | 5일 |
| 난이도 | ●●●●●○○○ |
| 최고도 | 525m(리프 마운틴) |
| 시즌 | 3~4월 |
| 코스 | 스톰스강 입구~리프 마운틴~네이처스 밸리 |

야생의 느낌이 생생하게 살아 있는 남아공의 가장 아름다운 해안 트레일이다. 남아프리카 해안의 강어귀와 개울에 서식하는, 대부분 야행성인 수줍음 많은 동물인 수달(otter)에서 이름을 따왔다. 수달, 돌고래 등 다양한 야생 동물을 만날 수 있는 길이다.

스콧 헛 Scott Huts
응우부 헛 Ngubu Huts
블루바이비치뷰 포인트덱 Bloubaai Beach View point Deck
스톰스강 입구 Storms River Mouth

욕망은 늙지 않습니다. 세월 따라, 상도 아니고 벌도 아니고, 순리대로 그저 나이만 먹으며 늙어가고 있는데요. 육체적으로야 하루가 다르게 체력이 달리는 것이 당연하겠지만, 그렇다고 정신력까지 비례해서 노쇠해지는 것은 아닙니다. 나이 들수록 미처 못다 이룬 것에 대해 회한을 갖는 것은 욕심이 늙지 않아서인지도 모르겠습니다. 오히려 더 펄펄 살아나는 것도 같습니다. 수년 전에 '너는 늙어 봤냐? 난 젊어 봤단다.'라는 말이 노래와 함께 유행어가 되어 세간을 휩쓴 적이 있었습니다. 중장년의 나이를 넘어 노년으로 접어드는 이들의 자신감을 노래한 곡인데, 그 이면에는 청춘의 끈을 놓고 싶지 않은 아쉬움이 내재합니다. '너희 젊음이 너희 노력으로 얻은 상이 아니듯이 내 늙음도 내 잘못으로 받은 벌이 아니다'라는 오기와 자조 섞인 심리 상태. 그게 딱 내 마음이 아닌가 싶어 쓴웃음을 짓게 되네요.

오터 트레일은 치치카마 국립공원과 해안선을 따라 걷는다.

내 일생의 마지막 프로젝트, 세계 100대 트레킹 완주. 한 해 한 해 나이 들수록 욕망은 더욱 불타오르고 마음은 초조하기만 합니다. 걸어 온 길을 점검도 할 겸 잠시 되돌아보니 지구를 몇 바퀴나 돌면서 '어느덧 반 넘게 걸었구나.' 싶었던 적도 있었지만, 막상 실제로 걸어본 후 실망스러워 리스트에서 빼버린 곳도 여럿 있습니다. 그러고 나니 걸어온 길의 리스트는 다시 또 반으로 줄어버립니다. 때로는 '이런 길이 어떻게 세계 100대 트레일로 선정되었을까?' 싶은 생각에 한탄스럽기도 했습니다.

남미의 콜카캐니언Colca Canyon과 코스타리카의 엘초로El Chorro 트랙이 그러했고, 북미의 킹스피크Kings Peak와 트랜스카타리나Trans Catalina, 펀디풋패스Fundy Footpath 역시 실망스러웠습니다. 대양주의 베이오브화이어Bay of Fires, 유럽의 왕의 오솔길과 얌틀란드Jamtland, 플리트비체Plitvice 역시 그 명성에 이르지 못해 안타까웠으며 아프리카의 호에리콰고Hoerikwaggo 트레일 역시 별반 다르지 않았습니다. 그 길에 쏟은 금싸라기 같은 내 젊음의 시간(지금보다는 젊었으니)이 아깝게 느껴질 정도였으니까요. 새로운 길을 걷기 전 여정을 준비하며 이런 걱정을 하지 않을 수 없습니다. 길에 대한 평은 전적인 저의 개인적인 의견이니, 참고하시길요.

비슷한 우려를 안고 남아공의 해안 길 오터 트레일을 걷기 위해 케이프타운에 내렸습니다. 근심을 털어낼 양으로 인도양의 바다 풍경이 시원스레 펼쳐진 해안선을 따라 렌터카로 신나게 달립니다. 남아공의 면적은 한반도의 약 5.5배. 실로 다양한 풍경의 백미를 보여주는 남쪽 해안 지대는 가장 신비로운 자연경관을 간직한 곳입니다. 웨스턴케이프와 이스턴케이프의 경계를 넘나드는 치치카마 국립공원Tsitsikama Forest & Coastal National Park은 웅장한 산군을 품고 있고, 그 아래 해안선에는 숨겨놓은 대자연의 경이가 가득합니다. 수려한 산세의 해변과 계곡 풍경에 더해 다양한 야생 동물들을 만나고 그 속에서 다채로운 해양 스포츠를 즐길 수 있는 이곳은 남아공에서 가장 매력적인 국립공원입니다.

치치카마 국립공원은 거대한 가든루트$^{Garden\ Route}$ 국립공원의 일부로 해안선과 평행하게 달리는 치치카마 산맥을 따라 방대한 면적을 형성하고 있습니다. 오터 트레일이 포함된 플레튼버그 베이$^{Plettenburg\ Bay}$에서 휴먼스도프$^{Humansdorp}$까지 82km에 달하는 해안을 담고 있는 이곳은 수달이 유명하며 바분, 원숭이, 영양 등의 포유류와 수많은 종류의 새가 서식하고 있습니다. 벽면이 모두 유리창으로 된 한갓진 해변 레스토랑에서 탁 트인 대양을 바라보며 해산물로 점심을 먹고 잠시 산책을 합니다. 모래톱을 따라 걷는데, 12월임에도 날씨는 꽤나 덥고 햇살이 따갑습니다. 해안가 바위로 밀려와 부서지는 파도 덕에 마음만은 상쾌합니다.

종주를 마친 후 돌아와 하루 더 묵게 될 숙소에 들러 각자의 방을 배정받고, 집주인에게 다시 한번 중요한 임무를 상기시킵니다. 종주 시작점인 공원 주차장에 세워둘 차를 마치는 날 다시 가지러 가야 하므로 두 장소를 연결할 차편이 필요하다고. 잘 기억해 주리라 믿습니다. 나름 트리하우스처럼 독특하게 꾸며놓은 집과 내부 장식들이 마치 동화의 나라에

남아프리카공화국의 토종 핀보스 나무들과 남극해의 짙푸른 바다가 함께 펼쳐진다.

트레킹 출발점에는 방갈로, 작은 포구, 카페 등이 있다.

와 있는 듯 사랑스럽습니다. 밥 짓고 찌개도 끓이고, 저녁상을 마련하니 어느새 땅거미가 스멀스멀 내리고, 저무는 태양 빛은 며칠 후 종주를 마치고 내려올 언덕길을 선명하게 비추고 있습니다. 어쩌다 한 번씩 쳐대는 파도 소리만 들려오고 사위는 고요한데, 반쪽짜리 달은 이미 서쪽으로 많이 기울었습니다. 뒤끝이 감미로운 남아공산 붉은 와인을 한 모금 음미하며 일몰의 빛에 물든 하늘과 바다를 가만 바라보자니, 마음은 이미 오터 해안 길 어느 곳에 서 있습니다.

한 시간 운전이면 당도할 거리를 5일간 걷게 되는 오터 트레일 종주. 길을 시작하기 위해 국립공원으로 달려갑니다. 최상의 드라이브 코스인 가든 루트 도로 양옆에는 옐로우드 트리 Yellowwood Tree를 비롯하여 덩치 큰 나무들이 숲을 이루고 있습니다. 또한 바다와 이어진 산맥이 만든 계곡에는 각종 야생화를 비롯하여 무려 8,600종에 이르는 식물들이 분포하고 있다고 합니다. 그중 5,800여 종이 다른 나라에서는 찾아볼 수 없는 희귀종들이라 하니, 가히 식물의 요람인 셈입니다.

공원 입구로 들어서자마자 오른쪽에 있는 레인저(삼림 관리원) 사무실 앞 주차장에 차를 대고 등록합니다. 오두막처럼 지어놓은 교육장에 들어서니 트레일에 대한 각종 정보를 설명하는 도표와 그림이 벽면에 가득하고, 마지막으로 관련 비디오를 시청함으로써 절차를 마무리합니다. 출발하기 전에 사무실에서 배낭의 무게를 측정해 보니 28kg. 체중의 4분의 1 미만만 매면 된다지만 쉽지 않은 해안 바윗길을 걷는데 조금 무리 되지 않을까 싶습니다. 저의 여행기마다 한식에 대한 얘기가 빠지지 않는데요. 제대로 한식을 챙겨 먹자면 이렇게 무게 나가는 짐을 지고 다닐 수밖에 없습니다. 합리적으로 판단해 부수적인 간식들을 좀 덜어내고, 과일은 그 자리에서 나눠서 다 먹어버립니다.

이제 토종 핀보스 Fynbos 나무들이 울창한 삼림을 통과하여 기념품 가게도 들를 겸 포구 쪽 해안선으로 길을 잡아나갑니다. 국립공원의 명성답게 잘 지어진 방갈로며 보트 접안이 가능한 작은 포구, 제법 괜찮은 카페까지 그럴싸하게 자리하고 있습니다. 배낭에 덕지덕지 붙일 용도로 기념품 숍이 보일 때마다 죽기 살기로 사들이는 기념 패치도 하나 사고, 커피도 한잔 마시곤 들머리에서 기념 촬영을 합니다. 이제 종주를 시작할 시간, 바위투성이의 길을 따라 걸음을 시작합니다.

오터 트레일은 45km 길이의 해안 트레일로, 야생의 느낌이 생생하게 살아 있는 남아공의 가장 아름다운 트레일을 걷는 5일간의 종주 여정입니다. 이 길에서 우리는 믿을 수 없을 정도로 다양한 자연 경관을 감상하게 될 것입니다. 공식적으로 가장 오래된 길이자, 의심할 여지 없이 가장 상징적인 길로 1968년에 처음 열렸으며 스톰스 Storms 강 입구와 네이처스 밸리 Nature's Valley 사이의 장엄한 해안선을 따라 이어집니다. 지금은 세계에서 가장 훌륭한 멀티 데이 도보길(비교적 긴 거리를 그에 맞는 장비를 갖추고 1박 혹은 그 이상으로 도보여행하는 것) 중 하나로 간주됩니다. 남아프리카 해안의 강어귀와 개울에 서식하는, 대부분 야행성인 수줍은 많은 동물인 'Cape Clawless

Otter'라는 동물의 이름을 따서 명명되었습니다. otter는 우리말로 수달입니다.

패기와 에너지로 가득 찬 우리는 울창한 토착 나무숲에서 여정을 시작하며 머리털 나고 처음으로 푸른 인도양을 만나볼 수 있었습니다. 바위와 나무에 칠해진 노란색의 오터 발자국 모양이 잘 표시되어 있어 길을 따라가기가 어렵지 않습니다. 공식적 시작점인 스톰스 강어귀의 현수교 위에서 멋진 바다 풍경을 감상하며 6월에서 12월까지 이동한다는 고래를 찾아봅니다. 바람 따라 길 따라 흘러 흘러 걸어가다가 돌길에 지쳐 짜증이 날 즈음 얄밉게도 흙길을 조금씩 내어놓습니다. 붉은빛을 머금은 해안가 바위들을 보니 마치 호주의 베이오브화이어 해안 길과 흡사하게 느껴집니다. 바람과 바다가 어루만져 빚어낸 암석은 길을 힘들게 만들기도 합니다만, 그 덕에 꽤 드라마틱한 해안 풍경을 감상할 수 있습니다. 이따금 바다 동물들도 하나둘 만나게 되니 아이가 된 듯 모두 즐거워하네요.

남아프리카공화국의 아름다운 항구 도시인 케이프타운

어디선가 우렁찬 물살 소리가 들려 길을 조금 벗어나 찾아가 보니 제법 규모가 큰 천연 수영장으로 기세 좋게 폭포가 낙하합니다. 그 앞바다엔 돌고래가 파도를 타며 놀고, 한참을 구경하던 우리는 너나없이 의기투합하여 다 같이 물로 뛰어듭니다. 수온은 기분 좋게 시원하고, 물은 티 없이 맑아 속이 훤히 보이는데 총천연색의 물고기들이 떼 지어 유영합니다. 밀려온 파도가 고여 만들어진 해안가의 많은 물웅덩이들은 물놀이와 휴식을 취하기에 완벽한 장소입니다. 그러니 늘 수영복을 지참하고 다니는 것이 좋으며, 언제라도 쉽게 착용할 수 있도록 배낭 내의 꺼내기 편한 위치에 두어야 합니다.

이곳은 연중 온난한 기후가 지속되며 비도 자주 옵니다만, 주로 밤에 오기 때문에 낮에 걷는 데는 별 무리가 없습니다. 마침내 오늘의 숙소인 응우부$^{Ngubu}$ 캐빈에 도착해 배낭을 내립니다. 이곳에도 가까이에 물웅덩이가 있고, 바다 생물로 가득 찬 수정같이 맑은 해안이 접해 있습니다. 먼저 도착한 유럽 젊은이들과 인사를 나누고, 그들이 쓰고 난 아직은 숯불이 살아 있는 난로를 이어받습니다. 이 캐빈에는 갖춰진 별다른 시설은 없지만, 깨끗하고 규모도 큰 편이며 건물도 제법 멋지게 지어진 데다 관리도 잘 된 편입니다. 쥐의 흔적도 없고, 편안한 두께의 매트리스도 갖춰져 있으며 특히 악천후를 대비해 난로와 장작이 제대로 준비되어 있으니 더욱 좋습니다. 덕분에 주물럭 등심구이로 저녁상을 차릴 수 있었네요. 위도 탓인지 일몰 시간이 더 긴 듯한데 오래 머무는 지는 해를 한참 바라보며 꿀맛 같은 식사를 즐깁니다.

하늘로 차오르는 인도양의 일출을 봅니다. 일출도 일출이지만 이 시간대가 수달$^{Otter}$을 볼 수 있는 확률이 가장 높을 때라고 합니다. '오터 트레일에 왔으니, 오터를 봐야만 한다'는 강박을 갖지 않기 어렵죠. 아침마다 이 행사는 일종의 아침 점호처럼 고정적인 일상이 되어버렸습니다. 오늘 길은 시작부터 오르내림이 다소 심한 데다 날씨도 덥고 습해, 땀 꽤나 흘리며 해안 고원까지 가파르게 올라야 합니다. 첫 번째 오르막은 스킬더크란스 코피*Skilderkrans Koppie*라는 거대한 바위군인데, 그 위에서 보는 푸른 대양과 주변 경관이 압권입니다. 그 후 블루바이 비치*Bloubaai Beach*까지 내려가는 동안 트레커들이 좋아할 만한 그늘이 나타나기도 하지만, 덥고 습한 것은 여전합니다.

빽빽하게 보존된 토착림을 통과해서 다시 해안 고원까지 목도로 깐 순한 길을 걸어 올라서면 해안은 착한 풍경을 내어놓습니다. 길은 또 다른 모래사장으로 이어지는데 마침내 오늘의 숙소인 스콧*Scott* 캐빈이 나타납니다. 사실 4박 5일의 이 일정은 저 같은 사람에게는 지나치게 느슨해 오히려 괴로울 지경입니다. 오후에는 시간적 여유가 너무 많아 속 터지고요. 우리네 성질 같아서는 2박 3일이면 충분히 종주를 끝낼 수도 있

오터 트레일 OTTER TRAIL

퇴적 사암들이 거친 해안선을 이뤄 풍경이 수려하다.

겠는데, 여기서 요구하는 일정이 있어 닷새에 걸쳐 걸을 수밖에 없습니다. 다소 권태롭기도 하지만 다채로운 풍경을 세세히 즐기고, 여유롭게 휴식도 취하며 힐링하는 자세로 걸으리라 마음 고쳐먹습니다.

　　슬금슬금 어둠이 내리며 해안의 낙조가 시작됩니다. 바다로 흘러가는 캐빈 옆 시냇물은 크고 잔잔한 물웅덩이를 만들어 지는 해에 물빛은 루비색으로 물들어 갑니다. 오터 트레일에서만 감상할 수 있는 비현실적인 일몰의 풍경. 그간 보아 온 수많은 일몰 중 몇 손가락 안에 꼽을 만한 아름다운 일몰입니다. 사위가 어두워지는 듯하더니 태양은 빛나는 불덩어리로 변했고, 하늘은 붉게 타오르기 시작합니다. 야생의 바다 앞 고요한 물웅덩이에 찬란하게 반사된 석양과 하얗게 포말로 부서지는 파도 사이에서, 지상 최고의 놀라운 쇼라 할 만큼 황홀한 한때를 누렸습니다.

　　싱그러운 해안의 아침. 매일 아침 바다에서 멱 감고 떠오르는 해는 순수한 첫 햇살을 해면 위로 쏘며 아름다운 황금빛 스펙트럼을 만듭니다. 오늘도 여유롭게 하루를 시작합니다. 짧은 거리. 한나절 감입니다. 오터 트레일은 강물을 자주 건너게 하는 트레일로 유명합니다. 썰물 때를 맞춰야 하기에, 이 지역 조수 간만의 물때를 잘 알고 있어야 합니다. 만조 시기에 무리하게 도강을 시도했다가는 아예 남극까지 떠내려갈 거라는 농담이 트레커들 간에 회자되기도 합니다. 오늘도 몇 번쯤 강을 건널 예정입니다. 맑은 강물을 건너는 것은 두렵기는커녕 신선한 즐거움이기도 합니다만, 엘란드보스Elandbos 강과 로터링Lottering 강에서는 아예 물에 잠기게 될 것임을 알기에 전자기기의 방수 처리에 만전을 기해야 합니다. 마침내 해변 위의 암석 지대에 예쁘게 지어진 오크허스트Oakhurst 캐빈에 도착, 천연 바다 풀장에서 스노클링하면서 여유로운 시간을 누려봅니다. 이곳의 물도 역시나 맑고 그 속엔 화려한 생명체가 춤을 추며 놉니다. 밤이 되어 달빛이 해안을 비추면 부서지는 파도 소리를 들으며, 별빛도 봐가며 느긋하게 산책하는데, 너무도 고요한 나머지 외진 행성에 나 혼자 남아있는 듯 쓸쓸하기도 합니다. 긴 하루를 접고 잠을 청합니다.

드디어 오늘! 이번 종주 트랙 중에 가장 길고 힘든 일정이 기다리고 있습니다. 때론 암벽등반도 불사해야 하고 가파른 경사를 오르내리거나, 가장 도전적인 도강도 과감히 실시해야 합니다. 악명 높은 여울이 있는 블루크란스Bloukrans 강을 건너기 위해 조수간만 차이 표를 확인하고 썰물 때를 기다립니다. 만일 큰물이 일거나 해서 도저히 건널 수 없는 상황이 생기면, 탈출해야 합니다. 전파가 잡히는 고원지대로 올라가 휴대전화로 레인저를 요청해서 부르면 다음 출발점까지 차량으로 데려다준다고 합니다. 다행히 30분 정도 기다리니 완전한 간조 시점에 도달하고 허리 높이의 물길을 건넙니다. 혹시 몰라 배낭을 머리에 이고 5미터 정도를 건너는데, 만조 시기면 30m 이상을 헤엄쳐 건너야 한다고 생각하니 아찔한 것이 온몸에 전율이 느껴집니다. 이 강을 따라 더 멀리 상류로 가면 협곡이 500m 정도 깊어지는데요, 세계에서 가장 높은 번지 점프가 그곳에 있습니다. 무려 250m 높이라고 하네요.

이 길을 종주하기 위해 반드시 챙겨야 할 필수 지참물 중 하나가 트레킹 폴입니다. 미끄러운 길이나 바윗길에서도 도움을 주지만, 백패킹할 때는 특히나 배낭의 무게가 내 허리나 무릎에 하중이 쏠려 무리가 가지 않도록 어깨나 다리로 힘을 분산시켜 줍니다. 특히 이 오터 트레일에서처럼 자주 강을 건너야 할 때에는 수심을 확인하기 위해서, 또 물살로부터 몸의 균형을 잡아주기 위해 매우 요긴하게 쓰이는 장비입니다. 모두 안전하게 강을 건너고 다시 몇 번의 오르내림이 이어지는 동안 길이 내놓는 수많은 수려한 풍경들이 지친 우리를 위로합니다. 아름다운 초목과 끝없이 펼쳐진 바다 사이에 난 폭 1m 남짓의 길을 나름 즐기며 걷습니다.

14㎞의 하이킹을 마치고 지친 우리는 오늘의 종착지인 안드레Andre 캐빈에 이르러 주저 없이 서둘러 식사를 준비합니다. 물놀이에는 아무도 관심이 없는 듯하네요. 한두 그릇씩 저녁밥을 뚝딱 해치우고, 아예 일찌

감치 누워버리는 이들도 있습니다. 고요하고 정갈한 해변에 지어진 이 캐빈은 종주의 마지막 밤을 즐기기에 최상의 장소입니다. 밤은 깊어가고 오랜만에 다시 접한 문명에 기분이 나긋해집니다. 수평선인지 지평선인지 분간이 힘든 저 너머로 플레턴버그 베이 Plattenberg Bay의 불빛이 휘황찬란한데, 저곳이 속세인지 신선계인지 잠시 분간이 어렵습니다.

그루트 Groot 강이 흐르는 네이처스 밸리까지. 아프리카 최남단 남아공의 수려한 해안 길인 오터 트레일 종주를 마무리하는 날입니다. 청아하고 부드러운 바닷바람, 바람의 결을 따라 혹은 거스르며 날아다니는 바닷새들. 생각나면 한 번씩 물 위로 솟구치는 돌고래들. 이 천국의 땅에서 녹색의 계곡과 푸른 바다 사이에 난 가든 루트, 비교적 순한 길을 걸으며 우리는 충만한 행복을 느끼지 않을 수 없습니다. 마지막 하산 전 절벽에서 휴식을 취하는 동안 이 길이 우리에게 주는 선물일까요. 갑자기 많은 돌고래 떼가 발아래 나타나더니, 100여 마리의 다른 돌고래들까지 쇼에 합류해 우리에게 작별 인사를 건넵니다. 유럽 친구들은 쌍안경까지 가져와서 관찰합디다만 그놈의 무게가 적지 않으니 언감생심, 그런 욕심은 내지 않으렵니다.

마지막 능선에 오르자, 수백 미터 아래로 20㎞가량 뻗어 있는 황금빛 해변의 절경이 눈에 가득 찹니다. 이 트레일의 종점인 네이처스 밸리에서 카누나 카약을 타며 강과 바다를 누비는 이들. 비치파라솔을 꽂고 일광욕도 해가며 한가하게 여유를 즐기는 커플들. 티키바(tiki bar, 이국적인 열대 느낌의 분위기의 칵테일 등 술을 파는 바)에서 칵테일을 마시며 흥겨운 음악에 맞춰 몸을 비트는 젊은이들. 보기만 해도 생기 넘치는 활력이 나에게까지 전해져 옵니다. 문명 세계로 이제야 돌아왔다고 생각하며 속세의 군상들을 헤치고 레인저 사무실에서 체크아웃, 이렇게 여정을 맺습니다.

바다가 훤히 보이는 카페에서 늦은 점심을 해결하며 아이스 맥주로 갈증도 풀고 무사히 종주했음을 자축합니다. 길 위에서 생긴 닷새간의 에

피소드를 안주 삼아 수다 좌담회가 막힘없이 펼쳐집니다. 거의 수직 각도로 깎인 퇴적 사암으로 구성된 거친 해안선, 수백 마리 돌고래들의 군무, 야성이 살아있는 대자연, 산과 바다가 어우러진 절묘한 풍경. 그리고 무엇보다 절대 잊을 수 없을 아름다운 일출과 일몰에 대한 기억을 앞다투어 풀어놓습니다. 힘든 기억은 벌써 잊었습니다. 좋은 기억도 언젠간 잊히겠지요. 그래도 지금은, 가슴이 뻐근하도록 충만한 기억들입니다.

### INFORMATION

**거점 도시** 케이프타운

**거점 공항** 케이프타운 공항

**트레킹 팁** 남아프리카 공화국의 수도 케이프타운 공항에 내려 운송 서비스 회사의 도움을 받거나 개인 전용 차량으로 스톰스 강 입구 쪽으로 6~7시간 달려가서 트레킹을 시작한다. 혹은 포트엘리자베스 공항에 내려서 공원까지 차량 이동하면 2시간 정도의 거리에 있다.

# 세계 100대 트레일

목록은 바뀔 수 있습니다.

| 구분 | 국가 | 트렉명 |
|---|---|---|
| 유럽 29 | 그린란드 | ARCTIC CIRCLE TREK (아크틱 서클 트렉) |
| | 오스트리아 | BERLINER HOHENWEG (베를리너 회헨베그) |
| | 스페인, 프랑스 | CAMINO DE SANTIAGO (산티아고 순례길) |
| | 스페인 | CANARY ISLANDS TRAVERSE (카나리 아일랜드 트래버스) |
| | 조지아 | CAUCASUS TREK (코카서스 트렉) |
| | 이탈리아 | CINQUE TERRE TREK (친퀘 테레 트렉) |
| | 이탈리아 | DOLOMITE ALTA VIA1 (돌로미티 알타비아1) |
| | 이탈리아 | DOLOMITE ALTA VIA2 (돌로미티 알타비아 2) |
| | 스페인 | DRY STONE ROUTE (드라이 스톤 루트) |
| | 포르투갈 | FISHERMEN'S TRAIL (어부의 길) |
| | 러시아 | GIANT VOLCANO TREK (자이언트 화산 트렉) |
| | 프랑스 | GR10 PYRENEES MOUNTAINS (GR10 피레네산맥) |
| | 프랑스 | GR20 CORSICA (GR20 코르시카) |
| | 프랑스 | GR5 FRENCH ALPS (GR5 프렌치 알프스) |
| | 스위스, 프랑스 | HAUTE ROUTE (오뜨 루트) |
| | 아이슬란드 | HORNSTRANDIR TREK (혼스트란디르 트렉) |
| | 스위스 | JUNGFRAU ROUND TREK (융프라우 라운드 트렉) |
| | 스웨덴 | KUNGSLEDEN (쿵스레덴) |
| | 아이슬란드 | LAUGAVEGUR TRAIL (뢰이가베구르 트레일) |
| | 러시아 | MOUNT ELBRUS SUMMIT TRAIL (엘브루스 산정 트레일) |
| | 슬로베니아 | MOUNT TRIGLAV TREK (마운트 트리그라브 트렉) |
| | 노르웨이 | NORWEGIAN 3 ROCKS FJORD TREK (노르웨이 3록 피오르 트렉) |
| | 알바니아 | PEAKS OF BALKANS TREK (피크스 오브 발칸 트렉) |
| | 스페인 | PICOS DE EUROPA TRAVERSE (피코스 데 유로파 트래버스) |
| | 영국 (스코틀랜드) | THE SKYE TRAIL (스카이 트레일) |
| | 프랑스 | TOUR DE L'OISANS (뚜르 드 이오이즌) |
| | 이탈리아 | TOUR DE MONTE ROSA (뚜르 드 몬테 로사) |
| | 프랑스, 스위스, 이탈리아 | TOUR DU MONT BLANC (뚜르 드 몽블랑) |
| | 영국 (스코틀랜드) | WEST HIGHLAND WAY (웨스트 하이랜드 웨이) |
| 남미 17 | 아르헨티나 | ACONCAGUA BASE CAMP TREK (아콩가구아 베이스캠프 트렉) |
| | 페루 | AUSANGATE CIRCUIT (아우상카테 서킷) |
| | 볼리비아 | CONDORIRI TREK (콘도리리 트렉) |
| | 칠레 | CERRO CASTILLO TREK (쎄로 카스틸로 트렉) |

| 구분 | 국가 | 트렉명 |
|---|---|---|
| | 칠레 | DIENTES DE NAVARINO TREK (디엔테스 데 나바리노 트렉) |
| | 콜롬비아 | EL COCUY TREK (엘 코쿠이 트렉) |
| | 아르헨티나 | FITZ ROY TRAIL (피츠 로이 트레일) |
| | 브라질 | GRAND CIRCUIT (그랜드 서킷) |
| | 페루 | HUAYHUASH CIRCUIT (와이와시 서킷) |
| | 페루 | INCA TRAIL (잉카 트레일) |
| | 콜롬비아 | LOST CITY TREK (로스트 시티 트렉) |
| | 베네수엘라 | MOUNT RORAIMA TREK (마운트 로라이마 트렉) |
| | 에콰도르 | MT. COTOPAXI TREK (마운트 코토팍시 트렉) |
| | 칠레 | NEW PATAGONIA TREK (뉴 파타고니아 트렉) |
| | 아르헨티나 | PASO DE LAS NUBES TRAIL (파소 누베스 트레일) |
| | 칠레 | PATAOGINIA W TREK (파타고니아 W 트렉) |
| | 페루 | SANTA CRUZ TRAIL (산타 크루즈 트레일) |
| 북미 14 | 캐나다 | BANFF HIGHLINE TRAVERSE (밴프 하이라인 트래버스) |
| | 멕시코 | COPPER CANYON TRAIL (코퍼 캐년 트레일) |
| | 미국, 캐나다 | CHILKOOT TRAIL (칠쿠트 트레일) |
| | 미국 | COLORADO TRAIL (콜로라도 트레일) |
| | 미국 | GRAND CANYON KAIBAB TRAIL (그랜드 캐년 카이밥 트레일) |
| | 미국 | HIGH SIERRA TRAIL (하이 시에라 트레일) |
| | 캐나다 | JASPER 3 BACKPACKING TRAIL (제스퍼 3 백패킹 트레일) |
| | 미국 | JOHN MUIR TRAIL (존 뮤어 트레일) |
| | 미국 | KALALAU TRAIL (칼랄라우 트레일) |
| | 캐나다 | LONG RANGE TRAVERSE (롱 레인지 트래버스) |
| | 미국 | TETON CREST TRAIL (티톤 크레스트 트레일) |
| | 미국 | THE NARROWS TRAIL (더 네로우즈 트레일) |
| | 캐나다 | WEST COAST TRAIL (웨스트 코스트 트레일) |
| | 미국 | YOSEMITE GRAND TRAVERSE (요세미티 그랜드 트래버스) |
| 오세아니아7 | 호주 | BLUE MOUNTAINS GRAND TRAVERSE (블루 마운틴스 그랜드 트래버스) |
| | 인도네시아 | CARSTENSZ PYRAMID TREK (칼스텐즈 피라미드 트렉) |
| | 호주 | GREAT OCEAN WALK (그레이트 오션 워크) |
| | 뉴질랜드 | MILFORD TREK (밀포드 트렉) |
| | 호주 | OVERLAND TREK (오버랜드 트렉) |
| | 뉴질랜드 | ROUTEBURN TREK (루트번 트렉) |
| | 뉴질랜드 | TONGARIRO NORTHERN ALPINE CIRCUIT (통가리로 노던 서킷) |

| 구분 | 국가 | 트렉명 |
|---|---|---|
| 아시아 26 | 중국 | ANCIENT TEA HORSE ROUTE (차마고도) |
| | 네팔 | ANNAPURNA CIRCUIT (안나푸르나 서킷) |
| | 파키스탄 | BIAFO-HISPAR TRAVERSE (비아포 히스파 트래버스) |
| | 인도 | CHADAR ICE TREK (차다르 아이스 트렉) |
| | 부탄 | CHOMOLHARI BASECAMP TRAIL (초몰하리 베이스캠프 트레일) |
| | 네팔 | DHAULAGIRI CIRCUIT (다울라기리 서킷) |
| | 부탄 | DRUK PATH (드룩 패스) |
| | 네팔 | EVEREST BASE CAMP TREK (에베레스트 베이스캠프 트렉) |
| | 파키스탄 | K2 BASE CAMP TREK (K2 베이스캠프 트렉) |
| | 네팔 | LANGTANG VALLEY TREK (랑탕 밸리 트렉) |
| | 터키 | LYCIAN WAY (리키안 웨이) |
| | 네팔 | MAKALU BASE CAMP TREK (마칼루 베이스캠프 트렉) |
| | 네팔 | MANASLU CIRCUIT (마나슬루 서킷) |
| | 인도 | MILAM GLACIER (밀람 글레이셔) |
| | 몽골 | MONGOLIA TWIN PEAKS TRAIL (몽고 트윈 피크스 트레일) |
| | 티베트 | MOUNT KAILASH TRAIL (성산 카일라스 트레일) |
| | 말레이시아 | MOUNT KINABALU TRAIL (키나발루 산 트레일) |
| | 티베트 | MUSTANG TREK (무스탕 트렉) |
| | 타지키스탄 | PAMIRS FANN MOUNTAINS TREK (파미르 판 산맥 트렉) |
| | 요르단 | PETRA WADI RUM TREK (페트라 와디럼 트렉) |
| | 인도네시아 | RINJANI VOLCANO TREK (린자니 화산 트렉) |
| | 키르기스스탄 | SILK ROAD (비단길) |
| | 부탄 | SNOWMAN TREK (스노우맨 트렉) |
| | 인도 | STOK KANGRI TREK (스톡 캉그리 트렉) |
| | 인도 | THE VALLEY OF FLOWERS (꽃들의 계곡) |
| | 키르기스스탄 | TIAN SHAN MOUNTAINS TREK (톈산 산맥 트렉) |
| 아프리카 7 | 탄자니아 | MOUNT KILIMANJARO TREK (킬리만자로 트렉) |
| | 우간다 | MOUNT OF THE MOON TREK (달의 산 트렉) |
| | 남아프리카공화국 | NORTHERN DRAKENSBERG TREK (노던 드라켄스버그 트렉) |
| | 남아프리카공화국 | OTTER TRAIL (오터 트레일) |
| | 모로코 | SAHARA DESERT TREK (사하라 사막 트렉) |
| | 에티오피아 | SIMIEN MOUNTAINS TREK (시미엔 산맥 트렉) |
| | 모로코 | TOUBKAL MASSIF TRAIL (투브칼 매시프 트레일) |